増補改訂版

学校を考えるっておもしろい！！

教養としての教育学

～TAと共に創る
アクティブ・ラーニングの大規模授業～

水原克敏
足立佳菜　編著
鈴木　学

東北大学出版会

Interesting Discussions on School in Japan
from the historical viewpoint

Katsutoshi Mizuhara , Kana Adachi , Manabu Suzuki

Tohoku University Press, Sendai
ISBN978-4-86163-281-5

学校って何だろう？
あなたは考えたことがありますか。

あなたがもし学生ならあなたの学校を見回してみてください。
もし卒業して学生ではないのなら、学校を思い出してみてください。
実はその光景って、何一つ"当たり前"のものではないのです。

黒板にも、給食にも、それぞれに歴史があって意味がある。
そして「学校」そのものも、時代によって大きく変化してきています。
この授業では時代ごとの教育課題・国の対応・学校の変化を
水原先生にお話ししてもらい、学校の歴史を学んでいきます。
"学校の歴史"とはいっても"お勉強"や"暗記するもの"ではありません。
ですから、内容を全て理解する必要はないのです。
それはとてもドラマティックでダイナミックな物語☆
読むだけで、これまで当たり前だと思っていた学校の風景が
いつもと違って見えてくるでしょう。

また本書には
授業を受けた大学生の、学校や教育に対する「そぼくな疑問」を
たくさん掲載しています。
「そぼくな疑問」は、学校を見る新たな視点を与えてくれるはず。
その中に学校の不思議を解く鍵が隠れているかもしれません。
「学校」には、たくさんの問いが溢れています。
この本と一緒に、あなたも「そぼくな疑問」を見つけてみませんか？

そしてこの本を読み終えたとき、もう一度「学校」を思い出してみてください。
きっと本を読む前よりも、いろいろなものが見えてくるはずですよ。

        ナビゲーター
        東北大学教育学部4年　田辺小百合・足立佳菜

-目　次-

増補改訂版への序………………………………………………………………… 1

はじめに…………………………………………………………………………… 3
　　ナビゲータ自己紹介………………………………………………………… 5

第1部　「教育学」授業 ………………………………………………………… 7
　〈プロローグ〉…………………………………………………………………… 9
　　1.【授業】学校の歴史ダイジェスト
　　2.【質疑応答】よい教師とは？・親に対する教育・個性を伸ばす？・能力差・
　　　入学試験・競争原理・学歴主義・生涯学習社会
　　3.【授業の感想】受験について・教育を科学的に研究する・その他
　　4.【そぼくな疑問】大賞「職員会議の内容」

　〈第1回〉……………………………………………………………………… 27
　　1.【授業】日本の近代化と学校の始まり（1870～1890年）
　　　近代国家の成立／近世の学校との違い／一斉教授法は近代の発明／
　　　近代学校の原則／学校制度図／立派すぎ！近代の学校／
　　　隣の席には殿様の子！？／学校の生い立ち／「学制」の発布／まとめ
　　2.【質疑応答】明治の教育内容・政教分離との関係・養護学校は？
　　　寺子屋はゆとり教育？・天皇教とキリスト教
　　3.【授業の感想】視点の広がり・政教分離・ゆとり教育は寺子屋への回帰？
　　　この時代の教師・国の要請と庶民の要求のズレ・和算と洋算
　　4.【そぼくな疑問】大賞「国の象徴である天皇や皇族が私立学校で学ぶのはなぜ」

　＊コラム＊　スタッフ紹介………………………………………………… 49

　〈第2回〉……………………………………………………………………… 51
　　1.【授業】教育勅語と学校の確立（1890～1910年）
　　　日本人像の模索／「教育勅語」／民主主義はキケン思想！？／
　　　「政教分離」との矛盾は…？／社会進化論（ダーウィニズム）／
　　　まとめ
　　2.【質疑応答】国民の反発は？・能力別等級制・日本人という意識
　　　古事記日本書紀・良妻賢母主義教育・男女別学　学校教育の役割
　　　日本の国民をつくる・愛国心教育・人格の完成
　　3.【授業の感想】教育勅語について・天皇と官僚・教育勅語のプラスの面は？
　　　今は本当に自由？・アメリカが憎くない・道徳教育・価値観の教育
　　　思想信教の自由・その他
　　4.【そぼくな疑問】大賞「チャイムの音は誰が決めたの？なんであの曲？
　　　なんで全国共通？」《補足①》チャイムの歴史

〈第3回〉·· 79
　1. 【授業】大正自由主義教育から軍国主義へ（1910〜1930年）
　　　明るい時代の到来／戦前にもあった、児童中心主義／
　　　澤柳政太郎と成城小学校／学校制度図／まとめ
　2. 【質疑応答】飛び級制？・能力主義・小学生の卒論・特別研究・生活綴方
　　　大正自由教育を受けた人は…・大正自由教育の問題は？・学力低下
　3. 【授業の感想】教育勅語と大正自由教育・個性って何？・なぜ大学を増やすの？
　　　学校独自の教育は？・軍隊を持っている国は軍国主義教育をしているの？・その他
　4. 【そぼくな疑問】大賞「黒板って緑だと思います」《補足②》黒板の歴史

〈第4回〉·· 95
　1. 【授業】戦時下の軍国主義教育（1930〜1945年）
　　　①米軍作成フィルム「汝の敵、日本を知れ」解説（水原）②ビデオ内容紹介
　2. 【質疑応答】（お休みです）
　3. 【授業の感想】自分の思う日本人像と違和感がない
　　　アメリカ人の偏見で作られている・遺族はきっと…・その他
　4. 【そぼくな疑問】《補足③》学校給食について

〈第5回〉·· 109
　1. 【講義】戦後改革期の民主主義教育（1945〜1950年）
　　　敗戦からの再出発／漫画に見る！意外と明るい戦後日本／
　　　新生日本の教育原則／すべての者に中等教育を／学校制度図／
　　　児童は人として尊ばれます／男子も女子も手を取り合って♪／
　　　ありがたや、学校給食／子どもも民主主義を身につけましょう／まとめ
　2. 【質疑応答】男女共学？別学？・教師のとまどいは？
　　　文化祭や体育祭はいつから始まった？・学校の責任はどこまで？
　　　愛校心・部活は必要？・競技スポーツ型と生涯スポーツ型・愛好会
　3. 【授業の感想】急に民主主義に変われたの？・愛国心問題・男女共学・その他
　4. 【そぼくな疑問】《補足④》君が代について

〈第6回〉·· 133
　1. 【授業】戦後復興から日本的な教育への回帰（1950〜1960年）
　　　アメリカの対日政策転換／資本主義 vs 共産主義／
　　　アメリカ的民主主義の見直し／地方分権から中央指導へ／まとめ
　2. 【質疑応答】特設道徳の目指したものは？・勤評制度は何が問題？
　　　最近の教員評価は・生徒と保護者からの評価・学生からの授業評価
　3. 【授業の感想】アメリカの影響も・教育委員会・大学の教員はどう評価されてるの？
　　　「道徳の時間」の内容は今と同じ？・学部の生い立ち・教育専修大学・大学とは何か？
　　　学校では資本主義や共産主義について学んでいたの？・教科書・教員評価
　4. 【そぼくな疑問】《補足⑤》ランドセルについて

〈第7回〉……………………………………………………………………159
  1.【授業】高度経済成長をめざした教育（1960～1975年）
      世界の渦の中で日本は…／経済発展のための教育／
      理系を増やせ！！／企業で使える人材を／「期待される人間像」／
      日本の発展のために／スカートの長さでわかる！女性の変化／まとめ
  2.【質疑応答】「期待される人間像」の愛国心は問題にならなかったの？
      愛国心教育の問題・高校を義務教育にしないのはなぜ？
      「期待される人間像」への反発は？・「日本人」って？・モウレツ社員
  3.【授業の感想】アツい時代・家庭の愛まで書かれるなんて
      天皇への敬愛、他国からの非難は？・現在進行中の課題です・その他
  4.【そぼくな疑問】《補足⑥》休み時間の歴史

〈第8回〉……………………………………………………………………185
  1.【授業】リッチな時代の到来と新保守主義の教育改革（1975～1990年）
      専修学校の設置／高度経済成長の果てに／
      日本、理念を問われる／国際化時代：他国との関係／いじめ問題／
      臨時教育審議会／時代の残した課題／まとめ
  2.【質疑応答】価値観の多様化・国民をまとめるには・社会の変化と教育
  3.【授業の感想】高度経済成長の負の副作用・格差と競争社会・いじめと学校荒廃
      子どもはいつも被害者・子どもが変わった？大人が変わった？
      私たちの使命・日本の理念・日本と外国
  4.【そぼくな疑問】《補足⑦》女性教員について

＊コラム＊　教育実習に行ってきました♪……………………………208

〈第9回〉……………………………………………………………………213
  1.【授業】ポストモダンにおける「学校の自律性」と「ゆとり教育」（1990年～）
      日本の課題①グローバル化／②少子化問題と価値観の多様化／
      ③国際化と情報化／時間に追われ追われ…／「生きる力」の育成／
      かかわりあう力／小学校生活科／自ら学び考える力：総合的な学習の時間／
      ことばは同じ「学力」でも…／「ゆとり教育」とは何か／まとめ
  2.【質疑応答】基礎基本の学習は？・国益との矛盾・待つことも必要
      「ゆとり教育」になって教師教育は変わったの？・外国では？
  3.【授業の感想】基礎基本・教育の格差・考える能力・社会性の教育・人間力
  4.【そぼくな疑問】大賞！保健室が逃げ込む場所になる理由」
      「蛍光灯がむき出しな件について」《補足⑧》学校に行かない選択肢？
      フリースクール

〈第10回〉…………………………………………………………………239
  1.【授業】現代学校の今日的課題（2005年現在）
      早わかり！学校の歴史／幼稚園の課題／小学校の課題／中学校の課題／

　　　　高校の課題／大学・大学院の課題
　　2.【質疑応答】大学の授業料をなぜ上げるの？・受益者負担の原則
　　　　ユニバーサル化・塾に行っても学力低下・塾と塾と家庭教師・学校の役割は？
　　3.【授業の感想】子育て支援・教科担任制・英語の早期教育・学ぶ意欲の低下
　　　　受験勉強・学習塾・生徒指導・不本意入学・高等教育の質の保障
　　　　遊ぶ大学生・学力低下　など
　　4.【そぼくな疑問】大賞「部活っていつからあるんだろう」

　　＊コラム＊　部活って、謎の存在！……………………………………＊262

　〈補　講〉………………………………………………………………………265
　　1.【授業】続　現代の課題
　　　　個性"差"のつくカリキュラム／台湾の大学は進学率100％!?／第1の
　　　　課題：「ゆとり教育」の課題／第2の課題：「確かな学力」「基礎学力」「活
　　　　用能力」－目指す学力観は？／第3の課題：「道徳教育」－学校・家庭・社
　　　　会の責任／第4の課題：「身体・健康問題」－部活動から見る学校の役割
　　　　／第5の課題：「大学教育」「教養」「国際化」－ユニバーサル時代の大学
　　　　の在り方／第6の課題：「教員評価」「学校評価」／第7の課題：「学校間
　　　　連携」「学校統廃合」－少子高齢化時代の学校／第8の課題：「教育基本法
　　　　改正」－これからの教育の在り方は？
　　2.【授業の感想】部活動・ゆとり教育・学校評価・教育評価・道徳教育・大学教育

第2部　討論会「これからの学校教育はいかにあるべきか～青年の主張～」…285
　　1.【討論会を組む】……………………………………………………287
　　2.【第1回グループ討論会】…………………………………………289
　　3.【第2回全体会】……………………………………………………300
　　　①全体会の流れ
　　　②全体会内容
　　　　教育課程内審議会：「週5日制は存続すべきか廃止すべきか」
　　　　教育課程外審議会：「部活動は存続すべきか廃止すべきか」
　　　　学校間接続審議会：
　　　　　「東北大学の入学試験は学科試験を主におくべき／賛成・反対」
　　　　討論会総括
　　4.【討論会の感想　～討論を終えて～】…………………………322
　　　　立場を決める／週5日制について／部活について／入学試験について／
　　　　討論全体について／授業全体について

第3部「TAと共に授業を創る」とは……………………………………331

結　び………………………………………………………………………345

引用文献（写真・図）……………………………………………………348

■ 増補改訂版への序

　増補改訂をするに当たり、足立佳菜(東北大学助手)・鈴木学(福島大学特任准教授)の両名が、本授業づくりを分析して、新たな論稿「第3部　TAと共に授業を創る」を付加しました。それによって、本書の副題も「TAと共に授業を創る」から、より追究の方向性を明確にしたタイトル「TAと共に創るアクティブ・ラーニングの大規模授業」へと変更しました。両名は、TAとして授業づくりの中心的役割を担い、その後、東北大学高度教養教育・学生支援機構の学習支援センター助手として活躍してきているので、学生にとって真に学びとなる授業づくりはどうすればよいのか、その分析眼には学ぶところが多いと思います。本書の結論を先に読みたい人は、第3部から読まれることをお勧めします。

　なお、授業者の立場から大事なポイントを付け加えておきますと、本当にいい授業を創りたいと思ったら、TAからいろいろな意見や批判を言われることに対して、怒らないで真剣に受け止めて、授業の内容・方法を変えることが大切です。これが大学教員には一番難しく、自分の授業をなかなか変えることができない最大の理由です。

2017年1月15日
早稲田大学教育・総合科学学術院教育学研究科　特任教授
水原克敏

■ 第2版への序

　2005年から早くも5年が過ぎ、時代は急速に変貌をとげつつあります。教育分野では、2006年の新教育基本法の制定やOECDのPISA調査(国際的な学習到達度調査)、2007年の文部科学省全国学力一斉テスト、そして2008・2009年の学習指導要領改訂へと至り、時代は、確実に次の新たなステージへと進んできました。

　このステージをどう捉えたら良いのか、2009年6月の東北大学全学教育「教育学」の授業でとりあげてみました。これをまとめて「補講」として増補改訂版を出すことにしました。現代そのものを同時代人として捉えることは大変難しいことですが、未来を切り拓いていくためには、どうしても私たちの現在を意味づけていくことが必要です。正解はありませんので、皆さんも熟考してみてください。

　授業は、1年次学生101名が対象で、専門教育ではなく教養教育としての「教育学」として取り組みました。TAは、足立佳菜(2009年時、博士課程後期1年)、鈴木学(同)、頼羿廷(同前期1年、台湾留学生)の3名です。司会は足立と頼が担当し、授業構想づくりでは鈴木が貢献してくれました。彼らは、それぞれに持ち味があ

り授業センスの鋭い人たちで、毎週、彼らとはかなり厳しい討議をし、教案を再々にわたって修正した上で進めました。私にとっては、やや辛くも楽しい授業を展開することができました。

大学の授業改革は、若いTAとの共同作業を通すことが非常に効果的であると思います。恒常的に授業を改善することは大変な根気と苦労を要するもので、自分の研究や校務分掌で忙しくなると、授業は間に合う程度で済ませがちで、ついつい低きに流れるのが私の日常でした。TAがいなければすぐに怠惰になってしまいます。

なお、東北大学では2010年度から、1年次学生への支援を目的としてSLA（スチューデント・ラーニング・アドバイザー）制度を発足させ、学び合いの広場としての「川内ラーニング・プラザ」を開設しました。足立佳菜（2010年現在、総長室助手）を中心に鈴木学が補佐となり、2年次・3年次・4年次そして大学院生を20数名雇用して、1年次学生の学び支援、自主ゼミ支援、授業支援（TA役を派遣）、そして留学生も参加する英会話コミュニケーションなどを展開しています。

大学は、今や、新しい双方向型の授業を開発しなければなりませんし、学生たちは、自主ゼミなどを通して自ら学び討論する力をつけなければいけません。そのために新しい企画が求められています。本書がそのささやかな一助となることを期待します。

2011年2月15日
東北大学大学院教育学研究科（教養教育院兼務）教授
水原　克敏

はじめに

　本書は、教養教育としての「教育学」の授業記録（2005年4月〜7月）です。この授業は東北大学の1年生を対象としたもので、受講生は［教育学部75人・文学部18人・経済学部9人・法学部6人・医学部4人・理学部1人・工学部1人］の計114人でした。授業では、研究室の4年生が司会をはじめ授業全体の企画運営を担う仕方で展開しました（写真の右から足立佳菜さん、杉原由佳さん、田辺小百合さん）。

　授業では、私の専門との関係で、日本の近代教育の歴史的な資料を素材にして、学校について考えてもらうことにしました。私は専門家として、日本の学校はどのように作られてきたのか、そこにはどんな原理原則が織り込まれているのかを歴史的に提示し、受講生は現に学校に在籍している生徒として、今日的な観点から、学校はいかにあるべきかを検討してもらうことにしました。

　さらに本書では授業で伝えきれなかったことを補足・修正し、よりわかりやすく整理しました。本書を読んでいただければ、学校の歴史は、学校だけにとどまらず私たち日本人のドラマチックでダイナミックな物語でもあるということ、同時に、学校は私たちの未来を創る場でもあるということが分かると思います。

　また学生たちの「そぼくな疑問」や「感想」を数多く掲載しましたが、それは単に学生の疑問・感想にとどまらず、「学校」に対する解釈が、実は、一つに限らず多様にありうることを教えてくれます。その意味で、本書は私と学生たちとの共同制作の結晶です。ぜひ読まれてご意見をください。

　この教育学の授業は、専門の入門ではなく、全学教育の展開科目ですので、教養教育としての教育学という位置づけになっています。その意味では、教育学の専門につながるタテの系列ではなく、ヨコへの広がり、すなわち人文・社会・自然科学等の領域につながることが期待される授業です。

　教養教育の困難な問題のひとつは、アカデミックな内容を教養教育としていかに展開するかです。大学であればこそ、その普遍的な文化性を深く提供できるはずなのですが、残念なことに教養教育は、学生からは最も評価の低い領域で、授業を改善することが急務となっています。

　今回、全学教育の教育学を担当するにあたり、そのような位置づけの教育学教育に新しい企画で挑戦してみようと考え、彼女ら3人を主力に研究室の他の学生・院生たちにも協力してもらって授業を展開しました。

教養教育の狙いは、受講生である大学1年生が学校に関する専門的知見を獲得することよりも、人間、社会、自然、経済、政治等の諸現象とつなげて考える力がつくようになることです。教養教育としての教育学の授業であり、また、大学1年生という段階ですから、むしろ、学校という焦点化された問題を中心にしながらも、これをとりまく諸々の現象と関係する学問領域に関心を向け、広い読書へと進むよう促しました。

　受講生は、4年生の懇切な司会と授業運営によって、教育学の知識そのものよりも、物事への関心の持ち方とアプローチの仕方に興味をひかれ、また、読書やサークル活動の紹介、あるいはディスカッションなどを通して、多種多様な知見を交流することの大切さを学んだように思われます。この種の学びは、私ひとりの通常の授業ではできないことでした。また、私の話が硬直化したり、果てしない世界に飛び始めたりすると、司会陣は巧みに私の話に割り込んできて、私の観念的な話を砕き、受講生の感じている疑問や意見とつないでくれました。司会陣の割り込みによって私はその授業のプロセスを瞬時に反省し、立て直すきっかけをつかむことができたのでした。

　今回の授業が、4年生の足立佳菜さん、田辺小百合さん、杉原由佳さんの司会と企画運営に助けられたことで、学生参画の授業の可能性というものを確信することができました。これこそ今回の授業の大きな収穫であり心から感謝したいと思います。

　次に、本書のナビゲーターである足立さんと田辺さんの2人に自己紹介をしてもらいます。

2006年2月15日（水原克敏）

〈ナビゲーターの自己紹介〉

　本書は、水原先生による講義を素材として、「一緒に教育学の授業を受けてみよう！」というスタイルで編集されています。その際に、道案内をするのがナビゲーターです。ナビゲーターは、東北大学教育学部水原研究室4年の田辺小百合と足立佳菜が務めます。では、それぞれの研究テーマと研究室メンバーから見た私たちのイメージを紹介して、自己紹介にかえたいと思います♪

田辺小百合　私は国語科教育について研究しています。たまにニュースで若者の日本語の乱れとか、漢字が書けなくなってきているという問題が採り上げられていますよね。学校教育ではそれらの問題に対して、どのように対処しようとしているのか、実際に国語科教育の現場では何が行われているのかということに関心を持っています。なぜ国語について興味があるかというと、私自身が中学校の国語科教師を目指しているからという理由もありますが、現在の国語科教育はもっと違う内容を行うべきなのではないかという問題意識があるからです。そういう問題意識があるので、なぜ今の国語科教育の形になったのか、国語科教育が生まれたときはどうだったのか、どのように変わってきたのかという歴史についても興味を持っています。

小動物系　渡邉

遊びの中から多くを学ぶアイディア型。鋭い指摘は遊びの賜物。　八木

好奇心旺盛。周りをよく見ててその観察眼に脱帽です。　杉原

足立佳菜　私は道徳教育に関心があります。なぜ「道徳」というテーマに興味を持ったかというと、中学生の頃、動物の命を守りたいと思ったことが発端になっています。その頃は獣医師を目指すことも考えましたが、動物に対する人間の姿勢を変えなくては問題の解決にはならないと思い、教育の分野で何かできないかという漠然とした思いを抱えていました。また、「モラルの低下」ということもしきりに叫ばれていたので、それも気になっていました。だから、学校で行っている道徳教育をもっといいものにしたいと思いました。でも考え始めると、いい道徳教育って？道徳教育って誰が行うもの？学校で道徳教育って行っていいの？と、問題は山ほどありました。そこでまず、学校が担うべき道徳教育とはどういうものなのかということを中心に、道徳教育における学校の役割について研究したいと思っています。

頼れるお姉さん　渡邉

八木

ベースは真面目で冷静突き詰め型。まとうオーラはホワホワ系。猫を見ると猫になる無類の猫好き。

杉原

努力型しっかり者。探究心が人一倍すごくて、視点が鋭い！

第 1 部

「教育学」授業

プロローグ

プロローグでは
教育学授業の説明を兼ねて、
これから学ぶ明治から今日までの約140年間に及ぶ
学校の歴史をダイジェスト版として
一気にお届けします。
読んでいる途中で気になった時代があれば
その時代の回へ行ってみてくださいね!
では、「教育学」授業・お試しバージョンを
体験してみましょう☆

1 授業

まずは日本の学校史のダイジェストです。
私たちナビゲーターと共に
ばびゅ〜んと見ていきましょう☆

水原 それでは、ここからは私がお話ししますね。近現代日本の学校についてを大きく9つのステージに区切ってみました。まず概略をつかんで下さい。

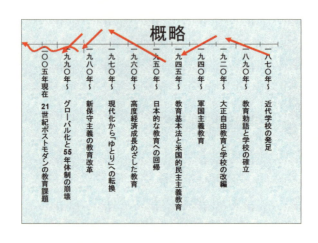

概略
- 一八七〇年〜 近代学校の発足
- 一八九〇年〜 教育勅語と学校の確立
- 一九二〇年〜 大正自由教育と学校の改編
- 一九四〇年〜 軍国主義教育
- 一九四五年〜 教育基本法と米国的民主主義教育
- 一九五〇年〜 日本的な教育への回帰
- 一九六〇年〜 高度経済成長めざした教育
- 一九七〇年〜 現代化から「ゆとり」への転換
- 一九八〇年〜 新保守主義の教育改革
- 一九九〇年〜 グローバル化と55年体制の崩壊
- 二〇〇五年現在 21世紀ポストモダンの教育課題

①日本の近代化と学校の始まり　1870年〜1890年

　1868年、日本は近代国家を建設して、1872（明治5）年に初めて近代学校システムを創ります。それは、全国民が一斉に同じ学校に行くという公教育制度でした。就学率は1880年で20％程度でしたが、そのような公教育制度は近世にはありえませんでした。近世は、日本を地方ごとに治める封建領主がいて、つまり徳川将軍や伊達藩・薩摩藩などがその領域ごとに教育を展開し、かつ、身分制でしたので、同じ学校に行くということはありませんでした。泥にまみれて働く庶民も居たし、藩に務める武士も居たし、あるいは貴族的な生活をしている人たちも居て、彼らは寺子屋・藩校・私塾などに分かれ、同じ学校では勉強していませんでした。ようやく近代国家と近代学校が発足したことで、みんな同じ学校に入って日本国民として教育されることになったのです。しかも、その勉強で、勝ったら勝ち、負

けたら負けという学力の競争システムが導入されたのです。これまでは武士でも足軽の子どもは足軽というように身分制によって決まっていたのに、今度は学校での学力競争で勝った人がどこまでも出世することができるという、能力原理による近代学校が始まりました。

こうして学齢児童全員を対象に、義務的な強制装置をかけて、国家からの教育が大々的に展開されました。能力の証は学歴となり、学歴競争が始まりました。

みんなで同じ学校に行くのって当たり前じゃないんですね！
能力原理による近代学校ってどういうことなんでしょう？？

詳しく知りたい人は!!⇒第1回 (p27) へ

②教育勅語と学校の確立　1890年～1910年

しかし、欧米を模範にして日本の近代化を始めたとたんに、どうも日本の社会の実態に合わないことがわかってきました。日本人は、どういう人間像を理想にして教育すべきなのか、キリスト教的な日本人、仏教的な日本人、イスラム教的な日本人、どういう日本人にしたら、日本の国はうまくいくのだろうという根本的な問題が起きてきました。

さしあたり儒教倫理を基本に教育して秩序を安定させようとしたのですが、儒教で教育したら江戸時代の人間像に戻ってしまうかもしれません。江戸時代の人間じゃあ、日本の資本主義化・近代化はうまくいかない。逆にそれほど近代社会でもない状態で、あまりに民主的で急進的な教育をすると、国が乱れかねないということで、いろいろ試行錯誤をします。そのあげく、日本独自の「教育勅語」というのを作って、日本の国はこの方針でいくぞというふうに決めました。

それでようやく日本の教育方針が固まって、「教育勅語」のもとで、追いつけ追い越せの路線で教育が展開されることになりました。

「日本人像」って国が定めていたんですね。
よく考えると当たり前？でも何だか不思議…。
教育勅語のもとではどんな教育が展開されたのでしょうか？

詳しく知りたい人は!!⇒第2回 (p51) へ

③大正自由主義教育から軍国主義教育へ　1910年～1930年

明治末期から大正時代あたりになりますと、日本が本格的な資本主義化の時代に入り、裕福な国になってくる。その時代は世界的に植民地争奪で争っている時で、日清戦争、日露戦争、第1次世界大戦と続き、日本は幾多の戦争に勝って、国の領土をアジアに侵略して広げていきました。

お金持ちになってくると、多くの人が学校に行くようになり、小学校から中学校、高等学校、そして大学まで教育制度が整備され、受験浪人なども大量に出る時代になります。また、裕福になることによって、自分の欲望を満たすように、自由主義的な風潮が広がります。今までの古い教育では日本の将来性はない、これからは国際化時代だと論じられます。国際連盟ができた時代です。世界に雄飛する新しい日本人をつくろう。もっと世界に通用するような自由な学校をつくろう。だから私立学校をいっぱいつくろう、というのが大正時代の基調になりました。
　しかし、そのような自由主義的な教育に対して、保守主義の側からは警戒されるようになります。そこには共産主義思想と労働運動がしだいに強まり、天皇制国家体制そのものが危機に瀕するのではないかという懸念がありました。

大正ってこんな時代だったんだ…。
何だか戦後の試みたいですね。
大正期の自由主義教育ってどんな教育が行われたんでしょうか？

詳しく知りたい人は!!⇒第3回(p79)へ

④戦時下の軍国主義教育　1930年〜1945年

　大正期の自由主義教育が限界に突き当たると、今度は軍国主義の教育に転じて、学校教育は統制され、戦時体制に入りました。少年少女たちが、竹槍を持ってアメリカ人を刺す練習をするような学校に変わりました。自由主義から軍国主義教育へ、そんな転換が、1930年前後〜1945年まで進行しました。
　戦時中にアメリカ軍が作った日本人に関する宣伝用ビデオがあります。このビデオでは、日本とはどういう国なのか、神国日本、神に選ばれた日本人という認識を説明しています。また、なぜ日本人は煙草をお墓に添えて、祖先に吸わせるのか等々、日本人のいろんな風習を挙げて、日本人を説明しています。アメリカ軍の日本分析が大変興味深く、逆に、我々日本人とはそうであったかと教えられるところもあります。このビデオを素材に日本の教育について検討します。

ここでは「アメリカから見た日本の姿」を見ていきます。
日本ってどういう国？日本人って？
知ってるようで知らないことだらけかもしれませんよ。

詳しく知りたい人は!!⇒第4回(p95)へ

⑤戦後改革期の民主主義教育　1945年〜1950年

　さて、第2次世界大戦が終わったところで、GHQのアメリカ軍が進駐して来て、民主主義教育が求められました。これまでの軍国主義教育は否定され、今度は一人一人が自立した市民をつくる民主主義教育に変わりました。

国民一人一人が自分の研究テーマを持って勉強しましょう。上から与えられた勉強ではいけません。この考えを基に、「自由研究」という科目が設置されました。社会科も誕生しました。これまで国民には政治・経済・社会の教養は与えられないで、その認識が育たないようにされてきましたが、今度は国の主権者として政治教育が重視されることになりました。家庭科も男女必修になり、男女共学と男女平等の教育が求められました。

　大学も高校も単位制にして、一人一人が自分の単位を主体的に選択する仕方で、自分の将来の計画を作りながら勉強することになりました。大学生と高校生は民主主義社会のリーダーになる人たちなので、その意味で単位制が導入されました。

　そして6・3・3・4制にして、みんなが高校・大学まで行けるシステムに改革されました。民主主義を進める上で大事なことは、国民の基礎教育の水準が高いことですから、15歳までの義務教育が必要とされました。

戦争が終わって、日本はどう変わったのでしょう？
日本人は変わったのでしょうか？
民主主義の教育って具体的にはどういう教育のこと？

詳しく知りたい人は!!⇒第5回（p109）へ

⑥戦後復興から日本的な教育への回帰　1950年〜1960年

　戦後改革期の次は、経済復興期の教育です。民主主義の教育を積極的に展開してまもなく、朝鮮戦争や米ソの冷戦が始まり、急速に世界情勢が変化します。ソ連・中国の共産主義との対抗上、民主主義教育はあまり推進されなくなります。日本の伝統を重んじ中央統制の強い教育に変わってきます。たとえば、教育委員の公選制をやめたり、学習指導要領に法的拘束力を持たせたりするように変更しました。

　もともと戦後改革では、地方ごとに教育委員会を作って、地域住民の意向が反映したカリキュラムや教科書で学校教育をすることを志向しましたが、そのような地方分権ですと、各地域の要請に縛られ国全体の発展が遅くなりますので、それよりも国の統制力を回復して計画的に経済復興する、そのような政策を進めるための教育をすることになりました。これが経済復興期の教育で、それまで地方自治で地方に委ねていた、いろんなシステムの権限を文部省のほうに戻すことになりました。

アメリカの占領下から独立した時代ですね。
うーん、あれ…何だか戦前に戻ったみたい？
この時期の教育が目指したものは何だったのでしょう？

詳しく知りたい人は!!⇒第6回（p133）へ

13

⑦高度経済成長を目指した教育　1960年〜1975年

　経済復興が成り、さらに進めて、高度経済成長を目指した教育の時期に入ります。今度は人づくりの方針が変わり、国民みんなの能力を開発して、科学技術を発達させ、世界一の工業生産国にする教育を進めました。徹底的に能力を開発するために、例えば、学力テストを全児童生徒に課したり、教科書の内容を世界のトップクラスのレベルに上げたりしました。

　テストを科学的に分析して、児童生徒にどれくらいインプットしたらどれくらいアウトプットのある人間ができるかという経済効率の観点から教育投資の概念が登場しました。教育投資を計画的にやっていくと、日本が最高の生産大国になる、という経済優先の考え方でした。その意味でかなり無理のある能力開発が展開されました。

　1967年には国立工業高等専門学校が創設されたり、工学系統の学部が増設・増員されたりなど、テクノロジーと生産性向上に傾斜した改革がなされました。

経済の影響で教育が大きく変わったのですね。
時代は晴れやかになり、ミニスカートも登場しました。
このミニスカートが、実は時代を解く鍵に…!?

詳しく知りたい人は!!⇒第7回 (p159) へ

⑧リッチな時代の到来と新保守主義の教育改革　1975年〜1990年

　ついにリッチになって1980年、「追いつけ追い越せ」ではなく、安定した成熟社会が到来したと言われました。しかし実は高度経済成長の代償で、学校の荒廃、不登校、いじめ、そして家庭内暴力が発生していました。高水準の教育目標に向けて暗記暗誦とドリルを繰り返す教育では、点数は上がりましたが、子どもたちの魂が枯れる面がありました。同時に高度経済成長の結果、勤勉を忘れたぐうたらな日本人、職業への意欲の喪失した日本人も多数出てきました。

　他方、国際的には日本が世界第2位の経済大国となり、もはや日本的な都合は許されなくなり、すべてがグローバル・スタンダードで、実際は米国の認める基準で自由競争をせざるをえなくなりました。

　このような事態に直面した政府は、今後のあり方を検討し、その結果、様々な規制を緩和し、日本人を自由競争に追い込んで、勝ち負けの競争の中で社会全体を活性化して行くこと、これが国際的な競争力をつけ、日本が生き残っていく方法であること、かつ、競争で国民が分裂しないように、国民統合のシンボル、「日の丸」と「君が代」の教育を強化するという方針を選択しました。

　一言で言えば、新保守主義の政策で、経済的には新自由主義を採用し、教育では、伝統文化とナショナリズムを強調して国家への帰属意識を強調する路線です。

学校の荒廃、不登校、いじめ、家庭内暴力…
すごく学校が荒れた時代ですね。
さて、そのとき教育はどう動いたのでしょう？？

詳しく知りたい人は!!⇒第8回 (p185) へ

⑨ポストモダンにおける「学校の自律性」と「ゆとり教育」 1990年〜今日

　新保守主義の政策は今日でも続いています。しかし、1990年、世界を半分に分けていた冷戦の壁が崩壊して一挙にグローバル化し、かつ、株価の暴落と相まって日本版ビックバンを惹き起こすなど、時代は大きく変化しました。

　ポストモダンとは、モダン（近代化）の後という意味です。これまで学校にかぎらずあらゆる組織体は行政主導のもと国家目的に向けて近代化を進め、高度経済成長に貢献してきましたが、次の時代の課題は、各企業、各組織、そして各学校が「ガバナンス」を確保して自律性が持てるようにすることです。その自律性は、組織としての学校だけでなく、実は、一人一人のニーズに合致した人間性豊かな「ゆとり教育」を推進することがポイントになります。それで点数を取る能率のいい教育よりも、一人一人が主体的に考え何かを創りだすという新しい資質形成の教育を志向することになりました。具体的には、「総合的な学習の時間」や選択的なカリキュラムなどを入れて「生きる力」の育成につながる「特色ある学校づくり」が期待されています。「ゆとり教育」は学力を下げる教育として論議を呼んでいますが、それ以上に次の新しい時代をどのように構想するか、そういう問題として考える視点が大切です。

ついに出てきましたね「ゆとり教育」。
現在の教育を騒がす「ゆとり」ですが、
その背景と本質をしっかり理解しましょう！

詳しく知りたい人は!!⇒第9回 (p213) へ

⑩現代学校の今日的課題 2005年現在

　近代国家建設以降、世界的にも近代化が進められてきましたが、その後はどうなるんだろう。今までは産業は重厚長大でやってきたけれども、今度は軽薄短小に変わって来ている。そして地域ごとに、あるいは個人ごとに、様々な試みを活かす時代が来ました。

　これまで、みんなで画一的、集団的にやってきましたが、これをやめて、もっと人間的、個人的にやれる時代が来たんじゃないか。そうなりますと、新しい教育の在り方は、要するに一人一人が様々な選択をしながら生きていける、そういう教育の在り方に変わるべきではないかということです。

しかし、そう言えば美しい表現ですが、下手をすると「できる人」と「できない人」の差がついてくる。今まではみんな同じように教育されてきて、同じような顔つき、同じような内容でやってきて、大体みんな同じであることを大事にしてきたわけですが、今度は差がつけられ、そこから出てくる深刻な問題が予想されます。場合によっては、様々な犯罪を増加させる温床にもなるわけです。

学校というのは、教科教育だけじゃなくて治安維持の機能もあって、みんなの不満が出ないように集団を作る機能があるんですが、その機能を弱めると、社会の輪が壊れてくる。たくさんの不満や勝手な行動が出てきて、国が乱れ始めます。

ですからその社会的調和を図りつつも、なるべく一人一人の多種多様な希望や目的を実現できるような、そういう教育を実現することが次の課題となっています。

学校の歴史を色々見てきたけれど…
では現在の学校はどんな課題を抱えているのでしょうか？
身の周りにはまだまだ問題は隠れていますよ☆

詳しく知りたい人は!!⇒第10回 (p239) へ

以上で日本の学校史のダイジェストは終わりです。
全体の流れはつかめたでしょうか。
次に、ガイダンス時に受講生から出た質問と
それに対する水原先生の答えを見てみましょう☆

2 質疑応答

受講生 私は、今日初めて教育学を受けてみて、先生の教え方とかほめ方次第で生徒がどんどん変わっていく、それによって社会も変わっていくんだなあというのを実感しました。それで興味を持ったのは、よい生徒を育てるための**よい教師**っていうのは、どうやったら生まれるのかなっていうことに興味を持ちました。

水原 そうですね。私も教員養成を研究しているんですが、教師はどんなふうに養成されてきたのか、あるいは日本人の教師像の原型はいつ確立したのかなどを研究しています。それから、今教育委員会と一緒にやっているのは、教員評価。「この先生はA」とか「B」とか「C」とかつけるので、賛成反対で論議になっています。そういう教師教育、教員評価、そして教員研修の問題が繋がっていきます。

田辺 他にありませんか。

受講生 最近は学級崩壊や、生徒があまり授業を聞かないというニュースが多い

ですよね。それは教員・学校側に問題があると言われることが多いんですけど、自分は家庭教育のほうが問題だと思っています。**親に対する教育**とか、そういう制度は考えられていないのですか。

水原　本当にその通りですね。親をどうしたらいいか、子どもたちを変えようとすると、学校がいくら頑張っても、家庭が変わらないと変わりようがない。集まってくださいと言っても、集まらない。だいたい教育の必要な人は来ない。問題のない保護者は学校にわりと来るんですが、話を聞いてほしい保護者に限って来ないものですから、なかなかそこが難しい。

それでも、学校に子どもたちは来ているんだから、学校を拠点に、保護者たちに集まってもらって、そこで色々考え方などを深めてもらう契機にしたらいいと思います。教員の負担は大変ですが、学校のほうで機会を提供してもらいたいと思っています。子どもたちを良く伸ばそうという思いは、どんな保護者も持っているんで、多くの保護者を話し合いや企画に巻き込んでいく仕方ならば、少しずつ変わっていくかなと思います。

足立　素朴な疑問でもいいので何か感想等ありましたら。

受講生　自分は学校の教育というものに興味があって、教育学部に入ったんですけど、今学校はかなり崩れていると思っています。学校で**個性**を伸ばそうとする教育が流行っていると思うんですけども、教育現場では運動会で1位2位をつけないで、ゴールさせようとする教育が行われていて、実際は個性が伸びないような学校教育になっている。あと子どもが悪いことをしても説教できない教師が多い、そういう問題をどうすればいいのかなということに興味を持っています。

水原　さっきも話しましたけども、現代はむしろ**能力差**のつく教育のほうに大きく振れてきています。そのほうが世界的な競争に勝てる国になれるということで、競争強化の方向に動いています。それで気になるのは、悪い事件があちこちで起きてくる可能性があるということです。学校という場に対して恨みをつのらせて、校内に入り込み殺人を犯す者があらわれる。それは、「学校が差別の根源だ、あそこが私を差別したから今の私があるんだ、この学校全部を壊してやる、教師に復讐してやる」という想いが犯罪者にはあるんでしょうね。実はそれは多くの人たちの思いにもなっていて、特に附属学校は特権学校として狙われている。だからあからさまに差をつけた場合のマイナスの副作用がどう出るかという点が、研究者としてはすごく気になるところです。学校をどういう原則で運営するかは日本の国をどういう国にするかという大きな問題に通じます。

田辺　ありがとうございました。その他、聞いてみたいと思います。

受講生　教育について、今まで家庭でも学校でも漠然と受けてきたんですけど、それを今おっしゃったように科学的に研究していくということに、すごくわくわ

くして興味を持ちました。で、気になることは、今「**ゆとり教育**」ということがよく新聞などで報道されていますが、「ゆとり教育」では競争をなくそうっていう風潮があるけれども、私たちが実際に、勉強の面でも運動の面でも向上していくためには、やっぱり競争とかそういうものが必要だと思っています。そういうのをどう考えたらいいか、と思いました。

水原　競争という場合に、何で振り分けるのが**公正**なのか、何の競争で勝ったら勝ちにするのか、ということが大きいですよね。たとえば、立派な大学を出た人が有能で使い物になるかというと、実は問題が出ているという。そうすると、学校で計れない能力こそ本当は大事な能力なのかもしれない。それで学校では、もっとその計れない要素も入れ込んだ教育をしてほしいとか、それを入れた評価をしてほしい、という要請も出ています。

じゃあ何で競争するのが妥当なのかと。それはどうやって計るのか、計り方が問題になります。よく**入学試験**で面接をしたり、教員採用試験で模擬授業を取り入れるなどして人間性をみるという方法をとっています。医学部の入試でもやはり面接を採用しているのですが、これは、ペーパーテストの点数は高いけれど患者さんの話が聞けないとか、コミュニケーション能力が著しく低いかもしれないという場合を考慮しているわけです。

要するに競争を入れたほうがいいという場合、いろいろ考えるべきポイントがあるということです。「ゆとり教育」に対する意見の趣旨はわかりますが、そう答えは単純ではないんです。私の授業では、その時代はどうだったのか、なぜそういう方式を採用したのかという話をしますが、それが正しいかどうか、正解はないんです。

皆さんはもしかしたら僕に正解を聞きたいのかもしれないけども、正解はありません。ただどんな原則で運営してきたのか、その結果どんな問題がでたのか、という話をします。問題は、どうしたらいいかですが、それは結局どういう社会にしたいかということに通じます。どういう社会にしたいかによって**競争原理**の入れ方、方法が違ってきます。それは、みんなが考えて選ぶしかないんです。こういう社会にしたいから、A型の競争をするような社会にしましょう。いやそういう社会じゃなくて、別なB型の競争をする社会にしましょう。じゃあそういう社会に合う評価基準を作りましょうとなります。

それは、みなさんがある種の社会の原則を選択する問題になります。だから科学の領域というよりもポリシーの選択の問題になります。その意味で正解はないんです。科学的に事実は解明できますが、どんなふうに競争原理を適用した社会にするか、学力競争にどの程度の重みを持たせるか、それは価値観の選択の問題であって、単一の正解はないんです。

田辺 今ゆとり教育の話で学力競争の話が出ましたよね。1年生の皆さんにもっとも身近な話題として、終わったばかりの受験があると思うんですが、それについて聞いてみましょう。

受講生 受験制度はあっていいと思いますけど、大学の名前だけで、この先就職とかが狭められてしまうのは、問題があると思います。

水原 18歳の大学入試。その18歳試験でもって、もうその人の能力はA・B・Cとか、一生ついて回る、こういうのを**学歴主義**というのですが、18歳試験の大学の名前だけで、その人の将来が決まってしまう社会ですね。でも80歳くらいまで考えると、あと50年もあるわけで、その間にどういう能力をつけてどんな風にがんばったのか、そういう生涯にわたっての学習が評価されるべきだという**生涯学習社会**に変わりつつあるんですね。それでも、あなたの言うとおり、まだまだ学歴主義社会は根強いですね。これをいかに打破するかということが今日でも課題です。

足立 もう1人。先ほど不満なんかも研究の対象になっていくという話もあったので、それに関して、なにかありましたら教えてください。

受講生 別に受験に関して不満はありません。受験はいい制度だと思っているし、努力した分だけ評価してもらえるんだったらいいと思います。それに学歴も、その人の勝ち取ったものだから、別にそれで評価されるのはいいと思うんですけど、僕が問題だなと思うのは、それだけで評価されている、なんていうのかな、一元的なものの見方しかされていないのは、問題なのかなと思っています。他にもやっぱり、人を評価する上では、多元的なものの見方がやはり必要なわけで、学歴だけ見られて学歴だけで評価される、それが問題なんじゃないかとか思うのです。僕は教育行政の面から見てみたいというのが今の気持ちとしてあるんですけど、そういう面に携わるときに、人をどのように評価していくかということを考えていきたいと思っています。

水原 はい、ありがとう。せっかくいいポイントをつく面白い問題が出てきましたが、時間がオーバーして来ているので、すみません、感想文を書き始めてください。

　以上でガイダンス時の授業と質疑応答の時間は終わりになります。
　では次に、その後受講生に出してもらった感想を読みながら振りかえっていきましょう！ここで紹介するものは授業の復習になる感想や、授業では出なかった新しい視点を提供してくれる感想です。授業で考えたあなたの感想と比べてみてくださいね。

19

3 授業の感想

田辺　それでは質疑応答でも話題が出た「受験」についての感想を紹介します。まずは反対意見から2つ。

> 【教・男】受験に関して僕は反対です。受験自体は良い制度だったと思うのですけど、その受験1回で人生に大きな影響を与えすぎていると思います。正直、高校生活、中学生活の評価は、まったく受験に活かされていないと思います。学力だけでなく人間性も見る試験制度が必要だと思いました。

> 【教・男】受験に関して、学力だけで学部・学科に入れるというのはおかしいと思う。個人には選択の自由はもちろんあるが、そもそも適性というものがある。例えば本人がどれだけ頭がよくても、不器用な人に脳外科はやらせられない。そういう他人から見て初めてわかる事を積極的に知ろうとする事も大事だが、そういう事を相談できる相手（カウンセラーなり先生なり）を常設する事が、特に職業教育に直結する高等教育には必須だと思う。

田辺　という意見でした。受験への疑問・不満があふれていますね…。「1回しかチャンスがない」「学力だけではなく、人間性・職業への適性も評価するべきだ」というのが反対意見のポイントでしょうか。

足立　また違う視点で受験を見ている方もいましたよ。こちらは賛成意見ですね。

> 【法・男】この3月まで受験をしてきたので、それを身近に感じる内に意見を言いたかったのですが、やはり受験は必要だと思います。学力向上の面だけでなく、人格形成の面でも大きな役割を果たしていると実感しました。それに1回失敗しても、2回目・3回目のチャンスは与えられているので、そういう面でも受験はよいものだと思います。

足立　「2回目・3回目のチャンスは与えられている」という意見は面白いですね。

田辺 そういう見方も出来るんですね。「人格形成で大きな役割を果たす」という意見もなるほどと思いました。やっぱり受験の影響って結構大きいですよね。大学卒業後の職業にも関わってくるし、それまでの自分を評価されるような気がするし…。

足立 だから学歴だけで判断していいのか！？という意見が出るんでしょうけど。でも「企業が学生を採用するときに学歴を見るのは合理的な判断基準だ」という意見もありました。まだまだ受験についてはいろいろ考えることが出来そうです。

田辺 他に、この「**教育学**」の授業についての感想もありました。

【教・女】「教育学」といってもただ漠然としたイメージをもっていたけど、先生の話や他の受講生、先輩の話を聞いて、教育は切り口一つでどんな解釈・研究もできるものだとわかった。私は、子どもが教育を受容する上でどんな過程をたどるのか、また、親の教育と学校教育の関わり方について興味をもっている。社会科の教員免許もとりたい。まだもやもやした思いしかないが、他の人と意見を交わしたり先生の授業に出て話を聞くことで何を研究したいのか思いをしっかりしたものにしていきたい。よろしくお願いします。

【教・女】私はずっと小学校の教員になりたくて、教員養成系の大学を目指していました。でも先生や色々な人たちの意見を聞くうちに、「教育」そのものについて研究したり、考えたりするのも楽しそうだと思い、東北大に入学しました。今日の講義で教授や友達の意見を聞き、ますます「教育」について知りたくなりました。

田辺 私も同じ理由でこの大学に来たので嬉しくなりました♪「教育」って今まで何気なく受けてきたものなんですが、ちょっと視点を変えただけでたくさんの発見があるのです。この授業を通してみなさんいろいろな視点で教育を考えていけるようになってほしいです(＾＿＾)ではそのほかの感想も見ていきましょう！

〜その他の感想〜
●学校教育●
【教・女】教育を受けた人が社会に出てやっていくのだ、と漠然と思っていましたが、どういう社会にしたいかによって、教育を変えていく、という観点を聞いて、

視野が広くなった気がしました。心の教育としての『心のノート』が、国の側から、「こういう人間にしたい」という押し付けのようなものだ、と思っていたのですが、学校全てにおける教育が、やはり社会を作っている人のカリキュラム計画なのだなぁ、と思って考え方が変わりました。全体の中で学校、教育が果たしている役割は、思っていたより大きかった、ということからその大きさが、うまくいかされているのか、疑問に思いました。（今まで当たり前に思っていたものも、当たり前ではないかも…！？色々見つけて「そぼくな疑問」に書いてみてね！足立）

【文・男】最近話題となっている中国における反日運動の原因は教育だと言われていますが、これは戦時下の日本の皇民化教育にも通じるところがあるかもと感じています。そこで自分はどうして学校教育が人にこれ程（ある種洗脳っぽい）影響を与えるのか？と思いました。世間一般で「学校で習うことは正しい」と思われているからこういったことが起きるのかなとも思いました。確かに学校で間違いを教えてはいけないけれど、どうして「学校で習うことは正しい」という考えがあるのか？そもそも学校が一人一人の価値観を決定してもいいのか？と思いました。反日とか戦争までとはいかなくても、日常生活の中で、「だって学校で習ったもん」という言葉が出てくるくらい学校教育はその人の人格形成に大きく関わっているのだと思います。それはどうしてなのかと思っています。

【経・男】私の教育に関する考えとしては、なぜ義務教育はみんなで同じことばかり学ばなければいけないのかという事である。たしかに小中9年間は教育を受けるというのはいいと思う。しかし、その9年間になにを学ぶかは自由なのではないかと私は思う。もちろん一般教養というものも必要だが、人間には得意、不得意、好き嫌いがあるのだから、工場のように同じような人材を生産するような教育には問題があると思う。

●教員評価●
【教・男】教員の再養成や採点化の動きが始まりつつあると思います。確かに高校生だった頃、頼りにならない先生、自分でもよくわかってない先生、怒るだけで自分も生活態度が良くない先生が多くいらっしゃいました。私は現在の教員そのものを見たとき、教員の採点化はやはり必要だし、社会的に評価を得て認められるための合理的な手段だと考えております。

●家庭・社会・学歴●
【経・男】みんな様々な考え方があって、十人十色とはよく言ったものだとあらた

めて感じた。特に共感できたのは親の教育に関する意見である。<u>子どもが問題を起こした時、なぜその子の学校の教師が謝罪するのだろう</u>。そんなことを私はよく考えていた。(学校の外で起こした問題でも、親じゃなくて教師が責任を負うことが多いですよね。改めて考えてみると不思議です。田辺)

【教・女】今回の講義で良い教師を生み出すにはどうしたらいいのかと発表しました。でも他の受講生の意見を聞いてみて、家庭での教育の問題や差をつける教育など今まで考えてなかったことも、問題としてあるんだということが分かりました。今、私が思うのは<u>教育というのは全てつながっているんだ</u>ということです。

【教・男】今日の日本では、教育も含めて、自由競争がどんどん進められ、<u>「勝ち組」「負け組」といった構造ができている</u>。人間がすべて同じ能力というのはあり得ず、優等者もいれば、劣等者もいるのは当然であるが、今日では「勝ち組」はどんどん豊かになり、「負け組」はどんどん貧しくなっている状況となっていると思う。それでは、<u>弱者を救うために教育に何が出来るか、そしてそのために、学校に限らず、家庭や地域がどう関わるべきか</u>ということに興味を持ちました。(「勝ち組」「負け組」って誰が決めるんだろうね？田辺)

【教・男】成績のいい人は大体悪い人の事を見下しがちだと思う。学校教育の中で、上記のような差別意識を持たせてしまったのは大問題だと思うし、社会がそういうシステムになっているのも改善すべき点だと思う。犯罪ニュースを見ると、犯罪者は大抵「無職」となっている。これは<u>もとは教育の問題にある</u>と思っているし、現在すごく多いニートなども、予備軍になっていると思う。一生懸命調べていきたいと思った。

【教・男】近年犯罪の低年齢化や「キレる」といった社会問題が増加しており、それに対して文部科学省はゆとり教育といった対策を実施している。しかし私は他のところにもその原因があると思う。それは<u>TVゲームや番組などで人命を軽々しくみせたり、暴力がかっこいいと錯覚させること</u>である。どんなに教育を改善しようと小さい頃から身近にこのようなものがあれば心が荒廃してもしかたない。まずはこの点を改善するべきだと思う。(そうですね。私もマスメディアの影響はとても大きいと思います。でも、この事を「教育」という視点で考えてみることもできますよ(^_^)　足立)

23

4 そぼくな疑問 −全ての学問もたった一つの疑問から−

最後は、感想と一緒に受講生に書いてもらった「そぼくな疑問」です。
じっくり考えると、意外に深いものばかりですよ☆

〈教育、学ぶとは？〉○教育≒しつけ？○洗脳と教育の違いとは？（教育？しつけ？洗脳？教授？田辺）○能力とそれ以外の面（例えば心）を公平に考察する教育とはどのようなものか？○なぜ学ばなければならないのか。○教育を子どもの視点から見るとき、どんなとらえかたがあるか。○「教育」の語義は歴史的にどのように変遷してきたのか。○本当の学力って何でしょう？○教育は何のためにあるのか。○「教育」という考えは世界的にいつはじまったのか。○親の子に対する教育の情熱は同じはずなのに、なぜ個人で差が生じるのですか？（同じかな？？？田辺）○江戸時代で将軍などの身分が高い人はどんな教育を受けてきたのか。〈教育制度〉○最近、教育の内容が増えたり減ったりしているが、それによる学年別の格差を国は考えているのでしょうか。○教科書の改訂とかあるけれど、小学校で学ぶべきこととかは、どういう基準なのか、と思った。○大学の教養部が無くなっていますが、いつ頃からでしょうか。○大学の、いわゆる「資格専門学校」化に対する是非。○なぜ大学は4年なのか○なぜ、共学と別学があるのか。○なぜ義務教育は中学までなのか？○どうして6・3・3・4制になったのですか。○文科省の教科書認定の基準は何であるのか〈学校〉○「校章」を作る意味はあるのか。○いじめが起きる原因？ ○働くまでに学校でしておくべきことは何ですか。○学校と地域の連携を密にするにはどうしたらよいか○学校で個性は本当に育つのか。（4年生の間でも以前議論しましたよ！個性って何なのだろうね？？田辺）○僕はすごく近くに小学校があったのですが、そのときに行われた集団登校の意味○学校にはなぜチャイムがあるのだろう？○職員会議の内容○どうして中高は校則が厳しいのに、小学校と大学は私服だし校則も厳しくないのか。○どうして日本の中学校や小学校でお菓子を食べるとおこられるんだろう…。○授業時間はなぜ学校によって異なるのか。○学力低下が予想できたのに、なぜ「ゆとり教育」をする必要があったのでしょうか○進路を決定するのにいい時期とはあるのでしょうか。〈教科〉○英語を小学校から導入する動きについて、やはり日本

語を基本にしっかりしないうちから英語をと急ぐことはどうかと思う。○小中で主要5教科を教えるのはなぜ！？○小学校は「算数」なのに、中学校から「数学」になるのがふしぎです。○初等教育の時点で専門的な勉強がどうしてできないのか。○大学で自分の専門外のことを学べないのか。○今ある教科だけで才能は開花できるのか。○なぜ国・数・英が主要科目なのか。〈**先生**〉○いい先生、悪い先生の基準って何？○今と昔の生徒から見た先生像はどのように違うのか。○「現代文」は国語教師だけしか教えられないのはおかしいと思う。〈**競争・受験**〉○幼稚園、小学校の「お受験」は意味があるのか○一発勝負の受験に疑問です。○今の小学校などの能力別コースと競争は無関係なのか○生徒に学校のテストの成績で競争させる必要はあるのか。〈**学校の道具**〉○なぜ小学生は全国的にランドセルを背負っているのでしょう？色の話は聞いたことがあるのですが。○お道具箱って何だか不思議。〈**衣**〉○なぜ制服が必要なのか？○小・中・高のださい体育着を着る意味って？〈**その他**〉○宗教の違いはどう打開していけばよいのか○「良い子」の基準って何なのでしょうか。

田辺　記念すべき最初の「そぼく大賞」は、**「職員会議の内容」**です。

足立　一発で決まりましたね！

田辺　私たちは素朴さで「そぼく大賞」を選んだんですけど、「職員会議」は研究対象としても扱われてるそうですね、先生。

水原　はい。職員会議をどう位置づけるかによって、学校の決定権は誰が持つのかが異なってきます。校長が決定権を持つなら、職員会議は単なる相談の会議。あるいは指示命令を受けるなら伝達会議。でも職員会議のほうに権限があるならば、職員会議は最高決定機関となる。職員会議に最終決定権を持たせるか、組織はどこで決定権を持つかという問題ですね。今まで大学なんかは、実質的に教授会が最高議決機関でしたが、法人化で大学の総長・役員会に移りました。それで小中高に関してですが、現在の職員会議に決定権はありません。上からの伝達と諮問の会議です。だから校長が諮問して意見を聞き、校長の責任で命令して校長が責任をとるということです。もちろん論争にもなっていますが、現行法では、職員会議は伝達と意見交換そして連絡調整の場で決定権はありません。

足立　また職員会議に関して違う例を紹介しますと、私が以前訪問した小学校では、朝の自習時間を作るために、職員会議をなくそうということをやっていました。その代わり各教員にコンピュータが与えられ職員会議の内容が毎日更新されて、教師はそれを教室でチェックするという体制をとっていました。杉原さんの

学校でもあったそうですね？

杉原 そうです。私の母校はそれを採り入れていて、先生たちもコンピュータを通して連絡事項を受けるっていう形をとっていました。

田辺 もう一つ「そぼくな疑問」から紹介したいと思います。「学力低下が予想できたのに、なぜ『ゆとり教育』をする必要があったのでしょうか？」このように、学力低下とゆとりについての疑問を書いてくれた受講生が多くいました。ニュースで大きく採り上げられている問題なので、みんな気になるところだと思います。「ゆとり教育」の問題というと、教科書の内容を3割削減してすごく薄くなってしまったりとか、週休2日制で授業時間が削減されて行事が減ってしまったりとかそういうことがニュースでも言われていますよね。じゃあ「ゆとり教育」で本当に求めていたものはなんだったのでしょうか？

水原 要するに、今までの学力の質、暗記暗誦が中心の学力は本当にいい学力なのかという問いが背景にあります。従来の学力観は欠陥があるのではないかということで、全体のカリキュラムを「ゆとり教育」に変えたんです。それは従来から見ると、学力は下がることになる。でも違った資質ができるんだからいいことだ、21世紀は新しい資質の青年を創るんだということで、新しい学力観の教育を展開しているわけです。いずれじっくり話します。（詳しくは〈第9回〉授業参照）

足立 「そぼくな疑問」から授業につながるものもたくさんあるんです。教育学を学ぶとなると、どこか難しいことを「覚えなくてはいけない」という構えになってしまいがちですが、学びというのはごくごく身近なところに問いを持つことから始まるんですよね。

田辺 そう、どんな学問だって小さな疑問から始まるんです！普段からいっぱい問いを持ってもらおうと思って、このコーナーを作りました。読者のみなさんも、「そぼくな疑問」を考えてみてください！

> いかがでしたか？こうして【授業】→【質疑応答】→【授業の感想】の紹介→【そぼくな疑問】の紹介・解説という流れをひとまとまりとして、本書の授業は進みます。それでは、授業の始まり始まり～☆

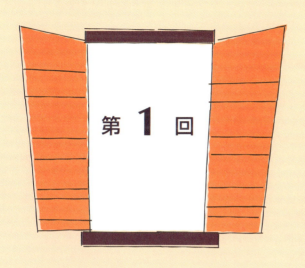

第 1 回

第1回は、明治の学校についての授業です。
今の学校はこの時期の学校がもとになっています。
さて、時は140年前。
学校はどのような姿だったのでしょう?
それでは、
さっそく「教育学」授業のはじまりはじまり☆

1 授業　日本の近代化と学校の始まり（1870～1890年代）

近代国家の成立

水原　本論に入ります。近代学校の発足ですが、その前に、明治維新になって**近代国家**が創られます。その結果、近代的な国民養成が始まりますが、そもそも、国家とは何かというと、領土があって、国民があって、主権があります。その近代国家建設に向けた**公教育**としての近代学校が創設され、国民教育が展開されました。

今まで、薩摩藩だ、伊達藩だ、津軽藩だというふうに国が分かれていて、全体として日本人という意識がなかったのですが、明治維新によって、近代的な日本国家を樹立することになったので、国民全体に対して新しい教育を展開し、自分は日本国民である、という自覚と認識を育成する必要が出てきました。それは日本だけでなく、世界的にもイギリス、フランス、ドイツ、アメリカなど近代国家が出来上がっており、各国は競争して近代的な国民を作る教育を進めつつありました。

一般に、近代国家建設にあたっては、政治と宗教を分離する**政教分離の原則**が重視されます。明治政府も先進国を見習ってこの原則を採用しますが、まもなく、形骸化します。みなさん宗教戦争ってご存知のように、近代国家を建設するまではすごい宗教戦争を繰り返してきました。しかし、ようやく国が統一され、近代国家を創るにあたっては、その国民はどんな宗教を信ずる人でも尊重しよう。同じ領土に住んでいる人にいろんな宗教があるけれども、もう宗教戦争はやめよう。国内にいる人の思想・信教は保障しよう。だから近代学校では、特定の宗教を強制したり教育したりするのはもうやめましょう。したがって、教会ではなく世俗的な国家が、近代学校を創り公教育として運営しましょう、そこでの教育は、みんなが承認する普遍的な知識だけを教えましょう、即ち、科学・技術だけを教えましょう、ということになりました。

ヨーロッパなどでは、教育はもともと教会が支配し、自派の宗教が広まるように教育してきました。しかし近代国家に統一されたことを機会に教会から教育の支配権を取り上げ、それを国家が握り、公教育を実施したのです。これを**教育の世俗化**といいます。国家が教育の支配権を握った以上、国家は特定の宗教に加担してはなりません。それで公教育は中立・公平で普遍性のある知識・技術に限定することになりました。

それから、**近代化**ですが、「産業化、資本主義化、合理化、民主化」などが特徴です。それで近代化のための教育というのは要するに日本の国を産業化していく、資本主義化していく、合理化していく、民主化していくための教育をするということです。民主化というのは、今まで徳川家康が命令していたのを、今度はみんなで決めようということですが、ここには難しい問題が潜んでいます。藩閥政治打倒

といっそうの民主化を求める**自由民権運動**などが絡んできますが、とりあえず、ここでは近代学校の大まかな原則だけを考えてもらいましょう。

> 近世の学校との違い

さらに、**近世の学校**と比較して原則を考えてみましょう。今、近代学校の原則をちょっと話しただけで大体想像ついたかなと思いますが、この写真は江戸時代の**寺子屋**とか**藩校**ですね。寺子屋っていうのは庶民が行く学校、藩校は武士が行く学校。伊達藩の武士は養賢堂という藩校に通いました。

ちょっとこの写真を見て気付くことがあるかと思うんですけども、この写真を見て、今日の近代学校とどこが違うのか、何か気づいたことをお願いします。

田辺　畳や床に正座していますね。

水原　ああ、正座していますね、確かに。今は机と椅子ですけども。ですから明治の初めは、畳を全部はがしてその下の床を出し、そこに机と椅子を並べて、洋風らしい学校ができました。靴を履いたまま上がりました。

足立　とても素朴なところでいけば、使っている**文房具**ですか、全然違いますよね。

水原　そうですね。三菱鉛筆に「ESTABLISHED 1887」って書いてあるのを見たことあるかと思いますが、あれは三菱鉛筆が1887（明治20）年に創設されたという意味で、明治20年までは、鉛筆というのは舶来物で、普通は持てない大変高価なものでした。ですが、ようやく明治30年頃になると、多くの人が鉛筆を持てるようになりました。そのころに紙もようやく日本の工場で生産されましたから、明治の末ごろには一般に普及するようになります。それまで紙は大変高価なので、字の練習は石の盤に書く。**石盤**。石でできた小さな黒板みたいなものを一人一人が持って、チョークのような石筆で書きました。紙を使った場合は、何回も習字の練習をして真っ黒になり、さらには、真っ黒の上に水で書いて練習しました。明治の末になりますと、みんなに鉛筆も紙も行き渡るので、ノートや教科書が出てきます。文具が違うということですね。

杉原　寺子屋では、生徒たちの向いている方向がバラバラで、誰が教師で誰が生

徒なのか、一見してはわからないですね。
水原　そうですね。寺子屋は不規則でみんなあちこちを向いていますね。

> 一斉教授法は近代の発明

　その点、近代学校になると、教師は前面にいて、みんな教師の方に向いて授業を受けますよね。この授業形態は、**一斉教授法**っていいます。一人の教師が全員に向かって話すという仕方が、近代的な教授方法として発明されて、導入されてきました。しかも、掛図を見せて教えていますね。それまでは**四書五経**などの漢文を暗記暗唱させていたのに、今度は実物あるいは写真や絵を見て物を覚える方法に変わりました。実際に見て感じたものを言葉として覚えるという方法ですね。そのような方法は、子ども一人一人の感覚、五感を通して知識を身につけさせるという、近代的な人間観、近代的な児童観、そういう教育思想が、この教育方法の背景にあります。

鹿沢富太郎編『図説明治百年の児童史　上』
講談社　昭和43年

足立　先生、その掛図では例えば何を教えてるところなんでしょうか。
水原　これは**単語図**ですね、単語を教えているんです。「これは何ですか」「これは柿です」「柿とはなんですか」「秋になると実を熟します」「それはどういう性質のものですか」「食すると甘いです」というふうにして「柿」という字を覚える。それからそういう言葉を覚える、というふうにして、順々に単語を覚えていく授業ですね。
足立　そこには単語が書いてあるんですね。
水原　そうです。実物をさして五官で感じて言葉を覚えるという教育方法ですね。近代以前の教育は、実体がわからないまま文字だけで教えてきた。例えば、教会は聖書を暗記させる、あるいは中国や日本なら四書五経を言葉だけ暗記させる教育（素読）でした。能率が悪い教育方法ですね。それに近代以前は、一人一人が書き上げたものを先生のところに持ってきて、指導を受けてまた帰る、というふうな仕方で、大人数の教育には不向きでした。

　その点、**近代学校**は多くの国民大衆を集めて、決まったカリキュラムを多くの人数に全員一斉に進めることができるので能率がいいのです。実は、この教育の仕方は、世界史で見ると、産業革命が起きて、労働者を大量に安く作る必要があったので発明されました。1人の教師で100人、200人を教育できる安上がりの方法

です。それまでは、家庭教師による1対1の教育でしたが、大量の工場労働者の教育としては不経済でした。要するに近代学校は、従順な態度も含めて知識・技能・態度の3要素を教え込むことで、工場労働者に仕上げることが役割でした。

　日本の近代化が成功した基盤には、この近代学校システムの確立が大きかったんですね。さながら近代学校は、近代的な人間の大量生産工場です。

近代学校の原則

　そして、先ほど話したように、近代国家は、近代化していく上で必要な知識・技能・態度という誰もが必要な教育をします。それ以上、宗教など価値観に関わることは、学校教育ではしてはいけない。学校は人々の価値観に関わらない。それは土日に自分の信じる教会とかお寺とか神社に勝手に行ってください。学校はみんなが承認する普通の知識・技能・態度だけ教えます。これが近代学校の原則です。

　とにかく近代国家っていうのはそういう原則で教育するのだということを、この時代に議論しているんだから驚きです。この時の日本は、本当に先進国の色々な原理原則を踏まえて近代国家と近代学校を創ろうとしています。教育方法はアメリカから、教育行政はフランスから持ってきました。

　それで近代学校の設置は**学区制度**でした。全国を**大学区**に分けて教育行政を考えました。今で言うと旧七帝大、7つの大学区に分けて7つの拠点大学を置くシステムです。またその大きな大学区を、32の**中学区**に分けて、そこに中学校を置く。32に分けた中学区をまた256**小学区**に分けて小学校を置く。そうすると、7×32×256の小学校の数が出てくる。これを政府が直接管理するよりも、大学区ごとに督学局を設置し下級の学校を管理する。かつ、大学区ごとに教育議会を開設して基本方針を定める仕方のほうが、地方の実情に即して教育を整備する上で効果的であると構想されていました。しかし実際は東京大学だけが設置され、まもなく文部省主導になっていきました。

　教育の中立性は、どうやって確保するのか。権力を持った人、宗教の思想を持った人が、やっぱり自分の思うとおりに人を教育しようとする。自分の仲間を増やそうとして特定の思想の注入教育をする。そうさせないようにするにはどうしたらいいのか。大学が教育行政を握ったらいいんじゃないのか。いや、**学務委員制度**（明治12年教育令、第2次大戦後は教育委員会制度）にして、**住民の代表が教育行政をしたほうがいいのだ、等々、学校の教育課程・内容の中立性を守る原則の立て方について、この時代、すでに欧米では検討されていた原則なので、数年後には議論になりました。

| 学校制度図 | 下図は近代学校を初めて創った「**学制**」の制度図です。
小学校が4年4年で8年間、それから中学校が6年間、大学が3年間となっています。要するに教育制度は大学・中学・小学です。前期中等教育を今は中学校、後期中等教育を高等学校っていいますけども、当時のヨーロッパでは7年制中学校が一般的ですから、他の国から輸入したので、大中小となりました。でも日本の国は貧しかったから、7年制中学校を全府県に創れませんので、まあ3年制の下等中学校を各府県に創り、1886（明治19）年以降に上等中学校（高校）は関東・関西・東北地方など地方ごとに1校ずつ創ることになります。それが旧制二高で、

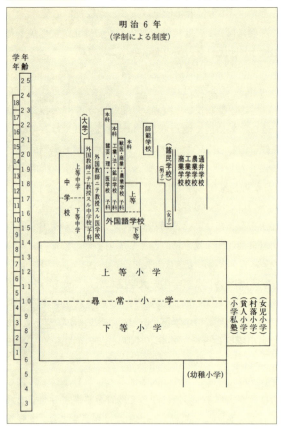

東北大学の1・2年生に相当します。ちなみに旧制一高は東大、三高が京大、四高が金沢大、五高が熊本大です。

　また、教育制度の特徴としては、**単線型教育制度**と言えます。小学校が終わったら中学校、中学校が終わったら大学へと単線に伸びていくシステムです。これに対して**複線型教育制度**というのは、社会が上流と下流に分かれているヨーロッパなんかで採用されています。日本ではその単線型教育制度が採用されて、それまで士農工商で差別されていたのに、これからは四民平等ということで、みんなが同じ学校に入るように変わったわけです。

立派すぎ！近代の学校

それからこれは有名な松本市の**開智学校**ですけども、文明開化だ、近代化だということで、こんな立派な学校があちこちにつくられました。みんな貧しい汚い家に住んでいるのに学校だけ白い洋館風に建てられました。日本という国は教育への熱意がすごいなあと私は思いますね。ここまで立派にする必要ないのに、競って多くの村々が自分の学校を立派にしようと思って、一生懸命建てたんですね。他の町や村に負けたくないということでがんばりました。

隣の席には殿様の子!?

　私がそれ以上に驚きなのは、この学校に、四民平等だということで、その地域の人が全員入るというのが、すごいことだと思いますね。徳川家康と私が同じ机に向かって勉強する。今までは寺子屋と藩校ということで、侍の行く場所と農民の行く場所は違っていたのに、今度は国民全員同じ学校に行く。同じ学校に行って、そこで勝った人が勝ち、負けた人が負け、という近代の原則で学校が出発したんですね。その勝ち負けで座布団の地位が違ってくる。近世までは、誰の子どもか、伊達政宗の子どもなのか、徳川家康の子どもなのか、水原の子どもなのか、それによって座る座布団が決まっていた。今度は誰の子どもだろうが、前もって座布団は決まっていない。学校に行って、勝った人が高い座布団に座る。そうでない人は低い座布団に座る。能力すなわち学歴によって人を分けるという仕方が始まりました。

田辺　先生、そこすごく気になるんですけど、これからは能力で君たちを判断するよって言われたときに、身分が上の人は、なんでこいつらと一緒の学校で学ばなければいけないんだという、そういう意見とか反乱はなかったんですか。

水原　そういう感情はあったと思うんですけども、新しい能力原理の近代学校に対して、武士や貴族からの直接的な反乱はなかったですね。むしろ農民たちが怒って、学校打ち壊しをしました。つまり貧しくて苦しい、税金も取られるし子どももとられる。あそこに行くと血まで取られるらしいという噂が流れて、そういう学校なら壊してしまえという論理でした。

　結局学校っていうところは、お金と暇のある人が行くところだから、実際はそういう人たちにとっては得な場所ですよね。お金持ちにとっては得ですよ。だからこういう立派な学校をつくったら、最初はお金持ちとか生活に余裕のある人が行きました。貧しくて身分の低い人は、時代が進み、だんだんお金持ちになるに従って入学したんです。子どもたちが学校に入学する割合を**就学率**というんですが、この時の就学率は20％から30％でした。国民全員に入学するように奨励するんですが、庶民は、そんな月謝の高いところよりは今までの寺子屋に行きたがりました。明治の30年頃になるとようやく国民のほとんどの人が就学するようになります。ただし、出席率は70％でした。この**国民皆学の原則**が、先ほどお話しした「単線型・複線型」でいう、単線型教育制度で進められたのでした。

学校の生い立ち

　学校の歴史を見ると、学校というのは生活に余裕のある暇な人が行くところです。だから世界史の流れの中で最初にできた学校はどこかと言えば**大学**なんですよ。貴族の子弟など余裕のある暇な人たちが、みんなで勉強会しようというのが大学のはじまりです。そこに話を聞きたいと呼ばれるのが教授なんです。12世紀イタリアのボローニャ大学が

最初と言われています。それで、それに入るために、やがて予備校としての中等学校ができます。

じゃあ、小学校教育はどうしたのか。彼らはお坊ちゃまですから、ご指南役とか**家庭教師**がつけられる。西洋の小説を見るとよく家庭教師が出てくるでしょう。ベートーヴェンやルソーが家庭教師をしていたとか。小学校レベルの教育は家庭教師がして、青年期になったならば、パリの寄宿舎のある中等学校に入学となるわけです。

小学校というのは、近代国家ができて、国民大衆みんなを労働者にしなければならないから、強制的・脅迫的に学校に連れてきて、そこで労働者としての知識・技能・態度を教え込む所、これが小学校ですから、学校制度の系統がもともと違います。小学校から伸びた中学校、そして今では高校の教育もそうですが、その勉強はつらいですよ。自分のしたい勉強じゃなくて、立派な労働者になる系統の制度ですから、そのために何が必要かという観点から教え込まれるわけですから。

これに対して大学のほうは、自分たちで考えたいことを研究するというようなことで始まった学校ですから、学生としてはこちらは割りと面白い。大学につながる**エリート養成**の学校と、**労働者養成**の学校、2つの流れがある。これが**複線型教育制度**なんです。ですから小学校がいくら伸びても大学にはつながらないというのがヨーロッパでは第2次世界大戦までありました。こちらは庶民の行く労働者の学校。あちらは貴族たちが行く学校ということで、分かれていたんですね。

日本は後発国ですから、そこで能力開発して他の国に勝たなければいけないんで、一挙にみんなが同時に小学校に入って、そこで能力競争をして、勝った人が勝ちというふうにしました。ですから日本の学校は勢いがありました。出世して社会階層を移動するチャンスをつかむことができましたからね。ただし、現在はその階層が固定化してきたと問題視されています。

「学制」の発布

明治政府は1872(明治5)年に学制という制度を敷いた時に**学制序文**に相当する「**被仰出書**(おおせいだされしょ)」を公布し、近代的な教育理念を明らかにしました。福澤諭吉の『学問のすすめ』の影響が色濃く見られます。

被仰出書

第二百十四号

人々自ら其身を立て其産を治め其業を昌にして以て其生を遂るゆゑんのものは他なし身を修め智を開き才芸を長ずるによるなり而して其身を修め智を開き才芸を長ずるは学にあらざれば能はず是れ学校の設あるゆゑんにして日用常行言語書算を初め士官農商百工技芸及び法律政治天文医療等に至る迄凡人の営むところの事学あらざるはなし人能く其才のあるところに応じ勉励して之に従事ししかして後初て生を治め産を興し業を昌にするを得べしされば学問は身を立るの財本ともいふべきものにして人たるもの誰か学ばずして可ならんや夫の道路に迷ひ飢餓に陥り家を破り身を喪ふの徒の如きは畢竟不学よりしてかゝる過ちを生ずるなり従来学校の設ありてより年を歴ること久しといへども或は其道を得ざるよりして人其方向を誤り学問は士人以上の事とし農工商及婦女子に至つては之を度外におき学問の何物たるを弁ぜず又士人以上の稀に学ぶものも動もすれば国家の為にすと唱へ身を立るの基たるを知ずして或は詞章記誦の末に趨り空理虚談の途に陥り其論高尚に似たりといへども之を身に行ふ事に施すこと能ざるもの少からず是れなはち沿襲の習弊にして文明普ねからず才芸の長ぜずして貧乏破産喪家の徒多きゆゑんなり是故に人たるものは学ばずんばあるべからず之を学ぶに宜しく其旨を誤るべからず之に依て今般文部省に於て学制を定め追々之に依て今般文部省に於て学制を定め追々教則をも改正し布告に及ぶべきにつき自今以後一般の人民華士族農工商及婦女子必ず邑に不学の戸なく家に不学の人なからしめん事を期す人の父兄たるもの宜しく此意を体認し其愛育の情を厚くし其子弟をして必ず学に従事せしめざるべからざるものなり高上の学に至ては其人の材能に任かすといへども幼童の子弟は男女の別なく小学に従事せしめざるものは其父兄の越度たるべき事

但従来沿襲の弊学問は士人以上の事とし国家の為にすと唱ふるに以て学費及其衣食の用に至る迄多く官に依頼し之を給するに非ざれば学ざる事と思ひ一生を自棄するもの少からず是皆惑へるの甚しきものなり自今以後此等の弊を改め一般の人民他事を抛ち自ら奮て必ず学に従事せしむべき様心得べき事

右之通被 仰出候条地方官ニ於テ辺隅小民ニ至ル迄不洩様便宜解釈ヲ加ヘ精細申諭文部省規則ニ随ヒ学問普及致候様方法ヲ設可施行事

明治五年壬申七月

太政官

最初、近代学校を設置する理由を訴えています（①）。自分の**立身出世**、自分の身を立てる（②）、自分の財産を治める、自分の仕事を盛んにする、そして自分の人生を全うする。それはつまり、自分の身を修めて、知識を啓き、自分の才芸を伸ばすことによるという。それには学が必要で、そのために学校を設置する、ということですね（③）。だから学問というのは、立身出世のもとになります（④）。破産したり身を誤ったりする人は勉強しなかった人です（⑤）。これまで学問は武士だけがするというふうに考えられ（⑥）、勉学は国家のためにするとされていたので（⑦）、仮に勉強してもそれは伊達藩のため、徳川藩のための勉強で、自分のためにしなかった。でもそれは間違いです。学問をするのは自分が立身出世するためですよ、みんな学校に行って出世してください、と言っています。村の中で学ばない家はなく、家の中では学ばない人もない（⑧）。全員が学ぶ。**国民皆学**、国民みんなが勉強する。ただし従来は国家のために勉強するということで、学費は国が出してきたけれども、これからは自分が立身出世するんだから、自分でお金を払って自分のために勉強して立身出世してください（⑨）。今までは士農工商で身分を超えるような勉強をしてはならないというふうになっていたけれども、これからはあなたがた個人個人が、自分で勉強して立身出世しなさい。お金は自分で出しなさい、と言っています。

　女性も勉強すべきだとなったのは、私の人生の中では1970年以降ですよ。私の妹は高校しか出ていませんけれども、まあ女はそのぐらいのほうが可愛いし、結婚にもちょうどいい年頃になるから一段低い学歴のほうがいいという考え方で、それは1965（昭和40）年位まで宮城県ではありました。そういう目で1872（明治5）年の学制を見ると、女性も含めて不学の人を無くそうという政策は驚きです。ただし、男子を育てるための賢母になることが前提の女子教育ですね。そういう新しい制度が敷かれて近代学校が誕生したわけです。

まとめ　あと質疑応答などに入りますので、最後のまとめをしておきますと、**近代学校の特徴**ですが、国民皆学、国民全員が学ぶシステムに変わった。そして学校は身分制から学力の**競争原理**に変わった。そこでの教育目的は**近代的な人間像**。これから資本主義、近代化を進めていく人間像。そして**単線型教育制度**にして、すべての国民から能力ある人を集める。どんどんと能力競争が始まる。教育施設は西洋的な建築。近代化にふさわしい環境を

近代学校の特徴

国民皆学 → 身分制（家）から能力（個人）
　　　　　競争原理
　　　　　　↓
・教育目的：近代的人間像
・教育制度：単線型
・教育施設：西欧的建築
・教育課程：能力別等級制
・教育方法：一斉教授法

整えて、近代化を進める。教育課程は**能力別等級制**。今みなさんは**学年制**であって、能力別等級制じゃないですね。1年が経ったら2年生になり3年生になる。この等級制では学年ごとの**卒業試験**に受かれば何年生にでもなれる。能力に応じて**飛び級**もする。能力が低ければ落第。教育方法は**一斉教授法**。こうして、身分に関係なく、新しい近代的人間像をつくるための近代学校が始まりました。

2 質 疑 応 答

田辺 はい。じゃあ質疑応答に移ります。

受講生 現代の学校というのは9教科、それが私としては当たり前だと考えてしまうんですけれども、近代学校の特徴として、アメリカの教育内容と方法をそのまま導入したということですね。さっきのパワーポイントで出てきた掛図(30頁)は、ぱっと見た感じ単語を教えているから国語っぽいような気がするんですけども、この当時の教科、教育内容というのは、今と比べるとどのような違いがあったんでしょうか。

水原 そうですね、その当時のカリキュラムを見ると、アメリカから輸入したので、letter とか word とか spelling とかそういうものを翻訳したままの**教科名**が並んでいます。国語科が成立するのは1900(明治33)年ですか。それまでは綴字とか習字・書方・作文・読方とかという仕方でやっていました。それから理科という科目は1886(明治19)年に成立しますが、そのころは物理とか化学とか生物とか博物学とか、学問そのものの初歩を教えるということで、教科というものがまだ成立していませんでした。ですから9教科というよりも、30教科くらい並んでいました。結局、大学に学問があって、そのまま入門を下ろして小学校の教科にしたみたいな構成ですね。そのうちにだんだんと時代が進み学校が進化してくると、生活に必要な観点から知識をくくって教科にしますが、教科が成立する前は、学問の初歩をただただ教えている仕方でしたね。この時代はそういう教科構成でした。

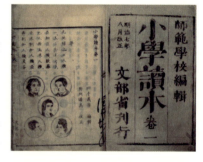

受講生 だから聞きなれない教科名がたくさんあって、あまり身近なものじゃないという印象を受けたのですね。

水原 そうです。私が**教科書**を見た感じでは、今の高校生レベルの内容でした。

受講生 そうすると、それまで農民とか庶民であった人が、急に教師になったり

したら、教える教師は大変だったのではないですか。

水原 ですからこの小学校というのを、本当に国民みんなが入る学校に考えていたのかなと疑問に感じますね。学校制度図の端のほうに、**女児小学**とか**村落小学**とか**貧人小学**とかが盲腸のように付いていますが、もしかしたら庶民教育はそれを膨らますということが学制のコンセプトだったのではないかと思います。立派な学校はエリートが行けばいい、つまり大学・中学・小学というのは、大学の入門としての小学校という意味であって、庶民が行く学校ではなかったのではないかと推測しています。研究では、そこははっきりしていません。

受講生 高校の日本史なんかで、学制という言葉だけは聞いたことがあったんですけど、その歴史的意味について、今になってすごく考えさせられました。

足立 そうそう、この頃の時代背景をちょっと振り返りますと、学制が発布される4年前には版籍奉還があったり、学制の後には太陽暦が採用されたりしていますね。

水原 そうですね、ちょっと前まで「ちょんまげ」していたんだからね。

足立 では、さらに感想や質問など伺いたいと思います。

受講生 講義は興味深くお聞きしたんですが、近代学校の始まりの時に、政教分離が果たしてきちっとできているんだろうかということが疑問に思いました。

水原 はい、学制制定時にどうかは私も確認できません。**政教分離**はむしろ日本ではあまり明確でなくて、宗教戦争が激しかったヨーロッパなどでかなり吟味されて、近代国家を建設するうえでは、やはり政教分離の原則に拠らなければいけないというのが、欧米先進国の原則だったと思いますね。

　で、当時、遣欧使とかアメリカなどあちこち調べに行った人たちが、そこでの制度などを日本に紹介するんですが、学制から7年後の1879(明治12年)の**自由教育令**をめぐる**教育議・同付議論争**や**元老院会議**では、国家権力が公教育にどの程度介入可能であるかなど検討されていたことが確認できます。また、当時、教育行政は、教育の**外的事項**には介入してもいいが、**内的事項**には介入していけないなども論じられています。

> 「内的事項」というのは、教育内容とか実践などの教育の中身の部分のことで、「外的事項」というのは、施設・設備などの外側の条件整備の部分のことです。

　そうして見ると、近代国家と思想信教の自由のあり方については、当時は、意外に原理的認識があったのではないかと思われます。後に話す**森有礼**文部大臣なんかは、すでに1872(明治5)年の外交官時代に、「日本における宗教の自由」という建白書を総理大臣三条実美宛に提出しますが、国家などが個人の思想や行動に

対して指令する権力が少しでも与えられると、ひどい権利侵害を起こすことになると訴えています。外国から見ると、日本は**思想信教の自由**がない野蛮な国だから不平等条約でいい、と扱われることを森は恐れたんですね。

田辺 さっきエリートと国民大衆・庶民との教育の流れが違うとおっしゃったじゃないですか。国民大衆は労働力として育てるための教育。エリートは大学までつながるような教育。「そぼくな疑問」の中に、現在の「大学と中高の規則の違い」、中高は規則が厳しいのに、大学になると突然なんで自由になるのかという疑問があったんですけど、それはそういう流れとつながるんですか。

水原 そう思います。日本の場合は小学校の延長で高校まで来ていますから、労働者の教育としては小中高までは決まりきったことを暗記させる、躾ける教育をしています。だから小中高までは規則が厳しい。ところが、大学に来るとエリート教育だからということで、こちらは自由を与えている。現代でも、よく見たらそういう構造と伝統を引き継いでいると思います。

杉原 では他に質問がある人は。

受講生 さきほど、**四民平等**で全員が学校に行くっていうことを話されたんですが、学校制度図を見ると、今でいう**養護学校**にあたるところが見当たらない気がするんですけれど、そういう人たちへの教育はどうしていたんでしょうか。

水原 それはほとんど無視されていましたね。これは大正期の中ごろから、このあと50年後、日本がかなり裕福になってきたところで、大正自由教育、児童中心主義の時代、児童を大切にする考え方が出てきますので、そのころになってようやく注目されます。しかしその頃の雑誌を見ると、低能児教育とかいう言葉で問題にしていますね。

受講生 わかりました、ありがとうございました。

受講生 質問いいですか？最近、教育のゆとりというものが問題になっていると思うんですけど、近世の学校における**寺子屋**の人間的接触というのが、今の「ゆとり教育」の課題になっているんでしょうか。

水原 「**ゆとり教育**」では、総合的な学習を入れたわけですが、自分で考える力、自分で調べたり、発表したり、討論したり、まとめたり、よく考えていく力、そうすることによって、従来の暗記暗唱型の学力から変えるということがポイントですので、近世の学校のそれとは、分けて考えてください。ただ、近代教育の課題というものを近世の教育と比較して考えると、人間的接触の問題は、時代の課題としてはあります。近代は、全体としてみると、近世時代に大切にしていたもの、

そういうものを落として合理主義的な生産性に重点を置いてきましたからね。「ゆとり教育」については、いつかまとめて話します。（第9回に書いてあるよ！）

田辺 ありがとうございました。じゃあほかに質問のある方いらっしゃいますか。

受講生 **政教分離**ですけど、公立では特定の宗教を教えちゃいけなくて、私立ではその人たちが信じる宗教とか思想を教えてもいいってあったんですけど、明治時代にキリスト教系の大学とかそういう思想団体もあったと思うんですけど、そういう大学が建てられたり、団体があったりするのは、国側としてはまずいと思っていたと思うんですけど、そういう大学とか団体に対して国側は何かしたんでしょうか。

水原 実はこの次話すのが教育勅語で、その問題が大きいんです。**教育勅語**は大まかに言うと日本人の思想統制になっていくわけですが、近代国家では政教分離して思想統制をしないことが学校教育だったのに、教育勅語で思想統制をすることになりますので、思想的に相入れない**キリスト教**との関係が問題になります。そうすると、2つの逃げ道があります。ひとつは、教育勅語は宗教ではない、**天皇教**は宗教ではない、日本の文化だから、教育していいんだというふうに居直ります。他方キリスト教のほうは天皇教とは矛盾しない教義であると答えます。攻撃する側は天皇とローマ法王とでどっちが偉いのか、どっちの命令を聞くのかと攻

撃します。結局、天皇教に屈服してキリスト教本来の牙が抜かれて許される。その結果、私なりの言い方をすると、キリスト教会も仏教のお寺も宗教的な牙が抜かれて、結婚式場か葬儀屋に変質してしまいます。ですから建前としての政教分離は一貫する。しかし原則が怪しくなってきますね。今日はそんなふうに簡単に紹介しておきます。

田辺 また次の授業の中でもいろいろ取り上げられそうですね。

3 授業の感想

田辺 寺子屋・藩校から一気に変わって、私たちが受けてきたような近代学校が明治維新以後の近代国家で始まった、というのが今回の内容でした。では、授業の感想を見てみましょう！まずはこんな感想から。

> 【教・女】高校時代に寺子屋の絵などは見たことあるのに、漠然と見ていただけで近代学校との違いを深く見ていませんでした。習字の半紙などで紙は当然一人一人にあるものだと思っていたのに、真っ黒になるまで使ったり、石盤に石で書いたりしていたことに驚きました。一斉教授法が能率を良くするために開発されたものであることも気付きませんでした。小・中・高と一斉教授法を受けてきて当然だと思い込んでいたことがわかりました。四民平等になっても義務教育の財源が国になくて各家からとられていたことにも驚きました。また、寺子屋から派生して小学校が最初にできたものだと思っていたので、世界史的には大学が最初に出来てその予備校のような形で中等学校ができたという起源にも驚きました。今日は、質疑応答の時間に講義中に思った疑問を質問できてよかったです。**四民平等**でもやっぱり**障害児教育**に関してはかなり後のことだったんですね。新しい視点がたくさん増えていい講義でした！ありがとうございました。

足立 うむうむ。この時代が概括できる感想ですね♪

田辺 驚きがいっぱいですね！視点が広がったようで嬉しいです。感想・意見には、他にも「**能力主義等級制**は、その時あったのに、いつ無くなってしまったのか、今日本になんで無いのか」というものや、政教分離に関しての疑問など、いろいろありました。

足立 **政教分離**に関してですが「政教分離というと、現代的なイメージがあった」と書いてくれた学生がいました。でも、このころに、原則としては打ち出されていたんですよね。この学生は「学校から宗教を離すということは、とても大きい改革だったのだと感じました」とも述べています。さてさて、今「原則としては打ち出されていた」とわざと言ったんですが…次の時代には、この原則が怪しくなってくるんです。次回の授業を楽しみに待っていてください！

田辺 では、ほかの感想を。「最近私たちの学校の中でも**習熟度別指導**や**個別指導**がどんどん取り入れられていますが、それは寺子屋のスタイルに回帰しているのではないか」っていう疑問が多かったですね。どうなんですか、先生！

水原 特に寺子屋を再評価して、**寺子屋のありかたを導入している**ということはありませんね。むしろ従来型の画一的な大量詰め込みが反省されて、もっと効率的にわかる授業をするにはどうしたらいいのかということで、もっと近代化・効率化をする方法として習熟度別指導や個別指導が考えられていますので、そのコンセプトは違います。

田辺　でも、一人一人の習熟度や進度に合わせて教えたりとか、1対1で指導したりっていうスタイルは、寺子屋に近づいているような印象は受けますよね？

水原　むしろ海外の影響が大きいんですよ。先進国では、生徒たちがグループで独自に学習や討議をしている活動的な学習が多いです。個性を伸ばすという観点から、先進国の方法を採用しているのであって、寺子屋の再評価ではないです。

田辺　先進国の**グループ指導**、個別指導の方法を採り入れている、と。

水原　そうです。他方、アメリカやイギリスなど外国では、日本の教育方法は、国家的な基準で走らせて目標を達成するというのは見習うべきだと考えているようです。それで到達基準を作り始めています。逆に日本は、**学習指導要領の基準**が硬直化し過ぎているので、もう少し自由化しようとしています。お互いに評価し競争しあっています。

足立　ん〜（＞＜）でも、現代の教育が失ってきた部分と寺子屋的な教育の特質は重なるところがあるんじゃないですかね？そういう意味での「回帰」ということだと思うのですが。

水原　あるとしても、それはアンチ近代を求める幻想としての寺子屋像だね。ほんとの寺子屋は回帰すべき思想や実体があるとは思えないのに、**近代化へのアン**チテーゼとして、人間的触れ合いの場、そういう教育の場として理想化されたということでしょう。

田辺　この時代、**教師**はどんな人がなったんですかという質問がありました。

水原　教員には大体は武士とか和尚さんや神主さんあるいは算盤のできる町人などがなりました。特に武士は、明治時代になると、伊達藩や江戸幕府などお城勤めから解雇されますよね。だから自分で商売をする人もいましたが、武家の商法といわれて、ほとんど成功しませんでした。で、一番簡単なのは、教員でした。武士は文字の読み書きができましたからね。武士が教員になったので教員の地位が少し尊敬されるようになったかもしれません。

田辺　いくら文字が読める武士でも、近代学校の最初に30種類もの教科に分かれていたすべてを教えられるものだったんですか！？

水原　それは教えられないですねぇ。教えていた内容は、文章、漢文を教えるようにして文字を教えていたんです。物理学や数学あるいは何を教えるにしても、要するに漢文の文章の読み方を教えるみたいな、そういう指導をしたんです。当時の試験問題なんか見ると、教員も**洋算**（西洋式算数）はわかっていないですね。近代化は、

和算（日本の算数）ではなくて西洋式算数ですからね。でも実際は読み書き算盤（そろばん）というところが庶民の実態でしたから、多くはそこまで必要はなかったので実害は少なかった。

田辺 やっぱり国からのカリキュラムと、庶民からの要求とはズレがあったんですね。

水原 そうです。国としては近代化、資本主義化、ヨーロッパ化を進めたいということでしたけれども、庶民のほうは、今まで江戸時代ですから、読み書き算盤で十分なんで、庶民は近代学校の勉強は嫌だと思っていたでしょうね。

田辺 なるほど。それでは、最後に受講生の感想です。

～その他の感想～

【教・男】昔の日本の教育制度では、**義務教育**であるにもかかわらず今の時代と違って費用が個人負担であることに驚かされました。この講義を聞く前まで私は、昔の学校制度に反対していたのは、農民とともに勉学をするのを嫌がっている旧華族・士族の人たちであると思っていました。なぜなら「農民と共に勉強するのは嫌だ」というプライドが彼らにあったと思っていたからです。しかし実際は学校へ行く費用の負担が苦になっていた農民が反対していることを知って、当時もやはり上級階層中心の教育制度であったのだと考えさせられました。

【教・男】近代学校の特徴として、**競争原理**を取り入れたことによって、学校教育は大きく変わったようだ。今の受験でもこの競争原理があってこそ、やる気が得られ大きく成長できるのだと思う。又、能力別等級制や飛び級が今なくなってしまったが、これは続けた方が良かったと思う。早く進級することによって、早い段階で多くの経験ができることで視野を広げられると思った。（今後の授業を受けていく中で、問題点や課題を考えていってください。足立）

【文・女】私が疑問に思ったことは、長い教育の歴史の中でなぜ高校の義務教育化がされなかったかということです。私自身高校に行きたいと強く望んで進学したというよりはみんなが行くものだからと思って進学しました。現在高校への進学率は100％近いのになぜ義務ではないのでしょうか。義務教育になれば教科書代等も払わなくて済むし、今まで経済的理由で進学を断念していたような人たちも進学しやすくなると思うのですが…。（これについては、第7回の授業で出てきます！足立）

【教・女】その時代その時代の社会からの要請によって教育制度が変化してきた、ということがよくわかった。そして、「学校教育」が持つおそろしさを感じた。うまく言えないけれど、社会が求める人材の育成を目指し、疑いもなく国民が流れにのっていく姿が、一種の新興宗教のように思われた。「教育」には普遍的・不変的な理念（揺るがないシンみたいなもの）って在りえないのかなぁ…と疑問をもった。そういうものが何かあるんじゃないかと考える私は甘いのでしょうか。

【教・女】高校時代にある程度日本史は勉強したが、近世と近代の学校の違いは意識したことがなかったため大変興味深かった。今の一斉授業法が外国から取り入れられた制度であるのは驚いた。物や言葉だけでなく教育方法も取り入れていたのか！！あと、昔の学校って立派すぎですね（涙）今よりも…。

【教・女】私が一番気になったのは、「士農工商から四民平等となり、その人の学歴によって、その人の座布団がきまるようになった」というところです。親の身分に関係なく自らの力によって、自分の将来を決められるようになったとはいっても、実際は現在でも、親の職業って子どもに影響していると感じます。私は「進学校」と呼ばれる高校出身だけれども、その高校の生徒の親たちはやっぱり「医者」とか「県職員」とか、そういうエリート職の人が多かったように思います。そういうところを見ても、本当に純粋にその人の実力だけで出世する…っていうのは今の世の中でもあまりないんじゃないかな、と思ってしまいます。（「隠された階層化」ということで今注目されているようですよ。田辺）

【教・女】現在、教育現場では様々な問題が浮上し、しかも解決の糸口さえ見つかっていなかったりする。だから、私は今の日本の教育はダメなものだとばかり思っていた。でも今日日本の教育の歴史を見て、明治などの教育に比べたら多くの点が考慮され、改善されているとわかった。つまり、これだけ時間をかけても教育問題は消えず、その上新しい時代になるにつれまた新たな問題が浮上してきているということだ。

4 そぼくな疑問 ―全ての学問もたった一つの疑問から―

〈教育、学ぶとは？〉○そもそもなぜ人類は学問を始めたのか。〈教育制度〉○どうして6才から学校に行くのか。○なぜ日本の学校は4月からなのでしょうか。○幼稚園と保育所の違いは？〈学校〉○小・中のクラス替えは何を基

準になされているのか？学力？特技？○「席替え」を欲する心理とは？（ずっと同じ席だと飽きちゃうからかな？？杉原）(好きな人と隣になりたいんだよ！足立)○心のノートは使われているのか。○大学にはなぜ水のみ場がないのか。みんなどこで歯をみがいているの！？○宗教的な教育も「心の荒廃」が叫ばれる中必要では？○学校を造るのにいくらかかるんだろう。○人数が少ない学校を廃校にしちゃっていいんでしょうか？○親たちは子どもたちの学力に不足を感じ、塾に行かせるが、それでは学校の存在意義はどこにあるのだろうか。（私も疑問です…。杉原）○校歌は何のためにあるのか。○「学校」という単語は誰が思いついたのでしょうね。〈教科〉○総合的な学習の時間の必要性って？○ラジオ体操は授業でやるくらい大切？学習指導要領に書いてあるの？○なぜ歴史を学ばなければいけないのか。○学校で中国やアジア諸国の歴史や政治は授業の中に入っていないのですか？（←留学生の方から）○「古典」は何のために学ぶ必要があるのか疑問です。（夢があるじゃないですか。渡邉）○昔は体育って何をやっていたのか？○中高で第２外国語を学ばないのはどうしてか。○勉強ができない人にまで高校で教える必要性。○大学の授業にはなぜ音楽、美術がないのか。〈学校行事〉○運動会で毎年小学６年生が組み体操をすること。○小学校入学のとき知能テストをしますが、それはどう利用されているのでしょうか。○「避難訓練」が訓練だとみんな事前に知ってたら意味がない。〈衣〉○制服はいつからできたのか。○どうして大学は制服がないのか？〈先生〉○校長先生って普段何してんの？○小学校だけ担任の先生がほとんどの授業をするのはどうしてか。○小中高とあがっていくにつれて女の先生の服装が派手になっていくのはなぜ？○小中高の教職員と大学の助教授・教授の給料が知りたい。○なぜ「金八先生」や「ごくせん」に今、人気が集まるのか？○社会的には先生と生徒との色恋ざたはなぜNGなんでしょうか。○何で「先生」って言うんですか？先に生まれたから？（先に「生きて」いるからかなあ？八木）○教師の昇格はどう決められているか。〈ニュースから〉○「ゆとり教育」をもっと人々に認識してもらうにはどうすればいいか。○最近話題の「歴史・領土教育問題」。教科書検定ってどうなってるんですかね？○本当に「学力」は「低下」しているのか？○今、どんな学力が求められているのか？〈その他〉○教育委員会はどんな人達で構成されてどんなことをしているのか。○なぜ教育と関係ない人が文科省の大臣になるの？○国の象徴である天皇や皇族が私立大学（学習院）という個人による教育機関で学ぶのはなぜなのでしょうか○どうして「そぼくな疑問」を聞くのですか。（問いを学ぶ＝学問！！問いをいっぱい持ってほしいのですよ☆田辺）

田辺　じゃあお気に入りの「そぼくな疑問」を紹介しましょう！

杉原　はい、じゃあ私から。「**運動会で毎年小学6年生が組み体操をするのはなぜか**」という、視点がおもしろいなと思いました。確かに**組み体操**は私も6年生のときやりましたが、なんでやるんだろうなんて考えずにやっていたので。

足立　私、組み体操大好きでした(笑)

水原　体操っていうのは人の精神をつくる上ですごく便利で、説教をするよりも何かをさせるほうが人づくりになるんですよね。みんな仲良くしなさいと言うよりも、そのことをさせるほうが具体的で。

足立　ふむふむ。では、私のお気に入りを♪「**避難訓練**が訓練だとみんな事前に知ってたら意味がない」です。私も、どうして抜き打ちにしないんだっていつも思っていたんですよ。でも、最近ネットで見たんですが、避難訓練を抜き打ちでやって子どもにトラウマが残ってしまったっていう問題があるようで、ああ…そういう問題もあるんだなぁと、ちょっと新しいことを知りました☆

田辺　はい、ありがとうございます(笑)そんな色々なそぼくの中から今回の「そぼく大賞」はこれです。

　　「**国の象徴である天皇や皇族が私立大学（学習院）という個人による
　　　　　教育機関で学ぶのはなぜなのでしょうか**」

確かに不思議で、みんなで何でだろうって本当に気になってしまって、そのまま学習院のホームページを調べてみました。

足立　研究室総動員で調べましたよ(笑)

田辺　はい(笑)ざっくばらんに説明します。学習院はまず明治10年に、**華族学校**、貴族を育てる学校として設立されました。でも第2次世界大戦後に連合軍が入って来た時に、それは特権階級の学校ではないかということで、存続が危ぶまれたんですね。そういう存続が危ぶまれた中で、じゃあ一般の生徒も学習できるようにしようということで、私立学校になりました。

足立　特別扱いするんじゃないっていう問題が起きたので、私立学校にして一般の人も受け入れますよという形をとったんですねぇ。

田辺　さらに公立学校だと、カリキュラムが決まっているので、天皇にするための教育ができないという問題も生じます。なので、自由にできる私立学校にしたというわけです。やっぱりある意味で特別の教育は為されていることが、調べてわかりました。

47

第1回

水原　天皇になる人は、特別の教育をされないとノイローゼになるのではないでしょうか。国民の道徳的模範を果たすのが勤めですから、普通の教育では出来ないですね。天皇は日本国を維持する統治機構の一つで、国民統合のシンボルとして行動しなければならないので、大変なことだと思います。

足立　天皇の存在って不思議ですよね。色々調べてみたくなってきました！

田辺　ふふ〜ん(￣ー￣)それが、「そぼくな疑問」のねらいなんですよ☆読者のみなさんも、「そぼくな疑問」がどんどんたまってくるとは思うんですが、疑問が解消されないからって見捨てないでくださいね(笑)授業の中で解決されるものもありますし、普通に生活してて「ああこういうことだったんだ」って思うこともいっぱいあると思うので、どんどん問いは持ち続けるようにしてください！

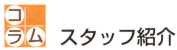
スタッフ紹介

　「教育学」授業のスタッフを紹介します。各自の研究テーマについて話してもらうので、研究って何だろうな？と考える参考にして下さい。
　水原研4年の3人娘の1人で司会も担当した杉原由佳さん、次に、3人娘を陰ながら支えてくださった3人の先輩、渡邉紀子さんと八木美保子さん、そして渡利夏子さんです☆

　そもそも私がなぜ教育学部に入学したかというと、学校が大好きで、自分の大好きな学校というものが、どんな風になっているんだろうと思ったからなんです。入学後、教員免許を取るために、文学部や教育学部で教職課程の授業を受けました。そこで授業を受けているうちに、東北大学ではどんな教員を作ろうとして教育しているのだろう、教員を作るための教育とはどのようにあるべきなのだろう、と思ったんですね。そして、大学で作ろうとしている教員像と、学校で求められている教員像は果たして同じなのかという疑問を持ちました。この疑問をもとに、学校でどのような教員が求められているのか、学校で求められている教員を作るために大学でどのような授業を、どのように組み立てて提供するべきなのかということについて研究しています。
　　　　　　　　　　　　　　　　　　　　　　　　　　　　（杉原由佳）

　大学院博士課程前期（修士）2年生です。大学4年間を終えて、もっと自分の世界を広げたい、深く学問を追究してみたいと考え、大学院に進学しました。現在は、学校図書館をテーマに研究を進めています。私の関心は読書、子どもたちがたくさん本を読んだらいいな、という素朴な願いから始まりました。大学に入学した頃は心理学に興味があったのですが、大学の授業を受けたり、自分で本を読んで勉強したりするうちに、だんだん関心が変わっていきました。最終的には、学校図書館の歴史や、学校の中での図書館の役割について考えてみようと思うようになり、現在のテーマに落ち着きました。また、国語科の教員免許を取りました。将来は、ことばの美しさや、ことばを通して知的好奇心を呼び起こされる、そんな授業のできる国語の教師を目指しています。大学院では、中高一貫校についても調査に行くなど、色々な関心を持ちながら研究を進めています。　（渡邉紀子）

第
1
回

　博士課程前期の2年生です。私は、中等教育（中学校と高校）のカリキュラムについて、特に、将来職業生活を営むために中等教育ではどのような資質を身につければ良いのかという観点から考えています。働くことを尊ぶ態度、産業・経済に関する知識、自分で希望する職業を選択できる力、冷静に自己分析をする能力、人生設計をする能力、特定の職業に必要な知識・技能など色々な資質が考えられますが、歴史的に見てくると、時代によって中等教育での育成が必要な資質が変化していることがわかります。現在は、「フリーター」や「ニート」など、若者の就労問題が大きく取り上げられ、その対策として職業体験学習や働くことの意義を考えること、規則正しい生活などが重視されています。これらの対策で本当に若者の就労問題を解決することができるのか、中等教育ではどの部分をどこまで担当すべきなのか、などが現代的な課題です。
　　　　　　　　　　　　　　　　　　　　　　　　　　　　（八木美保子）

　現在は、東北大学の高等教育開発推進センターの助手とスタンフォード大学の客員研究員で、この本が出版される頃には、アメリカで大学教育についての調査研究を行っています。私の興味関心は、「大学生が充実した大学生活を送るためにはどうしたらよいのだろうか」ということです。特に、大学で学ぶ事を面白いと感じてもらうためには、どういう教育プログラム（授業や学習サポート）が必要なのか、について追究しています。例えば、スタンフォード大学では大学1年生から、大学からの研究資金を得て、海外への調査研究などを行っています。そのような取り組みを大学の教育プログラムの中に一つ入れるだけで、大学生活が全く違った、非常に魅力的なものになると思いませんか。日本の大学において、そういう可能性を探るのが私の研究の目的です。
　　　　　　　　　　　　　　　　　　　　　　　　　　　　（渡利夏子）

　さらに、裏方で支えてくれた学部3年の高橋陽さん、鳥羽田祐至くん、4年の高橋駿介君、そしてビデオ撮影の映画部の皆さん、ありがとうございました!!
　　　　　　　　　　　　　　　　　　　　　　　　（足立佳菜・田辺小百合）

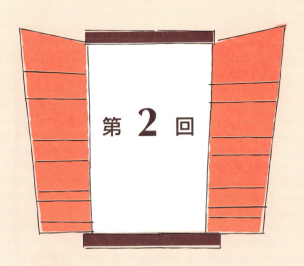

第 2 回

1890～1910年

新しく採り入れた教育は、
教育制度も授業内容も輸入物。
「日本人」はどうあるべきかという問いを
忘れていたようです。
今回の時代では、この問いを模索して、
教育が変わっていきます。
さて、日本はどう「日本の教育」を
確立していったのでしょうか？

1 授業　教育勅語と学校の確立（1890〜1910年）

日本人像の模索

水原　それじゃあ今日の本論に入ります。今日は「**教育勅語**」を取り上げます。前回、近代学校が始まり、近代的な科学・知識を国民全員に教えていくということで、いよいよ近代化が出発しました。でも、明治政府は、日本人をどういう日本人にしたらいいか、いろいろ構想して迷い、結局、教育勅語に辿り着きます。

アメリカ人にはアメリカン・ドリームがあるように、日本人には日本人ドリームが必要です。でも日本人の夢って何？ 日本人は勤勉に働いて立身出世するんだという風な話、それでみんな頑張って生きるわけですよね。フランス人はフランス人で、アメリカ人はアメリカ人で、こうなろうという夢や物語が必要なんです。教育ってそういう面がありますよね。みんなに教科書を読ませて、それを暗記・暗誦させるだけでなく、そこにある絵とか文章の中に、ああ日本人はこうなったらいいんだなっていう**日本人の夢と理想**を、いつの間にか忍び込ませる、あるいは明らかに与える。

それがないと、一人の人間として、また日本国民としてまとまらないし、馬力も出ない。どういう内容を日本人に提示したらいいか、色々明治政府は苦しんだんです。

教育勅語をつくる前に、いろんな原案がありました。なかでも、**中村正直**の作った案が有力で、それはキリスト教っぽい人間像を描いたものでした。でも、ヨーロッパ人とかアメリカ人をつくるならそれでもいいですが、日本人をつくるなら不適切だという問題がありました。日本人にはどういう徳育をしたら日本人になるのか、しかも江戸時代の日本ではなくて、ヨーロッパやアメリカみたいな近代国家を創るためには、何を与えたらいいのか、ということが課題だったのです。

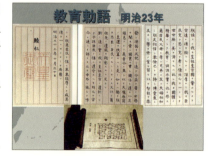

それからもう一つ。この前お話しし

たように、近代国家には**政教分離の原則**があり、政治と宗教を分離し、国民の思想を統制してはならない。国家は特定の宗教に加担してはならないし、特定の宗教は教えられない。だけど国民を統制して、日本の向かうべき方向にみんなを向けさせたいので、政教分離の原則とどう折り合いをつけるか、ということも重要な課題でした。

「教育勅語」　考え抜いた挙句に**教育勅語**が作られました。結局、採用されたのは、**井上毅**の原案がもとになったものです。全部で315文字で、国民みんなが覚えやすいように工夫されています。

朕惟フニ我カ皇祖皇宗国ヲ肇ムルコト宏遠ニ徳ヲ樹ツルコト深厚ナリ（①）、我カ臣民克ク忠ニ克ク孝ニ億兆心ヲ一ニシテ（②）世世厥ノ美ヲ済セルハ此レ我カ国体ノ精華ニシテ（③）教育ノ淵源亦実ニ此ニ存ス（④）、汝臣民父母ニ孝ニ兄弟ニ友ニ夫婦相和シ朋友相信シ恭倹己レヲ持シ博愛衆ニ及ホシ学ヲ修メ業ヲ習ヒ以テ智能ヲ啓発シ徳器ヲ成就シ進テ公益ヲ広メ世務ヲ開キ（⑤）常ニ国憲ヲ重シ国法ニ遵ヒ（⑥）一旦緩急アレハ義勇公ニ奉シ以テ天壌無窮ノ皇運ヲ扶翼スヘシ（⑦）是ノ如キハ独リ朕カ忠良ノ臣民タルノミナラス又以テ汝祖先ノ遺風ヲ顕彰スルニ足ラン（⑧）、斯ノ道ハ実ニ我カ皇祖皇宗ノ遺訓ニシテ（⑨）子孫臣民ノ倶ニ遵守スヘキ所之ヲ古今ニ通シテ謬ラス之ヲ中外ニ施シテ悖ラス朕汝臣民ト倶ニ拳拳服膺シテ咸其徳ヲ一ニセンコトヲ庶幾フ（⑩）

天皇に苗字はありません。天から神勅を受けて、日本と地球を支配するために地上に降り立った、たった一人の**現人神（あらひとがみ）**だから、苗字は要らない。家来（臣民）は区別する上で苗字が必要なんですね。

教育勅語の内容を簡単に説明します。「朕」即ち天皇は思うぞ。皇の祖先、あるいは代々の先祖が国を創造すること、広く遠くに渡って成し遂げ、そこに深く厚く徳を広めた（①）。このことは何を意味するかっていうと、国家統一は武力でもって統制したのではなくて、天皇が全徳の人としてこの地に降り立ったために、すべての民が尊敬して集まってきて、日本の国はできたという趣旨です。他の国は武力闘争で王朝を創ったために、さらに武力の強い者が現れるたびに王朝が変わりましたが、日本の場合には、徳をもって国を創り、そこに皆さんが集まって、美しい国になったというのです。ここには、その使命を帯びた天皇、及びその子孫が永遠にこれを引き継ぐことの必然性が織り込まれているわけで、これは万世一系の思想につながります。

次に、**臣民**たちは**忠孝精神**つまり天皇への忠義とか親孝行の精神で、心を一つにして、美しい国をつくりましょう（②）。これが私たち日本の国の元来の美しさです（③）。だから教育の基本は、そういう美しさが増すように、徳が実るように教育することが必要なのです（④）。そういうわけだから、あなたがた臣民たちは親孝行しなさい、兄弟は仲良くしなさい、夫婦は相和しなさい、朋友は相信じ合いなさい、それから慎ましく生きなさい、博愛を衆に及ぼしなさい、学を修めなさい、仕事をしなさい、業を習いなさい、知能を啓発しなさい、徳器を成就しなさい、進んで皆のために公益が広まるように働きなさい、世の務を拓きなさい（⑤）。

　また、常に憲法を重んじなさい、法律に従いなさい（⑥）、そして一旦戦争になったら、義勇兵として軍隊に出なさい。そういうふうにして、限りなく続く天皇の運をお助けしなさい（⑦）。これはあなた方臣民だけでなくて、祖先をもほめたたえることになります（⑧）。

　次に、この教えは、私たちの先祖伝来の道なので、代々の天皇の子孫と臣民は、ともに守らなければいけません（⑨）。歴史的に見ても、世界的に見ても正しい教えです。だから朕は臣民とともに心に受けとめ、その徳を共に高めるよう希望します（⑩）、という趣旨です。

　読んでみてどう思いましたか？天皇はキリスト教とか、イスラム教とか、はたまた仏教とか神道などと特定の宗教に加担しているように思われてはならない、いかにも日本人らしく、こういう徳目を実践するのが日本人なんだということを臣民に感じてもらう、そして臣民みんながこの精神で頑張ろうという気持ちを起こすように作成されました。先ほども触れましたが、315文字で、国民みんなが暗記暗唱できる字数にしましたので、これを学校で毎回、**儀式**があるごとに校長が読み上げました。今日は親孝行の話、今日は兄弟の話というように毎回、学校で説教していく、そして「**天長節**」「**君が代**」（130頁参照）をはじめ天皇賛美の歌を歌わせて、この教育勅語の精神に染め上げることができるようになります。そんな教育あるいは教化が明治23年から始まりました。

　　民主主義はキケン思想！？

　この明治23年というのは大変大切な時で、日本で始めて**帝国議会**が開かれた年です。**大日本帝国憲法**はその1年前にできていますが、その影響を受けて憲法的、民主主義的な日本人が誕生することを恐れ、そうならないように教育勅語を出し

たのでした。

　民主主義が恐いなら初めから大日本帝国憲法とか、国会を開かなきゃいいじゃないか。そうはいかないんです。やっぱり近代国家を創った以上は、「万機公論ニ決スベシ」「四民平等」など近代的な憲法と議会を開かなければなりません。「日本は憲法も議会も民主主義もある。鹿鳴館でダンスもできます。ですから**不平等条約**はやめてください」と言えるわけです。でもまだ未成熟な日本でしたから、国民が民主化すると国論が分裂し列強から植民地にされかねない危険がありましたので、明治政府としては議会と憲法は民主的な装いだけにして、その実国民を統制して強い日本にしたいというのが本音でした。

　つまり、近代化の片方では、古い伝統を教えることで日本の秩序を回復したい。徳川政権から明治維新への過程でかなり世の中が乱れましたね。それは社会が戦乱で乱れたこともありますけれども、欧米の近代的な思想が導入されたことでも乱れました。

　近世までは身分制でもって人を尊敬してきましたが、近代は能力でもって人を尊敬する。親に向かって「お前英語知らないのか、お前は馬鹿だ」とか、とにかく学歴が無い人、能力の無い人を下に見る新しい考え方が導入され、他方では、自由民権運動など国民の権利に目覚める人たちも出てきて、政府及び政策を批判する運動が全国的にも展開されました。まさに近代思想の曙ですが政治的危機でもありました。これへの対策と秩序を回復するために教育勅語が作られたのです。

足立　民主的になるとどうして危険なのかが良くわからないんですが。

水原　そうですね。憲法っていうのは元々何のためにあるのか、世界史的には、憲法はなんで作られたのか。憲法ができるまでは誰が権限を持っていたのか、これは王様が絶対権限を持っていた。王様がしゃべることが全部法律となっていた。これに対して憲法というのは王様の権限を縮小して、われわれの権利を認めさせる人権宣言ですね。だから憲法には主として国民の基本的人権、権利が書いてあるけれども、あれは王様に対して「人は生まれながらにして自由と平等の権利があるんだぞ」と認めさせるという意味があるんですね。だから憲法を勉強すればするほど、「私たちは基本的人権を有する存在なのだ」という認識になるんです。権利意識に国民が目覚めると政府批判や天皇制批判をしかねない、当時は**自由民権運動**が激しくなる、ということが懸念されたんです。

　さきほど「国憲ヲ重ンジ国法ニ従ヒ」って真ん中にありましたが、このことについて為政者たちは厳しい議論をしています。**伊藤博文**と**井上毅**、彼らは手紙を往復して**憲法教育**について警戒すべきことと、その対策について相談しています。この国憲と国法の文章を入れるか入れないか、憲法を国民に教えてしまったらまずい、教えないほうがいいんじゃないか。だけど憲法や法律を入れなかったら近

代国家と言えないじゃないか、小さく入れておけば安全じゃないか、ということで、まあこの程度は入れておこうということになりました。ですから日常的なところはだいたい儒教的な道徳を散りばめていますが、「博愛衆ニ及ボシ」とか、あるいは「義勇公ニ奉ジ」とか、近代国家の理念に近いようなものが入っていますね。それは江戸時代ならば無かったような理念ですね。

「政教分離」との矛盾は…？

それで、次は、**教育勅語**を学校教育にどう入れ込むか、これがすごく難しい。政教分離とか、国民の思想を統制しないということが近代国家の原則ですので、これと矛盾する。

それで考え抜いたのは、教育勅語は、天皇の出した個人的な著書である。それを国民が喜んで受け入れたことにする。だから天皇は私たちに強制しなかった。でもその内容がすごく感動的なので、国民がみんな受容したのだ、というふうにすれば、**思想統制**には当たらない。ですから法律ではない、天皇の私的な文書で大臣の副署は無いという形式が採用されたのでした。

戦後アメリカ軍が来て、民主主義的な改革をするときに教育勅語の処置に困ったんですね。私的な著作・文書だと否定する必要もないんです。しかし、実質は、教育法令の中に明記され、まったく勅令そのものでしたから、衆議院も参議院も失効決議をして排除しています。

それで天皇の写真、「**御真影**」を印刷して、成績の良い学校に優先的に与えられました。写真をもらった学校は大変ですよ、戦前の日本の学校の歴史を見ていると、火事の中、校長や先生たちが飛び込んで行って、この写真を救おうとします。多くの教師たちがこの写真のために死んでいます。

この対策を学校の側も色々考えて、大切なんだから特別なお社を造ればいい、それも石で造れば安全だ、これなら死ななくてすむっていうので、校門のところに**奉安殿**を石造りで建築しました。門に入ったら天皇に敬礼をしてから自分の教室に向かうように生徒を指導する。毎日毎日それをさせると、天皇への臣民意識、そういう精神構造が出来上がることになりました。

社会進化論（ダーウィニズム）

この時代の学校の役割は、天皇の臣民を養成することで、そのための教育勅語

でした。ここに至るまで、学校教育の原則に関わる興味深い議論があったので紹介しておきますと、**道徳教育**とか宗教の時間をどうするか、学校で宗教を教えるべきかという問題です。欧米はどうしているか。欧米は宗教・道徳教育はしない。近代学校とか公教育っていうのは、普通の知識・技能に限定する。それ以上は干渉しない。価値観とか生き方には干渉しない。じゃあそれは誰が教えるのか。日曜日になったら自分の信じる教会に行ってください。自分の家庭でやってください、というやり方ですね。

　当時、東大総長の加藤弘之は、道徳の時間とか宗教の時間になったら、みんな自分の信じる宗教の部屋に分かれさせよう。私は仏教の部屋、あなたは神道の部屋、彼はイスラム教の部屋、彼女はキリスト教の部屋に行く、これでいいじゃないかという興味深い提案をしていました。そして、思想の競争と淘汰が行われて、勝ち残った思想が日本の強い思想となる、という**社会的ダーウィニズム**を援用して主張していました。

　しかし、そんなことをしたら国が乱れませんか。みんなが思想闘争とか始めたら、ようやく江戸時代が終わったばかりで、それでなくても国が乱れて混乱しているのに、統制が取れなくなって困るでしょう。やっぱりみんな日本人だ、日本人はこれで一丸となってやってゆくぞと

固まってこそ、他の国から侵略されないですむ。1840年にはアヘン戦争で中国がイギリスなど列強に植民地化されたばかりで、次は日本が列強の餌食になるという状況において、そんな自由な教育は危険すぎるということになります。

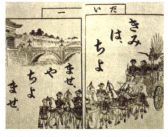

　そのほか、教育勅語をただ暗記暗唱させるだけじゃなくて、**兵式体操**を入れたり、教科書にも、「国のためには身をも忘れよ」とか、「君は千代ませ八千代ませ」とか、天皇制賛美の教科書を勉強させました。こうして日本人の精神を統制し、教育を盛んにしていきますが、この時代に続いて、日清戦争が明治27年、日露戦争が明治37年と、周りの国々を植民地にして、それで日本の国が豊かになっていきます。

　この時代の考えている世界の常識は**社会進化論（ダーウィニズム）**でして、優秀な国民が世界を支配すると世界は平和になる。だから弱い国を侵略して植民地にして統治することは良いことだという考え方が支配的でした。時代は、列強が植

民地を奪い合うという帝国主義時代なので、そうしなければ日本も侵略されるということでした。

まとめ　では最後に、この時代の学校教育を総括しておきますと、明治の近代学校から始まって、ようやく日本らしい学校が確立した時期と言えます。教育目的は日本的な臣民像。**天皇の臣民**となる、そういう日本人。

学校教育の確立
- 教育目的:日本的臣民像
- 教育制度:複線型
- 教育施設:兵舎的建築
- 制服:学生服(軍服)
- 教育課程:学年制、儀式、行軍遠足
- 教育方法:5段教授法、兵式体操
- 教科書:検定から国定教科書制度へ

教育制度は複線型で**義務教育**6年制(1907年)。中学・高等学校・帝国大学へと通じているのはエリートの道。高等小学校あるいはその周辺にある実業的な学校は国民大衆の道というのがはっきりしてきたのがこの頃です。

なぜ**複線型教育制度**かというと、上に行く人は、今私が話したような国家的秘密、国家的な原理、これをきちんと知らないと国の方向を誤ってしまうので、この人たちには本当のことを教える。他方、国民大衆には、教化するための別な論理を教える。国民を2つに分けて教育する。そういうふうにすると、国が強くなれるというふうなことで、複線型になります。これはもちろん1945年以降は反省されて、単線型になります。

それから教育施設は、閉鎖的建築。近代学校のときはずいぶん綺麗な、松本の開智学校みたいなそういう学校があるんだなあと思いましたが、だんだん皆さんが知っている四角四面の、兵隊を入れた建物じゃないかというような学校が出てくる。先ほどの兵式体操をやるようなところですと、それに見合った学校建築はやはり兵舎に近いかたちになってきます。むしろ日本の場合には、もう学校全体が軍隊みたいなかたちになっています。それから学生服、これは軍服ですね。軍隊の服装が一番機動的ですから、軍隊の服装を学生に

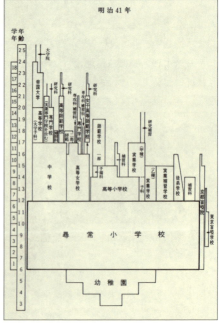

させる。これが**学生服**の原型。ご存知のように、女性のセーラー服は海軍のsailorさんの服装。男は陸軍の服装ですね。そういうふうにして訓練するということです。

　それから教育課程に関して、**学年制**。今まで等級制でしたが、この教育勅語が出た頃から変更します。等級制では、能力で人を差別したり、学校をやめる人が出たりする欠点が出てきました。国全体も能力システムになってないんだから、みんなで一年過ぎたら仲良く上に上がることに変更しました。学校っていうのは、治安維持の側面があります。いろんな子どもを学校に入れ込んで、そこで保護して、暴れないようにするということが大事な役割の一つですので、むしろ学校の中に入れておいて、面倒を見るほうが、国全体としては安定した国民づくりができるという観点から、学年制に変えました。

　それから**儀式**。知識だけ教えればいいんじゃなくて、学校に儀式を取り込む。先ほどのように、教育勅語を朗読し、そこで頭を下げて聞いているということで、ある種の精神構造ができあがる。教育勅語の精神なんか、本当は児童生徒にはあまり分からないと思いますけども、でも天皇賛美の歌を歌い、写真に敬礼し、賞状や餅などもらうと、そういう精神構造になってしまいますよね。妙に儀式っていうのは、意味がないように見えて、意外と人の精神構造を作ってしまいます。儀式による教育の効果は注目に価します。

　教育方法は一斉教授法で、**ヘルバルト**の心理学説を受けた**5段教授法**が普及します。予備・提示・比較・統括・応用の5段階で教授すると授業がうまくいくという方法論です。「予備」は新しいことを受け入れる態勢をつくる、「提示」は新しいことを教える、「比較」は新しく学んだことと既習のことを対比する、「統括」は新しいことを入れて全体的な理解を再編成する、「応用」は生活に適用する、という5段階で、今日まで影響を与えています。

　教科書は検定制度から**国定教科書制度**になり、国民全員が学ぶべき教育内容、水準、思想性が同じになりました。国民をつくるうえでは、国定制のほうが能率がいいし、教科書購入の贈収賄事件対策にもいい。国が全部を作ると、全員分印刷するからすごく安いし、配布も間違いない、ということで明治36年から国定教科書制となりました。

　以上、明治23年の教育勅語に始まり、明治40年ごろまでに日本の学校がようやく確立したという話でした。質問を受けましょう。

2 質疑応答

田辺 質問の前に聞きたいんですけど、いくら法律では特定の宗教を教えられないといっても、**教育勅語**や天皇の写真、**兵式体操**などを見ていると、やはり最近の一種の新興宗教を思い浮かべてしまうんですが。国民からの反発はなかったんですか。

水原 なかったですね。原案は井上毅が書いたにしても、天皇の勅語となると批判はできませんね。ただし、キリスト教との戦いはあったんです。前回お話ししたように、むしろ国の側からキリスト教攻撃をしました。お前たちはローマ法王の言うことを聞くのか、天皇の言うことを聞くのか、どっちの言うことを聞くのか、と議論を吹っかけて、結局天皇の言うことを聞きますってことで、許されました。キリスト教がそうやって降参すれば、仏教のほうも降参し、天皇教に合う仏教になる。神道はもともと天皇教ですので、**宗教**の拠点は、結局、教育勅語によってつぶされていきました。

田辺 先生、**能力別等級制**から**学年制**になったのは、日本のシステムと合わなかったからとおっしゃっていましたけれども、今それが採用されていないのは、それをずっと引き継いでいるからですか。アメリカでは飛び級などありますけど、日本はないですよね。

水原 そうですね。日本の学校で能力等級制とか、習熟度別というのが、ようやく最近入ってきましたよね。しかしやっぱり伝統は、日本はみんな平等だというような考え方が強くて、あまりあからさまに差をつけるっていうことを隠す習性

"習熟度別"というのは、勉強のでき具合、進み具合でグループや学級をわける授業の形態のことです。個人個人のペースにあった学習ができるけれど、"差"がついてしまうという課題もあるんです。

がありますね。我々は島国民族なものだから、ずっとみんなで仲良く永久に子々孫々まで暮らすことを考えます。そのとき自分が強いからって相手を差別したりすると、いろいろ仕返しをされることになりますから、長い目で見ると、あまり自分が強いからって差をつけない仕方で文化をつくってきていますよね。そういう意味では学校の中のシステムも、差があまり顕在化しない、明らかにならないような仕方が受け入れられて、そのあとずっと定着してきたと思います。

　ごく最近になって、授業に付いていけない人は本当に分からないまま授業を受けているではないかということで、中学校も含めて習熟度別が入ってきている。高等学校は入りやすかったんですが、中学校は地域の学校という性格上、導入が難しいんです。我が家の子どもはDクラスだということが明示されると、地域全体のうわさや蔑みにつながるので、保護者は学校に協力しなくなったり反感を

持ったりしますので、あからさまに子どもの能力差を明示して授業することが難しいんです。それで中学校は**習熟度別指導**をわりと嫌がるということがありました。高校になるとあまり地域や保護者と関係ありませんし、能力差があるのが当たり前だから認め易いんですけどもね。最近は変わってはきましたが、日本の伝統的な教育では差をつけないでやられてきました。

ただし、この話は庶民一般の学校の話であって、エリート教育では、戦前は旧制中学から旧制高校への1年短縮の進学とかがあり、現在は、高校から大学と大学院入学などへの飛び級進学がありますが、それらは希少なエリートの例外扱いであって、一般的には無いに等しいですね。

田辺 伝統的な問題がやっぱり大きい、ですか。

水原 うーん、差が明らかに見えるっていうことを日本人は好まないんじゃないかな、と思います。逆に能力がある場合も、どちらかというと精神的に尊敬されるのはいいけれども、それで月給を10倍にしてくれとかとかいうふうに、アメリカ的にはならない。日本はそういう文化風土が根強いのではないかと思いますね。変わりつつありますけれども。

田辺 はい、わかりました。ありがとうございました。

受講生 日本人の島国の平等意識みたいなものを話されたんですけども、明治期の教育っていうのは、単一民族というふうに日本人を(実際は単一民族じゃなくていろんな民族がいますが)そういうふうに天皇を中心として、単一民族だよっていうことを教えることで、国内の混乱を避けようとして、結局そういう教育が行われたのかなあと思ったんですけど。

水原 よく言われているように、日本人のルーツは、北方ロシア系、蒙古系、朝鮮、あと南中国あたりですか。そういうところから来た混血種が日本人らしくて、それはDNAとか血液型を調べるとわかることですね。だけど日本民族は固有の単一民族として、それを強調して国民統制とか、統一感を与えようとしましたね。ただし、それを強調するのは、むしろ第2次大戦下ですね。教育勅語では、すでにそのコンセプトを入れ込んで作っていますが、それを教化宣伝するのは、戦時下ですね。また天皇は神から任命されて、この地上に降り立って天地創造をしたという**現人神**の神話。天地創造した神のところに選ばれた日本人は選ばれた民であるという**選民思想**。その選ばれた民が地球を支配することは素晴らしいことだ、という優越の論理。本当は、4方から入ってきた混血民族なんですが、それでは教育勅語の論理がつくれないんで、**古事記**や**日本書紀**を利用して、その論理をうまく創ったんですね。

田辺 はい、ありがとうございました。他に質問・意見のある方、いらっしゃい

ますか。

受講生 気になっているんですが、この当時の女性の教育ってどうなっているんでしょうか。これは今回先生が説明してくださったような教育が、女性にも行われていたということでしょうか。それとも女性はまた別の教育がされていたのでしょうか。

水原 最初、女性は学校にあまり入らなかったんで、裁縫教育を入れて、学校に来れば役に立ちますよってことで、女性を入れる策を講じたんですが。1900年頃には、女性が大量に入ってきます。それで女子教育の在り方が問題になるのですが、結論を先に言うと、良妻賢母主義の教育をすることになりました。女性は良い妻であり賢い母、良妻賢母という観点から、いろんな徳目を与える。男性に奉仕する、子どものために尽くす、そのために勉強するんだよという**良妻賢母主義の教育**が、このころに確立します。明治時代はやはり女性は低い存在だから、習うべき知識内容も一段低くする。昔の旧制中学を、女性は**高等女学校**といいましたが、女性はそれ位が高等だから、もう勉強は終わりだという意味です。男性は**旧制高校**、今の大学1・2年生が相当で、男性は入れましたが女性は入学できないんで、高校にも大学にも進学できませんでした。一段低く知識も教えられ、モラルも男性に奉仕するように教えられるという仕方でした。

受講生 ということは、兵式体操とか遠足っていうのは、どうしたんですか。

水原 そうです。その時間に女性は**裁縫**をしているんです。男性は兵式体操をし、女性は裁縫をするというふうなことで、妻となるための勉強をする。男は兵士となるための勉強をする。男は男らしく、女は女らしく。これが戦後までつながって、「**男女別学**」論になるんです。男子は男らしく鍛えるために兵式

体操をする。女子は裁縫とか礼儀をきちんと守るような躾の教育をする。そういう男女別々の教育がなされていましたね。

田辺 はい、ありがとうございました。何か意見・質問ある人。

受講生 男子は兵式体操で、女性は裁縫をやったのと、今まで知らないことがいろいろ知ることができたのでとても勉強になりました。

田辺 ありがとうございます。全然知らないことだらけっていうか、思いもつかないことばかりなので、驚きが多いと思うんですけど。

水原 近代国家づくり、明治・大正・昭和・現在まで、どういうふうに日本人が作られてきたか、私からすればあまりに情報が与えられないできたと思いますね。それを知ったならばもっと考えることはいっぱいあるんです。

田辺 教育勅語を見ると、本当に国は考えて国民を作ってるなと思うんですけど、今の国の政府もそこまで考えてるんでしょうか。

水原 これが難しい問題で、戦前は教育勅語で、戦後から現代は**教育基本法**で、個人の人格の完成ということが目的なんです。戦前は、天皇の**臣民**として教育するのが理念で、戦後は国家目的の強調をやめて**市民**としての個人の確立、**人格の完成**となりました。で、現在は、**愛国心教育**を徹底すべきじゃないか、国を思う心が弱くなっているから、それを法律に明記して教育を徹底すべきだという主張が出てきています。これに対して、再び戦前みたいなことをやりだすんじゃないかという反対論が出ています。東京都では、ご存知のように卒業式の時に「君が代」を歌ったかどうか、あるいは歌わない生徒がいたということで、教師が罰せられるという事態が出ています。それで法律に明示されると思想統制まで行くんじゃないかと批判されています。だから愛国心教育を法律で強制することは問題だと反対の議論があります。

　元々はこの教育勅語の問題から始まり、戦後は教育基本法で人格の完成、そして新しい時代の21世紀にふさわしい**日本人の理念**はどうしたらいいのかということで今すごく揺れています。それで、教育基本法改正をめぐって政治的な戦いが展開されています。

田辺 はい。では、他に質問・意見のあるかた。

受講生 日本の国民をつくるために、道徳的な観点から教育勅語というものが作られて、それによって学校教育が行われていたという趣旨だったと思うんですが、今の時代ですと、例えばみんな情報について、コンピュータについて知らなければならないから、コンピュータとか情報を学校で学ばなければいけないとか、あと計算とかができないと労働者として働いていけないから、数学とか技術とかを学ぶっていう観点がありますよね。そういうことを考えると、この時代はやっぱり日本人としての徳目っていうものが一番重視されていたっていうふうに考えていいんでしょうか。

水原 学校教育というのは結局、モノを生産するための**普通の知識・技能**、それから日本国民としての国民性をつくる**国民教育**、それから内面のモラルをつくる**道徳教育**、この3つを教えているんですね。その普通の知識・技能に関しては、徐々に日本の産業構造に合う程度の知識内容とレベルになりまして、今でいうコンピュータ教育に相当する機械とか物を作るための知識・技能、当時も、大半の時間はその内容を教えています。そして、今日の道徳とか特別活動の時間

に相当するところで、教育勅語を教えていました。修身・国語・地理・歴史の時間でも思想形成に大きく関わる内容でしたので、現在よりははるかに重みのある内容でしたが、それでも大半は、普通の知識・技能が中心で教育されていました。
田辺 では質疑応答はこの辺で終わりにします。

3 授業の感想

田辺 それでは感想・意見を見てみましょう。今回、授業の内容が**教育勅語**ということで、教育勅語に関する意見が色々出ました。最初に、受講生からあがった疑問を紹介します。

> 【教・男】教育勅語は天皇が公布した形になっているようだ。しかし中身は日本人を臣民に変えさせる手段の一つのように感じられ、それが大衆を従順な労働力にさせようとする官僚の考えと変わらないように思った。実際は明治時代でも国を支配しているのは一部の官僚で、天皇などは非難の矛先に仕立て上げられたように思う。本当の所はどっちなのだろうか？本当に天皇が公布し、支配していたのか、天皇はただ名前だけで官僚の考えどおり動かされただけなのかどっちなのだろうか？

足立 歴史を学ぶと、「実際はどうだったの？」ってところは常に気になるところですよね。先生、この天皇と官僚の関係の実態について、一言コメントをお願いします。
水原 明治時代は、政治家や官僚が国家を運営していましたが、明治天皇も結構強くて、一言で言うと、実権を握っていました。しかし、幾重にも守られていたので天皇が非難の矛先になることは決してありませんでした。責任論で言うと、実権を持っていようがいまいが、国家の最高責任者である以上、責任をとるべき立場にあったことは間違いありません。
田辺 ありがとうございました。それでは、教育勅語についての感想を振り返りましょう。全体的な意見としては「マインドコントロールみたいで嫌だ」っていう否定的なイメージが多かったですね。
足立 確かに確かに。
田辺 でもそれとは違った、プラスの見方をした次のような感想もありました。

【文・女】教育勅語に関して、思想統制と思われないために、教育勅語を天皇の私的文書としたり、国民が勝手に信じたことにしたり、あるいは近代国家となるために憲法などを作るが、国民が民主化しては困るので教育勅語を出したりなど、政府の巧妙な統制政策に感心しました

足立　授業内だと、教育勅語＝悪というイメージが残ってしまった感がありますが、じゃあいい部分ってなんだと思いますか？
田辺　そうですねぇ。マインドコントロールって言ってしまうと、すごく悪いイメージもありますけど、日本人をつくる、日本をまとめるというのにはすごく役立ったのではないでしょうか。
水原　確かにね。伊達藩のクニに住んでいても日本国民だと思っている人は少なかったので、明治政府としては国民意識を育成しなければならなかった。そのためには、天皇は国民統合のシンボルとなって、この国の人は日本国民なんだという意識をつくる必要があった、その点で、教育勅語はかなり貢献しましたね。
田辺　この教育勅語でマイナス面が出てくるのってやっぱり思想統制の部分だと思うんですけど、じゃあ思想統制って今では行われていないのでしょうか？

【教・女】教育勅語にはもともとあまりいいものではないというイメージがあったのですが、やはり国民の真の民主化を防ぐなど良くないものだったんですね。天皇を尊敬する精神構造をつくるとか、大衆には教化のための学問を教えるとか、どこかの新興宗教のマインドコントロールみたいで恐いです。今聞くと天皇の写真を守るために死ぬとかバカバカしいとすら思えるのですが、それが当たり前だった時代もあったんですね。そんな時代に生まれなくてよかったと思いました。今の時代は本当に自由なんだなと思いました。

足立　こんな感想がありました。
　「今の時代は本当に自由なんだと思いました」ということですが、今は本当に自由なのか、ちょっと考えたいですね。
杉原　そうですね。反対に「今私たちが教育を受けていても統制されているとは感じませんが、明治時代の教育は『統制』という目的が強く感じられます。それとも私たちも現在、教育によって統制されているが、自覚がないだけなのでしょう

か。(文・男)」という感想もありますが。
田辺　「自由だ」って見方と、「実は統制されているんだけど自覚がないだけなんじゃないだろうか」っていう2つの見方が…どっちなんだろう。
田辺・足立・杉原　う〜〜〜ん。
足立　ちょっと思想統制っていうと言葉がきついですけど、道徳の授業だったり何なりで、隠れたコントロールっていうのはあるんじゃないかなと思いますね。
田辺　そうですね。いつのまにか教育の中で人が形成されているっていうのはあるんだなっていうのを感じたのが、留学生の方の意見です。こんな感想でした。

> 【教・留学生・女】日本戦後の教育基本法と米国的民主主義教育は確かに国民全体の質を高めてきました。アジア諸国と比べるとこの50年の進歩は目を見張るところがあります。しかし、原爆の苦い思い出を忘れてしまったんですか？逆に米国のことを神のように尊敬しているように感じます。

足立　日本人はアメリカのことを神のように尊敬しているように感じると。
田辺　そうですね。この感想を読んで、原爆に苦い思い出があるかというと…「うーん、ないな」っていうことを感じてしまって。それで、授業の時に受講生のみなさんに「アメリカに対して憎いって思いがある人は手を挙げてください。」って聞いてみたんですよね。
足立　そうでしたね。何人かは手を挙げていましたけど…
田辺　でもやっぱり圧倒的に少数派でしたね。

> 【教・女】私たちは戦争は悪いものだと教育されてきました。太平洋戦争は広島や長崎への原爆投下で終結したようなもので、アメリカは戦争を終わらせてくれた、という認識があるような気がします。「戦争をしてはいけない」と教育することは「多くの国を侵略してきた日本は悪い国だった」と教育していることと同じような気がします。私達の中には「原爆は自業自得だ」という認識が少なからずあると思います。

という感想を挙げてくれた受講生もいました。そう、この留学生からの指摘を受けて、「アメリカは原爆を落としたから敵だ、憎い」っていう思いはまったく教

育されてないんだってことに気づいたんですよ。

足立 しかも、広島のことなどは勉強して、「戦争がいけない」っていう認識もあるんですけど、アメリカに対して憎いっていうのが、無い。

田辺 アメリカを憎まないように教育されていたのかなと感想を持ちました。

足立 どうでしょう、戦後そんなふうに謀られたんですかね。

水原 アメリカはソ連や中国と戦うために、つまり**資本主義**対**共産主義**の戦いのために、日本に大量に資本を注ぎ込んで、日本を優れた先進国に育て上げましたね。アメリカが日本を立派にすることでもって、ソ連と中国に対する防波堤を造ろうとしたということがあります。ですから我々の利害というものは、アメリカとの密接な関係があって、彼らから色んな援助や利益を受けることで裕福になってきました。つまりアメリカは我々の利害の根拠になっています。だからそれをよく思っているほうが得だということが、深いところでも支えているんですね。もちろん教育の面でも、アメリカ的な教育もされて来たし、深い所で利害とくっついているので、自然にそういう心境になっていると思います。

田辺 さっきの教育勅語の話、思想統制の側面で、良い、悪い、という意見がそれぞれありましたが、その時代の人たちにはあまりその自覚はなかった。戦後改革にしても、私たちは自覚のないまま、いつのまにかコントロールされているのではないか。例えば道徳教育などで、何をしたらいいとか、こういうのがいいと教えるのも、一種のコントロールというか、**価値観**を教えたことになります。そういうふうに教育の中で道徳や価値観を教えることの意味について、もうちょっと考えてみたいですね。

足立 私はもともと**道徳教育**に興味があって、道徳教育を学校でするべきだと、初めは単純に思っていました。というのは、今は核家族化で**家庭の教育力**が落ちている、地域の交流が減っている、**地域の教育力**も低下している。そうしたら地域や家庭も巻き込んで、地域の中心となれるのは学校だけじゃないか。そういう場で道徳教育をしないというのはおかしいと思っていたんです。他に道徳教育をする良い面ってどんなのがありますか。

田辺　そうですね、やっぱり30人、40人集まって、集団生活を教える場なので、社会の基本的ルールを学校で教えるということが良い面ですね。
杉原　私も、学校の役割って考えたときに、教科を教えることだけが学校の役割だとしたら、学校に行く意味がちょっと変わってくるんじゃないかと思うので、学校ではある程度**価値観の教育**っていうのが必要なんじゃないかと思います。
足立　うんうん。この感想もちょっと見てみてください。

> 【教・男】教育の目的というのは「国のため」であると思う。戦時中の「国のために命を捨てる」というような場合に限らず、現代においても、日本の産業などに役立つ人材育成が目標になっている。そうなってもしかたのないことだと思うし、結局は「国の産業のため」の教育なんだ、という視点が大事だと思う。

足立　私も、やはり学校教育って国のためっていうか、国民を作るという目的がどうしても大きいと思うんです。そうしたら国の求める人間をつくろうとするのは自然な成り行きじゃないかなあ、と。ただ悪い面は、思想統制につながること。現在、**思想・信教の自由**が憲法で保障されていますが、教育は強制力を持つので、ひとつの価値観が教えられ過ぎると、それに反対する声はなくなってしまう、無批判的な人間がつくられてしまいます。そういう問題点があるんじゃないかと思います。そう考えるようになってから、今まで道徳は学校で教えるべきだと単純に思っていたんですけど、ちょっと考え直しているところなんです。
田辺　宗教や価値観を教えるとなると、その価値観を一体誰が決めるのかっていうのがすごく難しいところだと思いますね。
水原　価値観にも、すごく高次の宗教的な価値観もあれば、生活の基本的ルールのレベルでの価値観もあり、またそれを学校という公教育の場で教えるべきなのか、必要がないのか、教えてはいけないのか、という問題がありますね。…誰か留学した経験のある方いませんか？留学した人、どうですか、他の国に行くと、学校の先生は大学の先生みたいに、教科の授業を教えるとさっさと帰るという所がありますよね。**学校の役割**は知識を教える、それだけ。例えば、予備校みたいな学校。生徒が悪事を働いたら警察で本人や家庭が責任をとればよい。その場合、学校は警察に立ち会わないしお詫びもしません、**生徒指導**もしません。これに対して、日本の場合は丸抱え、朝から晩まで生徒を抱えて、規律正しく生きるように生活全体の指導もしています。その結果、すごく生徒が学校に反発するという

ことになります。

田辺 少し、込み入った話になってきましたが、こうした話の後、授業では少し討論を行いました。これを紹介します。

田辺 ちょっとみんなに手を上げてもらいたいんですけど、学校で**道徳**は教えるべきだと思う人。はい。おお、ほとんどですね。じゃあ道徳は教えないで知識だけ、予備校みたいに教えればいいんじゃないかと思う人はいますか。

水原 かなり少数ですね。少数の方の意見聞きますか。

受講生 道徳っていうのは授業のことですよね。小学校の担任の先生はホームルームとかで児童との交流が多いじゃないですか。だからそういうので子どもの様子は十分に見られると思うし、そういうところで「そういうことはしちゃいけないんだよ」とか、そういうので十分だと思います。授業で道徳を扱うと、集団から絶対はみ出ないような人間を作るみたいで、道徳とはまた違う力を持ってしまうような気がします。それは私もずっと小学校の時から思っていました。道徳的なことは指導すべきだしそれが教育だと思うんですけど、それを授業で扱うのはどうなのかなと思います。

田辺 ありがとうございます。普段の指導の中で道徳は教えるべきで、授業として教える道徳は必要ないという意見でした。

水原 世界のカリキュラムや学校なんかを見ると、道徳の時間を設けている国は少ないですよね。戦後改革で道徳を入れるかどうか議論した時には、道徳の時間を設定しているのは、日本とフランスだけだったかな。世界の主流は、要するに学校全体で生活の中で自然のうちに道徳性が備われば良いということで、わざわざ道徳教育はしない。学校教育はみんなが共通に認める知識だけに限定するので、価値観は教育しないという姿勢です。後ろの方で男性の手が挙がりましたが。

田辺 じゃあ、お願いします。

受講生 まずそういう道徳教育みたいなのは、善悪の判断とかだったら、そういうのは家庭でもできることだし、それから1人の教師が教えられることにはかなり限界があると思います。しかも今学校の先生になっている人たちにそういう道徳教育を教えられるだけの能力があるかという問題もあります。そういうわけで、普通に生活している中で善悪の判断みたいなものは身につくので、学校の現場では、テキストとかで徳目を教え込むよりも、日常生活の中で身につ

けていくべきもので、道徳教育をすべきものではないと思います。

水原 **教員養成**、教師をつくる側面から考えると、みなさんには知的な単位を出すだけで**教員免許**を発行していますね。その場合、人間性の教育、人づくりはしていませんので道徳的な資質の形成は無視されています。ところが教員になったとたんに、道徳を教えなければならない。もしも、教員は、そういう道徳的なことには関知しない、知識を売るだけになると、人間が特に立派でなくても普通で十分になり、教員のほうもずいぶん気が楽にはなります。しかし学校教育の場というものはやはり何らかの道徳的な教育が必要なんじゃないかということも十分成り立つ論ですので、今度は**道徳教育**の積極論、積極論と言っても、いろんなレベルがあり、なにも思想統制までしようとは言わないと思うんですけども、そこも含めて積極的な意見はありませんか。

受講生 僕は学校で教えられている道徳に反対派なんですけど。理由は、道徳っていうものは、僕が小学校とかで勉強してきた中では、善を教えているような気がしたんですよね。つまり「こうしなさい」っていう考え方を教えられているような気がしたんですよ。でも道徳っていうのは、あくまで僕は正義を教えなければいけないと思うんですよ。つまり、こうしてはいけないっていう、あくまで消極的な考えを教えるべきだと思うんですね。そういう意味で、道徳っていうのはやっぱり家庭とか地域とかそういうところで自然に身につけるものでなければならないと思います。

水原 今の発言の中で面白いなと思ったのは、「何々をしてはいけない」ということに留める教え方をしたらいいという点ですね。つまり人を殺してはいけない、怪我をさせてはいけない、と教えることはいいけども、「こうしろ」というふうに教えてはいけない、それは個人個人が選ぶ領域になるんじゃないのかという趣旨です。でも道徳教育をやると、つい「これは良いことだから、こうやりなさい」と教え込んでしまう。しかしそういう干渉的な指導は必要ない、むしろ、最低限、「これはしてはいけない」という意味での「正義」の教育、私に言わせれば消極的な教育に留めるべきだ。積極的な価値の教育は、人それぞれが学校とは別のところで求めたらいい、というふうな主張に聞こえました。面白い論だと思いますね。

田辺 面白いですね。もう一人聞いてみますか。

受講生 私も前の方と同じような意見で、してはいけないことは教えてもいいと思うんですけど、「こういうことをやれ」とかいうところまで教えてはいけないと思います。

水原 ところで、道徳指導の時間を特に設定したのは、日々生活しているものを総括したり深く考えたりする時間にしよう、日々生活している中であれやこれやの事件が起きる、そういうものをどう考えたらいいのかをまとめる時間にしよう

という趣旨です。だから普通の生活でも、日常的に道徳教育は行われている。特別活動など、生徒会行事などにおいても結果的に行われている。それらの事実を言葉にして、理念的に総括するために道徳の時間が設置されているんですね。道徳的な教育がより徹底するように、すばらしい物語を読んで討論するなどの指導の時間を設けているのですが、そこまで指導することの有効性も考えなくてはいけない点です。

田辺 確かに、反対派の意見を聞いても、「知識だけ教える予備校的な学校にすればいい」という意見ではなくて、「学校では積極的に道徳は教えるべきだ、社会のルールは教えるべきだけど、道徳の授業時間まで設定してやるのはどうなの？」っていう意見が多かったですよね。賛成派の意見はどうでしょう。

受講生 僕は賛成派なんですけど、さっきの方の意見には賛同してますね。その点も踏まえてひとつ。授業で教える場合には、世間で起きている色々な事例とかも取り上げるようにして、みんなで道徳的な観点、こういうことをしてはいけないというのを教えるのもひとつだと思うんですね。

水原 多様な観点を獲得する時間にするという意見ですね。私、あちこちの学校を訪問して先生方を指導する際には、生徒にきれいごとばかり説教しても身につかないので、道徳の時間には保護者を入れ込んで討論会を開くとか、葛藤する材料を与えて、深く本音に即して考える力をつけないと駄目なんじゃないかと話しています。学校の中だけのきれいごとを教えても、それは学校道徳であって本当の社会では通用しない嘘なんだってことになりますので、社会の実態との関係において、それを砕いて理解していくという時間がないと、うまくいかないと思いますね。

　かといって、じゃあ日本人はいかにあるべきなのかという、もうひとつ別な問題、つまり教育勅語のような、日本人のありかたを上から決めて強制するとなると、問題が出るんですね。教育の歴史から学べることは、日本人はこうあるべきだとしてその価値観の教育を学校で徹底すると、みんながそれに沿って礼儀正しくはなるが、失われるものも大きい、思想統制など致命的な結果をもたらす場合があるということです。

　とすると、先ほどのような**消極的な道徳教育論**、つまり学校というのは、みんなが承認する普通の知識・技能を教育することが原則で、みんなが共通に守らなければいけない最低限のことを教えるということに留めるべきだという主張は、傾聴に値する論だと思います。

田辺 じゃあ討論はここら辺にして。

田辺 討論の様子は以上です。この討論は授業の冒頭に行われたものだったのにもかかわらず、コメントペーパーに多くの受講生が道徳の授業に対する意見や感想を書いてくれました。身近で考えやすい話題だったようです。

足立 そうですね。コメントペーパーに書かれた意見は賛否両論、非常に多岐にわたっていて、読んでいて刺激をたくさんもらいました。ただ、討論内では少し意見が偏ってしまった感がありましたね。

田辺 確かに。道徳の授業への純粋な反対意見というのはあまりなかったです。

足立 そう、それに、討論の目的は「道徳の授業」に特化したものではなくて、学校という機関が思想の問題やら、道徳の問題にどう関わっていくべきか、ということを考えたかったのですが、だんだんと「道徳の授業」賛成・反対の討論に流れてしまって。討論を運ぶのって難しいなぁと思いました。とはいえ、もともとの主旨が少し取っ掛かりにくいものだったので、入り口として「道徳の授業」について考えるのは、結果的にはよかったかもしれませんけどね。

田辺 うん、この討論では授業づくりの難しさも痛感しました。それでは、道徳に関する意見・感想も含め、その他の感想を見てみましょう。

～その他の感想～
●現在に思いを馳せて…●

【法・女】国民をどうつくり、日本の秩序をどうつくっていくかということを模索し、あせっている様子が切実に伝わってきた。「教育の確立」というシステムを見ていくことでそこに携わった人間の息づかいが伝わってくるのが非常に面白いし、又そうした「その時代の人間」が見えることで「時代」の揺れといったものにもふれることができると感じた。又、私の高校では厳しい応援歌練習があり始めは嫌だったが終わってみたら「学校への愛着」や「連帯感」のようなものができた。そうした意味で体を動かすことで精神を統一するということは続いているのかなと思う。

【教・男】明治政府の「すべての人々に平等な教育を受けさせる」という一見するとありがたい考え方は、実は「国民をいかにうまく、しかしあくまで反感を抱かれないように統制し、強い国家をつくる」という目的を暗に示していることが分かった。そして、現在の日本の教育制度が明治期の近代教育制度と骨組みはあまり変わっていないことを考慮すると、われわれも知らないうちに国家の都合のよい人間になっているのではないか？という一抹の不安を覚える。（そういう意味でも色々なことに「問い」を持つことは大事なんだと思います。足立）

【教・男】教育は国民を統制することを目的に確立されたが、それは現在にも続いていると思う。小学校や中学校で、先生にほめられるのは先生に従う生徒だし、反抗する生徒は目をつけられる。このような、社会に適合するような人間を育てることを目指す教育への不満が、子どもたちの学校嫌いや目標を見つけられないことの原因の一つになっているように思った。(社会に適合するのも一つの能力なんだな〜と最近思うのです。それだけを強制するのは問題だけどね。田辺)

● 教育勅語再評価 ●

【教・女】これまでは自分自身が受けてきた教育に強い不満があったので「日本の教育はバカ・アホ」と書いてきたけれど、教育勅語を見て一部では、日本人の人徳をよく示している所があると感じた。また、現代の教育の階層化は義務教育が開始された頃から意図的に制度化されたものであるのかというつながりも気になった。(日本人の人徳って何だろうね？後日授業で見る、米軍作成ビデオで私たちの知らない(？)「日本人」が見れるかも。色々また考えてみてね☆足立)

【教・男】教育勅語は今の日本では忘れられている大切な伝統が満ちている。歴史の授業でも、教育勅語にも間違ったところがあることを認め、その上で、戦前の日本でも、軍国主義、天皇礼賛といったことだけではなく人間として大切なことも教えていたということを教えるべきだと思った。今の教育は戦前の悪をひたすら強調するが、善についてはほとんど触れない。戦前＝悪の一面的な教育では歴史を学ぶ意味が薄れる。

【理・男】「教育勅語」を発するにあたり、国の形式的・外面的民主主義化によって、国民意識の中の「草の根民主主義」の出現を食い止め、天皇を上手く用いた国民の右翼統制をねらったものだという見方と、今までの士農工商の身分制の価値観と四民平等の能力差別是認の価値観の穴埋め的役割としての「徳育」という2方向からの見方がとても興味深いものだと思いました。最後のほうでお話しになった、愛国心教育による「日の丸・君が代」の不起立処分などによる法律を制定することで、その法律が思想統制にまで及ぶものになるのではないかという話は、まったくそのとおりだと思いました。

● 愛国心教育 ●

【法・女】結果として日本は戦争に走ってしまったが、愛国教育はいけないことなのだろうか。最近中国は今までの愛国教育の影響で反日感情が爆発してはいるが、もし破壊行為さえなければ自国を愛している行為なのだからそれは良いことだと

思う。また多民族国家からなる国では自国を愛するということで国民の統一をはかることができるのだと思う。(私も、国を大切にすること自体は大事なことだと思います。それに竹島問題でも選挙でも、自分の国のことなのに関心を持たない日本人が増えていて、政府が対策を考えるのは当然なんじゃないかと。でも、愛国心をもつことと愛国心を教育することは別じゃないかなぁ？教育は、ある意味強制力を持つからね。足立)

【教・女】授業のほうに愛国心についての話が出たと思うんですが、日本人は他国に比べ、愛国心や自分が日本人であるという意識が薄いように感じています。それは日本人が島国に育った単一民族であるからかもしれませんが、それだけではなく国家と個人をわけて考えているからだと思います。国家は国民がつくっていくものだと思うので「個人の確立」と「愛国心」をわけずにうまく融合して教育していくことが大事だと思うのですがどうでしょうか。極端に「自分を殺して国のために」というのではなく、国を考えることが個人の確立に影響を与え、またその逆に個人を考えることが国をつくっていくと思います。この2つは切り離せないものであると思います。(「愛国心教育」と聞くと悪いイメージが先行しちゃうけど、何か新しい在り方があるかもしれないよね。皆さんも色々考えてみてください☆足立)

● らしさって何だろう？●
【教・女】今日の講義で教育は「日本人を創る」目的でなされたことをあらためて実感しました。日本を統制していくために良い日本人を創りあげていく…。教育を受ける側はそんなことには気づかないうちに創られている…と思うと少し恐い気もしました。「日本人らしい」「男らしい」「女らしい」人を創るという話で、私が疑問に思うのは、「らしさ」って何だろうということです。今の日本でもその「らしさ」っていうのは、求められることが多いけど、私は男の人が家事が得意だったり、女の人がバリバリ仕事したっていいと思うし、その「らしさ」はいつごろ、どんな風に決められていったのか、っていうのも気になりました。(「らしさ」に苦しめられるのって女の人のほうが多い気がするけど、気のせい？田辺) (男らしさで苦しめられることもいっぱいあると思うぞよ(^_^;)？足立) (ほんとに青年時代は苦しかった！水原)

● 道徳について●
【教・女】私は、人間は対象を比較することで始めて物事を判断することができる動物だと思います。ですから、まだ無口な(←悪い意味でなく) 子どものうちに、ある程度の「人間としてこうあるべきだ」という簡単な理想像を教わるのは必要です。それを知って初めて、こういう行動は良い、これは良くないという判断ができるからです。必要最低限のことを教わるだけでは、人としてのあり方の比較

ができませんし、それこそもっと小さい子供のうちから家庭で教わるべきことで、学校で改めて教わることではないように思います。

【教・女】私が通っていた小学校はカトリック系の私立で、道徳のかわりに「宗教」という教科がありました。私はもちろん、ほとんどの児童はクリスチャンではありませんでしたが、小学生はまだまだ純粋で、マ・スールが聖書の中に出てくる善人の話をすれば素直に感動していたし、「私も〇〇さんみたいな立派な人にならなくちゃ！」と思ったりすることもありました。礼儀も厳しく教えられ、今役立っていることもありますが、かなり押し付けがましい教育でした。中学校は公立に行き、初めて道徳の授業を受けました。それは宗教の授業とは全く違い、先生が一方的に教えるのではなく、生徒が意見を述べる機会がとても多く、クラスメイトの考え方を知ることができて面白いと思いました。そういう点で、道徳の授業はあってもいいのではないかと思います。中にはめんどくさがりやで道徳を自習時間やホームルームにしてしまう先生もいましたが、工夫次第でいくらでも有意義な授業になり得るのではないでしょうか。(「宗教」の体験談だ！「価値観の教え方」の違いが面白いですね。田辺)

【教・女】私は、学校での道徳教育は、社会におけるルールや規範にとどめるべきだと思う。現在道徳で教えられているような、実生活とかけ離れたキレイゴトは、子どもの心に響いているのか疑問に感じる。形式だけの道徳の授業を継続するよりも、総合の時間をもっと有意義なものにし実世界と学校をつなぐような体制をつくったり、読書の機会を増やしたり、生徒の感性を刺激し磨いていけるような授業を生み出していくべきだと思う。感性が磨かれれば、生徒は生活の中で様々なことを学びとるようになり、授業で道徳教育をしなくても、実生活の中で十分に心が形成されていくように思う。…あくまで理想ですが。

【教・男】私は学校での道徳の授業には疑問があります。道徳とは、わざわざ授業にまでして教えるべきでしょうか。道徳とは、日常の生活の中で自然と学んでいくものだと思います。そもそも、私は小学校での道徳の授業は「遊び」の時間という考えがあります。きちんと教科書を使って道徳の授業をしたのは、2, 3回でした。やはり、教えるなら、しっかりと道徳を教える教員を養成したほうがいいと思います。(教師の実感がこもってない言葉はちょっと白々しく聞こえてしまうよね。教師の道徳性の問題も重要だ。田辺)

【経・男】道徳の授業についてさまざま討論していた人達の意見を聴いて思ったこ

とだが、教育にある程度の強制力を含ませてはいけないのだろうか？児童・生徒を一人の人間として扱うのは基本的人権の尊重の面から見ても大事だと思うが、自由というのは放任につながりやすい。少なくとも小学生のうちでは、ある程度、良識の範囲で教育に強制力を持たせるべきだと思う。

4 そぼくな疑問 ―全ての学問もたった一つの疑問から―

〈教育、学ぶとは？〉○将来使わないようなことを学校で学ぶ意義とは？○学ばなければ人はどうなるのか。(文字も書けないねぇ。足立)〈教育制度〉○どうして卒業試験がないのか？○奨学金制度はいつできたのでしょう？〈学校〉○生徒会はいつでき始めたか？○なぜ高校では兵式体操のような応援練習をするのか。○成績表のようなものはいつごろから始まったのか。○学校の時間割は誰がつくっているのか？○チャイムの音は誰が決めたの？○チャイムはなんであの曲？○チャイムはなんで全国共通なの？○校歌はどうして生まれたか。〈学校行事〉○学芸会ってどうしてやるんですか？遠足で行く場所の決め方。○「林間学校」の名前の由来。○海外に修学旅行はあるのでしょうか。〈学校の道具〉○小学校の校庭には鉄棒やうんていなどの遊具があるのに中学・高校にはないこと。○小学校の遊具に決まりはあるのか？○小学校にはなぜよくわからない像があるんだろう。○なんで小学校はシャープペン禁止なんだろう？○学校には桜が植えられてるのはなぜ？(桜は、教育の歴史との意外な関係もあるんですよ。田辺)〈衣〉○制服はいつからバリエーション豊富になったのか。○どうして私服の高校と制服の高校があるのか？(うちの高校は男子は学生服、女子は私服でしたよ。田辺)○ブレザーはいつごろ登場？○学ランって何の略ですか？○小学校の赤白帽。どうして赤と白？〈先生〉○学校の教員は担当科目が違っても給料は同じなのですか？○小学校・中学校の先生の給料が大学教授より低いのはなぜ？○小中高と校長先生の話がやたらと長いのはなぜか。○高校以下も大学と同じで先生を選択式にすればいいのに…。○先生の「宿直」がなくなったのはなぜ？〈大学〉○経済学は数学を多用するのになぜ文系なのか。○どうして東北大は理系の建物のほうがきれいなのか？○大学って修学旅行がなぜないのか？○どうして大学には上履きがないの？(そういえば私も最初土足なのが気になってたわ。足立)〈男と女〉○男らしさ、女らしさとは一体何なんだろう？　○いつから男女差別は始まってしまったのか？○女性の高学歴化はどのような問題を起こしているのか？〈歴史〉○江戸の住職などは何か教育的なことをしていたのですか？お寺でやってる幼稚園はそ

の名残ですか？○なんで儀式のとき国旗をあげたり国歌を歌ったりするんだろうか。○天皇は少しも悪びれず「私は神だ」と信じていたのか？（「人間宣言」をした時どう思っていたのかも気になるなぁ。足立）○50〜60年前の憲法・法律は現状に合っているのか。○「愛国心」がない人っているのだろうか。○「教育学」のようなものは明治期ではどのような内容だったのでしょうか。○「君が代」を何でまだ歌うのか。未だに国歌が「君が代」である意味は？○君が代を式典で歌うようになったのはいつからか。〈その他〉○罰として廊下でのバケツ持ちはいつから始まったのか？　○「廊下に立っとれ！」は体罰ですか？○フィンランドはどうしてあんなに教育がしっかりしているんですか？○「蛍の光」ってスコットランド民謡なのになぜ日本であんなに有名になったのか。

田辺　それでは、「そぼく大賞」を発表します。今回の「そぼくな大賞」は、
　　　「チャイムの音は誰が決めたの？　なんであの曲？　なんで全国共通？」
でした。なぜかチャイムに関する疑問が多かったですね。

足立　この日、授業開始前にチャイムの音が響いたのをよく覚えてるんで、そのせいじゃないですかね？

田辺　調べてみたら、本当に答えが載っていたので、ホームページから抜粋してそのまま載せてあります。「実はチャイムの音というのは『ウエストミンスターの鐘』という名前のれっきとしたクラシック音楽なのです」と紹介されています。ではなぜクラシック音楽が学校のチャイムなのかということなんですが…元々は「火災報知機みたいなけたたましい音」だったそうで？

水原　もともとは木の板をパタパタって叩いて時間を教えたんですが、明治の中頃から鐘に変わって、カランカランという音になり、戦後になると電気のベルになって、ジリリリってなりました。その後30年位前からかキンコンカンとなりました。このキンコンカンを僕が音声にしたら、研究室のみんな笑うんですよ。この音程、難しいでしょう？

田辺　いや、みんな簡単にできると思いますよ（笑）

足立　うん、できますね（笑）

田辺　それでまぁ、そのジリリという音がうるさかったためにクラシック音楽『ウェストミンスターの鐘』が採用になったそうです。そしてそれが全国で使われていった、と。全国に普及するというのは、それはそれで不思議ですよね。

水原　日本の場合はね、どこかの学校で有名になると、みんなそこを参観しに行って、その学校そっくりにどの学校も真似て普及するんですよ。

田辺　はい！「チャイムの歴史」をまとめましたので、読んでみてください。

チャイムの歴史

　全国の全ての学校が同じチャイムというわけではありません。地域や学校によって特色はあるでしょう。でもでも！学校のチャイムといったらやっぱり「キーンコーンカーンコーン…」というあの曲を思い出しませんか？不思議ですね〜。一体何の曲なのでしょう？？

　実はあの曲、「ウエストミンスターの鐘」という名前のれっきとしたクラシック音楽なのです！正式名称は [Pieces de fantaisie pour orque Op.54/ Carillon de West minster]…「幻想的小品　ウエストミンスターの鐘」です。そしてこの曲を作ったのは、19世紀以降のフランスの作曲家・オルガニストであるルイ・ヴィエルヌ (Louis Vierne 1870-1937) さん。チャイムとなったあの曲もオルガンの作品で、参考HPによると「お馴染みのメロディをモチーフに曲が展開されるとても重厚な曲」であり、曲の長さは全部で7分以上もあるそうです。ぜひ聴いてみたいですね。

　では、学校のチャイムになぜあの曲が採用されたのでしょうか？あの曲が日本に入ってきたのは戦後のようです。もともとは「ジリリリリリ！！」という非常ベルのような音で、これがとてもうるさくて変えようという提案がなされました。そして鐘に合うメロディーとして提案されたのが、「ウエストミンスターの鐘」だったそうです。この音は戦時中に鐘の音として使用されていたものでした。

　学校でいつも聞いていたあの曲が実はクラシック音楽だったなんて意外ですね。まだまだ学校には意外な真実が潜んでいそうな予感がします。盲点をつく「そぼくな疑問」待ってます！！

（田辺小百合）

参考HP
C&K Kompany　http://homepage1.nifty.com/cats/music2/bell.html

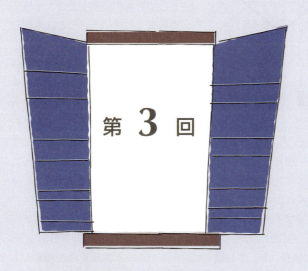

第 3 回

個性尊重・児童中心の教育…
最近よく耳にしませんか?
そんな時代が実は戦前にもあったのです。
知識を「教える」だけでなく、
子どもを「育てる」ことを大事にした
大正自由主義教育を、
ちょっとのぞいてみましょう!

1 授業　大正自由主義教育から軍国主義へ（1910～1930年代）

明るい時代の到来

水原　教育勅語が終ったところで、次はたいへんに明るい時代が来ます。年表に矢印を書きましたけれども、明治の初めに近代学校ができて、そして日本の資本主義がようやく本格化すると、たいへん日本の国が盛んになってくる。それが1920年あたりで最高潮になってくる。1920年というのは実は、日本の経済のバブルが崩壊した年です。大正時代にバブルが崩壊して、この後は落ちてゆく境目の年で、11年後には満州事変など中国侵略に進んでしまいます。それで今日お話しするのは、日本の国が戦前最高に栄えた**大正デモクラシー**・大正成金・**大正自由教育**という日本が繁栄した時代のお話です。

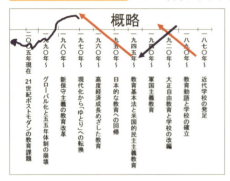

教育勅語で日本人をまとめ、教育の水準を上げ、産業の発展も遂げて、大正期には日本はついに「5大強国」のひとつになりました。1894（明治27）年日清戦争、1904（明治37）年日露戦争、そして1914（大正3）年の第一次世界大戦と10年ごとに戦争に勝って、アジアの国々を植民地にしてますます繁栄し、ようやく資本主義社会として熟して来たという時代です。

戦前にもあった、児童中心主義

この時代、**エレン・ケイ**という人が『**児童の世紀**』という本を出します。エレン・ケイという人は、医学研究をしている人で、精神障害などの原因を科学的に追究した人です。彼女は、これからは児童中心主義の教育をしなければいけないと主張し、一世を風靡しました。これまでは、児童というのは大人のミニサイズであって、子ども固有の発達というものは認識されておらず、児童期の発達過程を尊重する教育は、なされてこなかったんです。

右図の絵本を見たらわかりますが、これは大正時代に流行った当時の絵本です。子どもたちがいかにも喜んで楽しそうに生活しているかがうかがわれま

エレン・ケイ『児童の世紀』

す。でもまあ実際は、ようやく日本が資本主義化して中産階級が出てきて、中産階級の子どもたちだけが恵まれた生活ができたという時代ですね。多くの庶民は貧しい生活をしていました。

　もうひとつ紹介しますと、アメリカの女流教育家**パーカースト**という人が**ドルトン・プラン**という新しい教育方法を創りました。これまでは、ヘルバルトの5段教授法により、一人の先生が教室で授業をする仕方が普通だったんですが、このプランでは一人一人の個性を尊重する教育をしようとしています。子ども一人一人に注目して、先生が子ども一人一人と学習の契約を結ぶ。「あなたはこれから一週間、教科書を何ページ進んで下さい」というように、自学自習の契約を結びます。算数は5頁くらい、国語は10頁くらい進みましょう、理科は実験しましょう、ということで、一人一人とアサインメント（契約）を結んで、その契約を遂行できるように一人一人が指導を受けつつ自学自習を基本に進めます。時には、大体同じくらいの進度の子どもが集まって、5～6人が一緒に指導を受ける、あるいは2～3人、あるいは1人というふうにして、なるべく一人一人の個性と進度に応じた指導をする方法です。そういう仕方の教育がこの頃に出てきます。今まで子どもを殴ったり叩いたり怒鳴ったりして嫌々ながら勉強させる仕方でやってきましたが、そうではなくて子どもの心、感性っていうのを尊重して教育するという考え方が広がります。この種の教育は、児童の自由と個性を尊重するので、大正自由教育、あるいは**児童中心主義の教育**と言われます。

澤柳政太郎と成城小学校

　その児童中心主義の教育を採用した典型的な例として、**澤柳政太郎**と**成城小学校**を紹介します。澤柳政太郎は、東北大学の初代総長です。彼は文部次官や京大総長にも就任した人ですが、成城小学校を創り、その校長になりました。

　澤柳政太郎がどんな学校を創ろうとしたのか、成城小学校の創設趣意を読んでみましょう。「我が国の小学校教育が明治維新後、半世紀間に為した進歩は実に嘆賞に値しますが、同時に又、此の五十年の歳月に由って今や因襲固定の殻が出来、教育者は煩瑣な形式に囚われかけました。外観の完備に近い程の進歩の裏には動もすれば、教育の根本精神を遺れて形式化せんとする弊害を醸しつつあるように思われます。」「今こそは此の固まりかけた形式の殻を打砕いて教育の生き生きした精神から児童を教養すべき時であろうと思います。」と新しい教育への宣言をしています。

　それで教育の4原則を掲げています。第1が**個性尊重**の教育、第2が自然と親しむ教育、第3が心情の教育、そして第4が科学的研究です。従来の教育は、教育勅語などを暗記暗誦させる、出来なければ殴る、など強制脅迫的な注入教育をして

いました。しかし、そういうことでは児童の個性を引き出す教育はできない。児童を児童として尊重し、児童の発達の事実に基づいて教育すべきである。児童の人格を認めてその子を呼ぶ時には「さん」付けをする。そしてその子どもたちが活き活きとした学習ができるような学校づくりをするというのです。

沢柳政太郎と成城小学校

一 個性尊重の教育　附能率の高い教育
二 自然と親しむ教育　附鑑賞の教育
三 心情の教育　附剛健不撓の教育
四 科学的研究を基とする教育

当時の成城小学校では、今日の「総合的な学習の時間」に相当する**特別研究**という時間を設置して卒業論文を書かせるとか、1年生から英語教育や理科教育をするとか、この時代にしては非常に進んだ教育をしています。方法も科学的で、子供たちの持っている言葉を調査して、入学段階でどれくらいの語彙数を子どもは有しているのか、どの領域の言葉が多いのか、など認識の準備状況を調べてカリキュラムを立案しています。

この大正期は、エリートなど中間階層が出てきて、より自由で国際性のある資質を求めて、新しい教育が展開されました。これまで教育勅語のもとに画一的に一律に教育を展開してきましたが、それじゃあ世界に通用しない。世界に通用するエリート青年をつくらなければならないということで**私立学校**がたくさん創設されました。有名な私立学校は大体この頃にできています。今までの公立学校の教育ではだめだ、イガグリ

有名な私立学校って…早稲田、慶応とかだと思ってたけど…

ここでいうのは、成城小学校とか成蹊実務学校・玉川・明星・自由学園なんかを指してるんだよね。

そういえば、明治・早稲田・慶応なんかは、明治の初めに専門学校としてできたんだったね！

そう、それがこの大正期に"大学"として認められたから、ある意味そうした大学の第2の誕生期とも言えるかもね。

頭に金ボタンの軍隊式で、国民全員を画一的な型にはめる教育をしてきましたが、それだけでは世界に通用しない、1920年国際連盟の創設など新しい国際化時代を迎え、世界に通用する青年を作ろうということで、いろんな私立学校が出てきたのです。

学校制度図

それから教育制度も、大学卒業生を大量に作って、エリートを大量に排出できるような制度に変化しました。小学校を終った人が中学校、高校、大学へ行くというエリートのラインがはっきりしたのです。他方、8割方の国民大衆のほうは、中学校や高等女学校に行かずに職に就くか、あ

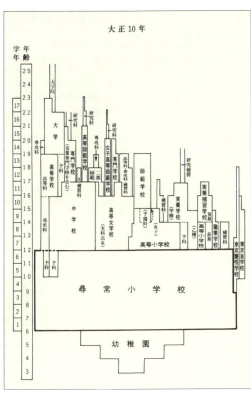

るいは職業関係の実業補習学校等に進んで後に就職するわけです。

また、日本の国が本格的な資本主義社会となってきましたので、大学卒業生が大量に必要になってきますが、大学はすごく限られていたんです。最初に明治10年に東京大学ができて、明治30年京都帝国大学、明治40年東北帝国大学、同43年九州帝国大学、そして大正7年には北海道大学もできます。この時期には全国で5つの帝国大学にすぎない。後に昭和6年大阪大学、昭和14年名古屋大学で旧7帝国大学が揃いますが、当時は、5大学で在学生約9000人だけでしたので、日本の資本主義の要員としては不足しています。それで専門学校を大学にします。例えば、一橋大学や東京工業大学、あるいは早稲田・慶応大学などが専門学校から昇格しました。そのような**大学増設**の結果、大正9年には16大学で在学生は約2倍の21000人、大正15年には34大学（約52000人）、昭和5年は46大学（約7万人）、そして1945年には48大学（約10万人）へと増加します。

まとめ

では、最後にこの時代をまとめておきます。教育目的は**民本主義**の臣民像としました。戦前ですから天皇制の臣民であることは間違いないんですが、民主主義に近づけて人づくりをしたいとういう考え方が出てきます。教育目的は、天皇制を前提に民主主義を志向する

> 先生！民本主義についてもう少し詳しく…
>
> はい、天皇主権の枠内での民主主義っていうことかな。民主主義なんだけど、天皇制を前提としているんです。今もそうじゃないか、と思うかもしれませんが、今は主権在民で主権は国民にあるでしょう？でも、この時は、君主制が前提だから、主権は君主にあるんですよ。そこに民衆は、民主的な手続きで政治に参加する権利を持つ、という形だったんですね。

ので民本主義としました。吉野作造の民本主義ですね。それから教育思想は、なるべく児童に着目して、児童が伸びるような教育、児童の特性に注目して教育をしよう。伸ばすためには子どもの心理とか体とか、その発達の事実に基づいて教育しようという**児童中心主義**でした。

大正自由教育時代の学校
・教育目的：民本主義の臣民像 ・教育制度：複線型、年限短縮、私立 ・教育施設：児童の発達を促す施設 ・教育課程：学年・無学年制、飛び級 ・教育方法：一斉教授法、グループ別学習、個別教授法

　教育制度は複線型。エリートの行くコースと8割の国民大衆が行くコースが分かれる**複線型教育制度**ですね。それから教育施設も、従来の軍隊式のように叩き込むのではなくて、児童の発達を促すような施設、学校建築のありかたを求めるというふうに発想が変わってきます。教育課程も、**飛び級**が採用されました。新しい資本主義社会が発展してきていますので、競争原理で勝ち進んでいく青年を作らなきゃならない。そうすると、飛び級してもいい、中学校を四年で終って進学してもいいよという仕方ですね。自由主義の学校では**無学年制**を採用した所もありました。学年に関係なくカリキュラムを作ろうということです。それから教育方法も、一斉教授法、グループ別学習、あるいは個別教授というふうにして、いろんな教育方法が出てきます。ただし、このような教育はその時代の裕福な私立学校とか師範学校の**附属学校**など、特別な学校での自由主義教育でして、普通の学校では、伝統的な教育方式のままでした。

田辺　先生、この大正自由教育時代と、今の教育改革ってすごく近いものを感じるんですけど、つながりがあるんですか。

水原　そうですね、大正時代の教育、特にこの成城小学校のやりかたが、現代の教育改革の隠れた源になっているなどと言われていますし、第2次大戦後の日本の民主主義改革では、大正時代の教育をアメリカが導入させようとしていました。

　ただし、様々な学校、かなり過激な自由主義の学校も出てくるんで、まもなく統制されるようになってきます。というのは、経済が上り調子の時は自由で、新しい資質が求められるんですけども、1920年にバブルが崩壊し、この3年後に関東大震災で東京が壊滅します。銀行がつぶれ、企業もつぶれる。果ては、世界金融恐慌ということで、もう日本の行き場がなくなり、他の国に侵略するという**軍国主義**になると、自由主義は危険思想として、そういう学校は弾圧されることになり

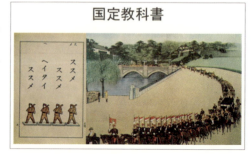

国定教科書

ます。

　それで教育方針も急激に変わって、「ススメ　ススメ　ヘイタイ　ススメ」と、今度は軍国主義思想を叩き込む、統制するような教育にまた変わってきます。大正時代の大正自由教育の花が咲いたかと思ったら、瞬く間に軍国主義が来て、時代が変わってしまうんですね。

　日本は、満州国を中国に作って、日本の傀儡政権を立て、実質は日本が統治し、台湾も植民地にして、地図に見られる東アジアの大半を日本が治めるという膨大な大日本帝国ができました。日本は、アジアの共通利害の圏域を立てようという**大東亜共栄圏構想**を唱えて侵略を正当化しようとしました。

　国内では、女性たちが竹やりの練習をする時代になってしまうんですね。大正時代は児童中心主義と言って新しい資質の子供たちをつくるんだという自由主義的な思潮が主流でしたが、それは皮相的なレベルだけで華やぎ、多くの大衆の生活と考え方は、民主主義を支える水準にはなかったということでしょう。経済が世界的に行き詰まると、日本は、真っ逆さまに軍国主義に落ちてしまったんですね。

　来週、アメリカ軍が日本人とはどういう人たちなのかまとめた映画があるので、それを見てもらうことにしますが、かなり違った視点で日本人が見られて面白いと思います。今日はこの大正自由教育から軍国主義教育へという時代を押さえておきましょう。

太平洋戦争下の日本支配

2 質疑応答

田辺 では何か質問・意見のあるかたはいらっしゃいますか。

受講生 大正時代に**飛び級**が採用されたということなんですが、戦後のアメリカの教育制度が導入された際になぜ飛び級が入らなかったんですか。

水原 飛び級をどのくらいの率で動かすか、何％の人が飛び級できるように使うかによって、社会に与える影響力はずいぶん違いますね。今は飛び級がかなり珍しい仕方で対応しているから、通常の能力の人にはあまり関係がない。これが国民全体を試験して、頻繁に飛び級があるとなると、**能力主義**の発想になってきます。ということは、いつも試験で能力を測って序列を変えていく、たえず能力システムで動かすというように日本の国を変革する気があるかどうか、そこまで社会を競争システムに変革する自信がないなら学校もほどほどのシステムに留めなければいけないということになります。大正期の日本は、競争原理でやらなければならない時代を迎えたので、一応採用しましたけれども、下手をすると社会秩序が崩れるリスクがあるので、一般化しなかったですね。特別な人だけでした。ですから第2次大戦後の日本では、アメリカの能力原理を導入して、飛び級をやってもよかったのではないかというあなたの意見ですが、そこまでやれる社会的条件が熟していなかったということでしょうね。今だって飛び級をやっていいかどうかとなると、いろいろ意見が一致しない。その意味では、そういう能力主義には、日本の文化風土になじまない、とも言えます。社会が熟していないという以上に、日本はそういうあからさまな競争をしない社会であるという方が正確かもしれません。

田辺 ありがとうございました。では他に質問・意見はありませんか。

受講生 小学校から卒論があるという話がありましたが、テーマとしてはどんなものを扱っていたんでしょうか。

水原 それは残念ながら見たことないのですが、まあ、花壇の作り方とか、古代人の生活とか、自分の関心のあるテーマで調べるとか自分で理科実験をするなどの学習であると理解しています。今日の**総合学習**は、成城小学校の**特別研究**が元祖ですね。自分の町のことを調べて自分の町はどういう課題があるのか、どんな郷土の偉人がいたのか、などを調べる学習と推測されます。

　ただ、こういう教育をするためには、やっぱり中流階級でないと難しいと思います。調べようと思ったら図書館にも行って調べなければならないし、それを指導する家庭教師あるいはお母さんが家にいる家庭でないと難しい。貧しい家の人は自由に調べろと言われても調査に行くお金も時間もないし、お母さんも野良仕事で文字が読めない、というのが国民大衆の実態だったと思います。

この後、東北の貧しい農村の学校では、むしろ生活を綴る、一種の作文教育、**生活綴方教育**が普及することになります。

●生活綴方教育って何だろう？？●
　昭和戦前期に、主に東北地方で盛んだった教育の方法です。単なる「作文＝文章を作る」だけではなくて、「生活を綴る」―つまり、生活を直視させて生活を変える力をつける。科学的な力をつけることで、"人"の教育をしようとした教育です。
　「大正自由教育はブルジョアの教育だ」「貧しい庶民でもできる本当の教育は生活の事実を科学的に追究することだ」という信念に基づいていました。
　例えば、トマトの栽培から、そのトマトが売られて値段がつくまでを追っていく、そしてなぜ自分のお父さんは貧しいのか、ということまで追究して資本主義の構造を学んでいくんです。
　でも、この教育は国語教育なのか生活指導なのかわからないし、教師は生活の細部にわたってまで指導する必要があるのか、などの問題がありました。また、この時期は戦争突入間近で、国策や体制に批判的な生活綴方教育は、危険思想視され弾圧されました。

田辺　ありがとうございました。他に質問・意見のある方はいますか。

受講生　1920年代ごろに大正自由教育が行われたということなんですが、そのあと日本は戦争に向かっていくわけですけど、**大正自由教育**を受けた世代が戦争に行ったときに、その人たちは軍人として使い物になるか……というのも変ですけど、ちゃんと統制できたのかなということが気になりました。

水原　なるほどね。大正自由教育はどのぐらい定着していたのかというと、実際は中流階級中心で、まあ附属小学校とか有名私立学校という、一部の裕福な階級において行われていて、国民大衆の子弟の大半は、ほとんど従来通りの教育がなされていたとみるのがいいと思います。

　そういう自由主義思想の人たちは、**軍国主義**の中で非常に違和感を持っていたということは、回想などから見えます。開かれた教育を受けている人たちは危険な状況が見えていましたが、時代に流されて行った人が多いようです。戦後民主主義の時代になると、そういう欧米思想の影響を受けた人たちが表に出てきますが、軍国主義では息を潜めていました。

　もう一群の人たちが居ました。抵抗する人たちは生活綴方教育、生活の事実を綴る仕方で、体制批判の力をつけようとする教育を展開します。その人たちは共産主義思想の人たちが多く、警察に逮捕されることになります。

　大正自由教育をやっている人たちは自由主義者が大半ですから、反体制ではなく自由を求める教育実践をし、軍国主義に違和感を持ちながらも抵抗できないまま流されていったようです。

田辺　この時代の教育は、現代のゆとり教育に近い感じがしますね。このころの教育に問題は無かったんですか。今は**学力低下**などいろいろ指摘されていますが。

水原　指摘された問題のひとつは、学校教育が新しい国際化時代のニーズに合わない、古臭い教育ということでした。裕福なエリート、国際的に活躍する人が出てきて、旧来の公立学校の教育では世界でやっていけないということで、その人たちのニーズを背景に私立学校ができました。

質問の学力低下についてはいつの時代も叫ばれていて不思議ですよね。今の子どもは学力が昔と比べて低くなった、例えば、漢字が書けない計算ができないと言われ、やはり学力テストもやられたりします。結局人間裕福になると勉学への努力はだんだん下がるのが常ですし、個人個人が勉学以外の活動もするようになるので、その分だけ違った領域の資質は伸びていると思います。しかし学校教育の領域に限定すると必ずしも上がってはいないので、やはり当時も学力向上が問題になっています。庶民の進学率も上がっているので、そのニーズを受けた学力向上でしたね。

田辺　従来の学力とは違う人間の資質というのは、自由教育の中で育てられたと認識されているんでしょうか。

水原　一部の自由教育を展開した裕福な学校では違った人間の資質は育てられました。自分の研究テーマで調べる、美しい作文を書くなどの教育はそれなりに成功しました。あの時子どもたちが雑誌に投稿して、アイドル歌手のように子どもらしい詩とか作文とかを月刊雑誌に載せることが流行って、**児童文学**の世界が広がりました。ですから明治時代の教育勅語のコンセプトとは違った新しい資質が拓けたと思います。

教育というのは、統制すると能率はいいんだけど人間の視野を狭くする危険性があるし、自由にすると統制がとれなくなる、ということがあります。これまでは、能率を重視して統制された教育を行ってきましたが、この時代は初めて自由な教育を重視し、思想的広がりができた時代でした。

3　授業の感想

田辺　それでは授業の感想を振り返ってみたいと思います。今回の授業は大正自由教育でした。受講生の感想は、「戦前からこういうふうに個性を大切にしようっ

ていう授業もあったんだ」という驚きの声が多かったです。私も戦前の授業は軍国主義のイメージがすごく強かったので、授業を聞いてすごく驚きました。

足立　そうですよね。私も、大正自由教育の話を初めて聞いた時は驚きました。でも、「昔の日本の教育はあくまで子どもを国が発達するために便利な道具とするために行われていたものだと思った」という感想があったように、やっぱり"国のため"だっていう捉え方もありましたね。

田辺　捉え方が色々で面白いですね。理想としては「**自由教育**」という理論が出てきたけれど、実際どうだったのかなということも気になりますよね。

杉原　そうですね。自由教育っていう名のとおり自由な風潮が高まったことも事実ですが、教育勅語体制下でもあることも覚えておいてほしいなと思います。こんな感想を紹介します。

> 【教・女】「子どもの個性・感性を尊重しよう」という動きは戦後、最近になってからだと思っていたけれど、すでに大正時代にこのような考えが日本も含めた世界中で考えられていたことに驚いた。しかも、日本に関しては、統制的な教育勅語が出されて間もないのに「教育の自由」や「子ども一人一人を大切にしよう」と、改革されている。どういった経過でなされたのかがとても気になった。

田辺　先生どうでしょうか？

水原　今まで、上からの近代化・思想統制ということで、国民を一生懸命頑張らせてきました。だけど国民の内側からの、内発的な高まりというのがないとやっていけないので、どうやってみんなに頑張らせようかなというふうに考えると、やっぱり自由にしなければならないという課題が出てきます。かつ、日清戦争・日露戦争・第一次世界大戦と経てくる過程で資本主義が急速に発達し、お金持ちの人が増えてきました。お金持ちになると縛りが利かなくなってくる。自由が欲しくなってくる。自分の欲しいものを買いたくなる。ということで、国民一般の風潮としても自由主義が盛んになる。国からみても、今までのように画一的に縛り上げるだけでは、国民は頑張ってくれない、だから、国民に対していかに自由を与えて**個性**を開花させるかということがテーマになってくるんですね。

　ただ、その個性というものが「本当の子どもの個性なのか」と、このあと批判されます。大正自由教育というのは、いわばアイドル歌手の綺麗な歌みたいに、子どもたちの個性ということがロマンチックに求められるわけですが、それが本当

に子どもたちの個性なのか、子どもたちの生活を抜きにした、皮相的な個性ではないのか。それは都市に住んでいる子どもたちの、金持ちだけの個性であって、日本国全体の貧しい生活をしている子どもたちとはかけ離れているのではないか。とすれば、もっと別な個性があっていいんじゃないかということが問題になってきます。その時代としては自由主義が勃興することで、初めて児童の個性を尊重する精神が注目され、みなさんの脚光を浴びるんですが、大正期の終わりごろになると、それは本当の個性ではない、もっと一人一人の子どもの生活に根ざした本当の個性を求める教育が必要であると言われるようになります。

田辺 現代でも、個性ってなんだろうってよく言われますけど、それと同じような議論があったんですか。

水原 個性を拓くっていうのはたいへん難しくて、一人一人がその持ち味を十分に出して満足すると同時に、社会全体として調和的な関係性が保てないといけないということがあります。そこのところが、個性個性といわれながら本当の個性を開花させていない、特に日本は、国家的な見地から能率的に平均的に人づくりを進めがちな伝統がありますので、どうも個性は見えないと言われます。

田辺 ありがとうございます。せっかくなので他の質問・疑問にも答えてもらいましょう。「大正時代に大学が増えたという話があり、その理由が面白かったです。しかしなぜわざわざ"大学"を増やす必要があったのでしょうか？」という質問があったのですが。

水原 大学が増えるというのはですね、エリートが増えるということなんです。他の専門学校を増やせばよかったのではないかという論はありましたが、大学と専門学校じゃ、予算の規模がぜんぜん違います。レベル、学問の水準も違う、一人一人にかけるお金も違う。たとえて言うと、大学の図書館と高校の図書室の差、それぐらい差があるわけです。その蔵書数と施設設備、大変な差です。また、別の例を挙げると、2005年現在、東北大学は2,500人の教員と2,500人の事務官がいて、学生は全学年で約10,000人、大学院生が約7,000人、留学生1,000人がいますが、教師1人にすれば、単純平均で学生4人、大学院生3人ですね。小学校ですと1学級40人になりますけども。東北大学は2,500人の学生が入学しますから、2,500人の教員だと、1学年あたり1人。すごい少数精鋭で、莫大なお金をかけて人をつくっていることがわかります。そういう人が必要な時代になってきたのがこの大正期。それまではそれほど高いレベルの産業構造ではなかったから、大学は必要なかったんだけども、高いレベルのエンジニア、そういう人が必要になってきたので、大学を大量につくらなければならなかったんです。

田辺 中学・高校レベルの能力じゃ足りないので、大学レベルまでの人間をつくるということですね。では次の質問にいきましょう。「近代学校が発足してずっ

と中央が教育を統制しているわけですが、中央のカリキュラムにとらわれない学校独自の教育を認めてもいいのではないでしょうか。現代以前に、そういった中央統制から各学校独自の教育へという流れが出てきたときはあるのでしょうか？」ということですが。

水原 今回お話しした通り、大正自由教育の時には、かなり自由な学校教育が展開しまして、一つ一つの学校が独自のカリキュラムをつくろうなどという考え方が広がりました。実際は、裕福な私立学校や附属学校だけで展開されただけでしたが。そのあと第2次世界大戦後の昭和20年代には、各学校独自の教育をしようという政策によって、多くの公立学校でも各学校独自の教育が展開された時期がありました。

田辺 では最後に、「世界の国々はほとんど軍隊をもっていますが、そこでは**軍国主義教育**は行われているのでしょうか」という質問です。

水原 軍隊教育をすることがそのまま軍国主義ではないわけですが、多くの国では、国民全員に軍隊教育をしています。その様々な国の中に民主主義国家もあれば軍国主義国家もあるし、いろんな国家があるので、そのまま直接的にはつながらないだろうと思います。

田辺 それぞれ気になりますよね。

水原 民主主義の市民教育と軍隊教育との関係がどうかということですね。

〜その他の感想〜
●教育は誰のために●
【教・男】昔の日本の教育はあくまで子どもを国が発達するために便利な道具とするために行われていたものだと思った。現在でも、子どものことを考えた教育をしているようにみえて実際は国の道具とされうるのではないかと考えると勉学をすることに疑問を感じる。人間はどうして自国の利益をそこまで拡大しようとするのだろうか。(「国からの要請」と「子どものための教育」は必ずしも反発し合うものかな？絶妙なバランスが必要だけど、重なる部分もあるんじゃないかな。田辺)

【教・男】自分の高校の校歌で「国家の運命雄々しく負わん」という歌詞があり、当時自分は大げさだなと思いました。国家が個人で構成されている以上、その個人を学校で鍛えて社会に出すのはなるほど確かに必要だなと実感しました。

【文・男】「時代が変われば、教育が変わる」ということを強く感じました。教育の内容・結果は別として、時代が大きく変化した時、国力が衰えた時、「教育から見直す」というのはとても的確な判断、方法だと思いました。しかし「時代・世界が

変わった」→「日本どうなる？」→「教育を変えよう！」というプロセスでは、やはりそれは思想統制につながるのかな、とも思います。
●子ども●
【法・女】教育は、社会の「不安定さ」に一番影響されるのかもしれない。そのような不安定な教育を受けてきたこの時代の子どもたちは何を思っていたのだろうかと感じた。

【文・男】澤柳政太郎が様々な大学の総長をやって結局小学校に本当の人間教育の場を求めたことは印象的だった。大正時代に個人尊重の教育を掲げて、自由な小学校を創っていったその考え方がもっともっと広がっていたら悲惨な戦争をくい止められたかもしれないと思うと残念な気がした。また「自然と親しむ教育」は現在にも必要だと感じる。最近小学校に入ってまっすぐに走れなかったり、ボールをほとんど投げることが出来ない子どもがいるということを聞いた。

●飛び級制について●
【文・女】大正時代の自由教育により生徒の意思で色々な道を選択できるようになったのは、とてもいいことだと思います。しかし、私は飛び級制にはあまり賛成できません。確かに画期的な制度ではありますが、各学校の修業年数は学問だけでなく生活態度を初め幅広い知識・教養を身につける最低限度の期間だと私は思います。いくら頭がよくても、内面的に問題が残ったら意味がないです。

4 そぼくな疑問 －全ての学問もたった一つの疑問から－

〈教育制度〉○どうして4月1日生まれからでなく、4月2日生まれから次の学年なのですか？○子どもに教育を受ける義務がないのはどうしてなのか。○学区制の意義って？（入学者を限定して過度の競争をさせない。水原）〈学校〉○なぜアメリカでは掃除がないのに日本には掃除があるのか。（最近「ぞうきんがけ」が体力や忍耐力を養うことにつながるということで密かなブームらしいよ。八木）○学級委員はいつできたのか○日本の国旗の日の丸が表す意味は？○PTAって何の略称ですか？（Parent（保護者）Teacher（先生）Association（集まり）の略だそうですよ。田辺）○運動会に親が来るのはなぜ。〈教科〉○どうして「日本語」でなく「国語」という教科名なのですか？〈受験〉○入学試験で本当に能力を測ることができるのか。○センター試験はどうしてすべてマーク式なのだろうか。〈学校の道具〉○黒板って緑だと思います。○どうして黒板には無性に落書きし

たくなる性質が備わっているのか？？○鉛筆はいつ、どこで、誰によって発明されたのか。○学帽の必要性って何か？○どうしてスクール水着があるのか。普通の水着ではいけないのか。〈先生〉○高校までの授業で先生が一段高いところから話すのはなぜか。○用務員のおじさんっていつから登場したのですか？〈大学〉○女子大はあるのに、なぜ男子大はないのか。○何で大学では起立・礼がないんですか？○大学に生協が密着しているのはなぜか、他の民間は入れない仕組みなのか。○どうして大学に職員室がないのだろう？〈成長するにつれて…〉○なぜ日本の学生は小学校から進学していくうちに授業中に自分の意見を言わなくなるのだろう。○小学生のときは居眠りしなかったのに、中・高と成長するにしたがって授業中寝てしまうのはなぜか。〈その他〉○左利きの子を右利きに矯正したがる理由。○昼食後の授業でいつも眠くなるのはなぜ？〈授業への質問〉○東北大よりも京都大のほうが早く出来たのに、なぜ東北大が二高で京大が三高なのか？○「自由教育」と言っても結局子供は大人の都合に振り回されているだけのような気がします…。○アメリカをモデルにしたのに今の日本の教育がアメリカと全く異なっているのはどうして？○なぜカタカナ文字からひらがな文字が一般的になったの？〈「教育学」の授業へ〉○司会の姉さんたちは彼氏もちなのでしょうか。
（それを聞いてどうする気。足立）

田辺 今回のそぼく大賞は、「黒板って緑だと思います」です。疑問形でもないそぼくな疑問で、インパクト大でした。さらに先生から、「黒板はもともと黒だったんだよ」ということを聞いて、それじゃあいつ緑になったのかということが気になって調べてみました。次ページに資料を載せたので、読んでみてください。最近、一斉授業の形態だけでなく、習熟度別授業とか個別指導という授業形態が出てきてる中で、黒板の形もどんどん進化していますね。

水原 私の研究室なんかは電子黒板ですからね。そんなタッチパネル兼ホワイトボードみたいなもので、ホワイトボードに書いたものがそのままコンピュータに保存できるように変わってきています。

足立 なるほど。授業の変化が道具の変化につながる…面白いですね！第1回の講義で、今まで石盤を使ってたけれど鉛筆が出てきて…っていうような話がありましたが、今でも、変化は起こってるんですね。

田辺 それでは、そぼく大賞「黒板って緑だと思います」の説明をどうぞ☆

黒板の歴史

黒板の歴史

明治元年頃	黒板の原点ともいえる「塗板（石盤にうるしなどを塗ったもの）」が日本に登場。主に寺子屋で使用されました。
明治5年頃	学校制度のスタートと同時に大学南校（現在の東京大学の前身）の教師となったアメリカ人スコットが、「ブラックボード」を日本に持ち込みました。
明治7年頃	日本で初めて墨汁を塗った上に"柿渋"を上塗りした黒板が製造されました。明治10年頃には全国に黒板が広まり、名前もブラックボードをそのまま訳した「黒板」に変わりました。
昭和30年頃	合成塗料の開発により、黒板の板面が黒からグリーンに変わってきました。以下、改良を重ね現代にいたります。

（株式会社青井黒板製作所 HP
http://www.aoikokuban.co.jp/hyakka/hya_01.html より一部抜粋）

　黒板はもともと真っ黒だったのです！では、なぜ「真っ黒の黒板」は無くなったのか。歴史年表を見てみると、黒板の板色が黒から緑に変わったのは「合成塗料の開発により」となっていますね。これは戦争の激化によって輸入品であった漆が入手困難になったことが根底にあるようです。また、これ以外にも「光を反射して目に良くない」「白と黒は目にきつ過ぎる」「緑は目にやさしい」などなどの理由があると言われています。色が緑になっても、やはり名残で「黒板」という名称が使われたのでしょうね。教室の中にある身近な道具にもちゃんと歴史があるんだなと思いました！もしかしたら黒板はこれからも進化していくかもしれませんね。

（田辺小百合）

参考 HP
「教えてね！ドットコム」
http://homepage2.nifty.com/osiete/seito198.htm
「馬印」http://www.uma-jirushi.co.jp/kokuban/dai2-shou.html

第 4 回

1930〜1945年

今回は、少し視点を変えてみましょう。
アメリカから見た「日本」とは？
戦時中に米軍が作成した
ビデオの鑑賞による授業です。
水原先生による
ビデオの解説とビデオの一部紹介、
受講生からの感想で
みなさんも体験してみましょう☆

1 授業　戦時下の軍国主義教育（1930～1945年）

①戦時中の米軍作成「汝の敵、日本を知れ」　解説（水原）

　この映画は、アメリカ軍が1942年から1945年にかけて作成した軍人向けの宣伝用映画です。敵国日本の国民性を研究することで、「残忍な日本兵」と捉え、これをいかに攻略しなければならないか、その戦意高揚をねらって作成されたものですが、興味深いのは、**天皇制**と**神道**、日本民族・風習・政治に対する分析です。

　まずは、天皇制について、普通の日本人なら、これを見て、はじめてその存在意義がわかるほどによく出来ています。政治も宗教も司っている天皇の位置とその意味が説かれます。天皇は太陽の神、天照大御神身の子孫で、神勅を受けて国を支配するために降り立った存在であることや、神武天皇に至る由来などが分かり易く解説されています。

　また、天皇制を支えている神道について、その由来を明らかにしつつ、日本人の神信仰の風習が割に的確に描写されています。**靖国神社**と天皇制そして日本兵との関係性がわかります。

　日本の国土及び人種についても、地理学と人類学にのっとって説明されます。日本は山ばかりで平野が少なく、地震が頻発し、25年に1回は大地震に見舞われて家々が倒壊すること、日本人は人種的には、4方からやってきた混血種であることなどが明らかにされます。

　武士道と切腹に関する説明は、アメリカ側の一方的な解釈で、妥当性に欠け、かなり不満が残りますが、将軍、武士の制度は分かり易いです。秀吉の朝鮮侵略と耳塚の話は、残虐な日本人を表すものとして描写され、かつ、信長と家康のキリスト教弾圧の映像は、アメリカ軍人を憤激させたに違いありません。

　鎖国から開国、日本の近代化と天皇制、そして兵士養成のシステムが解かれ、個人の意思よりも天皇の神がかった意思を実行する狂信的な兵士像が描かれています。世界征服を企むのが日本の国家的な狙いで、「日本を撃つことは狂犬を撃たねばならないのと同じである」というのが映画の結論です。

　あちこちに日本を蔑視した偏見は見られるにしても、これほどの日本分析を日本人は見たことがないのではないでしょうか。

②ビデオ内容紹介
　実際のビデオの中身を一部紹介します。天皇や神道についてどのように説明されているのか見てみましょう。

日本人にとって天皇は神聖　不可侵な存在で「目に見える神」である。
天皇は　統治者であり　超自然的な存在である。
宗教も　政治も　天皇の名の下に　行われる。
天皇の力はたとえて言えば米国の大統領、英国の首相、ソ連の首相に
パウロ法皇、カンタベリー大主教、ロシア正教会主教を
併せたものに相当し、あらゆる権力の頂点に立つ。
なぜ日本人にとって天皇は絶対的存在なのか？
なぜ天皇は神と呼ばれるのか？
それは　天皇が太陽の直系の子であり高く輝かしい力強い存在だからである。
日本人は天皇より高い位置を占めてはならず、
天皇を見下ろすことも許されない。
だから天皇が街を通るとき、2階以上の窓は閉ざされる。
天皇の住む東京に向かう列車は「上り」と呼ばれる。
天皇のまねをすることはゆるされない。
たとえばえび茶色の自動車は天皇専用車に限られる。
仕立屋でさえ、天皇の身体に手を触れることはできない。
それは太陽に手を触れることができないのと同じだ。
日本人にとって天皇を直視することは目を傷める。
それは太陽を直視すれば目を傷めるとの同じことだ。
天皇を雑誌の表紙に掲げるなどは　思いもよらなかった。
だから　米国の雑誌がその写真を掲げたとき
日本政府は米国政府に対し　厳重な抗議を行った。
日本の出来事はすべて天皇自身に由来し
天皇からすべてのことが派生する。
つまり　天皇が米を栽培させ日本兵に世界を征服させる。
天皇の名において日本兵は他民族に正義を
希望を、真実を、共存を、平和を、もたらす。
（中略）
日本人ならば次のような話を信じるであろう。

第4回

「神武天皇は　太陽の神：天照大神の子孫であること」
「天照大神はその孫の[ににぎ王]に"地上に降り
葦原を治めその国の王になれ"と命じたこと」
「[ににぎ王]は山の神の娘を妻にし　その子は海の神の娘を妻にしたこと」
「こうして生まれたのが神武天皇であること」
「ヤマトで即位した神武天皇は　"全世界を一つの屋根の下に置く"方針を示したこと」
「かくして　日本帝国の基礎が確立されたこと」
「ヒロヒト天皇は128代目にあたること」
日本人の起源はこのような神話に由来している。
だから日本人は
兵士も、相撲とりも、僧侶も、農夫も、工員も、芸者も、商人も、大工も、漁師も、すべて神の血筋を引いた一族であり、他民族よりも優越した人種だと、信じている。
このような神がかりの起源が「神の道」という行動様式を生み、
国家的宗教としての神道主義を形成した。
神道主義を理解することはなかなか難しいが、
これこそ日本人の心・精神・魂と言えるものであり、
生と死に係わる日本人の行動に大きな影響をもたらしている。
神道によれば日本には
神の子である天皇、八百万の神々、7800万の民、何十億という過去に死んだ人の「霊」が住んでいる。
「霊」は日本全土に存在し、戦場の兵士の後ろについたり、家の周りに浮かんでいる。
いつも　人々のすぐ側にいるので
手を打つだけで呼ぶことができ　食物や線香で供養される。
一人ひとりの日本人は　切れ目のない「霊の輪」をつなぐ一つの輪にすぎない。
「息をする」、「姿が見える」とか「重要でない事実」を除いて霊と同一の存在にすぎない。
日本人はこれらの霊に囲まれて保護され、
同時に天皇への忠誠、神の教義への遵守が見張られている
日本人の行動には神々の存在が係わっている。
火山、稲妻にも神が宿っている。　…

こうした内容が、当時の映像とともに繰り広げられ、戦時中の日本の知らなかった一面を見ることができました。

2　質疑応答

ビデオを見るだけで時間がありませんでしたので、今回はお休みです☆

3　授業の感想

田辺　今回の授業では米国軍作成のビデオ「汝の敵日本を知れ」を見ました。衝撃的な内容でしたね…。
杉原　そうですね。
田辺　同じビデオを見たのに、受講生からの感想を読むと視点がそれぞれで面白かったです。

杉原　本当に十人十色と言える感想でした。その中でも代表的な意見として3つ紹介したいと思います。1つ目は「アメリカ人が作ったビデオなのに、自分が持つ日本人像と違和感がないことに驚いた」という意見。2つ目はその逆で、「アメリカ人の偏見で作られていて実際とは違う。」という意見。3つ目は少し視点が違うのですが、ビデオには映されていない戦没者への遺族の想いに対する意見です。では具体的に感想を読んでみましょう。

> 【教・女】このビデオは「アメリカ人から見た日本」であり、ある程度は偏った見方もされているはずなのに私が思い浮かべる戦時中の日本の様子とあまり違いがなく、意外と違和感を覚えませんでした。このことは、やはり、アメリカが戦後の日本を占領し、教育を変え、考え方を変え、戦前の日本は間違っているという認識を我々に植え付け、その考え方が少なからず今にも引き継がれていることを意味しているのではないでしょうか。

という、ビデオに対して違和感を覚えなかったという見方です。
田辺　今度はそれに対して、このビデオはやっぱりアメリカ人の偏見で作られて

いるという感想です。

【文・女】最初のほうは日本の文化や日本の紹介をしている、そんなに悪いフィルムではないのではないかと思ったけど、日本人の考え方や社会の仕組みを分析している所は西洋的な考え方＝自分たちの社会が正しいのだというアメリカの一面的な捉え方がされていて、これもアメリカが自分たちの国はいい国なのだから、違う文化を持つ国を倒さなければいけないのだという兵士に対する一種の洗脳のように思えた。当時の日本人は天皇のために命をささげるのが自明のことだと思っていたのだから、それを狂っていると考えてしまう今の自分も一面的な考えしか出来てないなと思った。

という感想でした。このビデオは、兵士の洗脳のためにアメリカ人の視点で作られたビデオなんだから、事実とはちょっと違うんじゃないかっていう意見でした。やっぱり作った人の先入観が入ってきますからね。でもその内容が真実かどうかを判断するのは難しい気がします。

杉原　そして3つ目の意見です。

【教・女】世界征服という目的のために多くの一般人が犠牲になっているのを、アメリカ側が異様に思ったことは当然だと思います。しかし、ビデオにあったような"「英霊」として祭られるから家族は悲しまない。"というのは決して無かったと思います。みなそれぞれ肉親や友人を奪われた悲しみや怒りを抱え、しかしそれを主張することも出来ず、つらい日々を耐え抜いていたのだと思います。

ビデオでは、戦争に当然のように命をささげる日本人の姿とそれを誇りに思う家族が映し出されています。でもそれは悲しみを表に出せなかっただけではないか、という意見ですね。

水原　ええ、そう思います。人前で泣き叫ぶというのは、はしたないと隣近所から批判されるので、「自分の息子はよく役割を果たし英霊となることができました」と皆さんの前で挨拶しました。でも陰では泣いていたので、本当は悲しかったんです。問題は、人前では悲しみを公然と出せなかったことで、そういう仕方で統制されていたんですね。

～その他の感想～

【教・女】日本人が編集するものとはまた違い客観的によく日本人のことを捉えていたと思います。その中で強調されていたのはやはり「信じ込む」ことの恐さです。国のためには命さえ惜しまない日本人への恐ろしさが表れていたと思います。息子の戦死を「英霊」として受けとめる母親の姿が痛々しく感じました。

【教・男】当時敵であった日本について鮮明に捉えられていると思った。ただ敵として日本のことを憎むように教えているのではなく、日本の風習、思想、歴史などを通しての全体的な理解をしようとしていた。また、悲惨な戦争の実態も映されていた。たくさんの人が死んでいる映像を見るのは正直つらいものがあった。このビデオは戦争の酷さ、軍国主義の愚かさを伝える面でも重要だと思った。

【教・女】非常によく出来たビデオだと思いました。私が初めて知る内容もありましたが、大方の流れとして私たちは太平洋戦争というものをこのように教わってきているはずです。侵略戦争だったと明らかに言えるはずなのに、認めない人がいるのはなぜなのでしょう？首相の靖国参拝、「つくる会」教科書‥‥などなど。私は思想的に固まっているつもりは全くありません。ただ、日本にどんな事情があったにせよ、他国に対して行ったひどいことを、認めて謝るだけでいいと思うのです。それが新しい関係を作るきっかけになると思うからです。

【教・女】今回の授業で見たビデオでは、今まで自分が歴史の授業で学んできて、抱いていた戦時中の日本のイメージがそのまま映し出されていた。思わず目を背けてしまうようなシーンも多かった。ただビデオに映し出されていた日本人像は、一部の国のトップの人々の考えというか理想としていた像で、国民はその人々に逆らえずにいたという事実を物語っているのではないかと思う。

【教・女】この映画を何の反論もなく見ることが出来てしまったことは、日本が戦後アメリカ色に染められたというのが事実だという証拠のような気がしました。

【法・女】ある国の国民がどういった人間のかを知るということは大変難しいことだと思うし、今の私たちからこのビデオを見れば少なからず「反発」を覚えるのは仕方のないことだと思う。しかし、たとえその見方が一面的だったとしても、米国が「日本人」を知ろうと努力したという姿勢があったというその事実には感嘆した。戦争という事態が引き起こしたことであっても。そしてその試みは今から見ればやはり多くの問題をはらんでいるにしても、「違う国の人々を知る」努力は「平和共存」を目指すという理念の下で、今後も行われていくべきであるという示唆をこのビデオは含んでいるように感じた。

【経・男】アメリカにいる日本人には危害が加わらないような配慮があり、当時としてはすばらしいことだと思う。多民族国家だからであろうか。今の日本も少しは見習うべき部分も多いと思う。

【経・女】キリスト教を「自由・平等・平和」としたことや、すべての日本の政策を否定していることから、アメリカ主観の偏狭なビデオであった。しかしその中に映されていたのが戦前・戦中の日本の姿であることは否定できないし、このようなビデオを見せられたら日本を敵対視するのは無理もないと思う。現在はアメリカと友好的な関係にあるが、アジアを中心に大量虐殺を行った日本、広島・長崎に原爆投下したアメリカという悲惨な歴史の延長上にこの関係が成り立っていることを私たちは決して忘れてはいけない。

【文・男】アメリカがこれほどまで日本のことを研究していたことにとても驚いた。日本もこれと同じようなビデオを作っていたのだろうか？確かに日本のしたことはひどい。しかし、この映像によってアメリカが行った侵略行為・原爆投下による大虐殺は決して正当化されるものではない。このビデオだって日本と同じような戦時下における「思想統制」と言えると思う。

【教・男】「日本人はただ狂信的で野蛮な下等な生き物である。」これが戦争中のアメリカの考え方である。この考え方

には日本人を「人間」としてすら見ていないように思われる。これはまぎれもなく「日本人殺しの正当化」である。このような映像を通して、アメリカ人を教育することで、アメリカ政府は、たとえば広島原爆に対する内側からの批判が発生することを抑えたといえるだろう。この映像を通して感じたこと、それは単純にアメリカの情報戦略が卑猥であることだ。日本人には日本人にしか分からない日本古来の美しく繊細で、無常感を尊ぶアイデンティティーが根底に存在しているのだ。

【教・女】ビデオに映し出された積み重なる死体に閉口してしまいます…。今中国で反日デモが起こっているのもこれでは当然かな…と一瞬思ってしまいました。（いつまでも過去にとらわれることはよくないことですが、日本は今後ずっと世界、特にアジアの人々に対してこれらの残虐行為に対する謝罪を続けていかねばならないと改めて実感しました。）このビデオを見れば「教科書から従軍慰安婦の記述が減りよかった」といった発言は決してできないはずです。無知は罪です。

【教・女】今まで日の丸・君が代に対して私は何の抵抗も感じておらず、むしろ良いと思っていたけれど、このビデオを見ていると、盛んに日の丸の旗が振られ、君が代が過激に流れ、あのような状況と結びつけたイメージで捉えるとトラウマになりそうなぐらい抵抗を感じるようになった。日の丸・君が代に反対する人々の気持ちが初めて分かった。

【教・男】ビデオに登場する日本人を見て、おかしいとか間違っていると思う自分が不思議だった。今まで中国が歴史教育として戦争関連のことを多く取り上げていることは知っており、「そんなに過去に執着しなくてもいいではないか」と思っていたが、日本人であるのにビデオによって戦争時の日本について初めて知ったことも多く、残念であった。日本の教育では戦争についてあまりにも触れなさすぎではないか？あんなに沢山の人々が死んでいたのに…。

【教・男】自分は歴史選択ではないし、歴史の大体の流れを勉強しただけだが、今のビデオによって、米国が説明した日本の歴史は結構正しいのではないかな、と思った。事実はたぶんそうなのだと思う。だけど、日本の歴史教育ではこのビデオのように否定的な面に見えるようには教えていない気がした。

【自由聴講者】敵として日本を捉えているので、過度に表現する部分もあったが、否定できない部分が多々あった。今の子供たちが決して学校では教わらない、戦前の日本の冷徹さ、残酷さを知った。いつまでも昔のことを引きずるのもダメだけど、きちんと語り継いでいかなくてはならないこともある。

【文・女】アメリカが敵国としての日本について研究して作ったものなので偏りや間違いもあったと思うけど、生々しい映像を見て、日本がかつてこんなことをしたこともあったのか、と悲しくなった。しかもその残虐な行為をするために教育が利用されたと思うと、教育とはその方向によって良いものにも悪いものにもなるのだと改めて実感した。この自分がどれだけ日本について無知であったのかがわかったような気がして衝撃を受けている。ビデオを見て、まだまだ学ぶ必要があると思った。

【教・男】八紘一宇という、日本が全世界を支配する思想を神道に盛り込んだという事実を初めて知った。日本が国をあげて、従順、忠誠、没個性的な民衆を作ってきたことにとても衝撃を受けた。その中で、日本では不平を言わないことが大変な美徳とされ、その考え方は現在も根強いと思った。

【教・男】今回の映像は「日本は悪」と強く意識させるためのものだろうが、中国や韓国の反日教育も似たようなことを教えていると思う。日本人がどこかの国に対する反感をあまり持っていないのは良い所でもあり、悪い所でもあると思う。

【医・女】当時の日本の考えはちょっとおかしいのでは？と思いました。天皇も実際に自分が神だと本当に思っていたのでしょうか？思ってもいないのに、堂々と国民の前に偉そうには立てないと私は思うのですが。人々の中には当時の日本のあり方に疑問を抱いた人も少なくはないと思いますが、圧倒的に支持する人々が多いのは、やはり日本の統一的かつ強制的な教育があったからなのかな、とも思いました。戦争はいつの時代でも過ちです。繰り返してはいけないことを日本は世界に伝えていくべきだと思います。

【教・男】当時の日本人は本当に全員天皇を崇拝していたのだろうか？自分の息子や夫が戦死して光栄なことだと思っ

たのだろうか？昔の日本のことを知っていたつもりだったけれど、アメリカの視点で見たのは初めてだったのでとてもショックを受けました。

【教・女】今回のビデオを見て、視野を広く持ち多角的に物事を見ることの出来る人になりたい、と強く思った。事実は一つしかなくても、捉え方によって、全く違うものに見えるのだということが改めてわかった。歴史を語ることや相互理解の難しさを感じた。

【教・女】戦死することが名誉で、死後は靖国で会おうと約束する部分を見ると、小泉首相の靖国神社参拝がなぜ他の国から批判されるのかよく分かりました。日本人の感覚では戦犯だけが葬られているわけではないからちゃんと供養するべきだと考えるけれども、他の国から見ると間違った平和を目指した人々が葬られている場所に思えるのだと感じました。日本のすべてが天皇中心で動いていて、日本人のすべてが天皇は全世界の神だと考えているという部分が印象的でした。神武天皇の「神勅」や「八紘一宇」については初めて耳にした言葉でしたが、これらが日本人の軍国主義を強めていたことが分かり、絶対者の存在は簡単に人々をマインドコントロールできるという恐ろしさに驚きました。新しい思想を支配層で確かめてから広げるという上意下達は今でも日本に残っていると思います。上下関係や警護に厳しい日本社会は軍国主義の名残だということを再認識しました。

4 そぼくな疑問 －全ての学問もたった一つの疑問から－

〈学校〉○どうして東京の方の学校では校庭が陸上競技場のようになっているところが多いのか○東京の校庭はどうしてコンクリートなの？○宮城県は自由に高校を選べると言いながら学区制があるのはなぜ？○なぜ坊主頭やおさげが強要されるのか。〈教科〉○なぜ高校では世界史、日本史・・・とわかれるのに、中学はまとめられているのか？○なぜ中学の理科は「1分野」「2分野」なのか？○生活科ってなくなるんですか！？○どうして大学の授業時間はそれまでと比べいきなり長くなるのか。○なぜ授業時間は45分とか50分と中途半端なのか。〈学校行事〉○幼稚園や小学校で「芋掘り」があるのはどうしてでしょうか。○運動会の閉会式で万歳三唱をするのはなぜ？「万歳」ってそもそも何？？○夏休みってどうして日記を書かなくちゃいけないのか。

○修学旅行って何のためにあるの？○小・中学校のお昼の放送の意義。○国公立大学の入試に前期・後期があるのはなぜか？前期だけではだめなのか。〈学校の道具〉○小学校1年生の名札って何で大きいんでしょう。（1年生は小さい字が書けないからかな。田辺）○中学になると各教室にオルガンを置いてないのはなぜ？○チョークの名前の由来！○百葉箱はどの小学校にもあるのか。○「ランドセル」って何語？由来は？○上履きはいつ導入されたの。○三角鉛筆が存在する理由。持ち方なんて人それぞれでいいじゃないですか。〈衣〉○なぜ昔のジャージはあずき色が定番なのでしょうか？○高校がセーラー服からブレザーに変わってきているのはなぜ？（欧米の影響と人集めの作戦だと思う、水原）〈給食〉○どうして給食があるの？○なんで給食のある学校とない学校があるのか。○「なぜ高校になると給食はなくなるのか。○給食の"ソフトめん"はどこで手に入りますか！？（私のツボです(笑)杉原）○どうして給食にはお茶じゃなくて牛乳がでるのか。（「いっぱい育て～」という願い？杉原）〈先生〉○授業参観のときだけ教師が模造紙を使ったりするのはどうしてだろう。○なぜ小学校の校長先生はいつも植木の世話をしているのか○愛煙家の先生方は禁煙になった今どうしてるんだろうか。○どうして丸つけは赤ペンでするのか？○どうして飲み物を飲んじゃだめなんでしょう？目覚めて居眠り防止になるかもしれないのに。〈歴史〉○「君が代」はいつできたのか（参照130頁）○米国人は自分たちの植民地政策をどう思っているのか。○南京虐殺は知られていて、731部隊があまり知られていないのはなぜ？（確かに。知るべきだよね。八木）〈その他〉○なぜ教科書にある人物写真にイタズラ書きしたくなるのか。○「教育学」の授業＆水原研究室へ〉○お姉さんたちの中で誰が1番もてますか？（私かな。田辺）（私、私！杉原）（私でしょ！渡邉）（実は私☆八木）○先生やアシスタントの方々は仲が良さそうに見えますが、やっぱり研究室って楽しい所なんですか？（とっても楽しいよー♪杉原）（ぜひ遊びに来て♪田辺）

田辺 今回は、大賞はひとつに絞れませんでした。ですが、給食に関する疑問が多かったので、調べてみました。今回は頑張って2ページ分作りました。どうぞ読んでみてくださいね。

学校給食について

学校給食略年表

明治22年　山形県鶴岡町私立忠愛小学校で貧困児童を対象にし、昼食を与えたのが学校給食の始まりと言われています。忠愛小学校での給食は、現在の学校給食のように、学校で調理された食事を教室で給したものでした。当時の給食は、おにぎり・焼き魚・漬け物でした。

大正3年　東京の私立栄養研究所（佐伯矩博士設立）で、文部省の科学研究奨励金を得て、付近の学校の児童に学校給食を実施しました。

昭和7年　文部省訓令第18号「学校給食臨時施設方法」が定められ、はじめて国庫補助によって貧困児童救済のための学校給食が実施されました。目的も、就学率を高めることや児童の体位向上などがあげられていました。

昭和19年　6大都市の小学生児童約200万人に対し、米・みそ等を特別配給して学校給食を実施しました。

昭和21年　文部・厚生・農林三省次官通達「学校給食実施の普及奨励について」が発せられ、戦後の新しい学校給食がスタートしました。東京・神奈川・千葉の3都県で試験給食を開始しました。

昭和22年　全国都市の児童約300万人に対し学校給食を開始しました。アメリカから無償で与えられた脱脂粉乳で給食が始まりました。

昭和25年　8大都市の小学生児童に対し、アメリカ寄贈の小麦粉によりはじめて完全給食を開始しました。

**昭和27年　小麦粉に対する半額国庫補助が開始されます。
4月から、全国すべての小学校を対象に完全給食が実施されました。**

昭和29年　第19国会で「学校給食法」成立、公布されました。学校給食法施行令、施行規則、実施基準等が定められ、法的に学校給食の実施体制が整いました。
これまでと違い、食事についての正しい理解や望ましい習慣をはぐくむと同時に、学校生活を豊かにし、明るい社交性を養うなど、学校給食を教育の一環としてとらえていくことになりました。

田辺　年表を見ると、時代の変化にともなって学校給食の目的が変わっていることがわかりますね。昔は家の食事だけでは栄養をしっかり取れないという時代背景があったのです…。現在は食生活も豊かになってきているので、「家の食事だけでは栄養が足りない」ということはまずないと思います。そのため給食はただ「栄養をとる」という目的から「食について学ぶ」「食事の望ましい習慣をはぐくむ」時間としてとらえられるようになってきたようですね。栄養の問題はなくなってきましたが、現在はアレルギーでほとんど給食を食べられない子や、食べられないわけではないけど残してしまう子が多くいるなどの新しい問題が生まれているようです。もしかしたらこのような問題がどんどん増えると給食がなくなったりするのかな。もしそうなってしまったらそれは寂しいですね…。

　参考HPは「こちら小学校の給食室です」（http://www.nikonet.or.jp/~kana55go/）です。HPには、もっと詳しい学校給食の歴史や「学校給食Q＆A」「献立写真」「給食レシピ集」などが載っています。「もっと給食について知りたい！」という方はぜひHPをのぞいてみてください。HPの「学校給食Q＆A」に給食に関するそぼくな疑問の答がありましたのでひとつだけ紹介します！

学校給食Q&A
●そぼくな疑問「**どうして給食があるの？**」
Q.　どうして学校給食という制度があるのですか。
A.　外国では、産業革命のころ、貧困児救済のために、お金のある人たちなどが寄付金を出し、始められました。日本でも、明治22年（1888年）山形県鶴岡市の私立学校で、お寺のお坊さんが、貧困児童に昼食を提供したのが始まりといわれています。昭和7年（1932年）、貧困児童救済のため、国庫補助による学校給食が始まりました。戦後は健全な学校生活、体位向上などを目的に「学校給食法」が制定され、それに基づき進められ、現在に至っています。今は、飽食の時代。学校給食の当初の目的は達成しましたが、生活習慣病にならないために、食べ物に対する正しい知識、自分が生きていくためのバランスの取れた食事をどのようにするかを、給食から学んでもらうことが大きな目標となっています。
田辺　年表でも確認したとおり、始まりは貧困児童救済のためだったのですね。そして時代によって「給食に求められる役割」も変化してきていますね。

（田辺小百合）

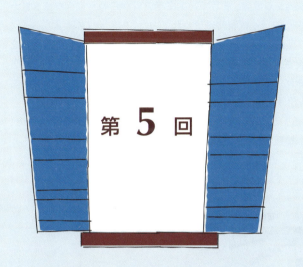

第 5 回

1945〜1950年

第2次世界大戦後の教育は、
戦前と大〜きく変わりました！
学校給食、生徒会…
今は当たり前の風景だけど
その原則はこの時期に作られたんですよ。
アメリカによる教育政策で、
日本はどう変わったか？
そして日本人はそれをどう受け止めたのか？

1 講義 戦後改革期の民主主義教育 (1945〜1950年)

敗戦からの再出発

水原 今回は、第2次大戦後の戦後改革と米国的な**民主主義教育**ということでお話しします。1945〜1950年の時期で、教育基本法と学校教育法によって新しい学校が出発します。

この時期は、軍国主義から敗戦、そして民主主義教育へという大きな流れにありました。写真の左の上のほうは戦前に使われていた「ススメ　ススメ　ヘイタイススメ」です。隣の写真は、若いお母さん方が兵隊さんの指導で竹槍の練習をしている様子です。皆さん位の年齢の女性たちが、竹槍でアメリカ人を刺す練習をさせられました。それから天皇陛下が皇居から日本の軍隊を率いて戦地に赴こうとしている、まあ戦前はこのような内容の教育でした。

右側は日本の領土ですが、朝鮮半島、それから中国の一部を満州国にしたり、あるいは台湾を自分の植民地にしたりして大日本帝国を展開してきました。しかし、戦後はすべてを失い、北海道、本州、九州、四国、そのほか周辺の小さな島だけになりました。従来アジア全体に広がっていた日本の領土が小さくなったわけですね。

軍国主義から敗戦そして民主主義へ

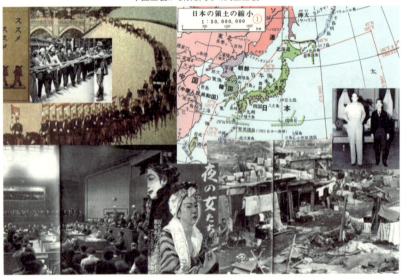

それで**マッカーサー元帥**と日本の天皇が並んでいる写真ですけども、アメリカはわざと天皇をそばに引き連れて、写真を撮らせて世界にばら撒いたんですね。国民の信じてる**現人神**はこんなもんだって写真にして見せる仕方で、**日本人の「神」観念**を砕くというか、マッカーサーのほうを偉く見せるということだったと

思います。それにしても、天皇には責任を取らせないで**人間宣言**をさせ、生かす仕方で日本占領に利用しましたね。その下のほうの写真を見ると、空襲によって東京や大都市がもう本当に壊滅状態だったことがわかります。昭和25年くらいまでは、本当に貧しかったですね。

その結果、「**夜の女たち**」に見られるように、女性たちにそういう仕方でお金をとらせました。本当に日本の男として申し訳ないと思います。家族の中で働けるのはそういう娘たちだけ、職場もなければ何もないという状況にありました。

それから左下のほうは**東京裁判**で、GHQが戦争責任者を追及して、**東条英機**以下が処刑されることになりました。戦勝国が裁判をして責任をとらせるというのは、私は大変疑問に思いますね。本来なら我々日本人が主体的に総括して処置すべきことです。

そういうふうにして、実質は米軍(**GHQ**)の命令で軍国主義教育は排除され、アメリカデモクラシーの教育が強制されることになります。多くの国民は、敗戦を待ち望んでいたかのように、前向きになっていったようでした。

漫画に見る！意外と明るい戦後日本

これは戦後まもなく出てきた**漫画**、『少年王者』とか『少女クラブ』、『漫画少年』などです。戦後になったらこんなふうに明るい、アメリカナイズされた表紙の漫画となりました。半年前までは軍国主義でやってきたのに、アメリカ軍に占領された途端に今度はこういう漫画が出てくるんですね。すぐにアメリカナイズして、みんなアメリカ的になっていく、日本人の変わり身の早さですかね。

漫画の表紙などを通して、みんながなんとなくアメリカっぽい思想に変わっていく。我々は漫画を通して、人のありかたや理想をなんとなくわかりやすく教育されてしまう。

田辺 こんなに一気に変わってしまって抵抗はなかったんですか。国民に。

水原 いえ、なかったですね。反発が出て、アメリカ的な漫画を燃やすとかあってもよさそうだけどね。戦前まであんなに軍国主義教育をやっていて、その気になって竹槍を練習してきた日本人が、アメリカナイズされた書籍や映画を面白がって見るようになってしまう、そこがすごく日本人的というか、思想的にご都合主義というか、庶民の生活の知恵というべきでしょうか。

田辺 さっき国民は敗戦でむしろ喜んだという話がありましたが、日本人も実は、

日本の教育にずっと抵抗感があったということなんでしょうか。
水原 そうですね、それは今の北朝鮮なんかと同じかもしれませんね。みんな従っているようで、新しい明るい時代が来るとワッと皆変わるような感じになるんだと思います。

新生日本の教育原則

このような状況の中で、日本の教育を導く指針として出されたのが**教育基本法**。昭和22年3月に公布されるわけですが、前文だけ読みます。「われらは先に**日本国憲法**を確定し、民主的で文化的な国家を建設して、世界の平和と人類の福祉に貢献しようとする決意を示した。この理想の実現は、根本において教育の力にまつべきものである。われらは、個人の尊厳を重んじ、真理と平和を希求する人間の育成を期するとともに、普遍的にしてしかも個性ゆたかな文化の創造をめざす教育を普及徹底しなければならない。ここに、日本国憲法の精神に則り、教育の目的を明示して、新しい日本の教育の基本を確立するため、この法律を制定する。」と宣言しました。

ちょっと現在の問題に飛びますが、自民党は教育基本法について、「文化的な国家」「平和志向」「個人の尊厳」ということで、ここには**愛国心**が入っていない、日本人をつくろうとしていない、世界市民だけをつくろうとしている、日本人としては不満だ、アメリカに作らされたんだ、ということで改正しようとしています。戦前の国家中心の考え方から、個人の尊厳、個人の自由、個人の完成というふうに、国家から**個人主義**に180度転換しましたので、自民党は現在これに愛国心を入れることで、日本人としての国民形成という側面を強化したいと考えているようです。

では、教育基本法10条まで簡単に項目だけ挙げます。第1条が教育の目的、第2条が教育の方針、第3条が**教育の機会均等**。今まで裕福な人や頭のいい人だけ教育されてきましたけれども、今度はみんなに教育の機会が与えられるべきだという趣旨です。それから第4条が**義務教育**。今まで実質的には小学校まで義務教育でしたが、今度は中学校まで義務教育9年制にすべきだということ。第5条、**男女共学**。今までは男と女を分けて、女性の教育内容を低くしてきましたけども、男女は同一内容を同一水準で学ぶべきだ、そして学び舎も同一にすべきだということ。それから第6条が学校教育、第7条が社会教育、第8条が**政治教育**。これか

らは国民が政治の主権者だから、政治教育を受けなければならない。今何が起きているのかをきちんと知って、自分で判断できる力をつけなければならないということ。それから第9条が**宗教教育**の尊重、そして第10条で、**教育行政**は公平、公正、中立でなきければならない、ということなど全10条の方針が出されました。

すべての者に中等教育を

次が**学校教育法**。教育基本法は戦前の教育勅語みたいなもので、教育宣言、教育理念を決めています。もともとは新しい教育勅語をつくろうとしていたんですけども、民主主義なのに天皇から勅語をもらうのはおかしいということで教育基本法になりました。それで学校教育法の方は、教育制度とか教育内容に関して細かく決めています。ですから教育基本法は理念で、学校教育法は実際を動かす法律です。昭和22年3月、学校教育法と教育基本法が一緒に出ましたが、その昭和22年4月から施行して、すぐ新しい戦後の学校が始まりました。学校教育法の特徴は、①6・3・3・4制の単線型教育制度、②義務教育年限の延長、③教育の機会の拡充、④男女差別撤廃、⑤教育内容の民主化、の5点です。

学校制度図

①については、**6・3・3・4制**の教育制度図を見るとわかりやすいかと思うんですが、左側が戦前で、だいたいの人たちは国民学校が終わったら、就職あるいは職業系の学校に入りました。中学校、高校、大学に行く人は本当に少数の20％。2005年現在は、約50％の人が大学進学、専門

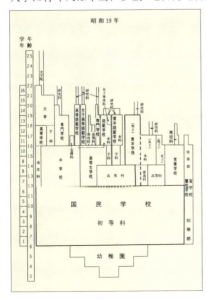
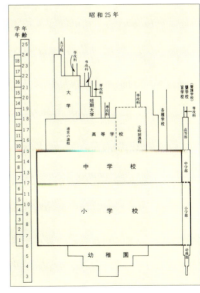

学校まで入れると75%ですよ。戦争が終ったときは、旧制中学に行く人が20%くらいですから、かなり少数でたいへんエリートでした。

民主主義社会にするためには、「secondary education for all, **すべての者に中等教育を**」という理念で、18歳まで青年みんなが教育を受けるべきだという考え方でしたが、現実的には、最低15歳まで教育を受けさせることにしました。民主主義社会を構築するためには、小学校6年程度では不足です。一人一人が自律的な判断ができる15歳までは最低必要だということで、9年間の義務教育にしました。そしてあと3年勉強すれば、みんなが大学に行けるというように簡単なシステムに変えました。戦前の制度ですとなかなか袋小路に入ってしまったら抜けられない複線型教育制度でしたが、今度は**単線型教育制度**にして、みんな上につながるようになりました。

単線型教育制度では、みんな同一内容・水準を習いますけども、戦前の複線型教育制度の場合は、エリートには本当のことを教えるが、国民大衆には統制的観点から政治・経済・社会に関する正しい情報は与えられず、一種の教化、特定のイデオロギーを注入するという、国民を2種類に分けて教育するカリキュラムでしたので、民主主義の観点から改められました。

児童は人として尊ばれます

教育理念に関しては、**児童憲章**が注目されます。「児童は人として貴ばれる。児童は社会の一員として重んぜられる。児童はよい環境の中で育てられる」と宣言されました。これまでは国家のために犠牲になることはいいことだ、と教え込まれてきましたが、そうじゃなくて、第1項、「すべての児童は、心身ともに健やかにうまれ育てられ、その生活を保障される。」、また第4項、「すべての児童は、個性と能力に応じて教育され、社会の一員としての責任を自主的に果たすように、みちびかれる。」と規定され、児童が人として貴ばれるべきことが明文化されました。

それから日本国憲法の**主権在民**に関する説明の写真ですが、以前は天皇が偉くて、その次に貴族が偉くて、その次人民が来たんですが、今度はみんな人民で、同じ位置で並んでいる。左のほうは役人が偉くて人民がヘコヘコしていましたが、これからは人民が主権者で役人はサービスをする人である。今までは天皇が一番偉かったけど、これからは人民が国を治める。それから下のほうは閣議で、戦前は陸海軍大臣が上位にいましたが、今度は大臣全員対等となりました。

それから家庭においては、戦前はその家のお父さんが家長で一番偉く、その家長の命令なくしては結婚もできなければ何もできないということでしたが、これからは一人一人が独立し、男女も互いに対等となりました。

こういうふうに戦前と戦後で日本社会の基本的在り方を変えて、民主主義教育

をすることになったわけです。私たちは、従来のように天皇の臣民ではなくて、民主主義国家の主権者で、日本国のあり方を決める権利を持ちました。そのためには、国家社会に関する正しい情報を受ける教育が必要なのです。そうしてこそ個人個人が自立して判断する能力が形成されるようになります。

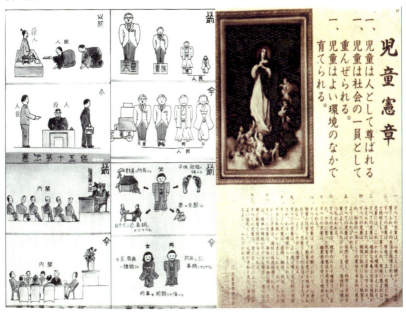

男子も女子も手を取り合って♪

戦後のところでどんなふうに変わったのか、写真を見てもらいますが、男と女が**ダンス**をしています。男女共学で手を取り合ってお互いにダンスをすることが、ひとつの青年男女のあり方として望ましいことだというふうになりましたので、フォークダンスが取り入れられました。戦前までの軍国主義から言うと、軟弱な男と女を作ってしまうと攻撃されますね。宮城県でも**男女共学**にするときに、男女共学はアメリカが日本の国を弱めようとしている策略だから、乗らないようにしよう。日本の男を軟弱にするた

ダンスと学校給食

めに男と女をくっつけて男女共学にしようとしている。これに対して徹底抗戦しなければならないということで、宮城県は男女別学を守って、「女は女らしく、男は男らしく」別学の教育をするということをやってきています。2005年現在、日本全国で一番男女別学の多い県なものですから、その方針を変えようということで、男女共学を推進することになっていますが、私はその男女共学の委員長役で、インターネットを見ると私に対してものすごい批判が書かれています。

田辺　先生はダンスを習いたくて男女共学をめざしてるんですね（笑）

水原　いや、もっと自然になればいいなと思うんですが。やはり、男女が互いに生徒会活動をする、互いに部活動をする、あるいは互いに学びあうということをして、お互いの尊重の仕方を身を持って学ぶということが大切なんです。男女共同参画とか、ただ知識で教えられても、やっぱりダメだろうと思いますね。この教室に男女がいるだけで、発言の内容はお互いに配慮しますし、それから留学生がいるだけで、やっぱり世界に通用する考え方を話そうっていうふうになりますから。私はいろんな人が青年期にその学校に入っていて、活動を共にするのが望ましいと思います。

ありがたや、学校給食

それから**学校給食**ですね。これは本当に導入されて良かったです。みなさん、弁当を持って来れることの有り難さが分からないでしょうね。お昼の時間になると、弁当を持ってない人は、ちょっと用事がありますと言って家に帰るんです。実は、ご飯がないんです。家に帰って水を飲んで帰ってくるんです。先生はわかっていますから、帰しますが、また午後の授業時間までには戻るんです。仮に弁当があっても、汁がたれたりして本当に汚く見える弁当でした。当時は、生活の貧しさが弁当に出るので、お互いに包んできた新聞紙で弁当と顔を隠すようにして食べました。貧富の差が弁当に表れて、恥ずかしかったです。それが給食になって、前頁の2枚の写真を見てください、本当にみんな明るい顔になって、喜んでますよね。みんな良かったねと、涙が出そうです。

田辺　前回、「そぼく大賞」で給食の歴史を調べたんですが、1889（明治22）年に山形で貧困児童を対象に給食を与えたのが学校給食の始まりといわれています。そこからだんだん広がって、1952（昭和27）年4月に全国すべての小学校を対象に完全給食が実施された、と年表（参照107頁）からは読み取れるんですが、今のお話ですと、給食が導入されるというのは、やはり当時としてはすごく大きいことだったんですね。

水原　給食が始まったのは昭和27年だから、やっぱり戦後の荒れ果てた7年間はみなさん食えなかったんですね。歴史的には、すごく大きな意義がありましたよ。

今日的には、学校が給食まで面倒みる必要があるのかという問題になっていますけれども。今では給食なんて嫌だって人も多いようですね。

田辺 そうですね、そういう人もいるみたいですけど。

水原 アレルギーなど命に関わる問題も出て難しい時代になりましたね。貧しい時は何でも食えて、どんなアレルギーも起きなくて、道路に生えている雑草も争って食うような時代でした。アレルギーというのはずいぶん時代が変わったなあと思います。

田辺 アレルギーの問題もありますし、家でいっぱいおいしいものを食べているので、給食を残してしまう子が増えていますよね。調べてみて、時代は変わったなと思いました。

水原 お母さんの手作り弁当がいいということもあるんだけど、お母さん方の多くは学校給食を支持していますね。毎日弁当を作るのが面倒くさいみたいですね。

子どもも民主主義を身につけましょう

もうひとつ。次のテーマですが、**生徒自治会**活動がきちんと位置づくようになりました。これは中学生が自分たちで自治会活動をしようということです。これまでは上からの命令で教育されてきたけれども、今度は民主主義国家なんだから、自分たちの意見をきちんとまとめて、みんなの前で堂々と言えるようにしなければならない。そして民主主義の練習をして、学校を出たら民主主義社会の担い手になる。だから小学校、中学校、高校、大学に自治会を作りなさい。自治活動をして、そこで自分たちの学校のありかたをみんなで決めるようにしましょう、ということで、写真のような自治会活動が始まりました。

ただし、本気で「自治」を生徒に与えると危険だから、**学級自治会**とか生徒自治会という名称から、「自治」は抜かれ、**生徒会**、学級会、学年会というふうにしました。一応、アメリカの要請で、子供たちを自治能力の高い市民にしなければな

らないということで、自治会を作らせて、写真のような民主主義の練習をさせました。しかし、ほどほどにしないと、いろんな要求をする、うるさい生徒会になり面倒くさいので、まあ別な言い方をすれば先生の言うとおりに動く生徒会にするために、自治は持たせたくないということで、自

治権のない生徒会になりました。現在の生徒会はどうなっていますかね。
田辺 今の生徒会は学校によって違いますけど、私が受けてきた中学校の生徒会は、生徒自身が作り出すというイメージが全然ないですね。先生の言うことを聞いて、ある程度は決めるんですけど、やっぱり先生の思惑の範囲内ということが強いですね。
水原 杉原さんもそうですか。
杉原 そうですね。私は中学校で生徒会の副会長をやったことがあるんですけど、やっぱりいろいろ、こういうことをしたいとか、文化祭などについて生徒会で話し合って、生徒全体に提案しようとするんですけど、先生に止められてしまうんですよ。それは言っちゃダメとか。
水原 うん。本当に民主主義の力をつけて国を支えていく、いろんな政治的発言のできる生徒にしようという面は弱い感じがしますね。

次の写真を見てもらいますが、さきほどの児童憲章の続きになりますけれども、お誕生日調べとか、教科書とか副読本を見たら分かりますように、子ども中心主義で子ども1人1人を尊重する、子どもの成長と発達を願うということで、**お誕生会**をしましょうという趣旨です。戦前までですと天皇誕生日や建国記念日を天長節や紀元節として祝いましたが、戦後は生徒の成長と発達を祝うような教育に変わりました。そして教科書も児童生徒が主役になるように作成されました。戦前の軍国調から見ると、この1～2年ですっかり変わったという事が、明らかに見えると思いますね。

まとめ では、まとめに入ります。教育目的で見ると、従来は軍国主義だったけども、今度は民主主義社会の市民、これをつくるのが新しい教育なんだというふうに変わりましたね。ただ、今批判があるのは、世界市民の形成が目的で、日本国民ではないんじゃないか。日本の国民らしい愛国心などを入れて、国のために奉仕するという教育が必要ではないか、というところが一つポイントなのと、それから躾とか道徳とかそういうものが弱まってきているんで、それを教育基本法に入れたらどうかという要請が自民党からあり、2005年現在、法案改正に向けて国会で議論されています。

教育制度は、**6・3・3・4制**の単線型、男女共学ということで、小学校6年と中学校3年まではすべての学齢児童生徒を義務教育とする。これは「すべての者に中等教育を」という民主主義社会に向けた思想が背景にある。それから男女共学。差別はやめて、男女が同一内容・同一水準で教育を受け、婦人の参政権、普通選挙への参加も認められました。

> **戦後改革期の学校**
> ● 教育目的：民主主義の市民像
> ● 教育制度：6・3・3・4制単線型、男女共学
> ● 教育施設：児童の経験を促す施設
> ● 教育課程：経験主義のカリキュラム
> ● 教育方法：調査研究、体験学習
> 　　　　　　グループ学習、一斉教授

　教育施設に関しては、児童の経験を促す施設ということで、これは大正自由教育のときにもあったんですが、戦後では学校を美しくして、みんなで花壇を作ったり校庭を整備したりして、子どもが成長と発達をする上で望ましい施設と環境を整えることが理想とされました。

　教育課程ですが、**経験主義カリキュラム**ということで、子どもの側から、子どもの経験の側からカリキュラムを作ろうということになりました。今までは国の側から、**軍国主義の臣民**を作るということで、まさに上から下へ、しかも複線型カリキュラムでしたが、そうではなくて子どもの経験が豊かになるように、経験主義に変わりました。

　教育方法に関しても、従来は上から押し付け、強制、暗記暗誦でしたが、自分たちで経験をもとに調査研究したり、それから体験学習をしたり、グループ学習をしたり、一斉教授をしたりして、いろんな教育方法を取りながら、自分たちで調べる、考える、そして討論をする、そういう**新しい市民**を育成するための方法が採用されました。

　大体、以上の通りで、この戦後改革期の学校は、軍国主義時代とはうって変わって、日本の力だけではできないような**民主主義教育**が展開されました。これはアメリカに押し付けられた教育であって、もっと日本的な教育に変えるべきだという論があるわけですが、戦前とはずいぶん変わりましたね。質疑応答に行きましょうか。

2　質疑応答

杉原　私の方から一ついいですか？**男女共学**のところで、教育基本法第5条の男女共学で、「教育上、男女の共学は認められなければならない」となっているんですけども、実際に地方ではたくさん別学の高校が今まであったじゃないですか。ということは、地方自治でそういう点は任されていたということですか？

水原　アメリカ軍の関西地区担当者と、東北地区担当とが別々にいまして、その指導の強弱によって、完全実施に至った所とそうでない所が出たんです。それから、アメリカの方針も変わり始めたという事情がありました。アメリカとソ連・中国が朝鮮半島で戦争を始めると、アメリカは日本の急激な民主主義改革

をやめてしまうということになったんです。その結果、共学をサボっていた府県は別学を温存することになりました。

杉原　ここ最近全国で増えている男女共学化というのは、アメリカ的な考え方が、今になって見直されているんですか。

水原　今はむしろ**男女共同参画社会**、男女がお互いに参画してやっていくためには、やはり男女共学にして、青年期から生徒会活動とか部活とか勉強とかに関して、共にいろんな活動をすることによって共同参画能力をつくろうというのが基本的にあると思います。やはり男と女を分けて、女らしく男らしくするという仕方の教育は、どちらかというと古い観念の男、古い観念の女を再生産してしまいがちなので、それは見直すべきじゃないかということです。

田辺　戦後改革で教育内容が大きく変わってるじゃないですか。当時の先生方は戸惑わなかったんですか？戦前と戦後は同じ先生が教えていたんですか？

水原　いや、先生も生徒も戸惑いましたよ。8月15日まで軍国主義の教育をしていて、それで天皇陛下の名前を初代から128代まで言えとか、教育勅語を暗記暗誦しろとか、できなければぶん殴られるとかあったわけですから。それが8月15日過ぎたら、それは間違いだったからもう止めるとなるわけで、「ふざけんじゃねえぞ」ってことで、それは学校の先生方は、夜、道路を歩いたら危ないといいますか、よく川に投げられたといいますね。殺したりはしないけれども、ワーッと行ってみんなで川に投げるみたいな。

田辺　誰が投げるんですか！？生徒ですか？

水原　生徒とか卒業生たちが襲ったようです。今までは天皇の名を借りて威張りくさって、殴ったりしていた教員は仕返しされました。なお、学校では、軍国主義的な文章には黒く塗るなど**墨塗り教科書**を使って教育しました。それ

から政策的には、軍国主義を指導した人は教職からの追放措置がとられました。
田辺 ありがとうございます。では、他に何か質問や授業の感想などありますか。
受講生 生徒会活動などが戦後に始まったということは、文化祭や体育祭などの行事もそのぐらいから始まったんですか。
水原 今日話した意味ではそうなんですが、ただ、行事自体は戦前からもあります。戦前から全国柔道大会とか、剣道大会とか、それから文化祭活動はあるんですけれども、そこには、戦後的な民主主義教育の意味はありませんでした。上からではなく、学生自身、生徒自身による自治会活動、自主的な文化活動、運動活動など、民主主義育成の観点から生徒自身の手でしようっていうのが戦後の特徴なんです。生徒の自治活動ということがかなり重く位置づけられ、それでカリキュラムのほうでは、課外活動も教育として位置づけられました。それは生徒自身の手によるやりかたが効果的だというふうに戦後は位置づけられたんですが、戦前からもその類のものは、実際はありましたね。

田辺 部活はどうなんですか？
水原 学校が**部活**まですべきなのかどうかという問題は、いろいろ議論があるんですね。世界的に見ると学校が部活まで面倒を見ている国は少ないんです。部活は、みなさんが市民社会で自由に活動すべき領域なんで、学校が朝から晩まで面倒を見るのはいいことなのか、という問題があります。

　私は**甲子園野球**を早く潰そうということを新聞に書いたことがありましたが、まもなく、某高校野球部の監督が僕の研究室まで抗議に来ました。バットは持ってこなかったんですけれども（一同笑）。私は学校教育というのは基本的な知識や技能を教えることが使命であると思います。甲子園野球とかの全国競争はスイミングスクールやバッティングセンターがやればいいんであって、むしろ学校は基礎的な技能の教育に限定したらいいと思います。だから生涯にわたって一定程度、バドミントンもできる、テニスもできる、野球もできるという程度の部活指導が学校の役割であって、一億円の選手を作ることまではどうか、私は疑問に思います。競技スポーツは個人の問題であって、学校が請け負うことではない。そういう趣旨で見ると、一番の癌はやはり甲子園野球です。遅い時間まで指導する、それは立派な教育なのか疑問です。日本の学校は何でも面倒を見すぎて責任を取らされています。

田辺 日本では、生徒が何か悪いことをしたら、学校の先生に連絡が行きますね。
水原 そう。生徒の私生活の行動は、両親と本人が責任を取るべきことで、学校が謝罪することではないんです。なんでも学校が面倒を見る、課外のスポーツも面倒を見ることは正しいのかという問題があります。

杉原 そのスポーツの応援を学校全体ですることによって、学校に対する愛着の

ようなものが沸くっていう長所もあるんじゃないですか。

水原 誰かが感想に書いていましたね。愛校心について、野球を応援することが**愛校心**なのかと。私も田舎の中学校から高校に入った時に、野球って他の部活と違うことを初めて知りました。全く特別で、学校全体で戦っている。それを応援することが愛校心ということで教育されました。

田辺 道徳の話を研究室でしたときに、道徳は家庭が受け持てばいい、学校は授業だけという、そういう考え方にも納得したんですけど、今甲子園の話を聞いて、部活はやっぱり欲しいなと思ってしまいます。

杉原 みなさん部活について、何かありませんか。

受講生 部活についてなんですけど。僕は、学校でやらされてるというよりは、自主的にやっていると思うんですね。高校でも部活やりたくなかったら帰宅部に行っていい、選択の自由ってものが存在しているので。部活やっている人は、学校のためというよりも、自分自身のため自主性を持ってやっている。僕はそう思います。

水原 ちょっと他にも聞いてみましょう。

受講生 部活はあったほうがいいと思うんですけど、やっぱり試合があっても学校対抗だから盛り上がると思うんです。「高校で何を学びましたか」って言われたときに、部活で学んだことっていうのが結構多いと私は思います。

水原 はい、そういう意見が多いのはわかります。その場合、部活をどういう考え方で位置づけるかということを問題にしたいんです。例えば、転部することは不真面目だ、一球入魂でなければいけないみたいな部活の考え方があります。でも私なんかは、生涯にわたってテニスを遊んだり卓球を遊んだり水泳を遊んだりバスケットを遊んだりできる力をつけたいなと思います。今日は卓球をして帰ろう、今日は野球をして帰ろう、今日はテニスをして帰ろうというような部活が欲しい。別な言い方をすると**愛好会**ですね。別に一流の選手になる必要はない。勉強が終わったらちょっと汗流して帰りたいなという程度でいいんじゃないか。

田辺 そうですね、高校だともう試合に勝つことがメインですからね。

水原 優勝を目指さない人は不真面目なのか。今日はテニスしたい、今日は卓球したい、そういうふうになったらいいと僕は思うんです。つまり**競技スポーツ**型と**生涯スポーツ**型があって、この競技スポーツ型を真面目にやる人が真面目で、生涯スポーツ型の部活を楽しんでやる人は不真面目というふうな、そういう教育方針はどうなのかと思うんです。今まで果たしてきた役割は、よく分かっていますが、もう転換の時代にあるのではないか、と思います。部活はすごく大事で、学校教育の中では、学校は嫌でもそのために行くし、結構人間形成にも大きいから、その役割はよくわかりますけど、もう転換の時ではないか、市民の部活に転

換したらいいと思います。学校が終わったら、市民のサッカー部、市民の卓球部に行ったらどうでしょう。一流の選手になりたい人は、プロのゴルフクラブなどに自分で通ったらどうでしょう。学校は5時に帰る愛好会的な部活にして、教員でも教えられる基礎基本の教育に徹したらいいと思います。

田辺 帰宅部という言葉が出ましたが、これはすごく日本特有な感じがします。全員部活に入らなければいけないっていう考えがあって「帰宅部」って生まれていると思うので、すごく不思議な感じがしました。

水原 まあ日本の場合には貧しかったものですから、社会がやるべきことを学校が全部請け負ってやっているんですね。市民社会に受け皿が出てきたら社会にシフトすべきだと私は思います。やるとしても5時に帰る愛好会的な部活でいいと思います。

3 授業の感想

田辺 それでは、授業の感想を見てみましょう。今回の授業の時代は、軍国主義から**民主主義**へと大転換を遂げた時代でした。それに関する感想から。

> 【教・男】軍国主義から民主主義へとそんなに早く変われるものなのかなあと思いました。今の教育基本法には日本人を育てるということがない、という話がありましたが、日本人を作るための教育って何なのでしょう？躾についてとか、日本人とかそういうことを法律にしただけで何か変化があるのか疑問です。法律よりもっと具体的に動けないと変わらない気がします。

足立 教育学の授業を通して、「日本人って？」という疑問は事ある毎に出てきました。ここでは、民主主義にそんなにコロッと体制転換できるものなのかなぁという疑問を書いてくれています。

田辺 前回の授業で、「戦時中、本当は涙を隠していた」という話がありましたが、民衆は軍国主義を喜んで賛同していたわけではなさそうですよね。

足立 そうですね。民主主義の動きが、急に出てきたようにも見えますが、自由民権運動は明治の初めにありましたしし、

民主主義を望む声は「隠されていた」だけであって、日本人の中にも潜んでいたのかもしれませんね。

田辺 他には、**教育基本法**に関連して**愛国心**問題について、**男女共学**・別学について、そして、**部活**についての問題が感想文に多く取り上げられていました。

足立 この回から、部活論争が勃発したんですね（笑）次回の授業で、私がさらに議論の種をばらまいたようで(^^;)これについては、コラム「教育実習に行ってきました♪」をご覧になってください！

田辺 この授業の段階では、「部活なくさないで」という意見が多かったし、一面的な見方が多かったんです。でも、足立さんの教育実習の話があってから、少し違った視点で議論が展開していきましたよね。

足立 部活に関しては、東北大学のオープンキャンパスで模擬授業をしたときに討論の題材にしましたが、やはり高校生向けに「部活はもしかしたら必要ないんじゃないか？」って話し合いをさせるのは、難しかったですね。

田辺 そうですね。なかなか、教育学的に考えるというのは…私たちでもはっきりとはわかりませんしね(^^;)どうしても、感情論とか、常識が邪魔してしまいますね。

足立 うんうん、難しいですねぇ。では、部活の論議はまたコラム「部活って、謎の存在！」で取り上げるとして、教育基本法・愛国心の問題。「教育基本法に愛国心教育が盛り込まれていないという話があったが、実際は儀式があるたびに国歌を半ば強制的に歌わせるなど、愛国心を持たせるような教育が行われていると思った。」とありました。愛国心問題は、今も思いっきり論議されていますからね。

田辺 これも、**思想統制**とか**道徳教育**とか、言葉は変わっていますけど、教育学の授業の中で、一貫して問題になった点ですね。では、ここで、この回の授業に司会で参加した3年生の2人にも感想を聞いてみましょう。まずは、鳥羽田くん。

鳥羽田 はい。僕も、愛国心の問題がちょっと面白いなあと思って聞いていたんです。「そぼくな疑問」の中で、「愛国心って必ず軍国主義に行き着くもの？自分の家が大事というのと本質的には同じでは？」という疑問を投げかけてくれた方がいるんですが、本当にそうだなあと思いましたね。愛国心は軍国主義に使われやすいので、愛国心と軍国主義を同じように考えている人もいるだろうと思うし、そこは注意して捉えなければならないと思いました。

足立 必ずしも愛国心が軍国主義を目指しているわけではないんですが、軍国主

義に利用されやすい面があるっていうことが危険なんだと思います。私たちは、「愛国心」って言われても批判する能力をだいぶ持っていると思うんですけど、教育実習をしてみると、中学生、すっごく素直です。学校で私なんかが疑問を感じるルールにもきちんと従っていきます。こういう中学生に愛国心教育をまちがってすると、とても怖いなと感じました。

水原 やっぱり自分で考える頭を作んなきゃだめだってことですね。高橋陽さんはどうですか。

高橋 私は、**男女共学・別学**の問題が気になりました。私はずっと共学で来たので、別学の学校の事情は分からないんですけども、友達に女子校に行った子がいまして、女子校は女子校で女の子ばっかりだから気楽で楽しいよっていう話も聞くし、そういう2つの意見があることは、仕方がないというか当然のことだと思います。

足立 水原先生は、宮城県で男女共学推進の第一人者ですから、男女共学・別学の問題は、先生の話にも熱がこもっていましたね(>_<) 感想は、後にのせる感想文一覧を見ていただくとして…先生、男女共学についてお話を。

水原 はい。男女共学については、授業の感想も賛否両論でしたが、なかなか宮城県も意見が割れているところです。

足立 部活と同じく、結構この問題も感情論・精神論的な主張ばかりで論議が進まない感があるのですが、どのような点を考えていけばよいのでしょう？男女共学・別学の主張点なんかをザッと説明していただけませんか？

水原 そうですね。教育委員会の有識者会議で議論した当時の意見・要望を見ると、**賛成意見**は、①男女共学が自然である。②多感な高校時代に男女共学が必要。③男女平等、男女共同参画社会に別学の存在は時代遅れ。④性別の差で公立高校の受験機会が失われるのは良くない、という意見で、**反対意見**は、①別学校が培ってきた伝統を守りたい。②共学化の理由に納得できない。③別学でも男女共同参画に寄与できる。④一律共学化に反対、などでしたね。

　私の意見としては、21世紀の今日、男女を隔離する男子禁制の高校、女子禁制の高校は教育的に見て限界が大きいという考え方ですね。男女を隔離する別学の教育では、お互いの視野と認識は歪められ狭くなりがちです。入学した別学出身の学生を見ると、男女間に対する余計な緊張と、妙に狭く歪んだ視野が特徴として見られる場合があります。やはり男だけとか女だけとかで能率的な学力形成を志向する旧来型のエリート教育ではなく、男女共同参画社会に向けて、共に協力し合って企画するような、開かれた資質を有する、新しいタイプの市民的リーダーを育成することが求められて

いると思います。

足立　1つだけ。男女共学で、みんな「別学がいい」「共学がいい」というのには、すごい精神論的なものがあると思うんですね。その中で、先生の説明ですごく納得したのがあるんです、公の機関が……という。

水原　あぁ、公共の機関では、男・女を理由に排除してはならないという件ですね。学校がある教育目的を掲げたら、私はその教育目的の学校に入りたい、一女高の目的が好きだという人は、男だろうが女だろうが差別されてはならない。その目的・校風が好きならば、人は男女によって差別されてはならないということです。公共機関で、男女を理由に「お前は入っちゃダメ」と言えるのは、トイレとお風呂くらいかな。

　絶対的な正解というのはありませんので、私の話を聞いて、もっともっと考えて、学校はどうあるべきなのか、部活も含め、男女共学も含め、愛国心も含め、大事なことは自分で考えて自分なりの理屈を広く深く作れるように読書や討論をしてくださいね。

〜その他の感想〜
●民主主義教育●

【文・女】戦後の時期は思想が180度転換して、多くの国民が戸惑っただろうけど、給食を目の前にした児童や、学級活動をしている生徒の表情が生き生きとしていてとても印象的でした。当時の生徒にとっての学校と、今の私たちにとっての学校とはだいぶ異なるのではないかと思います。今では当たり前になっている給食・機会均等・男女平等・共学など当時はとても新鮮だったので子供達は毎日わくわくして学校へ通ったのではないでしょうか。

【教・女】日本人は、宗教にあまりこだわらないところを見ても適応性があるといえばそうだけど、信念がない、洗脳されやすいといえばそうだ。日本史の学習をしてきて、日本人の思想の極端な変わり方を見ていると、まるで日本人は心が空っぽの人形のように思えて恐怖も感じていた。でもさんざん軍国主義を受けた後、米国的、民主的な平和教育に変わったとき、人々が何の抵抗もなくそれを楽しんで受け入れた、というのを聞き、やはり平和を願うのが人間なんだ、根底はいつも今を生きる私たちと同じなのかもしれないと感じた。一部の人間が権力を握ることの恐さを改めて実感した。

【文・男】日本人は本心を明かさない人々だと言われる。でもきっとそれは少し違っていて、日本人は自分に嘘をつく人々なんだと思った。戦中の日本の在り方、日

本人の在り方に疑問を抱いたこともあっただろう。しかしその度にその感情をおそらく無意識のうちに闇に葬っていたに違いない。だからこそ戦後の改革を素直に受け入れることができたのだ。これって社会的には表面上安定するだろうけど、よい傾向なのだろうか・・・？

【文・女】生徒自治会という制度をそのまま採用せず、生徒会とし、中途半端に生徒に自主性を持たせようとしたのは、教育基本法第8条の「政治教育の尊重」の精神と矛盾していると思う。教育基本法が「正義」（第1条）や「自発的精神」（第2条）など、アメリカっぽい単語を使用し、表面的にアメリカ的教育を取り入

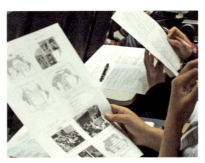

れたように見せた「タテマエ」だから、実際の教育と大きく食い違ってくるのだろうが、法と現状があまりにもかけ離れていて、何のための法だろうと思った。

●教育基本法改正問題・愛国心●

【教・男】教育基本法に愛国心教育が盛り込まれていないという話があったが、儀式があるたびに国歌を半ば強制的に歌わせるなど、実際は愛国心を持たせるような教育が行われていると思った。

【教・男】教育基本法の改正問題について、ナショナリズム的な観点も、個性尊重主義的な視点も、どこか怪しいと思います。「愛国心」「個性」という言葉は、それが何なのかということについて全く議論がなされないまま、一人歩きしているように感じられます。「日本的」という言葉も何となく聞き流されますが、それについての定義や、そのための努力がほとんどなされていない。「個性」についても同様です。そう考えると、「民主主義」とか「自由」とか、私たちが普段当たり前にしていることについて、教育の現場で『辞書的定義』以上のことを考えることは依然としていい加減なまま済まされていると思います。私たちが生きる社会の基盤となるルールについて、もっと考えるべきです。

【教・男】留学生の部屋を見せていただく機会があり、その部屋には自国の国旗が飾ってありました。すべての外国の方がそうだとは言いませんが、日本人が海外に行き、自ら日の丸を掲げることはあるだろうかと思い、日本人の愛国心の低さは確かにあるように思えます。しかし、愛国心というのがどのようなものか、ど

うすれば養えるのか、養うことでどうなるのか。話題の「愛国心」ですが、自分はあまりわからないので知りたいです。

●男女共学？別学？●

【教・女】実は男女共学は私の中の重大テーマの1つです。私は女子高校の最後の入学生で、2年になったときに共学化しました。百年以上の歴史がある女子高だったし、卒業生全員が大好きな学校だったので、共学化にあたっては反発がすごかったです。私も共学化には反対でした。隣の男子校のほうが学力的にレベルが高くなり、元女子高のほうはレベルが2番目より下になると予想できたし、校名も男子高の名前は残るのに、女子高は名前を変えなければないけない‥‥など理由はいろいろありました。けれど、今年完全共学化となり結果としてよかったのではないかと思っています。3年ぶりに共学の学校に来て、15～18歳という大切な時間を狭い世界で過ごしてきたんだなと実感しました。もちろん中学生のときから目指した学校がなくなってしまった寂しさはありますが、共学化に準備から携わることができたためか新しく生まれ変わった母校を応援していきたい、と思っています。70歳を過ぎたようなOGの方々にも今は共学になってよかったという人が多いようです。

【教・女】男子校・女子校自体は特に悪いものであるとは思いません。ですが、同性だけではなく異性と一緒に生活するということは、見方を変えるチャンスになったり他人に対する配慮を学ぶチャンスなったりすると思います。また、男子校・女子校と区別する理由が「男らしさ・女らしさ」を保つためであると聞いて、同性しかいない中で確立するような「らしさ」は今問題になっているような少し偏ったものになるのではないかと思いました。ただ、私のこのような考え方も米国的民主主義教育の影響をうけた結果なのかな、とふと思ってしまいます。

4　そぼくな疑問 －全ての学問もたった一つの疑問から－

〈教育制度〉○全国にはまだどれくらい男子校、女子校が存在しているのだろうか。○1クラス40人までと聞いたことがあるけど本当ですか。(学校の設置基準で「40人を標準とする」と書かれているんですよ。杉原)〈学校〉○小学校のとき、出席番号が誕生日順なのはどうしてですか。(初めて聞いた‥‥。田辺)(あたしは誕生日順だったよ！杉原)○早退、欠席の基準ってあるのだろうか。○使ったことがないのに、理科室には人体模型がある！！○なぜ大学では水泳の授業

がないの？○階段のおどり場に鏡があるのはなぜ？○チョークは全部で何色？（白、赤、黄、青、緑、茶、紫…。もっとあるかなぁ。杉原）○中学英語の「This is a pen.」って文に意味あるのか。○応援団の服装はなぜボロボロ？（応援団の歴史がつまってるんだよ。田辺）○漢字の書き順は誰が決めたのか。○夏休みの宿題はどうして「作文」じゃなくて「読書感想文」だったんだろう？ 〈学校行事〉○行事は誰が決めているのか。○運動会、文化祭、修学旅行などの行事はしなければならないのか。○避難訓練のとき、「地震が起きたら机の下にかくれろ」と言われるけど、実際避難するほどの大地震が起こったら机は倒れて意味ないと思う。○フォークダンスの起源って？○なぜダンスはマイムマイムなのか？〈衣〉ブルマの起源と現状は？○制服のデザインはどうやって決めるのか。○白衣は何故白なのか。汚れが目立つし。〈給食〉○給食のおばさんにはどうやってなるんですか？○なぜ小学校は牛乳パックなのに、中学校は牛乳ビンなのか。○給食のとき何でスプーンか箸かどっちかしかないんだろう。〈部活〉○文科系の部活はどうして体育系より軽視されるのか。〈先生〉○高校になると先生はスーツが多くなるのはなぜか。○校長先生になるまでの道のりは？○校長先生はなぜ必要なのか。○学校の先生の人事って誰が決めているんですか？〈言葉〉○なぜ「サークル」って言うのか。○高校の普通科の「普通」って何？○登校の登など。（なぜ「学校」に「登る」って書くんだろうね…。杉原）○「教頭」って何で「教頭」というのか？なぜ「～長」とかじゃないのか。○浪人の語源はどこから来ているのか？〈愛国心〉○愛国心を教える必要はあるか。○「愛国心」って必ず軍国主義に行きつくもの？「自分の家が好き（大事）」ということと本質的に同じでは？（本当の愛国心はそうだよね。軍国主義に使われやすいのかも。八木）〈歴史（戦前→戦後）〉○漫画はどのような内容だったのか。○戦前の日本語の表記の仕方はカタカナが主流だったのに、戦後は外来語をカタカナで書くようになりましたよね。その過渡期に日本人の反発などはなかったのでしょうか。○横書きが左からなのは戦後になってから？どうして？○戦前にも教員免許はあったの？〈水原研究室へ〉○先生は実はおちゃめな方ですか？（とても。八木）

田辺　受講生が「君が代」への「そぼくな疑問」に答えてくれたので、これを紹介します。私も補足として付け加えました。

君が代について

◇受講生からの答え◇
「君が代はいつできたのか」→「先日基礎ゼミで日本史の先生に教わったのですが、君が代は本来、徳川幕府の将軍の奥さんがお正月に将軍をたたえて歌っていたそうです。その後も「君」が天皇の意味として歌い続けられているそうです。」

◇補足◇
田辺 ふむふむ…。もともとは「君」＝「天皇」ってわけじゃないみたいですね。ならば「君が代」はいつ生まれたのでしょう？江戸時代から？もっと昔？補足のためにもう少し調べてみました！その結果をお話します。
　「君が代」の詞がこの世に現れたのは「古今和歌集」が初めてでした。巻7、賀歌の初めに「題しらず」「読み人知らず」として載っているのが最初です。その後、新撰和歌集にも、和漢朗詠集にも、その他数々の歌集にも載せられたそうです。「古今和歌集」といえば平安時代！受講生からの答えにあった「徳川幕府」の時代よりもずっと昔の時代から存在していたのですね。
　そして「君が代」の詞は神事や宴席の最後に歌われる祝歌として一般に広がっていたようです。「徳川幕府の将軍の奥さんがお正月に将軍をたたえて歌っていた」というのはここからきているのでしょうね。「君＝あなた」と捉えた恋の唄としても歌われたそうですよ。「あなたへの想いは永遠です」なんて解釈だとしたら、ちょっとロマンティックですね。

◇補足の補足◇
○「君が代」に曲がつけられた経緯
　さて、この頃はまだ「君が代」に曲はつけられていません。ではいつ曲がつけられたのか。それは実は明治の始まりの頃でした。そういえば、この「教育学」の講義も明治の学制から始まりましたね。この時期に「君が代」に曲がつけられました。その発端は、当時日本に来ていた英国公使館護衛歩兵隊の軍楽長、ジョン・ウィリアム・フェルトンが国歌の必要性を進言したからということです。イギリス国歌の話をし、国歌の必要性を説き、もし歌詞があれば自分が作曲するとまで言ったそうです！その話は大きな波紋を呼び、話し合いがなされました。その結果、

歌詞の作成あるいは選定が薩摩藩砲隊長大山巌に依頼されたのです。それに基づいて、大山は平素自分が、愛唱している「君が代」を選び、その作曲をフェルトンに頼んだということとなっています。「君が代」に最初に曲をつけたのはイギリス人だったのですね。意外！

こうしてフェルトンが曲をつけたのですが、その曲は、日本人の音感にふさわしくないということになりました。西洋的な音楽はこの頃の日本には合わなかったようですね。しかし不評ではありましたが、明治9年までは公式行事で歌われていたそうです。

その後フェルトン作曲の「君が代」は批判され、修正されることになりました。この次につくられたのが現在の「君が代」と同じものです。

こうして「君が代」はできました。歌詞は1000年以上前、曲は120年程前にできたのです。ちなみに「君が代」が正式に「国歌」となったのは、「国歌国旗法」が1999年に施行されてからです。それまでは「慣習」の観点から便宜上の国歌・国旗として扱われていただけでした。

「君が代」に対して、私は今まで戦争との関連であまりいいイメージを持っていませんでしたが、君が代の成り立ちを調べて少し印象が変わりました。みなさんはどうでしょうか。

参考 HP：

http://www5a.biglobe.ne.jp/~jisso/

http://web.kyoto-inet.or.jp/people/tpnoma/kimi/kimigayo.html

◇補足の補足 part2◇
○君が代の2番!!?

さっきは「君が代」の成り立ちについてお話しました。それを調べているときに面白い事実を見つけたのでご紹介します！明治時代に「君が代」が生まれたその一方で、文部省は1881（明治14）年『小学唱歌集初編』を編集、その中で「君が代」という唱歌を発表しています。そこで発表された「君が代」は現在のものと違うところがあるのです…。確認してみましょう！！

　　第二十三　君が代

一、君が代は。　ちよにやちよに。　さざれいしの。　巌となりて。　こけのむすまで。　うごきなく。　常磐かきはに。　かぎりもあらじ。

二、きみがよは。　千尋の底の。　さざれいしの。　鵜のいる磯と。　あらはる

るまで。　かぎりなき。　みよの栄を。　ほぎたてまつる。
（『日本教科書大系　近代編第25巻　唱歌』（海後宗臣等編　講談社）より引用）

　違い…一目瞭然ですね。そう、2番まで存在しているのです！そして1番もちょっと長い。これはメロディー・歌詞ともに現在と異なるものであったそうです。つまりしばらくの期間は2つの「君が代」が併存していたことになります。しかし、その時の文部省の「君が代」は定着せず、現在の「君が代」が残ったのでした。
　第2回の授業で話されたように、1891（明治24）年の小学校祝日大祭日儀式規程によって、教育勅語による儀式が学校に導入されましたが、その時指定された「君が代」は、下に見られるように、もう現在のものと同じですね。
　まだまだ調べると面白いことがいっぱいわかりそうですね。他の国歌と君が代を聞き比べてみるのも面白そうです。ぜひ調べてみてください！

（田辺小百合）

第 6 回

1950〜
1960年

敗戦からアメリカの
占領下に置かれていた日本は
ようやく1952(昭和27)年に独立します。
さて、それで、何も起きないわけがない!
民主主義の自由な
教育を目指した時代から
どのように教育が
変化していったのか、見てみましょう。

1 授業 戦後復興から日本的な教育への回帰（1950〜1960年）

　前回の復習を少しします。戦後改革では教育基本法が決まったこと、生徒自治会の活動が民主主義を知る上で大切な教育であると位置付けられたこと。しかし生徒管理上不都合なので、生徒自治会の自治を抜いて**生徒会**にしたこと。それでは民主主義の人間をつくるといっても、かなり矛盾に満ちていたということでした。それから、教科書は、軍国主義から民主主義へ、国家の要請より子どもの経験を重視して作るようになったこと、さらに、学校給食をみんなで仲良く食べるようになったことでした。

アメリカの対日政策転換

　それで今日お話しするのは、「戦後復興から日本的な教育への回帰」。まあアメリカ軍が見張っているうちは仕方なく**民主主義教育**をやってきたんですけれども、昭和27年に日本は主権を回復しましたし、アメリカ自体、ソ連や中国など共産圏との戦いで日本政策を変えてきたんで、日本側も元へ戻そうとするわけです。今日は、その話と、貧しい日本から経済復興するまでの教育がどうだったのかという話をします。

　時代背景としては、今までと違うのはやはり**米ソの冷戦**の幕開けで、アメリカとソ連二大国が台頭してきて、その対立が始まります。今まではファシズム対民主主義ということで、ファシズム・軍国主義を倒すための国際連合がありました。でも、ドイツのヒトラー、イタリアのムッソリーニ、日本の天皇、この3つを倒したら、今度は資本主義と共産主義との戦いになってきました。

資本主義 vs 共産主義

　これは1990年の地図ですけども、地球の半分が共産主義、残りの半分が資本主義になっている。どこでもそうですが、50年間、アメリカとソ連が世界を2分して支配してきましたが、最近はソ連とアメリカの力が弱まってきたので、その境目のところでいろんな小競り合いの戦争が起きていますね。

　ところで、この時代は、ソ連と中華人民共和国が共産主義国家でそれを拡張しようとしている。朝鮮半島を全部共産主義化して、次は日本を共産主義化へという段階ですね。つまりそこで、北朝鮮と南朝鮮のところで戦争が起きて、アメリカ側は共産主義を食い止める戦いをする。ですから朝鮮半島の半分は共産主義、半分は資本主義、戦後の新たな戦いが始まります。となると今までのような民主主義教育なんてやっている余裕がない、これからは反共、**対共産主義の戦い**をするんだというふうにアメリカ軍は戦略を変えてきます。それから日本自体も、今

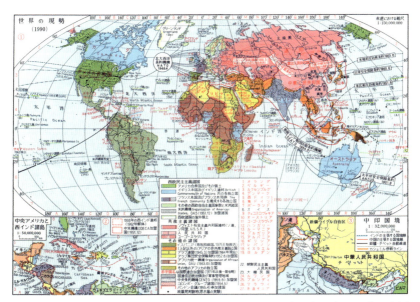

までアメリカから民主主義を強制されていましたが、そういうことなら我々も民主化はほどほどにしようとなりますので、戦前まで権力を持っていた人たちが舞い戻ってきます。このアメリカとソ連の冷戦の幕開けっていうのは政治的にも経済的にもすごく大きいです。

そして、**レッドパージ**と**再軍備**など、反共対策。このレッドパージという言葉を知らないということですが、共産主義者のことを敵対者は「赤」と呼んでいまして、その共産主義者を公的な職業から追放する、公務員や教員から追放することです。最初の民主化政策では、軍国主義者のパージをやりましたが、今度はソ連や中国との戦いですから、中・ソに通じるような共産主義者を教員や公務員の職業から追放する政策をとりました。

そして日本の**軍隊復活**。アメリカは憲法9条で日本に軍備を持たせないことにしましたけれども、中国とソ連への対抗上、再軍備へと方針を変えますので、1950年に警察予備隊という中途半端な再軍備、1952年保安隊そして1954年自衛隊へと発展します。この再軍備は日本の教育方針に大きく影響して「**道徳の時間**」の特設に至ります。

次頁に1950年**朝鮮戦争**の写真を掲載しました。右上が米軍の戦闘機で福岡上空です。九州が軍事基地になって、朝鮮半島に飛んで爆撃開始です。その結果、38度線、ちょうど仙台と同じ北緯38度で北朝鮮側と南朝鮮側、つまり共産主義対資本主義で分断されました。

隣の写真、1949年、赤旗が立っていますが、**中華人民共和国**が成立します。ア

　ヘン戦争が1840年ですから、その後100年間、中国は列強に荒らされて、戦争に次ぐ戦争をして、ようやく**毛沢東**が統一しました。

　それから右下の写真は1951（昭和26）年に、サンフランシスコ講和条約と日米安全保障条約の調印ですね。翌年条約が発効し、日本はアメリカ側につく仕方で、主権を回復しました。アメリカ側と講和条約を結び、ソ連などとは講和条約を結びませんでした。

　そういうわけで、民主主義路線は、そう単純ではなくなる。世界が2分されて、日本は資本主義陣営の防波堤になるという役割がはっきりしてきますと、民主主義よりも反共に傾斜した教育方針も変わってきます。

アメリカ的民主主義の見直し

　それで、**政令改正諮問委員会答申**に見られるような伝統回帰路線政策が打ち出されてきました。その答申では、「終戦後に行われた教育制度の改革は、過去の教育制度の欠陥を是正し、民主的な教育制度の確立に資するところが少なくなかった。併し、この改革の中には国情を異に

●what's　政令改正諮問委員会●
昭和26年5月6日、戦後日本のあり方を見直すために、吉田茂首相の私的諮問機関として発足した委員会。
‖つまり
吉田首相個人に対する参考意見の提供が役割
とは言っても、占領下で出された法令等があまりにアメリカナイズドしたものだったということで、戦後改革を日本的なものに戻そうという方針を打ち出したことが特徴。

する外国の諸制度を範とし、徒らに理想を追うに急で、わが国の実情に即しないと思われるものも少なくなかった。これらの点は十分に検討を加え、わが国の国力と国情に合し、真に教育効果をあげることができるような合理的な教育制度に改善する必要がある」と述べています。戦後のアメリカ的な民主主義改革を見直すという宣言ですね。

例えば、教育制度だけ紹介しておきますと、一番下のほうに**教育専修大学**と書いてありますよね。これは、教育学部を大学四年にするのをやめよう、教育学部を中学校から入る大学にして五年間の教育、今でいう高専みたいにして、そこを出た人を教員にしようという改革案でした。

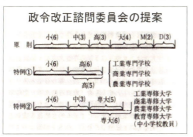

戦前までは、小学校が終った人を**師範学校**に入れて、教員にしていました。一方戦後改革では、教員になる人は大学で真理を探究した経験を持つことが大切である、広い教養と真理を探究する経験がないと見識の狭い教師になってしまって、安っぽく利用される教員になってしまう。二度と日本の国を軍国主義にしないという意味では、**大学で教員養成をする**ことが必要であるというのが、アメリカの譲らない原則でした。それで、日本側はやむを得ず大学で教員養成をすることにしました。

地方分権から中央指導へ

それから戦後改革で大切なことは、**教育委員会制度**でした。町村ごとに教育委員会をつくって、町の人たちの教育意見をそこに吸い上げて、町民が望む教育をしよう。今までは国で決めたことを下ろしてきていましたけれども、今度は、市町村ごとに教育委員会をつくって、住民たちの教育要求を直接に活かすようにしようということで、公選制の教育委員会ができました。ですから戦後改革では、宮城県の教育委員会が、宮城県の**学習指導要領**をつくり、宮城県の**教科書検定**をするということで、各県が学習指導要領作成と教科書検定をするはずだったんです。

しかし政令改正諮問委員会の見直し路線を受けて、文部省が学習指導要領を作成しかつ教科書も検定もすることになりました

●学習指導要領って？●

学校には、国からこれを教えなさい・やりなさいと決められているものがあり、それが学校を動かしています。その決まりを定めているのが「学習指導要領」です。例えば、教科は国数理社英で、その中で○○を教える、とか、「総合的な学習の時間」を設置するとか、学級活動を行うことなど、教育課程の基準が定められています。

> 教育委員会というのは、もともと住民の意向を踏まえて教育をするために作られたものです。だから、住民による"公選"制で委員が選ばれていました。
> ところが、任命制…つまり、知事の"任命"で委員が決められるということになって、教育委員会の中立的な立場や自立性が弱められてしまったんですね。

し、1956年には教育委員会制度は全面的に改正されて、公選制から任命制になりました。ただし、教育専修大学は実施されませんでしたので、そのまま教員養成は大学で行われてきました。

一連の見直しでは1954年**警察法**の改正も注目されます。警察制度も、戦後改革では、思想弾圧などできないように国家が直接に警察権を握れないように作られたのですが、やはり、非効率であることと国家的治安上の安全性の観点から改正されました。野党は思想弾圧を受けた経験があるので、写真（右上）のように国会では大変な乱闘になりました。

このように戦後改革は地方自治ということで、地方ごとに住民意思が反映するように教育行政や警察行政が変わったんですが、政令改正諮問委員会の見直しで中央の指導性を強めるように改正されました。

1952年5月1日**血のメーデー事件**（左上）があります。生徒会や生徒自治会で自治を守れと教えられましたが、労働運動も盛んになっていました。デモ隊は皇居に押し寄せ、その広場で米よこせとか、月給上げろとか、生活が苦しいなどの要求をして、それに対して警察とぶつかって、血のメーデー事件になってしまいま

した。この事件の背景には、反共政策への転換があったことと、当時影響力のあった日本共産党が、武力闘争による革命を提起していたことも見過ごせません。

昭和20年代後半というのは、GHQの民主主義改革がようやく浸透し始める一方で、政策的には日本的な体制を取り戻そうという路線転換をした時期で、その結果、左右の政治勢力がぶつかり合い、様々な対立と政治的闘争が起きました。

要求貫徹の中央集会の写真（前頁右下）ですが、これは昭和32年、**教員の勤務評定反対闘争**です。勤務に対してABCDの評価をつけるのは問題だ、つまり政策の急展開の中で勤務評価を実施するのは、労働運動への弾圧につながるということで、教員たちは反対闘争を展開しました。これ以降、教員の世界では、勤務評定がタブーになりました。制度としては、勤務評定が始まりましたが、ほとんどそれは機能しないまま今日に至っています。ごく最近になって、改めて教員評価が導入されつつあります。21世紀は評価・検証ということでやろうという時代なので、行政機関をはじめ、学校も教員もそして生徒の学力も評価して見直すというPlan, Do, Seeが重視される時代になりつつあります。

それから1956（昭和31）年、**道徳**の時間が特設され、道徳教育が開始されました。今までは道徳は設置しないで学校全体で自然に行われたらいいという方針でした。戦前の思想統制の反省があって学校は特別な道徳教育は強制しないという意味で廃止されましたけども、戦後改革で日本の国が荒れたということと、それから再軍備するなら国を守る精神教育が必要ということで特設されました。

教員の政治活動も規制されることになりました。特に学校という場で特定の思想・信条を教えるのはよくないことは当り前ですが、同時に、教員が様々なところで政治活動に参加することも規制されることになりました。教育の中立性確保ということでした。それほどに、日本の国は昭和20年後半から30年前後は対立が激しかったんです。日本の国を資本主義社会にするか、共産主義社会にするか、どっちに日本の国を進めていったらいいのかということで、すごく国論が割れていたんです。ですから共産主義国家の理想に共鳴する人たちが北朝鮮に渡った時期があるんです。

1955（昭和30）年は、136頁の写真のように自由党と民主党が合併しました。なんか今にもありそうな話でちょっと恐縮ですけども。**自由民主党**という一大政党が誕生し、長期政権が誕生しました。他方、**社会党**も左右が統一されて、自民党対社会党という2大政党時代の到来と言われました。これが1955年のことでしたので、**55年体制**といわれています。その実質は、自由民主党の長期政権が始まったこと、かつ、社会党との2大政党制で、資本主義か社会主義かというイデオロギー対立が始まったこと、しかし、実際は、長期政権によって日本の社会は安定性を持ち、経済復興から高度経済成長へと向かう条件ができたことでした。

136頁の写真に戻りますが、左上の写真は、エリートサラリーマンが購入できたマンションですね。カタカナの家に住むなんて、すごいことでした。普通は薄暗い家とか長屋に住むわけですが、エリートサラリーマンは文化的な住宅に住める、これが新しい家庭の理想として出てくるんです。下の写真のスカート姿、これも1955年、昭和30年くらいになって、戦後改革の貧しいところから余裕が出てきた生活が見えるかと思いますが、こんな時代が来ました。もうひとつは138頁の写真で、1956年、テレビ時代ですか。昭和31年からテレビの大量生産が始まりますね。

まとめ それで、まとめになりますけども、教育目的としては復興をめざす**勤勉な国民像**というのが、ひとつの日本人の理想像になってきます。この前、ある東南アジアの大統領が、「日本の青年は決してアジアの模範的な姿ではない。今までアジア人は日本の青年をモデルに一生懸命頑張ってきたんだけど、最近の日本の青年はおかしい。あんな人たちを真似たらとんでもない国になってしまうので日本の青年を模範にすることはやめよう」という記事を新聞に載せていましたが、この時期は、アジアの国々が模範とするような勤勉な国民像が求められました。なお、**国民・市民・臣民・公民**など、その言葉の持つ概念にこだわって理解して欲しいんですが、復興をめざす勤勉な国民像であって市民像ではない。一人一人が自立して、国家に対して自由と批判力を持つのが市民だとすると、そういう自立性はきわめて弱い国民像が教育目的でした。

戦後復興期の学校
- 教育目的：復興をめざす勤勉な国民像
- 教育制度：単線型、中学校の義務教育
- 教育施設：すし詰め教室
- 教育課程：系統主義のカリキュラム
- 教育方法：画一的な一斉教授

教育制度は単線型、6・3・3・4制で、政令改正諮問委員会で見直しの方針が出ましたが、結局、単線型は残り、中学校までの義務教育も達成されました。義務教育は小学校だけでいい、日本の国力で9年間を維持することは困難であるという意見はありましたが、15歳までの義務教育が定着しました。

それから教育施設は、50人から60人の**すし詰め教室**。2005年現在、国庫補助の基準は40人学級ですが、この時代は生徒55人位が1教室にいて、通路はほとんどなくて机の上を歩いて渡ることがありました。

教育課程は**系統主義カリキュラム**で、科学・技術の体系的知識を系統的に教え込む教育に変わりました。戦後改革では経験主義カリキュラムで、児童生徒の経験の側からカリキュラムを作る仕方でしたが、非効率で低水準の教育として否定されました。そして教育方法は画一的な一斉教授法になりました。前回の戦後改

革では、調べたり発表したり調査に行ったりというふうにして授業を進めるやり方でしたが、能率が悪いこともあって**「這い回る経験主義」**と批判され系統主義に変更されました。実際は、旧来の方法に戻ったということです。

前回、第2次大戦後の学校は大変な改革がありましたが、今回、戦後復興期の昭和30年、1955年前後の教育になりますと、伝統的な日本のあり方に戻りました。復興をめざす勤勉な国民像、単線型、すし詰め教室、系統主義の知識・技術の詰め込み教育、一斉教授法というのが特徴でした。

●経験主義カリキュラムと系統主義カリキュラム●

ちょっと専門的な話になりますが…なるべく簡単にお話しますので、気になった人は読んでみてください。

まずは系統主義カリキュラムについて。系統主義カリキュラムというのは、だいたい今みなさんが受けている教育と同じです。国語、数学、社会、英語…と、教科が科目ごとにわけられていますよね？こうやって、学問が系統立てられて並んでいるので系統主義カリキュラムといいます。

でも、生活をしていて、ここは数学の分野、ここは社会の分野、と、すっきりキッパリわけられますか？何かを考えるとき、頭の中では色んな分野の知識が総動員されていませんか？

学問を系統立てると、教育しやすく、効率がよいというメリットがあります。でも、どこか生活とはかけ離れた存在になる…というデメリットもあるんです。「うちのお母さん、絶対微分積分なんて使ってないよ」なんて思うはめになるわけです。でも、微分積分だって、生活の中に存在しているから学問にもなっているわけで…。

そこで経験主義カリキュラム。こちらは「生活」とか「経験」とかを中心に学習内容が組まれます。例えば、単元は「学校、公園、家庭、乗り物…」という風になって、「郵便屋さんごっこ」をしたりします。すると、そこでは国語も必要、算数も必要、地図を書いたら社会も図工も必要です。こうして科目を科目ごとにわけてしまわないで、生活のくくりで学習内容を構成していく。これが経験主義カリキュラムです。今行われている「総合的な学習の時間」は、これに似ているんですよ。ただ、経験主義カリキュラムは教科ごとに系統立てられていないので、効率が悪く、学力低下を引き起こすとも考えられていて、どちらがいいとは一概には言えません。

2 質疑応答

足立 私からいくつか質問してもいいですか。**道徳教育**が特設されたことですが、今回は伝統的な日本の姿に戻ろうという流れで、戦後の乱れもあり、再軍備しなければいけないこともあり…ということで、道徳が特設されたとのことでした。ということは道徳の特設でやろうとしたことは、愛国心教育のようなことだったんですか？

水原 時の吉田茂首相の演説がありますが、再軍備するだけでは日本は守れないので、軍備と同時にそれを守る精神を作らなければだめだ、だから道徳教育を復活すべきだと首相が言っていますので、その趣旨は大きいんです。ただ、実際にそういう教育が行われたのかいうとそうではなくて、文部省のやった道徳教育の内容は想像されるような愛国心教育ではなく、一般的な道徳の内容でした。

研究者の目でその意味を解釈すると、過激な道徳教育の要求があったのだけれ

ども、文部省としては適切なところへの落としどころを考えて、過激な側から押される前に、さっさと道徳の時間を実施してしまうことで批判をかわし、わりと穏健な道徳教育にした、というのが実情のように思います。だから、過激な愛国心教育ではありませんでした。

足立 ありがとうございます。それから**勤評制度**というのが出てきたんですけど、教師を評価すると何が問題なのか、もう少し説明していただきたいです。

水原 普通の会社では誰でも評価を下されて、それが立身出世につながって、評価のいい人は出世するわけですが、教育の場合に、何をもっていい教師、悪い教師を評価するのか、何で評価するのかが難しい。これが第1点。次に、評価基準があいまいなのに無理に点数をつけるとなると、結局、教員や教育そのものをゆがめてしまうんじゃないか、ということが第2点。それから先ほど言ったように、資本主義に行くべきか共産主義に行くべきかという政治的対立が厳しい中で教員評価を入れ込むことは、結局教員の思想統制につながるんじゃないか、ということが第3点。これら3点が当時の主な反対理由でした。この反対にもかかわらず実施されていますが、ほとんど使い物にならない状態です。つまり、それは教員評価としてみると不十分な項目と方法でひそかに点数をつけているために、信頼性が低く、人事考課では使われていないし、教員の資質向上にも役立っていないのです。

　最近導入されつつある新しい**教員評価**は勤務評価というよりも、教員の資質を伸ばすための評価でして、今度は評価結果を公開します。あなたはCです。なぜならあなたは黒板に綺麗な字が書けないからです、というふうに理由をちゃんと言って、改善することを求める。つまり教員の資質向上、教員の成長につながるような評価をしようということです。今までは本人に隠して点数をつけて、教えなかった。今度は年度の最初に、各自これで頑張りますという計画書を出して、年度末にはこんな結果が出ましたというのを校長に見てもらって、それで点数がつく。そして、あなたはここが悪いからCと点数を言われる。反省と改善策を出して来年の努力目標を書く。それで1年が終ったら、その改善の努力について再度評価する、という仕方です。教員の職能成長につながる評価にしようとしているのですが、どの程度うまくいくか心配はあります。

足立 ありがとうございます。では受講生から質問や意見などお願いします。

受講生 感想なんですけど。僕の思っていたのと違って、アメリカの戦後政策で

日本はわりとスムーズに民主主義に移行したと思っていたんですけど、レッドパージとか血のメーデー事件とか、日本的な教育への回帰というのがあって、いろいろ紆余曲折を経ているんですね。
水原 うん。新しい理念が国民に定着するっていうのは、結構難しい。まして政策がぐちゃぐちゃ動くとなるとなお難しい。明治維新から教育勅語の時もそうでしたが、実情に合わせた揺れ戻しが来るんですね。
受講生 さっき**教員評価**の話があったんですけど、校長先生が先生を見てする評価と、生徒が先生を見てする評価があると思うんですけど。
水原 学生とか生徒の側から評価する仕方は、本当にごく最近のことですね。上役が部下を見て点数をつけるというのが長い歴史でしたが、大学ではここ2・3年前から学生の授業評価、つまり、授業が面白いとか理解できないとかの評価が入りました。

　小中高に関しては、保護者代表から、子どもの側の評価、保護者の側の評価を入れて欲しいという要求がありますが、結局、大体どの都道府県も入れていません。校長が生徒とか保護者からの様々な批判、要求、評判を勘案して評価する、まあ、参考程度にするとしているのが一般的です。

　教員を評価する場合に、生徒や保護者の側からの評価はどの程度妥当性があるのか、それが問題で参考程度に留められているわけです。そういう状況ですが、たぶん、みなさんは違った意見あるでしょうね、どうですか。
足立 高校生くらいになったらわからないですけど、中学生の先生の評価はかなり怪しいと思います。実習中生徒にアンケートをとったら、たぶん教育実習生は担任の先生に勝つんじゃないかな。実習生は楽しいところしかやらないので、とても人気があるんですよね。でも、もちろん力は断然担任の先生の方があって、色んなことを見ている。だけど、どうしても注意をしなくちゃいけない立場だから生徒からは嫌われることもあって。
水原 だから嫌われる役をきちんとやれないと指導にならないですよ。嫌われ役をやっている人と、好かれそうなところでうまいことばかり言っている人と、その辺、同僚から見ると卑怯な奴が見えてくるから、生徒受けはいいけれど、本当にいい教師かどうかは疑問ということはあるわけですよ。

　ところで、渡利さんは、大学教育を研究していて、学生の評価の妥当性はどうですか。確かあなたの話では、学生の教員評価というのはかなり妥当性が高いということでしたね、どうですか。
渡利 大学に関して言えば、学生の評価は妥当性があるというふうに調査がされているので、そう言えるんじゃないかと思います。大学の場合は完全に選択制になっているので、学生が選ぶ権利というのがあって、選んで、そして成績を受け

る義務があるんですが、小中高になると、選択ができないので、そこが問題です。
水原　そうですね。結局、大学とちがって、小中高の教員評価では、教員をよく知らない保護者や未成熟な児童生徒が評価するとなると問題が出かねないので、参考程度に使って校長が最終評価をすることにしました。
足立　校長先生だけですか。
水原　校長と教頭が一緒に評価しますが、最終評価は校長がします。その場合、難しいのは、校長が教員を評価して改善のための指導ができるかということです。オールAとか、当たり障りの無い評価をしてしまうことが懸念されます。あなたはこれが悪いからCです、直しなさいと指導する能力が低い、あるいはそういう習慣が無いから、十分に機能するには時間がかかりますね。

1　授業の感想

足立　では、授業の感想を。まずは、この感想文から読んでください。

> 【教・男】日本的な教育への回帰と書かれていたので、日本独特の理想的な教育を目指して行われたのかと思ったら、実際にはアメリカの政策転換によって変えられてしまったという印象を受けたので、少し失望した。結局教育は行政の都合で変えられてしまうのだろうかという疑問が浮かんだ。本来、教育は子どもの成長を助けるものであると思うのでその点については考慮してもらいたいと思った。

足立　今回の授業では、戦後直後にアメリカナイズされた新教育を目指してきたところから、日本的な教育へと戻ろうとした、伝統を取り戻そうとした、という時代でした。これに関して、「日本の伝統を取り戻そうという動きがあってよかった」という感想も結構多かった中で、その日本的な回帰も、実際にはアメリカに影響されていたという面を指摘してくれました。これは本当にその通りで、ある部分では**アメリカの影響**によって今回見たような教育の流れになった。一部では日本独特のものを取り戻そうという動きもあった、ということなんです…よね？よろしいですか、先生。
水原　はい、そうですね。
足立　では、教育委員会に関する感想を見てみましょう。

【法・女】教育委員会が地方ごとに住民たちの声を吸い上げて、教育方針を決めていく予定だったとは知らなかった。もし、当初の予定通りの教育委員会だったなら、アメリカの州ごとの自治みたいになっていたのだろうか？でも、戦後の混乱した時期に、政府の方針も不安定で、「地方ごとに教育方針を決めて教育しなさい」と言われても難しかったのだろうと思う。戦前に叩き込まれた軍国主義から民主主義の意識へと変えていくには、ある程度全国共通の枠で教育する必要があったのではないか

水原　各町村に**教育委員会**をつくって、そこで町や村の人たちの意見がその教育方針に反映されるということだったんですが、どうもその民主主義がその時代としては重荷で、実現できなかったですね。結果的には教育委員の公選制をやめて、だんだんと文部省が全部指導するように変わってしまいました。ごく最近では、教育委員会を廃止して学校ごとに設置する**学校運営協議会**にしようかという構想まで出ていますね。どんなシステムがいいか勉強してみてください。

足立　はい。勉強することはたくさんあります(>_<)では、この回は、大事な質問もたくさん出たので、本書でも、質問とそれに対する先生のコメントを紹介しておきます。

①**道徳教育が特設**されたということでしたが、その内容は現在と同じようなものと考えてよいのですか？

水原's コメント：軍備を復活する、そのための精神を持たせなきゃならないという政府の要望で、道徳教育が復活したんですけども、その内容はそれほど恐ろしいものじゃなくて、大体みなさんが受けてきたのと似たような内容でした。今にして思うと、文部省は、右と左の対立の中で、その対立が激しくなる前に先に済ませてしまう仕方で、すり抜ける戦術をとったのかと思います。だいたい常識的なモラルの教育が実態でしたね。

②政令改正諮問委員会答申の際、教育学部、工学部、経済学部、農学部の4学部が通常の4年制大学ではなくて、**教育専修大学**になる可能性について話が出ていたと思いますが、それじゃあ、法学部、薬学部、理学部はどうなんでしょうか。

水原's コメント：ここに挙げられた4学部は、職業人養成の学部ですね。教育労

働者、工場労働者、同様に経済、農業の労働者をつくる学部は4年間も教育するのは不経済ではないか、2年でいいじゃないかということです。

　そもそも**大学とは何か**、12世紀にイタリアにボローニャ大学ができていますが、大学は人や自然・社会を支配するための哲学的科学的原理を教えるのが役目ですから、働くための学問は教えてないんです。そういう意味で、伝統的な法律とか医学とか神学とか理学とかは、ずっと大学としてあるわけです。ところが近代の産業革命以後、高いレベルの知識技術を持った高度専門労働者が必要になってきて、大学の中に新しい学部が出来てくるわけです。しかし、そういう高度専門労働者養成は高等専門学校で十分で、大学にする必要はないんじゃないかという考え方が伝統的にありました。日本の場合は、高度専門労働者養成を大学でやって近代化に成功したことが特徴ですが、ヨーロッパなんかですと、そういうエンジニア養成は、長らく大学に入れなかった経緯があります。ですから応用科学の教育によって高度専門労働者を養成する新参の学部と、哲学的科学的な原理原則の教育によって、人文・社会・自然の支配者を輩出する伝統的な学部とでは由来が違っていて、高度専門労働者を養成する新参の学部は、当時の日本の経済的実力を直視するなら、無理をしないで、中学校から入学する5年制の専修大学でいいじゃないかという現実的な考え方が出てきたわけです。結果的には、その無理をしたことが高度経済成長を成功させることになりましたね。なお、薬学部や歯学部は医学部がだんだんと分化して独立した学部になりましたので、さらに新しい学部になります。

③学校では**資本主義や共産主義**についてどう取り扱われていたのですか。

水原'sコメント：日本では**55年体制**といって、1955（昭和30）年から1993（平成5）年まで、日本の国を社会主義にしようとする**社会党**と、資本主義社会として日本を発展させようとする**自由民主党**とが2大政党として争ってきました。それは世界が共産圏と自由主義圏に分かれていることと深くつながっていました。その価値観の違いから、思想・経済・政治などの様々なレベルで**イデオロギー論争**がありましたので、その分だけ逆に、学校教育の中でどっちがいいか悪いかということを本格的に議論する教え方は避けられてきました。教科書もそれを避ける観点から、説明は無味乾燥ですし解釈の多様性もわざと入れてありません。その結果、

資本主義って何だ、社会主義って何だ、共産主義って何だってことが、あまりみなさんの中に深く理解されなくて、みなさんが国の将来について選択する力をつけるようには教育されてきていませんでした。むしろそれは避けられ、現代をあまり教えないように教育されてきました。だから近隣諸国からは、日本の青年は近代史を知らないと批判されますが、本当は自分の国の進路をどうするのか、原理原則まで踏まえて理解し討論する力をつけるべきなのですが、**イデオロギー対立**が激しかったものですから、特に教室の中でそういう議論はなるべくさせないようにしてきた経緯があります。

<u>足立</u>　少し難しい話もありますね(>_<;)でも、ここで全て理解する必要はありませんよ！今後の自分の勉強に生かしていってください。

〜その他の感想〜
●教育って…●

【文・男】果たして<u>教育と政治</u>は一体どこまでむすびついて良いものなのでしょうか？教育と政治は一緒であるべきなのか、完全に切り離すことはできるのか。あまりにも漠然としすぎていますが、疑問に思いました。

【法・女】戦争中は国のために戦う人員をつくるために学校教育が利用されてきましたが、戦後は日本を復興するために勤勉な国民を作るための教育が行われていたという事を聞き、<u>教育というものは国家の事情や世界趨勢に左右されやすい</u>ものだと感じました。

【文・女】戦後はレッドパージを行うなど、常に敵を作って国民を統一させているんだなと思いました。また、戦後復興という大きな目的に向かって、国民全体で教育に力を入れているという感じがしました。最近の日本には、"目標"がないのでは？「個性をのばす」って目標には、官と民との間に温度差を感じます。

【教・男】インドネシアの国民が、日本の若者の勤勉さを目標に努力してきたが、最近はもはやかつての勤勉さは無くなり、目指すのはやめよう、というふうになったと水原教授が言っていて、とてもショックだった。しかし、全く反論できないと思った。言われてみれば確かに、<u>日本は勤勉を良くないイメージというか、暑苦しい感じに捉える雰囲気がある</u>と思います。色んなことに一生懸命取り組めば当然ぎゅうぎゅうの生活になるのに、それがダサいイメージになっているというか、少なくとも一生懸命せっせと頑張るとイケてるだろうな☆と思って頑張る若

者は少ないと思った。だから頑張りたいなと思っているのに一歩踏み出せない人も絶対いると思う。(私は「真面目」というレッテルを貼られることが多かったので、同じようなことを私もよく思いました。なんで真面目に何かをやることに変な後ろめたさを感じなくてはならないのか…。変えていきたい風潮ですよね。足立)

【教・男】戦後の教育は画一的な一斉教授によって、平均化した人間を多く社会に送り出すことになったことが分かった。確かに日本の高校には「普通科」という学科が存在する。これは教育の画一化を象徴しているし、受験勉強中心の教育を顕著に表していると思う。僕がハワイの高校に行った時驚いたのは、「普通科」という学科は存在せず、「商業科」「音楽科」「機械科」「情報科」という専門的な学科があり、どの学生も自分の興味のある分野を勉強するというよりも学ぶことを楽しんでいるという印象が強かった。教育は学ぶことの楽しさを伝える行為である以上、日本も見習うべきだと思う。

【教・男】戦後復興から日本的な教育への回帰とあるが、教育課程では系統主義のカリキュラム、児童の経験よりも科学技術重視の教育をかかげている。これは何となく矛盾している気がする。「日本的」と聞くと、日本人特有の「いさぎよさ」だったり優しさ等を思い浮かべてしまうが、科学技術重視の教育は欧米の影響をうけまくっている気がする。現在をみると、確かに物質的には豊かになり、科学技術中心の教育が成功したのだろうが、精神面からみると、日本人的とはお世辞にも言えず、ニートやフリーターの問題にもつながっていると思う。はたして日本人的な精神を大事にして来れたのだろうかというと、肯定はできないと思う。

【教・男】教員養成課程が中学校から進学できる専修大学にすることが検討されていたという話には驚きました。そんなに「学ぶ期間」が短くて、人に物事を教えられるようになるのかな…と思ったので、実現されなくてよかったと思います。現在、ヨーロッパのどこかの国では大学院まで行かないと教師になれないという話を聞いたことがあったのですが、日本もそれくらいすべきではないのかな、と

さえ思います。(日本でも教員養成を大学院でしようという動きが出ていて、どの教員養成系大学にも修士課程が設置されましたし、専門職大学院も発足しつつあります。足立)

●教科書●
【法・女】今日の講義は戦後復興期の学校教育についてでしたが、そのころの教科書はどのような内容だったのでしょうか。終戦直後では、そのまま戦前の教科書で軍国主義に関わる部分が墨で塗りつぶされたものを使っていたと思います。でも、私も何度か見たことがありますが、ほとんどの文章が墨で隠れ、内容はあるのかないのかわからないようなものでした。また、このころから、すし詰め教室で一人の教師が多くの生徒に画一的に教えるという方法ができたのなら、なおさら教科書の果たす役割は大きくなると思います。

【教・男】教育制度の改革に関する答申の中の教育内容及び教科書の中で「教科書検定」について"種々バラエティをもったものを作る"とあるが、現在教科書検定を行っているのは中央の人たちだけで、その人たちの考え(国の考え)に合わなければその教科書を使うこともできなくなる、教科書会社も死活問題に関わってくるので、国の考えに合ったものしか作らなくなる。つまり、結果的に教科書は国の意思通りのものしか残らず、バラエティに富んだものなど出来なく、思想的にもほとんどが同じ方向に向いてしまうのではないか？もっと検定システムを地方に委ねて自由でバラエティに富んだ教科書を作るべきではないのか？

●教員評価●
【教・女】教員評価は、誰が評価をするのかがかなり重要な問題だと思う。私の小学校では、普段は明るくていい先生だけれど、少し気が立ってくると暴力をふるうクセがある先生がいました。その先生の暴力グセは、生徒の親にはかなり知られていましたが、同僚の先生や上司には全く知られていなかったようです。だからその先生のことを校長先生が評価しても意味がないと思います。

【教・男】私は教員を評価することには賛成である。さらに。その評価を公表することにより、教師自身のやる気にも影響するだろう。しかし、やはり人の好き嫌いはあるもので、校長が評価しても、生徒が評価しても人の好みにより評価される恐れがある。そこで、地域住民が実際に授業に参加して評価するのはどうであろうか。中立的な立場であれば、的確な評価ができると思う。(地域住民が評価するというのは他にはない視点ですね。でも、地域住民は「中立」…？「中立」の意味も様々です。また、中立なら「的確」かという疑問も。具体的な課題点を考えてみると、おもしろそうですね。足立)

【経・男】教員を評価する際に生徒や保護者の意見はあくまで参考程度にするべきだと思います。もし生徒の評価を重視するようになると教員たちが生徒の人気取りに力を入れるようになってしまうのではないかでしょうか。また、校長という一個人だけで評価を行うと、その校長の教育に対する考え方で教員の良し悪しが違ってきてしまうと思います。

【教・女】私は公教育の場で教員の勤評をすると、学校が予備校のようになってしまうような気がします。予備校のようになってしまうというのは、生徒の人気を得ようとして笑いをとることに全力を尽くしたり、受け持っている生徒の成績を上げようとして問題を解くためのテクニックばかり教えたりする教員が増えてしまうのではないか、ということです。学校というのは知識・技術を伝授するだけでなく、学問の楽しさを教える場でも道徳的なことを教える場でもあるので、教員の質を上げようとするのなら評価を点数化するよりも大学における教員の養成の質を高めたり、新人教員の研修をもっとしっかりすることの方が大事なのではないかと思います。

【文・女】教師に対する評価の問題は非常に難しいと思うが、そもそも「教育」に点数をつけることなどできるのだろうかと感じる。「教育」をしていくということは形になって成果があらわれる部分とそうでない部分があるからである。生徒の精神に大きな影響を与える人の言葉は、生徒がその時は気付かなくても、何年、何十年か経ってから「あの先生の支えでここまで来れたのだ」と実感することも少なくはないと思う。だから、どうしようもない教師もいるとは思うし、そうした教師への対応は考えねばなるまいが、画一的に ABC・・・ とつけたり、成果や結果を求めたりするのは教育の本質とは違うのではないだろうか。

【教・女】教員への評価とか部活の負担といった話題が出て、高校のとき仲の良かった先生が「ここ何年かで教師への世間の目が厳しくなって教師をやってて窮屈だ」とつぶやいたのを思い出しました。教師だって人なんだから何でもできるわけじゃないのに、教育に注目が集まっている今、世間は教師に対して責任や負担を押しつけすぎていて、教師の精神的負担が大きくなっている気がします。もう少し負担を軽減して教師が気持ちにゆとりを持って仕事ができるようになればいいのにと思います。(今までの教員評価への意見と少し視点が違いますが、大事な意見です。足立)

●愛国心・道徳教育●
【薬・女】最近騒がれている「君が代」問題。入学式や卒業式で歌わなかった教師

は罰せられるというケースもあるという。歌う、歌わないと考えると、その人に自由であるとも思うが、なぜ歌わないのだろうか。確かに、戦時下で最も多く歌われた曲であったとしても、国歌なのだし。このように思っている私は愛国心が強いのか？でも、誰にでも自分の国に少なからず少しは愛着というものがあるのではないでしょうか。それに、昔は消せないけれど、今は行動できるしそれによって未来を創ることはできます。忘れてはならないけど、固執するのとは違うと思います。

【教・女】足立さんが、「教育実習をしていて、自分で考え批判する能力に乏しい素直な子どもたちに愛国心教育を行うことに恐ろしさを感じた」とおっしゃっていましたが、その通りだなぁと思いました。この問題を考える際には、今の私たちの視点からだけではなく、実際にその教育を受ける年齢の子どもたちの精神的な発達状況も考慮にいれる必要があるのだと感じた。

4 そぼくな疑問 －全ての学問もたった一つの疑問から－

〈教育制度〉〇「学区」って誰が決めてるのかな？〇地域によって教科書が違うのか？〇週5日制になってプラスの効果はあったのだろうか。〇障害を持った児童の教育ってどうなってるんですか？〇男女別学のメリットって何なのでしょう？〇教育実習はいつ頃から始まったのか。〈学校〉〇大事な式ではなぜ終礼をするのか。〇全校朝会はなぜあるのか。〇どうして「職員トイレ」は普通のトイレと分けて設置されているのか。〈教科〉〇高校の体育でどうして武道（剣道、柔道など）をやるのか。〇国語の教科書に論説、小説、詩、俳句があるのに戯曲がないのはなぜ？面白いのに・・・。〈評価〉〇なぜ小学校の学力評価は主観的なのか。〇学生から教員を評価するという制度はどれくらい実施されているのか。〈学校の道具〉〇図工室のいすはどうしてあんなに硬くて背もたれもないのか。〇学校ではなぜ持ち物が男女で色分けされているのか。〈衣〉〇ブルマがなくなったのはなぜ？（はずかしーのよ！足立）（はみ出るからです。八木）〈先生〉〇校長になるための試験ってどういうものなのか？〇なぜ女の先生は小学校低学年を教えるのか？（母性？足立）〇学校の先生のスーツにサンダル姿・・・誰が始めたのかな？（私の中学校はサンダルはだめでしたよ。緊急時に危ないからね。足立）〇学校の先生は夏休み・冬休み・春休みにも普通どおりお給料がもらえるのだろうか？！もらえなかったら困る気が・・・。〇小学校の教室には、先生の机があった様な気がした。（中学校にもあっ

たよ。足立）(教室唯一の立ち入り禁止ゾーンでしたよ。鳥羽田）〇教師はなぜ「聖職」といわれるのか。〇高校の先生はなぜみんな個性が強いのか。〇大学のクラス担任はなんであるの？（こういう時のため…ではないか？足立→）〇中高の時は担任や親しい先生に将来のことを相談していましたが、一般教育でほとんど教員とつながりがない今は、誰に相談すればよいのでしょうか？やっぱりサークルの先輩…とか？？〈東北大学〉〇教育実習に行く学校は選べるのですか。〈言葉〉〇「百葉箱」はなぜ「百葉箱」と書くのか？〇もう下駄をはいている生徒はいないのになぜいまだに下駄箱？（筆なんて使わないのになぜ筆箱？足立）〈ニュースから〉〇君が代反対の声があるが、君が代に代わる国歌案はあるのか。〈その他〉〇お酒を飲める年齢は18では駄目か。〇予備校ってどうしてあんなにお金がかかるのでしょうか？〇童謡の役割、起源。〇第2ボタンの由来が知りたいです。〇高校生はあんなに元気で明るく輝いているのになぜ大学生になると堕落してしまうのか。（大学生だって輝けます！八木）〈水原先生へ〉〇先生の好きなタレント（女）は誰ですか？（秋吉久美子です。八木代弁）〇水原先生は野球部が嫌いなんですか？（他の部と同等に扱われるべきなのに不当に優位であると思います。水原）〈「教育学」授業＆水原研究室へ〉〇水原研究室の皆さんはボランティアでこの授業のお手伝いをしてくれているのですか？？（半ばボランティア、半ば研究です。水原）

足立　今回は、受講生が出してくれたレポートの中で、**ランドセル**について調べた人が多かったので、それをもとに私がちょっとバージョンアップさせた資料を載せました。

水原　何か面白いものがあるんですか。

足立　そうですね。まずアメリカに目が行くんですが、アメリカは、勉強は学校だけでよいという考えから、教科書は学校に置いておくっていうシステムがとられているようで。研究室でも「映画でよくそういうシーンあるよね、学校でロッカーから取るシーン。」とか話してたんですけど、あぁなるほど、みんな手ぶらで通学しているんだと思いました。

水原　すると家に帰って勉強しろとか、塾に行けとか、教科書の復習とかはなくて、勉強は学校だけでやる、家に帰ったらまた家のことをする、と。

足立　不思議ですよね。教育実習で、「**置き勉**」してる子がものすごく怒られていて、全然違うなあと思いました。

水原　そういうのを「置き勉」って言うの。

田辺　（笑）そうですよ、学校に教科書とかを置いて帰ることです（笑）

足立　でも、受講生から「アメリカって本当に家で勉強しないの？学習塾とかないの？」と質問が挙がったので、アメリカにいる私の友人に聞いてみました。

　　日本でも同じだとは思うんだけど、やっぱり環境によって状況は様々…って言っちゃったらあまり答えにならないかな。でもそんな感じだと思う。小学校のとき、カバンは使ってたよ。でも友達で手ぶらで通学してた人もいたかも。教科書を担いだりし始めたのは、3年生ぐらいからかなぁ。数学の宿題とかを家でやってた記憶がある。でも、教科書じゃなくて、ワークブックみたいのがあったから、それを担いでたのかも。
　　今通ってる大学の近くに、小学生用の塾みたいなのがある。やっぱり大学がある街だから、親も子供の教育に力入れてるだろうし、そういう環境があるんだと思う。僕が行ってた小学校の近くにはそういうのはなかったと思うけど、僕の親は塾とか行かせたくない人だから、あったけど行かなかっただけかも (>_<)
　「アメリカってほんとに家では勉強しないの？」
　－するよ。宿題はあった。(なんと !?!?) ワークブックとかに書き込んだりしてた。
　「塾はないの？」
　－ある。でも、特別だよ。日本みたいな業界はない。未だに通っていた人に会ったことがないな。

と返ってきました。アメリカは広いので、やはり一概には言えないようですね。それと、これは余談ですが、今回答えていただいた友人は、日本とアメリカの学校で一番違いを感じるのは夏休みだと言っていました。「(アメリカの)夏休みはホント長い！9月に授業を再開するときとか、数日間、名前書くのに苦労したのを覚えてる。サマースクールなんかもあって、小学生は主にキャンプとか、スポーツとか…体を動かしたり、何か作ったりとかで、勉強はしないよ。」とのこと。こうやって、他国にいる人の話を聞くのは、視点が広がっておもしろいですね！では、ランドセルの話に戻りましょう。

水原　もともとの日本のランドセルの源流はどうだろうね？日本の戦前までのモデルはドイツ。戦後のモデルはアメリカですが。

足立　ルーツとはちょっと違うかもしれませんが、ランドセルは、軍隊制度が導入されたときの背嚢（はいのう）というものがもとになっているらしいです（後掲資料参照）。

水原　ああ、軍人が背負ってるリュックサックね。
足立　はい、あれを学習院が通学鞄に採り入れたのが最初みたいですね。
水原　だいたい学生服だって軍服だから、軍服にまた軍のリュックサックっていうのは、もともとそれが原型だね、そうすると。
足立　そうですね。明治19年から兵式体操が組み込まれた、あの時期みたいです。でもこれだけランドセルが普及しているのが、他の国ではないというのが面白いですね。
水原　他の国の人は、あのすごい革のランドセルを見たらどう思うだろうね。
足立　みんながみんな同じのを持ってますしね。
水原　なんかあれを持たないと小学生でないみたいな。買わないって言うと子どもが泣き出すんじゃないかねえ。
鳥羽田　持ってないと仲間外れにされそうですよ。
水原　こういう仕方で教育するのが**隠れたカリキュラム**っていうんだよね。表に出ているカリキュラムは、教科などの内容を教えるカリキュラムで、明らかに見えるカリキュラムですが、今の話のように、普通に鞄を持っているという、そういうふうな仕方で、いつのまにか躾けられている。そういうのを隠れたカリキュラム、hidden curriculum っていいます。意外に人間形成にはそれが大きい影響を与えるので注目されています。

足立　じゃあ研究室でとても話が盛り上がった、そぼくな疑問の中の「ブルマがなくなったのはなぜ」も隠れたカリキュラムですか(>_<)？
水原　ああそうそう。僕はあれ、**ブルマ**って下着が見えるわけないだろう、あんなに膨らんでいるのにって言ったら……。
足立　(笑)先生とは想像しているブルマが違ってて、話が通じなかったんですよね。「ハミパンするからなくなったんだ」って、言ってたんですが(笑)
高橋　先生の想像するのは、王子様のかぼちゃパンツでした。
水原　なんか提灯ブルマって言うんだって。僕らの頃はああいうブルマだったから、下着がはみ出るわけないんだよ。

足立　会話が通じなくて、一生懸命説明したんです。バレーの選手が穿いているやつです。想像つきました？先生。

水原　ええ、あの、家でまた妻にこういうものだと教えてもらって。

足立　(笑)聞かないでください！何授業してるの？って言われちゃいますよ！では、気を取り直して(^^;)あと一つ。「**学校5日制**になってプラスの効果はあったのだろうか」という疑問ですが、ちょっと八木さんに登場してもらいます！

八木　週5日制のことなんですけども。週5日制になって、結局誰が一番得をしたんだろうねっていう話を足立さんとしました。児童や生徒にとっては生活にゆとりができる。休みができるからゆとりができる、と言われますが、学習指導要領を3割削減しても、授業が1日なくなってしまうのであれば、それは本当にゆとりなのか。ちょっと怪しいね、と。個人的にも、小学校の時、土曜日というのは計算練習を自由にしたり、あと学校帰りにちょっと林檎盗んで食べたりとか、すごく楽しかった思い出があるので、なんか寂しいなぁという感じがあります。以前、文科省の寺脇研さんは、あれは実は親の教育力をつけるため、地域の人たちの教育力をつけるためというのが実は本当のところだとおっしゃっていました。

足立　結局土曜日学校に行ってるところもありますしね。

八木　そうそう。学校で補習をしていたり、塾に行ったりというのを考えると、うーん、やっぱり難しいねっていう話をしたんだよね。

水原　学校5日制にすると、先生方は土曜日の分働いていたんで夏休みがあったんだけども、今は夏休みが少なくなってるんですよ。

足立　ええっ？

水原　1年間で働くべき時間って決まっているじゃないですか。毎週土曜日休むならば、その分夏休みは働いてもらわないといけない。ですから先生方の中には土曜日復活したらいいなと思っている人もいる。ただ世界的に見ると、日本の労働者は働きすぎの問題があったから、**労働時間**を減らさなければならない。日本人だけ一生懸命働いて、世界第2の金持ちだって言っても、「卑怯だ、迷惑だ」という批判があります。世界からはそういう風に見えるのかと思い知らされますね。資源のない日本で、豊かに学び楽しむという在り方ができるようになるにはどうしたらいいのか、難しい課題であると思います。

ランドセルについて

ランドセルの歴史
●江戸時代●
　幕末に西洋式の軍隊制度が導入された際、布製の「背嚢（はいのう）」が同時に輸入され軍用に供給された。これが日本のランドセルの始まりである。
●明治時代●
　明治10年10月に開校した学習院が、明治18年になって、生徒の馬車や人力車での通学を禁止するとともに、軍用の背嚢に学用品類を詰めて通学させることになった。

足立　これは、なんでかと言うと…授業でもやりました！明治19年から兵式体操が組み込まれたり、制服（軍服）が登場したんですね。この時学習院では、生徒の柔弱さを矯めるために、学校から2町以内では馬車や人力車から降りて徒歩通学すること、教科書・学用品などは従者に持たせないことなどを命じたそうです。「馬車や人力車で通学」や「従者に持たせていた」という方に私は驚きですけど…。

　この背嚢がオランダ語で「ランセル（ransel）」と呼ばれていたことから「ランドセル」という言葉が生まれ、通学用の背負いカバンを意味するようになり、現在に受け継がれている。当時のランドセルは今のリュックサックに近いものだったが、現在のようなしっかりとした箱型ランドセルの誕生は早く、学習院で"ランセル"が採用された2年後の明治20年、時の内閣総理大臣、伊藤博文が大正天皇の学習院入学を祝して特注で作らせたものを献上したのがその始まりとされている。

足立　ランドセルは学習院で指定品となったのだが、それでは需要が少なすぎるということで、業者さんが学習院に了解を得て市販を始めたそうです。そうして、東京山手の中産階級以上の「お坊ちゃん」「お譲ちゃん」方を皮切りに革製ランドセルが広まり始め、1929（昭和4）年特許権問題にケリがつくと、業者が一斉に生産を開始することになり、急速に普及することになったそうです。しかし、約10年後には国家総動員法による物資統制が実施されて、皮革の使用が制限されてしまったので、ランドセルが全国を通じて普及したのは第2次世界大戦後のことだそうです。

●その後…●

　昭和16年頃、ランドセルは1個9円80銭。この値段は決してお金持ちでなければ買えないというものではなく、一般の家庭でも普通に手が届く金額だった。しかし、どちらかといえばランドセルは都会型の商品であり、地方では教科書やノートを風呂敷に包んで通学するのが一般的だったようだ。しかし、背負うことによって、子供の負担が軽減できる、両手が自由に使えるなどの長所から、昭和30年代以降になると、ランドセルは全国的に小学生用として普及してきた。戦前、ランドセルに使用される革は、ほとんどが豚の革だった。というのも牛革は高くて使えなったからで、当時牛革はもっぱら靴用とされていた。牛革のランドセルが出回り始めたのは、戦後しばらくした昭和26年頃のことである。それ以前はサメやアザラシの革を使ったランドセルがあったのだそうだ。

①明治期　子どもの使用した　ズック鞄
②明治期　木製鞄
③戦　前　革製ランドセル
④戦時中　柳製ランドセル
⑤戦時中　ランドセル

【引用ホームページ】
ランドセルの説明は下記ムトウランドセルホームページによる。
http://www.mutow.co.jp/apl/nyuugaku/index.html　ムトウランドセルホームページ
http://www.randoseru.gr.jp/　社団法人日本かばん協会ランドセル工業会

【参考文献】
佐藤秀夫『学校ことはじめ事典』小学館　昭和62年

【引用文献】
ランドセルの写真は、唐沢富太郎著『明治百年の児童史　下』(講談社　昭和43年9月　536頁)による

(足立佳菜)

第 7 回

時代は高度経済成長期。
日本は、一気に経済大国へと成長します。
どうしてこんなにも
急成長を遂げられたのでしょう?
時代の変化の影には教育の変化あり!
日本経済が世界のトップレベルに
のし上がるまでの教育を
ひも解いてみましょう☆

1　授業　高度経済成長をめざした教育（1960〜1975年）

　今日は、1960年代から1975年に至る高度経済成長期。日本が世界で2番目のお金持ちの国になるまでの教育についてお話します。

世界の渦の中で日本は…

　この地図を見てもらえば分かるように、このピンクのところが**共産主義**国家。**資本主義**国家はヨーロッパとアメリカと日本など。共産主義対資本主義という戦いが前提としてある中で、それぞれの国々が戦って強くなろうとして競争していました。その結果、ソ連は科学的・系統的な教育をして、ロケット打ち上げ競争でアメリカに勝ちました。アメリカと日本は、民主主義と経験主義教育で子どもの自主性を尊重しようなんてことでやっていたら、ロケット打ち上げ競争で負けてしまった。これは**スプートニク・ショック**と言われ、学校のカリキュラムに大きい影響を与えたことで知られています。

　下の写真は1960年の**安保反対デモ**ですけども、国会議事堂前のあの道路に群集がいっぱいいます。これは日本とアメリカが安全保障条約、簡単に言うと軍事同盟を結び、その条約改定が1960年だったわけです。それは共産主義か資本主義か、日本の路線選択に関わる問題でした。アメリカとしては、明らかに日本を対共産主義国家への防波堤にしたいというねらいを持ってたので、危険な賭けになってしまいます。それで反対勢力は最大級のデモ隊を組んで対抗しました。これは歴史に残る安保反対闘争のデモです。この条約改定によって、日本政府は、自由主義圏のアメリカ側について生きていくという路線選択を不動のものにしました。

ソ連の打ち上げた人工衛星の名前が"スプートニク"だったんですね。「ソ連に抜かれた」ってアメリカは焦って、それまでは古い内容の教育だったのが、現代の科学技術の発展に基づいた＆さらなる発展を担っていけるような教育に変わっていきました。

経済発展のための教育

とすると、次の課題は、生産力を上げ、かつそういう思想性を持つように人々を教育しなければならない、ということになります。これ以降、冷戦構造化での科学技術・生産の競争がますます激しくなります。冷戦というのは直接には火を噴かない戦争、つまり科学技術や政治・経済・思想など様々なレベルで競争の時代に入ることを意味します。

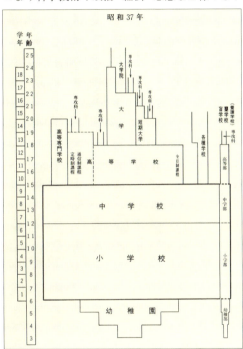

日本は、**保守大合同**によって自由民主党を創り長期経済計画である**国民所得倍増計画**を作成、アメリカもこれを支援するということで、日本は高度経済成長に入ります。アメリカにとっては、そういう日本に仕立てることがソ連や中国を押さえることになり、冷戦に勝つことにつながるわけです。

そして、1960年、「**所得倍増計画にともなう長期教育計画**」が立てられました。『**人的能力－現代の国富論**』が基本となっています。必要な人材構成はハイタレントを頂点に中堅技術者、さらに広い底辺には肉体労働者など、というピラミッド三角形の構造で人材開発が構想されました。その必要な人材構成に合わせて学校を造れば、効果的な人材供給ができる。10年後にはどういう人材が必要か、未来の産業構造に合う人材構成を見越してはじめから人材養成しておけば、スムーズに人材供給ができて生産性が上がっていくという人材開発計画を立てました。

同時に、その人材養成のプロセスを評価管理するために**全国一斉学力テスト**が1961年から開始されました。これによって人材開発が計画的に進められるはずでした。ところが、その副作用として、府県・学校・学級によって序列がつくなど、学校が混乱に陥ったために厳しい批判を受け、学力テストは1967年には中止となりました。以後、全国一斉学力テストは教育界ではタブー視されるようになりました。

理系を増やせ！！

生産第一主義ですから科学・技術教育を重視します。今まで色々な教育論議をしてきましたが、何よりも生産に結びつく科学・技術の教育、理科教育や技術教育を徹底してやることにしました。1961年、文部省は**科学技術系学生増募計画2万人**を発表しました。工学部の学生定員を大量に増やし、1962年には**国立工業高等専門学校**を創設しました。これで中堅技術者を不足なく供給できる体制がとられました。

日本の教育は、小・中・高・大学と基本的に普通教育中心の教育ですが、それでは日本の工業はやっていけない。工業生産を上げるために、工業高等専門学校を出た中堅の技術者と、工学部を卒業したエンジニアを大量に増やしました。その結果、国立大学では定員の約30％を理工学部が占めるようになりました。2004年現在の東北大学を見ると、4年間の全学部生定員が9560名で、その内工学部生は3350名で1/3を超えています。それはこの高度経済成長期に、理系中心・科学技術重視の教育を推進した結果なのです。

先生、理系を増やせって言って増えるものなんですか？
私なんか、理系は苦手だから増やせと言われても行きたくないですけど…。

いやいや、増えるんですよ。
政府が「2万人増やしますよ」というと、各大学は「うちでは〇人増やします」と申請します。大学が何で人を増やそうとするのかといえば、学生が増えた分、教員が増えますから予算も多くとれて大学が大きくなるからです。また、各大学は、自分の大学はどの領域の学生なら増やせるかを見越して募集をかけます。いつも応募が多いところで定員を増やせば、学生の質を落とさずに人数を増やせますからね。そしてこの時期は高度経済成長期で、進学率がどんどん増えている時です。だから、募集枠を広げれば、その分入学者も増えるんです。

なるほど。もともと入学したい人は溢れてるんですね。

企業で使える人材を

それから、高等学校では**理数科**を新設し、かつ政策では能力・適性に応じた**多様化路線**をとりました。高等学校は本当は、戦後改革では総合制にする方針でした。**総合制高等学校**というのは、進学エリートも、農業従事者も、工業・商業・水産従事者もみんな同じ学校で青年期を過ごすことで、一体感をもって民主主義社会が作れるという考え方が基本にありました。しかし、経済成長を高めようとするなら、そんな能率の悪い教育ではなく、エリート校、工業高校、農業高校、水産高校、商業高校等々、別々に能率的な教育をする方が、すぐれた農業人、商業人、工業人が出てきて、日本が発展できるということで、結果的には273種類の科ができます。タイピスト科、庶務科、営業科など、会社の構造に合うように高等学校の科ができ、そうするとそのまま企業で使える人になれるので、全体として日本株式会社は繁盛すること

になりました。

> 総合制について、もう少し詳しく教えてください！

☆総合制の学校では、様々な課程が併設されます
例えば農業・商業・工業・水産科や普通科が同じ学校内に併置されて、進路のちがう人たちが広く交流できる課程編制です。
　戦前までの複線型学校制度では、小学校の次にどこの学校に行くかによって、将来の職業が決まってしまう傾向にありました。それには問題点がいくつかあって、まだ将来を選択するために必要な情報（例えば、向き不向きや、得意不得意、好き嫌いなど）が決まる前に決定するのは早すぎるのではないか、しかもその決定が変更不可能だと青少年から夢や希望をうばい、青少年が荒れるのではないか、また、青少年期を将来の職業別に過ごすことになると、職業に対する貴賤の感覚が根付いてしまうのではないかといったものがあります。これらを打破するために総合制を原則とした高校を設置することで単線型の学校制度が構想されたのです。他にも、戦後は学校施設が極度に不足していたので、特に学校の新設が困難な地域では、一つの学校で多くの内容を教えることができれば経済的ですし、かつ生徒一人一人の学習に対する要望に応えるという意味でも意義のあるものでした。
　でも、もっと一つのことに集中して専門化したほうが、効率的ですよね。他にも要因はありますが、結局、普通教育や専門別の学校編制の傾向へと流れていったんですよ。

モーレツ社員

1960年以降は、日本はそういう人材養成をやっていくことになり、日本特有の、日本株式会社**モーレツ社員**が頑張って、ぐんぐんと生産性を上げていきます。ついに日本の経済成長は、1968年、アメリカに次いで**GNP世界第2位**の経済大国になりました。左図グラフの1番上がアメリカでその下2番目が日本のGNP国民総生産です。その下が西ドイツ・フランス・イギリス・カナダです。ものすごい経済発展を遂げましたので、日本の青年は勤勉だという神話にまでなり、アジア諸国のモデルになりましたが、一人当たりの国民所得では20位前後で、アメリカ・西ドイツの1/3に過ぎませんでした。

「期待される人間像」

> 「期待される人間像」というのは…少し細かく言えば、中央教育審議会の出した「後期中等教育の拡充整備について」答申の別記に付されていたものです。文部省は青年教育の新しい指導理念を打ち出したのです。

1966年に**「期待される人間像」**が打ち出されます。第一部、当面する日本人の課題。第二部、日本人にとくに期待されるもの、とあります。
　第一部に挙げられた「当面する日本人の課題」としては、①人間能力開発。高度経済成長に見合う日本人の能力開発。②世界に開かれた日本人、要するに世界に経済進出していく日本人。③民主主義の確立です。つまり、第1が効率的な人

材開発の教育をします、第2が世界にどんどん進出します、そして第3は不平があっても話し合いでやるんですよ、という趣旨です。特に第3は、ある種の暴力的な革命運動が頻発していましたので、これを意識したものでしょう。

第二部が、日本人にとくに期待されるもの。個人として、家庭人・社会人・国民としてとありますが、そのうちの社会人として、「一、仕事に打ち込むこと」が大切。「社会は生産の場であり」、その生産を「高めなければならない」。「そのためには、われわれは自己の仕事を愛」することが必要である。どんな仕事に就こうとも、「職業に貴賤の別がない」、と述べています。

「社会は生産の場」と断定して、その生産第一主義を明確に打ち出していることが特徴で、また、高度経済成長の過程で勝ち組と負け組が出てきて、社会が不安定になりがちですので、どんな貧しい職業でも価値があるんだよ、がんばりなさい、と励ましています。この励ましは生産第一主義のマイナス面を補っているわけです。

みんなで競争して頑張るのはいいんだけども、何のために頑張るのかっていうと、日本の国のため、日本の国を愛し日本の国を盛り上げるために頑張るんだ、そのシンボルとして、戦後初めて「天皇」が出てきます。

> **1966年「期待される人間像」第4章**
> 第4章 国民として
> 1 正しい愛国心をもつこと
> 2 象徴に敬愛の念をもつこと
> ・日本国を愛するものが、日本国の象徴を愛するということは、論理上当然である。
> ・天皇への敬愛の念をつきつめていけば、それは日本国への敬愛の念に通ずる。けだし日本国の象徴たる天皇を敬愛することは、その実体たる日本国を敬愛することに通ずるからである。このような天皇を日本の象徴として自国の上にいただいてきたところに、日本国の独自な姿がある。

左図を見てください。「日本国を愛するものが、日本国の象徴を愛するということは、論理上当然である。」「天皇への敬愛の念をつきつめていけば、それは日本国への敬愛の念に通ずる。けだし日本国の象徴たる天皇を敬愛することは、その実体たる日本国を敬愛することに通ずるからである。このような天皇を象徴として自国の上にいただいてきたところに、日本国の独自な姿がある」と述べています。つまり、何をもって日本人というか、何をシンボルにしてみんなが統合するか、そのシンボルのために自分たちは頑張る、そういうふうにすると、競争が全体として生きてくる。逆に、競争してバラバラになって喧嘩が始まってしまっては、国はうまくいかない。そういう意味で、戦後初めて国民統合のシンボルとして天皇が持ち出されてきました。これまでは、戦前への反省から**天皇制批判**があり、天皇を表に出さなかったのですが、ここにきて日本の国が自信を持ち始めて、ようやく日本の国が最高の地位に来た。しかし国民全体が勝ち組・負け組に割れ始めてきたので、それを融和して国民を統合し、全体としてやる気を起こさせることが次の課題になってきた。そこで、天皇に登場してもらって、その敬愛の念のもとに仕事に打ち込むことは尊いことである、という教えを打ち

出しました。1966年、**高度経済成長**の真っ只中、新しい指導理念を出さなければらない、ということが見えますね。

日本の発展のために

この同じ頃に、**東京オリンピック**が開かれますが（1964年）、これは国威発揚に一役買いました。金メダルをいくつ取ったか、そのメダルの数によって日本の国がいかにすごいかを示す大事なポイントということで大きな期待がかかったのが、マラソンの円谷幸吉選手でした。円谷選手はこの大会で銅メダルをとって、その役割を果たしました。

さらに次のメキシコシティオリンピックでも活躍が期待されてまして、それに向けて日々練習していましたが、好きな人ができて結婚したいと上司に話をしたら、「それはいけない、次のオリンピックに優勝することが君の使命なんだから結婚は許せない」ということで、上司に結婚を禁止されました。結果的には彼女と別れて、その後彼女が別の人と結婚してしまったそうです。そしてまもなく、円谷選手は自殺してしまいました。理由はいろいろあるでしょうが、国威発揚の犠牲にしてしまったのではないかと思われ、大変辛く感じられます。

台湾の留学生の話ですが、「日本人は愛も家庭も投げ捨てて仕事一筋なんですねって。」と言ってました。「いろんな上司のもとで働いたけども、日本人の上司の場合にはそういうふうに仕事一筋になることを要求してくるし、また要求することがすごく細かいんですよ」とも話していました。アメリカの場合だと、要点だけ指示してその実際的なやり方は自分で考えなさいという方法をとるそうですが、「日本人の場合にはやりかたまで全部指示して、その通りやったかやらないか念を押すので、結構日本人の上司って面倒くさいんですよ」って言っていました。そのようにこの時代は、上司が部下を公私ともに全面的に指導して日本という国を押し上げて行ったのでした。

高度経済成長期というのは、日本がどんどんと成長しているときで高校進学率がぐんと上がる。大学進学率もぐんと上がる。みんなが学歴を求めて上に上がっていく。日本の国がお金持ちになってきて、学歴を積めば出世できる。学校に行けば他の人に勝てる。いい嫁さんがもらえる。いい家が建てられる。いい車が買える。それが満たされるならば、学校に行こう進学しようという時代ですね。**高校進学率**が1970年には82％まで上がり、大学・短大への進学率も約24％まで高まり、その5年後1975（昭和50）年には高校進学率91％、大学・短大への進学率は38％に急上昇し続けました。

スカートの長さでわかる！女性の変化

たいへんリッチな時代になってきたなという感じに

第7回

なってきました。この写真は、この前の戦後復興期の落下傘スカートに比べると、かなりスカートが短くなりました。下の写真の人はツィギーです。ツィギーが1967年に日本に来て、日本の女性たちはかなり影響を受けて、たちまち日本でも**ミニスカート**が流行りました。ちょうど私が大学1年の時にその歴史的幕開けとなりましたので、受ける性的刺激は大変なものでした。それまでは、女性というのは足を隠して静々と歩くというのがあるべき姿で、全部露わにして思い通りに動くというのは認められない、そういう女性観があったんですが、急に豊かになってきて、そして世界の様々な情報が入ってきて、そういう中で女性の文化が急激に変わり、ついには男女関係も変わってきます。以前は、道路を女性と歩いているだけで、すぐ噂になるようなことがありました。

1967・8年のミニ

1970年代以降女性はずいぶん変わったと思います。女性はここまでスカートを上げてしまったので、あとは上げるも下げるも自由を獲得しました。いつも長いスカートを履かされている時は、そこに自由はないですよね。女性はそうあるべきだって思わされているから。でもこんなに短くしてしまうと、女性は上げるも下げるも戦術として選択できるわけで、これ以降女性はかなり活動的になってきます。それと同時に性的な規範もずいぶん変わってきて、この頃から同棲時代というものが出てきます。それまでは同棲というのは、すごく暗い、隠れて寝ているみたいな雰囲気だったんですが、この頃から若い人がわりと安易に同棲するという時代が始まりました。性の解放、妊娠の選択、ピル解禁などが論議され、そういう生き方を選択する人たちが出てきました。その最初の時がこの頃だったんです。

まとめ 以上、高度経済成長期の学校についてまとめますと、教育目的は、**愛国心**を持って仕事に打ち込む国民。**天皇への敬愛**の念を忘れないで、かつ、仕事に一生懸命邁進する、そういう国民を作るということでした。

教育制度としては、**後期中等教育の多様化**。つまり高等学校を個性と能力に応じて、産業構造に見合うように多様化した。タイピスト科、庶務科、営業科などにして、会社の課のように分ける仕方で、日本の資本主義に直接貢献する学校づくり、人づくりが展開されました。

教育施設は急激に進学率があがりましたので、すし詰め学級、大規模学校でした。お金に余裕ができたので、運動場が整備されました。激しい受験勉強で青白

> **高度経済成長期の学校**
> - 教育目的：愛国心を持って仕事に打ち込む国民の養成
> - 教育制度：後期中等教育の多様化
> - 教育施設：すし詰め教室と運動場
> - 教育課程：教育の現代化と体育の重視
> - 教育方法：視聴覚機器の導入、プログラム学習、教育工学

き秀才の問題が指摘されるなど、健康な体力づくりが課題となりました。

教育課程・カリキュラムについては、従来の学校の教育内容は古すぎる、時代遅れの知識を教えているのでこれを変えて先端的な科学を教え知的水準の高い国民をつくることが必要だということで見直されました。これを**教育の現代化**といいます。他方、教科書検定は強化されました。共産圏との厳しい戦いの中で、**教科書検定**を厳しくして、教科書の中に共産主義に同調するような文章が入らないようにチェックされました。だから教科書はあまり思想性がない、方向性がないようになっています。歴史を学んでも現代が見えない。なるべく現代については教えない方針ですので、大体みなさん歴史を習っても、江戸時代か明治の初めまでで終わりです。それから世界史でも、市民革命から近代が始まるんですが、革命から近代が始まると革命的、政治的な思想になる危険性がありますので、それもなるべく教えない仕方になっています。

教育方法は、**視聴覚機器**の導入による、**プログラム学習**。コンピュータに向かって自分で勉強するシステムが導入されました。例えば5＋7＝12、繰り上がりが分からなければ自動的に戻ってまた練習していく。ずっとやっていけば、高いレベルの計算練習がコンピューターで自学自習できる。そういう能率的な教育のプログラムを導入すれば高い才能が引き出せるということで、視聴覚機器が学校に導入されました。しかし、教員はこの機械を使えないし、ハードもソフトもできが悪いために、子どもはすぐ飽きてしまい、うまくいきませんでした。でも時代としてはコンピューターを使った才能開発プログラム学習はブームでした。

以上が、高度経済成長期の学校の特徴です。質問に入りましょう。

2 質疑応答

足立 今日の範囲の時代はイメージしやすかったんじゃないですかね。東京オリンピック、カラーテレビとか。東海道新幹線ができたとかいう話も聞きましたけど。

水原 そうですね。新幹線も、高速道路もできて、能率性、効率性、高速性、そういう生産性の高いものがこのときにどんどん出てきて、世界をリードしましたね。

足立 1972年には山口百恵さんがデビューして、とても華やかなイメージですね。

あと高専ができてエンジニアをつくるとか、なんだかわかりやすい、と言っちゃ変ですけど、イメージしやすい時代だなあと思いました。それと、モーレツ社員の話などを聞くと、「頑張ってる時代」という感じをすごく受けます。その一方で安保反対デモ、政治的対立があったりとか。**期待される人間像**の内容は結構私には衝撃なんですけど、愛国心っていうのはこのとき問題にならなかったんですか。

水原 高等学校の校長先生方のアンケートが出ていますが、愛国心教育には「論理の飛躍があって、この論理を生徒に押し付けるのは心配だ」とあります。愛国心が天皇への敬愛で、天皇を愛することは日本国を愛することだという論理ですが、これに対して反対闘争などの問題が出ることが懸念されました。一方、中学校の校長先生方は、まあこれで妥当であるという反応でした。

足立 今、法律に愛国心を盛り込むか盛り込まないかっていうのがとても議論になっているのに、この時文部省が出している文書にこんな風に書いてあるというのはとても驚きでした。

受講生 今水原先生が、高等学校の校長先生は愛国心を教えるのは問題があるという懸念を示したとおっしゃっていましたが、それは具体的にはどういう問題だったんですか。

水原 高校の校長先生方は、先生方から反発が起きて学校で混乱が起きることを心配しているんです。高校の先生方は、とりわけ教員組合は、そのような愛国心・天皇敬愛の教育に対して反対の色彩が強いわけです。「期待される人間像」に反対する先生もいるし、それから国民全体も、安保闘争で意見が半分に分かれている。そういう中で、天皇・愛国心の教育をするのは難しい、イデオロギー闘争が学校の中に持ち込まれると、衝突や事件が起きるという問題ですね。

鳥羽田 僕は、先生方からの反発よりも、高校生が反発することを校長先生方は懸念したのかなと思ったのですが。

水原 いや、教員が教育委員会や校長に対して反発することの懸念が主ですね。このころは教育の自治権と言って高校の先生方は授業を公開していないんですね。授業を見るということは「教員の授業への弾圧だ」とか、「思想のチェックだ」とか、すごく反発が起こるんです。小学校中学校はわりと授業を見せ合って討論会をしますが、高校は授業研究会もあまりないんですね。ですからその時代の雰囲気から言うと、「教える内容に関して国が介入するのか、それは教師の教育の

自由権を侵すものだ」として、反対闘争が起きて、学校の中が乱れるということのほうが大きかったと思いますね。

　先ほど鳥羽田くんが言ったような高校生が意思を持って闘争するというのは、1980年代になりますね。というのは1970年ごろ、大学紛争が起きてきます。**大学紛争**は、大学はもっと変わるべきだ、大学はおかしいということで、いろんな政治闘争が大学の中で起こり、大学封鎖まで行きますね。その影響でその5年後、10年後に、今度は高等学校にこの流れが起こるんですよ。**高等学校**で今度は**服装の自由**化とか、いろんな生徒の要求、自由化闘争が高等学校で展開されてきますので、その頃になって来るとようやく高校生が学校に対してものを言う時代が来ます。でも、この時はまだ、高等学校では学校とか先生の権威が強くて、黙って従うべきだという考えかたがありました。権威が強いということは、高校の先生方の授業に介入できないという意味になりますよね。そういう時代ですから、先生方からの反発を校長先生方は心配したんですね。

足立　他に何かありますか。お願いします。

受講生　高度経済成長期で、高校への進学率が90％になった時には、**高校を義務教育**にしようという考えかたはなかったんですか。

水原　義務教育にするというのは、全部国が無償で面倒をみるということです。義務でなければ、学びたい人が自分で金を払いますので、ひとつは財政的裏づけの問題です。2つ目は、日本製品の値段が上がる問題です。日本の国の物価が上がって輸出競争に勝てなくなる。同じ物を小学生が作ったら安いけれど、大学生が作ったら高い。価格はこれを作るまでにかけた生活費や教育費などの総額で割り算しなきゃいけないから値段が上がりますよね。それで学歴の低い開発途上国の製品は安いですよ。3つ目は、18歳まで義務教育にしたら、企業は18歳以下の人を雇うことができない。これも不経済な問題が出てくる。そして4つ目の問題は、高校教育以上は私的な自由、選択の問題なので、高等学校に行きたくない自由もあってもいい、その自由権を奪うのは問題だということです。まあ、色々考えると、義務ではなくて自由選択のほうがいいという判断になりました。

足立　当時議論が出たんですかという質問でしたよね。色々考えると、というのは議論がなされたということでしょうか。

水原　すみません、そういう仕方で言えばよかったですね。それは産業界から反対が出たんです。産業界からすると、中学校を卒業した人は「金の卵」と言われて、その低いレベルの労働をする人が大量に必要なんですよ。これを全員義務教育にしたら、大量の中卒労働者はいなくなるわけですね。そしたら低賃金で作っていた安い工場生産物は作れなくなるわけです。だから中小企業、とくに零細企業の工場主たちは反対しました。

足立 なるほど。面白い質問ありがとうございました、他に。

受講生 **期待される人間像**の、「我々は社会の生産力を高めなければならない」とか「自己を幸福にし、他人を幸福にすることはできないのである」っていうふうに、こういう形で断定されているということにすごく驚きました。

水原 そうですね。生産力を高めなければならない、そういうことは幸せなことなんだというふうに教え込んだんですね。国全体としてはこの教育方針によって、写真のような**モーレツ社員**が出てきたので、このこと自体は成功しましたね。ただその分だけ失うものがあって、やっぱり魂が枯れてくるって問題がある。それで本当に恥ずかしいことですが、魂が枯れてきた社員の慰安旅行として東南アジアに買春ツアーに行くんですね。そんなことがまた日本の企業の悪名高い行事になるわけですよ。一生懸命働かせ、魂が枯れてくると、東南アジアに買春ツアーに行くというモーレツ社員育成システム。それは成績のいい人だけ選ばれて行くシステムで、そういう日本的な企業のありかたが東南アジアから批判されるようになってきますね。

足立 ありがとうございました。期待される人間像は、読んでいて驚くことがいっぱいありますよね。

受講生 期待される人間像についてなんですけど。高度経済成長期を通して、モーレツ社員が出てきて、政策的には成功したと思うんですけども、反発みたいなものはなかったんですか。

水原 次の時代が「ゆとり」志向の時代に入るんですけども、それも反発の表れと言えます。まあこの時代の先駆的な反発のひとつは、**ヒッピー族**の登場ですね。モーレツ社員の競争はやめた、学歴競争もやめたという、ヒッピー族が出てきました。ヒッピー族って何か、研究室のみんなは分かんなかったけども。

足立 ちょっと分からないですね。

水原 一種のホームレスみたいなんですけど、若い人を中心に、競争に邁進するよりも、どっかで野宿しながら、あるいは世界を放浪するみたいな、そんなふうになっていく人が出てきます。ホームレスの人たちの多くはリストラなどで排除されて行き場をなくした人たちのようですが、ヒッピー族の方はむしろ近代的システム自体に対して拒否をする、あるいは逃避をして、モーレツ社員製造システムには乗らないという人たちが放浪の旅をするということですね。

もうひとつの反発は、片や**大学紛争**のように、差別の根源は大学だから大学を

壊そう。**帝大解体**－帝国大学は諸悪の根源。人を差別する最大の装置が東大、京大、東北大など帝国大学だから、この帝国大学を壊そうというふうになって出てきました。

　大きくはその2種類の反発ですね。近代的システムの非人間性に対して、拒否・逃避して放浪するヒッピー族と、積極的に抗議して、近代的システムの根源を壊してしまおうという全共闘のような人たちが出てきました。

足立　ありがとうございました。では次の方、お願いします。

受講生　日本と同様に、イギリスとかフランスも長い歴史を持ってるじゃないですか。で、日本と違ってまだどちらも、その国の特徴というか、そういうのがあるじゃないですか。日本みたいにアメリカとかに振り回されて、特徴をなくしてしまわずに。なんでそういうふうに、イギリスとフランスと、日本との違いっていうのが出てきたのかなと思います。

水原　はい。大変難しい問題で、どうも私だけじゃ答えられない、その国の風土や**国民性**の問題だと思います。日本という国は、外国で元々発明されたものをすごく洗練させて売りに出すのが得意であると言われています。留学生が言うには、外国にも同じ車があるんだけど、日本に来るとまるで応接間みたいに気持ちのいいものに仕上がるから世界一売れるようになるということです。外国に行くと素朴な道具にすぎないのが、日本人は外国のオリジナルなモノを改変して売り出すのが得意だと言われています。だからといって、日本人は「猿まね」がうまくて、独自性がないと言い切れるのでしょうか。これを別の見方をすれば、あなたの言う「振り回されている」国ということかもしれません。しかし日本人は、オリジナルは創れないけど付加価値を付ける、リファインするのがうまい、それはそれで評価すべきだと私は思っています。日本は、資源がないので、いつも世界の動きを見て、世界のものを導入しながら加工貿易で生きていく、そういう小さな島国の住民が日本人なのかなと思っています。

　これは私の主観的な感想で学問的な答えにはなっていません。本当はもっと大切な文化論とか、民族性とか、いろんなことを勉強して考えるといいですね。

足立　国民性って難しいですよね。

水原　ええ。足立さんは前回ランドセルの世界地図(158頁)を作りながら、日本っていう国はこんなに小さいんだなって言っていましたね。

足立　そう、あの地図は手書きで描いたんですけど、日本ちっちゃい！と思いました。これでアメリカの真似するとかそういうのって全然できないだろうっていうか、システムが違うだろうとか色々思いながらこの地図描いてました。余談です。はい(笑)

水原　私の授業を聞いて、教育学の入門にするだけでなく、もうひとつは、世界

の政治、経済、社会など、教養のほうの横へ広げる入り口にしてもらいたいですね。実は、教育に限らず様々な分野の問題がわからないと教育問題は解けないということを理解して欲しいです。なにか早く専門を勉強したら力がつくかというと、そう単純ではなくて、広いグラウンドがないと教育現象が見えないんですね。やっぱり教養教育の時代は、広く深く考え、他の水脈とつなげるようにやられたらいいんじゃないかと思います。

3 授業の感想

足立 それじゃあ感想を見ていきましょうか。**モーレツ社員**が象徴的ですが、今回の時代は**高度経済成長期**で、すごいアツい時代ですよね。その復習になるような感想をまず紹介します。

> 【教・男】高度経済成長期には、勉強は学歴をつけ会社に入り、モーレツに働けば目に見えて生活が豊かになることがわかっていたため勉強にも真剣に取り組んでいたように思った。しかし、今は会社に入ってモーレツに働いても親の世代を見ているといつリストラされるかわからず賃金も安くボーナスはカットされ、ある程度豊かになってしまったため、今より豊かになるためには学歴も絶対的なものではなくなってしまったようなイメージが生まれ、学ぶ意味がなくなっているように思える。

足立 この時代は学歴をつけてモーレツに働く時代だったんですね。他にもこんな感想があります。

> 【教・女】「モーレツ社員」とか「安保反対デモ」とか「アツい」なぁ…と思ってしまいました。例えば、今日本で何かのデモをしていても、何万人と集まることってないし、何か騒ぎがあっても他の大勢の人たちはさめてるっていうか、「勝手にやってれば」みたいな雰囲気があると思います。こんな風に日本人が数十年で変わってしまったのはどうしてなのでしょうか。

足立 やっぱりこの時代はアツいなぁという印象を受けますよね。

水原 でもこの時以降、**学生運動**が下火になっちゃいました。この時までですね、大学封鎖とか、学生運動とか、若い人が日本の政治を変えようとか色々してきたのに、これ以降は、歌謡曲は「**神田川**」とか「22歳のわかれ」とか、私だけの幸せのほうに入っていくようになりました。その時までは大学生は歌謡曲は歌わないんですよ。ロシア民謡とかクラシックとかフォークソング、シャンソンそういうものに関心を持つのが大学生で、世俗の人のように美空ひばりの歌とか、下世話な歌は大学生は歌わなかったんです。ところが、高度経済成長で大衆社会が来て、普通の人が大学に入るようになってきますと、庶民の歌をみんなが歌うようになりました。しかもその歌は**ニューミュージック**で、天下国家や全体の正義とか祖国を守るためではなく、私だけの幸せ、恋とか愛とかの世界に傾斜してしまって、社会を変革しようという人はいなくなって、**学生自治会**があちこちで消えていきました。

足立 じゃあ、このあとの時代が**シラケ世代**と呼ばれる世代ですか。

水原 そうです。ですから教育学部なんかも自治会がなくなっていく。みんなの面倒見る人がいなくなってきましたね。

田辺 確かに今は、自治会に面倒見てもらおうって感じではないですよね。では、他の感想も見てみましょう。

> 【教・女】『期待される人間像』において、仕事に打ち込むことや仕事を愛し忠実であることが述べられているのは自然だと思ったけれど、家庭が愛の場であり、明るく清く楽しい憩いの場所である必要があるというような"家庭の愛"についても書かれていることに驚きました。いつ頃からこのような愛情についてまで書かれるようになったのか知りたいと思いました。

足立 精神論ということであれば**教育勅語**にもあったかなと思うんですが、でも家庭の愛まで文書に書かれているというのは確かに驚きですよね。

水原 これはやっぱり高度経済成長で、お金になるならばどんな苦しい仕事でも邁進し、家庭も愛もすべてを投げ打って仕事に行くというふうな、仕事中毒、家庭崩壊、心の荒廃が問題になり始めたからですね。

　この頃から、マンション3DKの生活が始まってきて、従来の日本的な生活風習よりも、料理の鍋をそのまま置いてみんなで突っついて食うという生活スタイルの導入、大げさに言うと、日本文化の破壊も大きいですね。箸だろうがフォークだろうが都合のいい方法で鍋をみんなで直接突っついて食って、通勤・通学へと

走っていく能率的な生活様式の導入がこの時代にありました。私の小さかった1960年、昭和30年代はきちんと畳に正座して、箸の持ち方をはじめ一々うるさったですが、1970年代になると礼儀作法よりも、とにかく早いことに価値が移りました。3DK生活が流行して、ダイニングとキッチンがつながっている部屋で、料理の鍋と釜をそのまま並べて早く食べる様式ですね。その上両親は夜遅くまで働いて帰ってこない、家庭よりも職場、そこで高度経済成長に奉仕する日本人の勤勉さが生まれました。しかし、それは実は**家庭教育の崩壊、心の荒廃**が始まっていたんですね。

足立 今「**期待される人間像**」の話が出てきたんですけど、**天皇への敬愛**の件で、中国やアジア諸国の反発などはなかったんですか。

水原 あの頃アジア諸国はまだ国内事情が大変だし、まだ日本なしでやっていける自信もないので反発できる余裕がなかったと思います。ただ国内では、全国高校長協会と、教員組合そして有力新聞が一斉に批判しました。

「期待される人間像」の本当のねらいは、お金持ちになってきて、国民みんながバラバラになってきたし、家庭も崩壊し統一がとれなくなってきたという問題状況に対して、そこで何らかの日本人を統一するような、何か新しい理念を提示しようとしたということでしたが、成功しなかったですね。でも、そういうふうな国民に教育したいという願いを、自民党はずっと持っていて、今回の教育基本法改正問題までつながってくるわけですね。

足立 そうなんですね。「期待される人間像」の感想で、「まさか今も有効じゃないですよね」っていう意見とか、昔のこととしてとらえる感想がすごく多かったんですが、これは今もそういう精神を引き継いで、それを法律に盛り込もうとしているのが、現在進行中の教育基本法改正問題ですね。感想を見てください。

> 【教・女】私は教育目標に愛国心が盛り込まれたという点で愛国心＝天皇敬愛としたことを知り驚きました。現在見直されようとしている愛国心は、文化や歴史的な面だと思いますが、この時はすぐに天皇がでてしまう点で、戦前からの思想が強いと感じました。

とありますが、正確には文化や歴史にとどまらず、現在、天皇の元首化という問題まで、自民党では議論されていますね。

水原 天皇は日本の象徴ですが、それは非常に抽象的すぎて、人間としての存在が不明な概念ですけども、元首となれば、現存する人そのものを意味する具体性

がありますね。天皇を元首にしたら明確な位置づけになるし、目下、外交上もそういう位置付けで運用しているわけですから、実情通りに元首にしたらよい、と憲法調査会で論議されています。しかし、近隣諸国から戦前日本の天皇制に対する警戒がありますから、今の世界の情勢では難しいという判断があって、やっぱり象徴のままでいいという判断を自民党は選択したようです。でも「期待される人間像」の精神とか、**天皇の元首化**とかを法律で明文化しようという動きはずっとあって、現在でも、**教育基本法改正**や憲法改正では、それが大きな争点になっているんです。

足立　まだある現在の動きだっていうことを覚えておいてくださいね。

~その他の感想~
●高度経済成長期●

【教・女】高度経済成長期に発展するために理系の学部、学問が重視されてきたということは、なるほどと思った。…今、文系の学部を減らすというか、どこか役に立たないものとして捉える動きがあると聞いたことがある。自分が文系の人間だからかもしれないが、そういう動きは疑問に思う。両方必要な部分があるのではないだろうか。

【文・女】日本は諸外国に追いつこうとして、急ぎすぎたのではないかと思う。明治期の開国時も、戦後復興期も。勿論、高度経済成長期のお陰で今の生活ができるのだから、それが悪かったとは言えないけれど、そのせいで日本人らしさが失われたり、堅物

になったりしたのではないのだろうか。急ぎ過ぎたが故に置き忘れてきたものがあるような気がする。

【教・男】高度経済成長期の教育は、教育本来のあるべき姿としては正しくないのかもしれないが、その頃の教育があったからこそ日本は経済大国となり、今の日本があるのだと思う。高度経済成長期には「日本を豊かにする」という明確な目標があったが、現在の日本は豊かになったことで満足してしまい、「日本をこういう国にしたい」という目標が見えなくなっていることが、日本の教育が迷走し

てしまっている原因なのではないかと思った。

【文・女】どうして日本史は社会に出てから最も役立ちそうな近代をしっかり教えないのか疑問に思っていたけど今回の講義で分かった気がした。思想についてはきちんと理解しないと危ないと思う。高度経済成長によって教育も社会もあくせくしたイメージをもった。まず使えること・役立つことを重視することは経済を成長させたし、日本を豊かにしたが、心の方は豊かになったのだろうか？そもそも、心が豊かだといえるのはどんな状態だろうか？高度経済成長の明と暗を見た気がした。

【教・女】…確かに日本の高度経済成長期は目を見張るようなものでしたが、それが個人個人が自分を高めようと努力していたのではなく、国のために国民が一致団結した結果であるのなら、成長に限界があって当然だと思います。

【教・女】当時の日本人は何のためにそこまで仕事に打ち込めたのでしょうか。中学生の時、社会の授業で「生きがいを見つけるために働くのだ」と先生が言っていました。でも仕事が「生きがい」になるって、自分が本当にやりたい仕事だったらいいけど、そうじゃない人にとっては、どうなんだろうなぁと思ってしまいます。

【文・女】義務教育を上げることによって、製品の値段が上がってしまうという話を聞き、驚いた。高度経済成長後に高校進学率がかなり上がっており、私も義務教育にしてしまってよいのではないかと思っていましたが、産業における中卒者のニーズなどからできないということを知り、教育はやはり社会と関わりが深いのだなと思いました。

【医・女】「日本人はやたら働くしやたら勉強する」という言葉を聞いてふと思ったのは、自分たちは自分たちのために勉強したり働いているつもりでも、実は国のためになっているのかなぁということだ。

● 期待される人間像 ●

【文・女】今から40年も前（戦後20年しかたってないのに）「日本を愛することは天皇を愛すること」などといった文書が出されていたなんて、驚いてしまった。日本人が第2次世界大戦に至るまでの戦前の国民の教育について、十分に反省をしたようには思えない。それは、現在の君が代を歌わない教師が処罰されるなどといった出来事を見ても、首相の靖国参拝問題にしても、言える気がする。日本

人は戦後60年、戦前を振りかえり反省するといった教育が足りなかったと思う。

【文・男】「期待される人間像」ってまさか今も有効ではないですよね・・・？僕も足立さんと同意見で、文部省がこんなにはっきりと天皇敬愛→愛国心と述べていることに驚きです。そういや、日本は天皇を尊重しているけど、子どもに象徴ってなんなのかとかどういう意味なのか教えませんよね。少なくとも僕は教えられた記憶がありません。

【教・女】『期待される人間像』の「社会人として」の理念は40年経過した現代にもまだまだ通じると感じた。私はこのようなものが存在することを今回初めて知ったので、もっと公に広めても良いと思う。

●愛国心●
【教・女】ここでやっぱり思うのは、正しい愛国心って何だろう・・・ということです。私は単純に日本が好き、日本のために自分が何かをしたいと思えるような心ではないかと思います。先日のサッカーＷ杯で北朝鮮との無観客試合での日本のサポーターを見て感動しましたし、日本人のこういう所ってとてもいいなーと思いました。他の人は愛国心をどう捉えているのでしょうか？

【教・女】高度経済成長期の目的が"愛国心を持って"仕事に打ち込む国民の養成だと知って、愛国心が教育・社会において自分が思っていたよりも重要視されてきたのだと思った。

●日本・日本人●
【経・男】日本は一貫した伝統等がないという意見がありましたが、そんなことはないと思う。確かに古来の伝統芸術等はすたれているかもしれない。しかし、それこそ今の話にも出た勤勉さや上への忠実さ等の国民性だって昔からの日本の伝統だろうし、また、常に変化している世界に適応していくという能力だって立派な日本の特徴だと思う。そもそも、国の伝統などに固執する必要性はあまりないと思う。

【教・女】私が中学生の時、国語の教科書で「日本文化の雑種性」について書かれた文章を学んだことがあります。「日本人は諸外国の文化を取り入れるのがうまい」ということでした。私たちの生活の中には、仏教・儒教・キリスト教の文化が溶け込んでいて、あまり違和感がないですよね。考えてみれば、日本は大昔に4つ

ぐらいの民族が日本にやってきて同化したわけですから、日本には日本なりの文化があるとは言え、異文化に対する順応性がとても高い民族なのではないかと思います。これが国民性なんだと私は思うので、「変わり身が早い」というのにもある意味納得しています。

【教・女】ふと、「日本人は『余裕』を知らない」んじゃないかなぁと感じました。日本人特有の"勤勉さ"は誇るべきものであるし、私自身持ち続けていたいものの一つです。でも「余裕」の持ち方を知らないままに、"勤勉"であろうとすれば、見落としてしまうものも多く、苦しくなってしまうのではないかと思います。高度経済成長期の会社員は、「日本社会のために」勤勉であったようですが、全てを仕事に費やし余裕のない生活を送る中で、会社員としての肩書きがなくなった時、彼らには何が残るのか、すごく疑問に思います。現在議論になっている「ゆとり教育」に関して、…これからの未来を生きる子どもたちには、「ゆとり」の持ち方を身につくような教育がなされるべきだと思うので、結論を焦らず、まだまだ検討を重ね、発展させていくという姿勢で取り組んでいって良い問題なのではないでしょうか。

【教・男】…日本人は仕事でも1から10まで上司が指示をすると言われたが、それは逆に部下にとっては指示待ち人間になってしまい自分で考える力がなくなると思った。逆にアメリカ人は要点だけを伝え、後は自分で考えると言われたが、その仕事の仕方はまさに日本とアメリカの教育の現場を反映しているように思った。今、企業や経済活動は世界を舞台にしており、受身的な姿勢では、日本を発展させていけないと思う。そのために、ゆとり教育などいろいろなことが行われていると思うのだが、日本人の根本的な性質を生かしながら能力を高めるために、中・高校でもプレゼンテーションなど発表の場をつくっていった方がいいと思いました。

【教・女】私は"勤勉"をマイナスイメージとして捉えたことがないのでちょっとビックリしました。それよりも、外国人が「日本国民は勤勉である」とイメージしているほど、勤勉ではないような気がします。他の国々の人々よりも、政治や社会に対して無気力な感じがするのです。ただそれも、もしかしたら"勤勉"というイメージに反発した結果なのかもしれません。

【教・女】現代の若者の中には、"自分探し"などと言いながら、進学することも働くこともしない人が多くいます。自由な時代だからこそ、自分で行動しないとつ

まらない人生になってしまいます。高度経済成長の「勤勉さ」と現代の「自由」との両立が求められていると感じました。

4　そぼくな疑問 − 全ての学問もたった一つの疑問から −

〈教育制度〉○教科書検定って他の国にもあるんでしょうか。そもそも検閲になるのではないでしょうか。○どうして新教育課程では複素数平面がなくなるの？○秋休みはつくれないのか。(長野はあったよ。八木)○男子校、女子校は東北以外にはないと聞きました。本当でしょうか。(群馬、栃木も多いですよ。！？足立)○共通一次試験からセンター試験へと名称を改めたのはなぜ？(名称ではなく制度そのものが変わったのよ。足立)〈学校〉○置き勉は悪いのか！？(>_<)○いじめが原因で事件が起こった場合、学校はなぜ「いじめがありました。我々の怠慢でした」と潔く謝罪しないのか。(なんでいじめは学校のせいって思われるんだろうね？高橋陽)○小学校のとき、「赤十字」っていう組織に学校ぐるみで入っていたと思うんだけど、あれは全部の学校？○理系は男が多く、文系は女が多い理由。○休み時間の長さはどのように決まるのか。○なんで小学校の授業ってあんなに楽しいの(笑)！？○進学校とそうでない学校の境界ってどのあたりですか？○うちの高校のカラーは紫だったが、他の学校にもあるのか？そしてそれはどういう風に決まっていったのか？(私は竹園高校だったので緑〜。足立)〈教科〉○なぜ伝統芸能である落語について触れる授業がないのか。(今、「寿限無」を扱う小学校が増えてるみたい？研究室)○国語の授業で詩をやる意味が分からん。深い意味に解釈するから意味深になるだけで、作者はそんなことは考えてないかもよ。(考えてると思うよ…高橋陽)○「技術」と「家庭」が一緒にされるのはなぜ？○"社員教育"も教育学がカバーする領域ですか？○逆上がりはできなければいけないのか。○音楽ではなんでリコーダーなんだろう？〈学校の道具〉○小学校の先生がよく使う赤ペンを売っているのを見たことがない。(学校の教具・文具とかって学校に売りに来てる人がいるから、そういうところで買うのかな？足立)○跳び箱の存在意義は？〈衣〉○制服のデザインは誰がしているんだろう。○なぜ制服のスカートの丈を短くすると怒られるのか。○"高校生らしい服装""中学生らしい服装"の定義は誰が決めたのか。○なぜ中学校の女子の制服はセーラー服が多いのか？(私はブレザー&ネクタイでした☆足立)〈給食〉○給食は地域によって、その地域の特産物ででるようだが、どのような個性的な献立があるのか。(みそピー♪足立@茨城出身)〈部活〉○なぜ野球部(特に硬式)は特別扱いされるようになったのか？(本当

179

にね…応援歌じゃなくてコンクールの課題曲を練習したいのに…高橋陽@吹奏楽部）○部活の顧問は勝手に決まるのか教師の希望制なのか。〈先生〉○校長先生になると、どんな面白い先生も「校長先生」になること。話がみんな一緒。〈大学〉○教員の専門職大学院って何ですか？○大学の学長は何をしているのか。○大学って大きいのに生徒が掃除しなくていいの？（私も最初気になったけど、それも今まで受けた教育の結果かな？でも掃除したっていいと思うんだけどな。足立）〈東北大学〉○東北大学学生歌を歌える人はどれくらい？（…。足立）〈言葉〉○入る時は「入学」なのに出る時は「卒業」なのはなぜか？〈その他〉○東大が入試をしなかったのは何年でしたっけ？（1969年です☆高橋駿介）○学校のトイレで大きいほうをするのに後ろめたさを感じるのはなぜ？○"スケバン"と"ロングスカート"はいつごろ消えたのか。

足立　今回は「そぼく大賞」を久々に決めました！
「学校のトイレで大きいほうをするのに後ろめたさを感じるのはなぜ」
です。鳥羽田くんからお話を。

鳥羽田　小学校の低学年の子とかに、大きいほうはちゃんと家でしてくるように言う学校があるらしいんですね。学校で大きいほうをしているのを他の生徒に見られたら、いじめの対象になるからという裏事情があるんです。大きいほうをするのは恥ずかしいことじゃないことを教えてあげて欲しいと思いました。

水原　そうですね。なんか小・中学校では、「いじめ」の対象になるようですね。高校は、学力レベルで輪切りになって、高いほうの学校だと平気で「大きいほうに行ってくる」と言える、そういう社会になるわけですが、そういうレベルにない学校だと、「いじめ」が横行するようです。

足立　トイレの話って実はいろいろと教育に関わっていて、学校を更正するためにトイレ掃除に力を入れるっていう話も聞いたことがありますね。

水原　トイレをホテルみたいにきれいにすると、学校が秩序正しく治まるそうです。私は自分の学部をウォシュレットにしたかったので、「お尻の障害者にも優しくしたらいいんじゃないか」と提案して実現してもらいました。…すみません、話がずれてしまいました。

足立　はい、教育学部のトイレ、きれいですよ（笑）そぼく大賞とは別に、「休み時間の長さはどのように決まるのか。」を受けて資料を作りましたので、読んでみてください。（183頁）

あと、「教科書検定って他の国にもあるんでしょうか。そもそも検閲になるのではないでしょうか。」という疑問がありました。教科書検定は日本以外にもあ

ります。検閲については法学部の専門領域ですので、噛み砕いて説明できなくて難しくなってしまうと思いますが、色んな分野の話を知っているとおもしろいと思うので、ちょっと解説してみますね。

　まず、**教科書検定**とは、「民間が作成した教科用図書の原稿を、国が審査し、合格したものだけに教科用図書としての発行を認める制度のこと」(『教育学用語辞典 第3版』学文社)です。他方、検閲とは、「行政権が主体となって、思想内容等の表現物を対象とし、その全部または一部の発表の禁止を目的として、対象とされる一定の表現物につき網羅的一般的に、発表前にその内容を審査した上、不適当と認めるものの発表を禁止することをその特質として備えるもの」という定義で、日本では検閲は絶対的に禁止されています。

　では、教科書検定は**検閲**にあたらないのかというと、結論から言えば、判例は「あたらない」という立場をとっています。それは、教科書検定は当該書籍の一般図書としての発行を何ら妨げるものではなく、また、発表禁止目的や発表前の審査などの特質がないと判断されたからです(第1次**家永教科書裁判**、最判平5.3.16)。どうでしょう？

田辺　んーと、難しいですね。つまり教科書検定は、「教科書として使っていいかどうかは検査するけど、その検査に通らなかったからと言って普通の本屋さんで売ることを制限するものではない」ってことですよね。これで合ってますかね？

足立　おそらく…。

田辺　専門が違うとすぐには理解できないですね。でも他の分野の話は認識が広がるし面白いですね。みなさんも、わからない単語も色々出てきたと思いますが、今はわからなくてもこれから勉強していってくださいね。ではほかに、「そぼくな疑問」で気になるもの、ありますか？

高橋　じゃあ私から一つ。「**逆上がり**は出来なければいけないのか」が気になりました。

足立　これは「そぼく大賞」候補でしたね！研究室で「できない！」って人がいっぱいいて。小学校教員の免許をとるのに、「逆上がり」が試験される所があるんですね。できないから諦めたという話も聞きました。

水原　上がらない人のお尻をみんなでもち上げて、逆にそのお尻に潰されてみんな転んでしまったのを大学の体育で見たことがあります。(笑)

足立　出来ない人は私が教えてあげますよ(笑)

鳥羽田　あと、研究室でちょっと話題になったのが、「**いじめ**が原因で事件が起こった場合、なぜ**学校は謝罪**しないのか」についてです。

高橋 まず、なんでいじめは学校のせいだと思われるんですかね。

鳥羽田 研究室で同意見が多かったですね。いじめの原因は学校も一部あると思うんですが、やっぱり家庭の問題とか、様々な問題が入り組んで、いじめというものは起こると考えられていますから。

水原 だけど、学級経営をきちんとしている先生のクラスでは、いじめはかなり少ないんだよね。学級経営がずさんだと、子供たちのボス支配が始まって、いじめが始まることが多いんです。だからいい学級づくりができているかどうかっていう意味では、学校の責任の側面が大きいと思います。ただ学校の責任とは思えないことも校長が詫びてることがありますね。

鳥羽田 マスコミとかが学校を叩きすぎということはないですかね。

水原 ありますね。ただこの頃、**学校の役割**をどうすべきか、判断が難しいなと思っています。私が若い教育学者のころはね、学校が生徒たちの夏休みの生活の仕方について、細かい注文をつけること、例えば、自転車でどこまで買い物に行っていいか、お小遣いはいくらかなど、いわば私事に属することに関しては学校は介入してはならない、校門の外に出たら保護者の役割に属することだと主張していました。今でも原則はそう思いますが、実際問題として家庭教育が崩壊しているので、やっぱり学校の側から声をかけて、家庭や地域での教育指針に援助や協力をしたほうがいいと思います。家庭の教育力を上げるために、学校が呼びかけ程度のサービスをしてくれると効果的で、本来は、範囲外の仕事なんだけど、今は学校協力をお願いしています。

足立 難しいですねぇ。学校の役割っていうのは…。

田辺 さっき専門外の基礎知識がないと言いましたけど、自分の専門分野も知らなきゃいけないことがまだまだありますねぇ‥‥。日々、勉強です。

休み時間の歴史

　そもそも、学校の時間割ってどうなっているんでしょうね。その歴史について、触れてみたいと思います。

　みなさん寺子屋の様子は覚えていますか？みんな個別に学習していましたね。この時「時間割」は必要ありません。みんな、自分の課題が終わったら終わりですからね。つまり、時間割は近代学校で一斉教授をするようになってから、能率をあげるために作られたものなのです。1872年「学制」当初から、授業時数は1日5時間を標準としていました。この1日5時間制がどのように決められたかは明らかではありません。欧米を参考にしているとか、子どもの課題能力についての経験則から割り出されたのだ、というような見解があります。

　この当初の時間割表は、文字通り「1時間」を単位として組まれていました（右図）。しかし、1時間子どもたちに同じ勉強をさせ続けるのは、経験的に過重だと考えられ、40分ないし50分の授業、そして残りの20分ないし10分を中継ぎにあてることとなりました。前に挙げられたそぼくの中に「なぜ授業時間は45分とか50分とか中途半端なのか」というものがありましたが、最初1時間を単位に組まれた授業時間に、中継ぎの時間を入れた結果なのです。この中継ぎの

一週日次＼一日時間	日曜日	月曜日	火曜日	水曜日
従九時至九時五十分	休	読書	読書	読書
従十時至十時五十分	休	作算文術	作算文術	作算文術
従十一時至十二時	休	習字	読書	読書
十二時	休	休息	休息	休息
従一時至一時五十分	休	修身	修身	修身
従二時至二時五十分	休	習字	習字	習字

（午前／午後）

↑明治初期の小学校時間例表

時間、何をしていたと思いますか？実は、明治中頃までこの時間は「体操」の時間とされ、机の列の間で簡単な手足の運動を教師の号令で行う場合が少なくなかったのだそうです。これを「机間体操」あるいは「業間体操」などと言います（次頁）。

　しかし、1900（明治33）年、「体操」が他教科と同列の必修科目となり、それまで授業の合間に行われていた簡単な体操ではない独立した「体操」の時間が設定されたため、中継ぎの時間（業間）は子どもにとって、息抜きの自由時間、つまり「休み時間」となりました。

↑「業間体操の様子」(1908年)

　また、昼休みは、明治初期には昼食をとりに子どもを帰宅させていたので1時間ほどの時間がとられていましたが、弁当を持参するようになったのに加え、教科目も増加したため昼休みが短縮となり、1時間単位で組まれていた時間割とは異なる単位の授業コマが増えてきたのだそうです。
(参考文献：佐藤秀夫『学校ことはじめ事典』小学館　昭和62年)

（足立佳菜）

ちなみに下図は、明治19年「学校体操運動図」(梅壽国利)
(出典：唐沢富太郎『図解　明治百年の児童史　上』講談社　明治43年9月

第 8 回

「追いつけ追い越せ」で
迎えたリッチな時代。
科学技術が発達し、
世の中の様子もだいぶ変わってきます。
でも、このままでは
どこかに限界が来そうな予感。
1970・80年代がどんな時代だったのか
一緒に感じてみましょう。

1 授業　リッチな時代の到来と新保守主義の教育改革(1975〜1990年)

水原　今日お話しするのは、1970年代から80年代です。高度経済成長が来て、そのあとに日本が沈滞してくる時期で、日本はこの危機をどうやって乗り越えようとしたのか、これについて話そうと思います。これは現代にも通じる課題です。

概略

一八七〇年〜	近代学校の発足
一八九〇年〜	教育勅語と学校の確立
一九二〇年〜	大正自由教育と学校の改編
一九四〇年〜	軍国主義教育
一九四五年〜	教育基本法と米国的民主主義教育
一九五〇年〜	日本的教育への回帰
一九六〇年〜	高度経済成長をめざした教育
一九七〇年〜	現代化から「ゆとり」への転換
一九八〇年〜	新保守主義の教育改革
一九九〇年〜	グローバル化と五五年体制の崩壊
二〇〇五年現在	21世紀ポストモダンの教育課題

　大学への進学率も高校への進学率もほとんど頭打ちで、ほとんどみんなが高校に行くようになり、そして1975年には**大学・短大へ進学率**が約38％の時代になりました。このほか、大学ではないが専門学校程度のものを入れると約50％の青年はどこかの学校に行っているという状況になりましたね。別な見方をすると、お金持ちになって遊んでいられる青年が増えました。おしゃれをした青年たちが街の中を歩く風景が一般化し今までの貧しい時代とは打って変わりました。

専修学校の設置

　学校制度で見ると、今までどおり6・3・3・4制の基本は変わりありません。前回お話しした高度経済成長期では1962年に**国立工業高等専門学校**が創設され、かつ、工学部も増やして、中堅技術者とエンジニア養成を増やしましたが、今回の時期は、1975年に**専修学校**と各種学校が整備されます。中学校が終わった後、「あの人、専門学校に行っている」というのを聞いたことがあるでしょう。**専門学校**というのは、高等学校卒業者が入る専門課程の専修学校のことです。もともとは、専修学校は各種学校から発展したもので、実技的なもの、例えば、裁縫学校とか、料理学校などの各種学校ですね。それが条件を整えると専修学校になり、専門学校になります。

　そういうふうに、様々な技術を持った人が大量に必要な時代が来たのがこの時代です。そういうことで、学校制度図に見られる専修学校と各種学校がかなり膨らんでくることになりました。また、別の側面、学歴競争から外れたニーズへの対応も含めて、専門学校・専修学校が学生を大量に抱えるようになります。

> ●専修学校と専門学校、何が違うの？？●
> まず、専修学校より先に各種学校というものがありました。そろばんとか簿記とか英会話の学校などですね。その中でも立派なものを専修学校にしました。日本の学校は普通教育が多いので、実技的・専門的な学校を整備したんです。その専修学校には3種類あって
> ①高等学校を卒業して入る学校
> ②中学校を卒業して入る学校
> ③学歴に関係なく入れる学校
> があります。この①の学校が、専門学校にあたるんです。

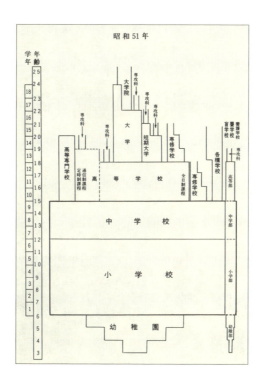

高度経済成長の果てに

写真ですが、前回話したようにミニスカートに服装が変わってきたことと、この右下の写真に見られるように、女性はピルを飲む自由権を持つべきである、妊娠と出産の自由を女性自身が持つべきである、等々、**ウーマンリブ運動**が盛んになりました。全体的に女性がこのころから変わってきたと思います。

それから下は漫画に出てきた**同棲時代**ということで、1970年あたりから学生たちの同棲が始まりました。それまでは、婚前交渉ということはありえない、許せない社会悪のように位置づけられていましたが、これ以降すっかり時代が変わりました。女性はピルを飲む自由を初めとして、自分の人生は自分で選択するように変わってきました。

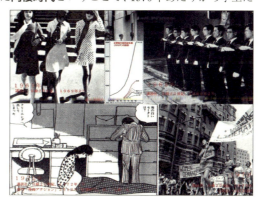

お金持ちになるまではみんな古い秩序で我慢してやってきたんですが、金持ちになると、自分の自由な個室とモノが確保できるようになるので、考え方が変わってくるんですね。学生たちが個人用の部屋やテレビを持つのもこの頃からです。
　私の1970年頃ですと、佳菜さんって電話すると、大家さんが出てきて、「ああ佳菜さんですか、ちょっと待ってくださいね」って、佳菜さんの部屋まで迎えに走り、呼ばれた佳菜さんは大家さんの茶の間に走って来て、「はい佳菜ですが」って出るわけですよ。茶の間の人たちは、電話の邪魔にならないようにテレビの音を低くするか消して、じーっとその電話が終わるのを聞き耳立てて待っているわけです。たぶん佳菜さんは真っ赤な顔をして「え、え」とか意味不明の応答をするという風景です。そんなふうな仕方で、学生個人が電話を持つことはなかったんですが、この頃から豊かになってきましたので、下宿していた学生たちは個室や個人用洗面所、テレビ、ステレオなどを持つようになりました。

　次の時代背景の写真（左上）を見てください。日本がお金持ちになると、1ドル360円というのはずるいじゃないか。それでは世界の貿易不均衡をもたらす、日本製品だけが売れ過ぎて世界に迷惑をかけることになるので、1ドル308円になりました。昔に比べたら、逆に、外車は安く買えるようになりましたね。
　それから下は百円ライター。それまではライターは立派で高価なもので、庶民はマッチが基本でしたが、みんなが持てる安物ライターが登場してきました。さらに、通称バカチョンと言われた自動カメラ、インスタントラーメン、テレビゲーム、カーステレオなど色々大量生産されて入手しやすくなりました。逆に言うと、伝統的なものが能率性・効率性の観点から排除された時期で、**小さな日常性まで近代化**した時代であったと言えます。下の真ん中の写真は、日本の伝統的な茅葺

の家ですが、こういう村を沈めてダムを造ることになりました。生産力をあげる、大量にエネルギーが必要ですから、そうするとあちこちの山村をつぶしていくということになります。

　前頁右下の写真は**田中角栄首相**です。「均衡ある国土の発展」ということで、日本全体を工場地帯にしようという**列島改造論**を主張し、あちこちにコンビナートと道路を造るなど、まるで土建屋のように進めました。結果的には、彼は贈収賄事件で逮捕されることになりました。

　その上のドラム缶の写真に関してですが、1973年に**オイルショック**で日本の高度経済成長は終わります。OPECの国々が、今まで安く売っていた石油の価格を吊り上げることにしたからです。1973年以降高度経済成長は終わり、時代の頂点が来て、低成長時代に入ることになります。そうなってきますと、下の写真（左下）のように片方では**サラ金地獄**が始まってきました。高度経済成長すると、勝ち組と負け組ができ、サラ金に追いかけられて払えない人が出てきたんですね。

　次の写真（左上）を見てください。高度経済成長を成し遂げた日本は、まだG7ではないG6に入り、英・米・独・仏・伊そして日本の6大国で世界のありかたを決める会議のメンバーに入りました。日本の経済、つまり東京の株式が、世界の経済を動かしているという時代になって、もう日本なしには世界経済が動かないというくらいに大きくなってきたんですね。後には、G8とか、ソ連とか中国も入ることになりますが。

　右上の写真ですが、この頃から新しいビジネス、宅急便が出てきます。高度経済成長になって通信物が増えるので、様々な仕事が派生して出てくる。宅配は2005年現在の郵便局の民営化につながります。右下の写真は、**ワードプロセッ**

サー。1978年に初めて登場します。これは700万円で、私の学部で1台入れて、エアコン付きの機械室に設置しました。翌年には**パソコン**が安く出てしまいました。16万くらいだったかな。がっかりですよ。

　その隣の写真、歌手の**ピンクレデイ**が出てくるのもこの時代です（1977年）。爛熟してくるといろんな人が出てくる。この頃に僕らはピンクレデイを批判しました。歌手なのにヌードショーみたいに水着姿で出てきてピョンピョン跳ね回っている。歌手というのはきちんと歌で勝負すべきで、体や色気で勝負するのはダンサーかヌードモデルだ、と。大人はそういう感じ方が一般的でしたが大流行しました。ミニスカートが1968年に出てからこの時まで約10年間経ちましたが、以前の暗い長めのスカート時代から見ると、テレビ・週刊誌なども含め、この10年で性的刺激が100倍以上に増えたと感じました。

　同じ年（1978年）には**カラオケ**が出てきたんですね。この頃はテープレコーダーで唄って、歌詞は本を開いて読むようにして唄うんです。でもカラオケ、どうして日本でこれが流行るのか不思議ですよね。すごく日本人は恥ずかしがりやだし、人前で積極的に表現しないのが伝統文化ですから、どうして日本人がカラオケに狂うようになったのかわからない。あるいは百年間に及ぶそういう鬱屈がついに噴き出ししたのでしょうか、まあ日本発のカラオケが、この時出ました。

　それからサラリーマンが勤務の終わった後、ゲーム場で夢中になって**インベーダーゲーム**などをやっている1979年の写真ですね。1985年のヒット作「スーパーマリオブラザーズ」の発売、同じ年に**エイズ**日本上陸が見られます。

　右下の写真は「**窓ぎわのトットちゃん**」、黒柳徹子ですね。これは1981年に出された本で、戦前にこんな自由主義教育があったんだよという思い出が描かれて

いるんですが、これが大ベストセラーになりました。今まで受験勉強一色の注入教育をしてきましたが、裕福になってみると、「もっと楽しく豊かな教育をする学校があっていいのではないか」という流れが出てきました。そこへ「窓ぎわのトットちゃん」が売れたことで「そういえば戦前にすでに自由な教育をしている学校があったので、これを再評価しよう」という意味を持ったんです。

日本、理念を問われる

時代の雰囲気がつかめたでしょうか？こうして日本は繁栄を極め、今や世界第2位の経済大国。日本の企業は世界で最高、世界の国々が日本の企業を見に来ましたし、勤勉な日本人は世界のモデルとなりました。他方では、**IBMスパイ事件**とか貿易摩擦で叩かれるようになります。アメリカを凌ごうとすると摩擦が起きてきて、やっつけられる。ですからアメリカを傷つけないように、そのプライドを傷つけないようにしながら、いかにして輸出を伸ばすか、ということが課題になります。

ただその時、日本という国は、世界に経済的に進出・侵略して、いったいどういう理念を世界に提示しているんだろうということが問題になりました。世界一の金持ちになっても、われわれが世界に提示する普遍的理念はあるんだろうか。アメリカは民主主義、人権の理念。日本の提示できる**日本の理念**は何だろう。勤勉だろうか？俺たち日本人はアメリカにコバンザメのようにくっ付いて利益を吸い取りながらも、それを凌いで何か新しい理念を世界に提案できるかというとその可能性は感じられませんでした。

日本はアメリカがやった様々な実践・計画・失敗のうちの、うまくいったものを取ってきて、それを普及させるという仕方でやってきている。アメリカ自体は、独自の失敗と成功を重ねながら新しいことを模索している。日本はそれをしないで能率のいいものを取ってきて、時間と金のかからない仕方で、日本に合うように改良するということでやっている。今後の日本の在り方として、そういう根無し草のような文化の摂取の仕方でいいのか、ということが論議されました。だから、教育と研究では、もっと学問研究の原理的なことや方法論を追究することに時間をかけるべきではないか。利益に直結する商品開発の応用科学だけでは、日本の発展はないのではないか、ということが反省され、それが教育方針に与えた影響は大きかったですね。

国際化時代：他国との関係

近隣諸国との関係も変化が大きく、1972年に**日中国交回復**し、戦争で日本人が置き去りにした中国残留孤児が帰ってきました。彼らは殺されなかったんですね。普通なら子どもは皆殺しにされそうですが、中国人は殺さないで、自分たちの子ど

もとして育ててくれたんですね。それで日本に帰された訳ですが、私はその事実に驚き感動しました。

さらにアジアから日本に出稼ぎ労働者が来る**不法就労外国人**の問題も出始めました。日本の国が世界一のお金持ちの国になり、観光ビザで旅行に来て、ちょっとアルバイトをして帰ると、何年分に相当するお金が入るんですね。毎月１万円程度で生活できる国の場合、そういうことになるんです。日本は基本的にはアジアの労働者は受け入れないという仕方でやってきているので、彼らは不法労働者となります。

この前留学してきたチェコの女子学生とかスウェーデンの男子学生がいましたが、夏休みになるとアルバイトに行ってきますということで、スペインやイタリアあるいはフランスなど、国を越えて気楽にアルバイトに行くので自然に国際性が身につきます。地続きのヨーロッパと島国の日本との違いを実感させられました。日本は、この時代から本格的な**国際化の時代**を迎えているんですけども、やはり他の国々に比べるとかなり国内に閉じこもっていると思います。

いじめ問題

次の写真は**いじめ**。右側の写真は金属バットで親を殺すという**家庭内暴力**の事件。金属バットで親を殺したいと思ったことのある方、この中に何人かいると思いますけども、やっぱり親の期待というのはうるさい。黙っていてもうるさい。親はやっぱりいい大学に入って欲しい、そういう目から子どもを圧迫しているので、この親がいなければ自分は自由になれるということで、親殺しをすることになる。何らかの形で青年は「**親殺し**」をして大人になるんですが、普通は精神的に「親殺し」をして子どもは自由になるんですよ。それが実際の金属バットで及ぶというのは、よほど被害意識が強くて、親の存在を無にしなければ自分が殺されるという思いですね。子供の将来を一番思っているのは親なのに、悲惨ですね。

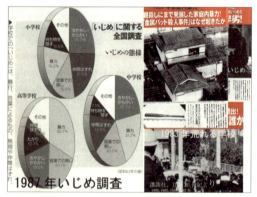

その下のほうにいじめの写真が隠れていますが、これは学校で、先生も葬式ごっこに加わっていじめをしたという事件でした。下は、1983年。学校が荒れるので、警察が安全を守りながら、卒業式をしたということでした。

なんで荒れるのか。直接的には、子どもたちがすっかり甘やかされてリッチに

なって、金さえあればなんでも買える時代が来ましたので、家庭ではしつけがきちんと出来ていない。ブレーキの悪い暴走車みたいなもので、欲求や衝動を止められずに暴発する。子どもも親も教員も人間関係に弱くなって、簡単に暴発してしまうんですね。

　さらに根本的な問題は、高度経済成長に至る経済至上主義のあり方にあったものと思われます。日本は世界第2位の経済大国となりましたが、同時に何でもお金で片付けるので、世界からはエコノミック・アニマルと非難されました。そのような**経済至上主義**の日本のあり方は、当然のこと、深刻な教育病理を抱えることになりました。その病がついに顕在化してきたと見るべきでしょう。

臨時教育審議会　　それは一言で言えば「**高度経済成長の負の副作用**」で、**臨時教育審議会（臨教審）**は、豊かになって軟弱になり、すっかりぐうたらになってしまった日本人を立て直そうという問題意識で、次のような答申を出しました。

足立　先生、臨教審って何でしょう？説明お願いできますか。

水原　はい、時代の曲がり角に来たところで、政府は従来型では日本はやっていけないんじゃないかということで、その枠組み・在り方・構造を根本的に変えようということで行政改革を始めました。そのうちの一つが臨時教育審議会です。出された答申を読みますね。

●臨時教育審議会について補足●

行政は、何か改革をしようという時、〇〇審議会というのを設置して、話し合いをするんです。教育関係でよく出てくるのは"中央教育審議会"。教育関係の審議会のトップです。これは文部科学省の中に設置されます。

一方、臨教審は内閣の中に設置されました。当時の総理、中曽根首相が教育改革を重要視していた証拠で、非常にインパクトがありました。

教育界ではよく、臨教審を時代の"境目"として扱うんですが、それは、臨教審で示された教育改革の内容が、先進的なものでそれ以後の改革の土台を作ったと言われているからです。

「(1) 物質的・人間的環境の変化・破壊の結果、自然との触れ合いの喪失、直接経験の減少、実生活体験と学校教育の分離、頭脳・身体を補う便利が増大し、本来人間が持っていた資質が退行し、幼稚化し、**モラトリアム**人間化をしていること」

とありますね。

高度経済成長の負の副作用
1. 物質的・人間的環境の変化・破壊の結果、自然との触れ合いの喪失、直接経験の減少、実生活体験と学校教育の分離、頭脳・身体を補う便利が増大し、本来人間が持っていた資質が退行し、幼稚化し、モラトリアム人間化をしていること。
2. 豊かな社会は、貧しさ、不便さ、抑圧、不平等などの逆境をなくし、自立心、自己抑制力、忍耐力、責任感、連帯感、思いやりの心、感謝の気持ち、祖先への尊敬、自然・超越的なものへの畏敬の心、宗教心などを衰弱させてしまった。
3. 近代工業文明は、家庭・地域社会の人間関係を崩壊させ、ばらばらの個人と大衆社会化状況を造出して、価値意識の多様化、相対化、伝統的社会規範の弱化、社会統合力の低下等々の事態を現出している。

　物質とか、人間的環境が変化して破壊され、自然との触れ合いが減っていると言っています。私が少年の頃は学校が終わったら、山とか川とか海に毎日行っていました。授業が終わったら、またあの川のあそこに行って、今日こそフ

193

ナを捕まえてやろうとか、山に行って、刀と弓を作ろうなどとわくわくして遊びの計画を考えていました。現在は、そのような直接経験、実体験が少なくなりました。実体験がないから、学校教育で習う抽象的なものと実体験とをつなぐ意欲も減退する。実体験があればこそ、抽象化の意味がありますが、

実体験もない中で抽象語を聞かされると暗記暗誦の対象でしかなくなります。輪をかけて頭脳・身体を補う便利な機械が開発されるものだから、本来人間が持っていた知能と心と体の機能が退行しました。経験が少なければ、具体的な意欲も減退するし、社会的経験も乏しいためにモラトリアム人間化するということでしょう。

第2には、「(2)豊かな社会は、貧しさ、不便さ、抑圧、不平等などの逆境をなくし、自立心、**自己抑制力**、忍耐力、責任感、連帯感、思いやりの心、**感謝の気持ち**、祖先への尊敬、自然・超越的なものへの畏敬の心、宗教心などを衰弱させてしまった」とあります。

テレビを見ていて思うのですが、貧しい国の子どもたちが、「いつかはお父さんお母さんを幸せにしてあげたい」と言いますね。どうしてあんな惨めな目にあっている子どもたちが、恨みを持つどころか、いつかは両親を楽にさせてあげたいと言えるんだろうと思います。やはり、貧しさの中で親と子が一緒になってその地獄から抜け出そうと頑張っていることが、いつかは親を幸せにしてあげようと思うようになるのではないでしょうか？

日本人は、大金をかけて一生懸命子どもたちを愛しているのに、**親への感謝の念**は出てこないで、むしろ親を恨むような結果が出ている。実際は、裕福になった日本人のほうがいっぱい子どもに尽くしているはずなのに、反対に貧しい時、不便で不合理な逆境で痛めつけられた時代のほうが親に対する感謝の念が強い。そういう悪い条件があったときほど、自立しよう、自分を抑制して頑張ろう、責任をもってやろう、みんなで手をつなぐんだとか、という気持ちが強く出るんですね、それが最近はなくなってきています。

そして(3)は、「近代工業文明は、家庭・地域社会の人間関係を崩壊させ、ばらばらの個人と大衆社会化状況を造出して、**価値意識の多様化**、相対化、伝統的社会規範の弱化、**社会統合力の低下**等々の事態を現出している」とあります。

近代工業文明が発達してきて、核家族化し、さらには個室を持つことによって個人個人が、家に帰っても親との接触が減り、話もあまりしない、人間関係も崩

れる、友達関係も崩れる、それでバラバラの個人、そして大衆社会の状況が出てきてしまう。物事をきちんと静かに論理的に考えてというよりも、大衆が付和雷同して俗な理屈だけで雪崩のように動く。そういう状況が出てきて、何が正しい価値かどうか分からなくなり、かつ価値観も多様化してくる。伝統的社会規範も崩れ、社会的なまとまりも落ちてくるという状況ですね。

時代の残した課題

これをどうするかということが、この時代の課題であると臨教審は総括するわけです。そこで従来の保守主義を継承しつつ、より強く活性化して再生しようということで、**新保守主義の路線**が打ち出されました。「新保守主義は、財政赤字と経済的スランプを背景に、市場原理の自由化・競争・民営化を採用することで経済的建て直しを図り、他方では、伝統文化とナショナリズムを強調して国家への帰属意識を高めようとする政治思想です。『**小さな政府**』論と文化的伝統主義が特質で、教育の自由化・個性化そして国際化論が打ち出されてくる」とまとめられます。これは、現在まで流れてきている大きな路線です。国民がバリバリ頑張るような日本の国に立て直すためには、徹底して競争させる必要がある。負けたやつは負けていく、勝ったやつは這い上がるという厳しい競争原理を導入しようという考え方です。それで、自由化、競争、民営化の路線が進められています。

これからは、小さな政府になって、補助金も指示も出しません。だから補助金を計算したり指示をしたりする省庁を縮小し、政府は小さくなって公務員も減らします。代わりに、皆さんが自由に戦う。その結果、国際的に通用する競争力がつく、という新しいシステムが新保守主義です。

したがって、新保守主義の教育改革というのは、科学技術生産の競争で世界一を志向する。だけど困ったのは教育荒廃問題。今までのような能率とレベルをあげる教育をすれば、子どもは勉強が嫌になってくる。校内暴力、いじめ、自殺が出てくる。そしてその結果、気味悪い犯罪まで出てくる。学校が苦しみの源になっているので、学校を襲ってやる、破壊してやる、という現象が起きてくる。それなら、**学校を人間化**しよう、もっと人間的な学校にしなきゃいけない、ということが出てきます。それで、個性化と競争とを織り交ぜる仕方で人間化しようとします。しかし難しいですね。それで本当に「学校は人間化」するかどうか。かなりの無理と矛盾を含んだ人間化ですので、結局、生徒たちは二極分解、さらに多

新保守主義の要請

・新保守主義は、財政赤字と経済的スランプを背景に、市場原理の自由化・競争・民営化を採用することで経済的建て直しを図り、他方では、伝統文化とナショナリズムを強調して国家への帰属意識を高めようとする政治思想である。「小さな政府」論と文化的伝統主義が特質で、教育の自由化・個性化そして国際化論が打ち出されてくる。

様な分解をすることになります。

そこで国民を統合する天皇、日の丸、君が代に関する教育が求められます。それは日本国のシンボルに向けて国民を統合すると同時に一種の国民的な癒しを提供することになります。マスメディアを通した様々な皇室物語は、統合のみならず癒しをもたらすという、二重の機能を持っていますので、その一環において日本の伝統文化、ナショナリズム、日の丸・君が代の教育が展開されます。そこでは天皇の温かい言葉が不可欠です。天皇、日の丸、君が代、そのシンボルのもとにみんなが一緒になって競争しよう、という一体感と日本国への帰属意識を高める言葉や感動が必要です。これが皇室に求められる役割のひとつです。

まとめ　最後に、以上のような時代状況を受けて、新保守主義政策期の学校はどういう方針なのか、これをまとめますと、教育目的は、ナショナリズムと競争力のある国民養成。これは今まで述べてきた時代状況から分かりますね。教育制度は、生涯にわたって教育するために生涯学習体制を整備する。従来、学校の中だけで完結するような教育制度でやってきたけれども、これからは学校卒業後も、一生涯にわたって教育していくシステムにする。教育施設もそういう意味では、学社融合で、学校と社会が融合したような建物を作る。オープンスクールなど壁のない学校だけでなく、地域に対しても壁がない、いろんな意味で壁のない学校を作ることが必要となりました。

新保守主義政策期の学校
- 教育目的：ナショナリズムと競争力のある国民養成
- 教育制度：生涯学習の整備
- 教育施設：学社融合、オープンスクール
- 教育課程：自己教育力を図る新学力観
- 教育方法：習熟度別学習

それから教育課程、カリキュラムに関しては、自己教育力がつくような学力をつける。今までは上から与えて教育してきたけれども、これからの日本は自己教育力のある青年を作らなければならない、そういう新学力観で教育しようということで「ゆとり」教育につながっていくわけです。結果的には、「ゆとり」批判が出てきますけども、これまでの勉強の体質を変えるために、教育方法も変える。例えば、みんな平等じゃなくて、習熟度別学習にするなどの新しい教育方法が提案されます。

すっかり豊かになって、沈滞し腐り始めている日本人をどうやって活性化するか、これに関しては様々な議論があると思いますので、この授業の最終で討論会などを開けるようにしたいと思っています。

● 「○○主義」について ●

　資本主義・共産主義・社会主義…と聞いても、何が何だかわからない人は多いのではないでしょうか？かくいう私たちも、先生に説明していただいてやっと、イメージできてきた程度です。そこで、一度、この○○主義を整理してみようと思います！でも、これを定義するのは至難の技…。ナビゲーターのつぶやき程度に理解してくださいね(>_<)

　まず、登場する○○主義を並べてみましょう。
資本主義、共産主義、社会主義、民主主義、保守主義、進歩主義、自由主義、平等主義、新保守主義、新自由主義の10個です。う〜ん。もう、こんがらがりそうですね。この10個の○○主義は、こんな感じでグループわけできます。

①資本・共産・社会　②民主　③自由・平等　④保守・進歩　⑤新保守・新自由主義

　まずは、①、これは経済の形態を表す用語です。対立しているのは資本主義と共産主義。そして、社会主義は、共産主義を理想としながらも、現実には共産主義の原理が徹底していない、過渡期の状態を指します。

```
　　資本主義　　　　　　　　　　　　　　　　共産主義
　・自由が原理　　←―――――→　（社会主義）　・平等が原理
　・私有財産制　　　　　　　　　　　　　　　　・国有財産制
　・競争原理
```

　一応日本は資本主義といわれています。能力に応じてお金をもらって、その分の利益・保障を得る。一方、共産主義は、みんな等しく利益をわけあいます。どんなに働いても、得る利益は同じ。「みんな等しく利益を得られる」というのは、理想としては理解できますが、こう聞くと、働く気が失せますよね…。これが、共産主義の欠点です。でも、資本主義にも競争で格差が広がるという悪い面があります。私有財産制と国有財産制についてちょっと補足をしますと、私有財産制の場合、お父さんお母さんの財産は、子どもに相続してOKです。だって個人の財産ですからね。一方、国有財産制では、個人が持っているものも、本当はみんなのものですから、その人が亡くなれば財産は国に返されます。生まれつき、親の所得で差があるなんて不平等だ！という考え方からきているんですね。

　次に②の民主主義。これは、簡単にいえば、政治のシステムのことです。ちょっと難しく言えば、意思決定システムの手続きの形態。国の意志の決定権がどこにあるのか、誰にあるのかということですね。民主主義では「国民主権」が原則ですから、国民は選挙権をもって政治に参加できるし、決定権をもっています。これに対するのが、例えば一党独裁の政治形態。あるいは君主制など。有力な一部の人間が、国の意志の決定権を持つわけです。こう聞くと、独裁政治はいけない、民主主義が最も理想的だと思いますよね。でも、みなさんも一度は聞いたことがあるかと思いますが、「プラトン」という哲学者は、民主主義をよくない政治形態だと主張しました。優秀な哲学者（哲人）が独裁する政治が最も効率的でよい政治だと主張したんです。どうなんでしょうね？？

　③自由・平等は、思想と行動レベルの用語です。経済にも政治にも、自由主義・平等主義というのはありえます。つまり、①や②にも入り込んでくるわけですね。

　④の保守・進歩主義というのは、物事への姿勢レベルの用語です。保守主義というのは、今までの伝統的なものや現状を保って守ろうとする考え方。進歩主義というのは新しく進み歩む、改革派の考え方です。これの指す中身は時代や状況によって変わってきます。つまり、A→Bと物事が動いているとき、Aを主張すれば保守。Bなら進歩。逆にB→Aと動いていれば、Bを主張するものが保守でAは進歩となるわけです。

　④が時代によって中身が変わった言葉だったのに対して、⑤は、歴史的な価値をもった意味で使われます。つまり、「新保守主義」は一つの名詞で、一つの考え方・意味あるものを指すのです。具体的には、サッチャー・レーガン・中曽根元首相に代表されるような考え方です。新自由主義と保守主義が2大軸になっています。経済は新自由主義、政治は保守主義なんですね。実は、小泉首相の政治もこの流れを引き継いでいるんですよ。経済は競争原理を奨励して、資本主義（自由主義）路線にあるけれども、政治姿勢は、靖国参拝を大事にして伝統的なものを守ろうとしていますよね（保守主義）。ちなみに新自由主義というのは、かつて自由主義が唱えられていて、一度衰退し、そしてまた復活した自由主義、ということで「新」がついています。これも、歴史的な意味・価値を含んだ用語です。

(足立佳菜)

2 質疑応答

足立　私が一番気になるのは**いじめ問題**のところです。学校がなんで荒廃してきたのか、どういう対応策をとろうとしたのか。また日の丸が出てくるんですね。

水原　それからもう一つの問題は、社会全体を競争原理でやろうという政策が進行していることに対して、学校の中は競争だけではもう限界に来ていて、「ゆとり」とか「人間化」に方針を変えようとしている、というところの「ねじれ」の問題が大きいですね。

杉原　意見とか感想いかがですか。

受講生　何か目的がないと日本全体がまとまっていくのが難しいのかなと思いました。

水原　その目的というのは高度経済成長をめざすとか、いう意味ですか。そうですね、なにか一つの目的に向かって国民みんなが利害を一つにして頑張れる時代はいいんですが、今日のようにかなり豊かになると、貧しい時の勤勉さがなくなるので、ある種のシンボル操作をしないと国民をまとめることができないんですね。**価値観が多様化**すると、何をもって幸せと感じるかは一致しなくなりますし、国家認識も低下しますね。

受講生　中国人が日本の残留孤児を育ててくれたというお話、改めて、それはほんとにすごいことだと気づきました。戦争中日本人がいろんな悪いことをしたのに、その子どもを育ててくれたというのは、中国の人はどういう気持ちだったのかと思いました。

水原　ほんとに私もそう思いますね。

受講生　社会の変化と教育との関係、今まで単純に考えていましたけど、複雑でいろいろ考えなければならないと思いました。

水原　そうなんですね、学校教育をとりまく幾重もの条件があって、それを一言でいえば、政治経済社会との関係において学校教育の目的が設定されているということです。そういう広がりの中で教育問題を考えることができるように、大学1年次・2年次はぜひ横への教養を広げてもらいたいと思います。

3 授業の感想

足立　はい。では、復習がてら、感想文を見ていきましょう。ポイントだったのは**「高度経済成長の負の副作用」**ということで、ひとつ感想文を。

【教・男】高度経済成長の副作用として、自然との触れ合いの喪失、直接経験の減少から人間の資質の退行をまねいた、とあった。僕の育った場所は本当に自然いっぱいで、外で遊んでばかりいた。まさに昔の日本が残っていていじめは本当に無かった（喧嘩はいっぱいあった）。だから、精神的にたくましくなったし、故郷への愛着も深まった。

足立　私も木登り大好きだったし、裸足になって公園で遊んだのもよく覚えています。で、そういうことを知っている世代がなくなってくるのかねーとか、ちょっとおばちゃんめいたことを思ってしまいました（笑）どうでしょう先生。

水原　ええ、木に登った佳菜さん見たかったと思いますけども。

足立　（笑）じゃあ他の感想を紹介してください。

鳥羽田　はい、じゃあ僕から。「大学において**いじめ**はあるのか気になった。個人的には大学は小中高と違って、クラスなどといった集団の結びつきが弱いので、嫌いな人は気にくわない人とは一緒にいないことができるため、いじめはほとんどないのではないかと思うのだが、どうなのだろう？」という感想がありました。確かに大学に入って、みんな気の合う人とだけで喋れていい感じもするんですけど、小中高でもそういうことばかりやって、大人になったときに自分の考えの違う人と交流できなくなると、それはそれでまずいかなと思います。このバランスが難しいところですね。

水原　いじめとか生活指導上の問題が起きている学校では、クラスを決めないで単位制にして、固定されたグループを無しにするという仕方で、高校生が復帰できるようにしている学校もあります。学級会もなければ、まとまって何かをするという強制がない、バラバラの仕方で、一定期間そういう癒しの期間を置いて、復帰させるんですね。はい、では次の感想お願いします。

高橋　私は、「私が疑問に思うのは、どうして社会のひずみは子どもたちに表れるのだろう」と言うのが気になりました。他にも同じような意見の方がいて、「子どもはいつも被害者になっちゃうのかなと思いました。今まで見てきた時代でも、社会のニーズによって教育方針が揺らいできましたが、今回見た時代でも、豊かな社会の実現による弊害が子どもの世界に顕著に現れているとのことでした。子どもはどうしても無力だし、敏感だと思います。だから、大人が作り出した社会の中のゆがみの影響を誰よりも大きく受けてしまうのでは…。これから大人になる私たちの責任は大きいなぁと痛感しました。」とあります。これは、研究室でも話題になったんですよね。

足立　田辺さん。研究室で何を話したか紹介してください。
田辺　体操のお兄さんで、ひろみちお兄さんっていう有名な人がいるじゃないですか。そのインタビューの中で、「子どもは昔と変わってると言われますけど、どうなんですか」っていう質問に対して、「子どもは昔と全然変わっていません。変わったのは大人です」と答えていたんですね。子どもはいつでも変わらないんだけど、例えば子どもが転んだ時に、起き上がるのを待てない大人が増えたとか、放送中に泣き出すと、放送中なのに大人が駆け寄って出てきてしまうとか。大人が変わってしまったことで、子どもがその影響を受けているんじゃないかと言っていまして、感想の意見とすごくつながるものがあると思って、この話をしたら、研究室で議論になってしまいました（笑）
足立　そうそう、一概に子どものほうが変わったとか、大人のほうが変わったとか言えなくて…でもやっぱり変化を感じている。どこで何が変わってるのか、不思議ですよね。これを授業で話したら、こんな感想文が返ってきました。

【教・女】昔と今を比べて何が変わったのか。環境が変化・破壊され、生活は豊かになり工業化されました。私たちはどのような影響を受けているのでしょうか。子どもはいつの時代も変わらないけれど、まわりにいる大人たちが変化し子どもに影響を与えているということを聞いて考えさせられました。人間らしさとか精神的な強さとか周りとのかかわりなどを取り戻すために教育の仕方を家庭でも学校でも地域でも考えていかなければならないと思いました。

足立　それでは、最後に、この回の感想文では、今後の意気込みや自分たちの使命を感じて感想に表してくれた人が何人かいましたので、これを紹介して終わりにします。

【教・男】「小さな政府」とあったが、市場原理の自由化・競争・民営化により、弱肉強食の社会となり、それ以前の「安全な」社会が崩壊し、様々なひずみが生まれ、大人の世界だけでなく、学校界にも影響が出てきたのが分かった。このひずみが今でもあらゆる場面で社会にはびこっているので、これを何とかするのが僕たちの世代であると感じた。

【教・女】生活が豊かになると**親への感謝**の気持ちがなくなる、というのは本当に不思議です。貧しい時は物質的な問題（衣食住の不足等）が多いけれど、豊かになったらなったで、環境破壊のようなまた別の種類の物質的な問題があるし、それ以上に人間の内面的なことから生ずる問題が起こっています。この問題はどうしたら解決するのでしょう。このままでは、現在発展途上国といわれるような国でも豊かになったら日本の二の舞のようになる気がします。私は、教育の方法次第でこれは解決するのではないかと思っています。今の私にはどんな方法が良いのかは分かりませんが、いつかそれを見つけたいです。

～その他の感想～
● 高度経済成長の負の副作用 ●

【教・男】高度経済成長をしても精神的には充たされないという閉塞感が今でも続いているような気がして、今回の授業で今の日本が抱えている問題を突き付けられた感じがして、深く考えさせられた。これからは高度経済成長の負の側面を解消する方向（「ゆとり教育」など）に進むべきで、安易に競争原理を持ち込むべきではないと思う。また同じことを繰り返しても現在抱える問題を深刻にするだけだと思う。

【文・男】どんな教育にするか、何年間の教育にするか、教育を受けるお金があるかなどの問題から、この時期はいじめや傷害事件など教育における生徒の内面の問題が表面化してきた、という時代の移り変わりは、高度経済成長の負の副作用が強く関連していると思います。教育の現場は独立した空間ではなく、生徒の周りの環境などと少なからず影響し合っているということを改めて感じました。

【文・女】経済成長期あたりから家庭のあり方が変わってしまって、その中で育った人が親になったときに、どういう風に家庭をつくればいいのか、子どもに愛情を与えればいいのかわからないという人もいたと思う。家庭の中でも、社会の中でも怒られることが少なくなると、教師に怒られただけで体罰だととらえてしまったり、怒り方が分からない教師が怒ろうとして体罰になってしまうのかなと思った。教育荒廃は学校だけでなく、家庭や社会に大きな問題があると思った。

●格差？差別？競争化社会？●
【文・男】習熟度別学習は「できる人」「できない人」を早期選別し、「できない人」の発展の可能性をつぶしているような気がする。

【教・女】一番印象に残ったのが、高度経済成長によって<u>新しい差別</u>が生じたということだった。せっかく、国民が一体となって日本をお金持ちにしようと頑張ったのに、お金持ちになったら裕福になる国民とそうでない国民ができるというのはとても悲しいことだと思った。

【教・男】今日、水原先生が口にした<u>「勝ち組」「負け組」</u>がずっと頭の中に残っている。言わずもがな去年の流行語の1つでもあるこの言葉は戦後の日本人の理念に通底すると思う。おそらく人々が考えている以上に深みのある言葉だと思う。

●いじめ・学校荒廃●
【経・女】高度経済成長後の時代の教育問題は10〜20年経った現代でも根強く残っていると思う。例えば、「いじめ」はなくなる様子を見せない。「いじめ」の加害者は、はじめのうちは自分が「いじめ」を行っていることを認識していないのではないだろうか。「いじめ」は<u>弱者を生んだ競争社会の負の副作用</u>だと思えてならない。

【教・男】経済成長に伴って物質的に豊かになるとともに、人間の心の構造は「生きる」ことに油断してヤワになってしまうのか？

●子ども●
【文・女】私が疑問に思うのは、<u>どうして社会のひずみは子どもたちに表れるのだろう</u>ということです。ある程度年をとっていれば自分で考えることができるけれど、幼いとそれができなくて周囲の影響を大きく受けてしまうからでしょうか。

【経・男】「いじめ」と子どものじゃれあいの境目って何でしょう。子ども同士ならちょっとしたことでからかったりすると思います。暴力ならともかく、ひやかしを「いじめ」とすると、子どもは常に気をつかい続けなくてはならなくなって、負担を強いることになると思います。（現代人は打たれ弱いんだろうと思うことがあります。人を批判することも、批判されることも慣れていないし、受けとめ方を知らない。やはり近所のかみなり親父がいなくなったのと関係があるんですかね？あと、子どもがいじめをうけたと親が過剰に騒ぎ立てることも多い気がします。足立）

●道徳・愛国心●
【教・女】天皇の扱い方って、本当に政策の一部なんだなと思いました。天皇には自分の意見を述べる場とかもなくて、1人の人間としての天皇って何だろうと思います。

【教・男】前回もそうだったけど、政府や文部省はすぐに「日の丸・君が代」などの愛国的なものを持ち出して対処しようとしている気がした。今も昔も、「子どもの心が荒廃したのは愛国心が足りないからだ」という論は盛んに行われていたんだなと感じた。でもそれは、国が利用しやすい人間を作るということに究極的にはなるのではないかと思った。

●日本の理念は…？●
【教・女】「日本が世界に提示する理念は何か」となった時、自分でも「これじゃないか」と言えるものがないことに気付き、少し恥ずかしいと思いました。日本は今、国連の常任理事国入りを目指してはいるけれど、経済によって世界進出をしただけで世界にはっきりと提示できるテーマがないという現状を考えるとかなり時期尚早なのでは…と思います。

【教・男】日本が世界を牽引するようになっても、日本には何も主張する理念がないというのはいかにも日本らしいと思った。このように国としての方向性がなければ経済面ではともかく、教育においてはどのような人格形成をしていくのかという点で問題があるように思った。

【教・男】日本の教育法にしろ発展にしろ、私はこのままでよいと思う。他人のよい部分を真似し、悪い部分を教訓とするのは当然の考えだと思う。「それでは何をしたいか分からないし地盤が安定しない」とよく言われるが、失敗は常につきまとい、それへの挑戦も常に試みられている。それに道は必ずしも見えているものではないと思う。私はうろついたままでも、決して悪いことばかりではないと思う。

●日本と外国●
【教・男】日本は他国に比べ、外国人をあまり受け入れないという教授の話しを聞いて本当にそうだと思いました。それが、英語を6年勉強しても全く話すことはできないのにも通じているのかもしれない。

第8回

【教・留学生】日本はアジアの青年を受け入れないようにしているようで、少子化や高齢化の日本社会で、<u>日本という国は今後どうやって存続していくのか</u>という疑問がありました。むしろ、日本民族を保持するために、色んな国から労働力を輸入しなければならないのではないかと思いました。確かに、一部の外国人は日本で悪いことをして、悪いイメージを残してしまっていますが、外国人全体が否定されるなんて悲しいです。外国管理局の方も厳しくなって、優秀な人材も日本に勉強しに来ることが難しくなってしまいました。

4 そぼくな疑問 −全ての学問もたった一つの疑問から−

〈教育制度〉○私立校の補助金が削られるというのは、どうしてなんですか？○黒板の隅に書く「月日」はいつごろから出てきたんでしょうか？？○大規模校か小規模校かどちらに入った方がいいか。〈学校〉今の小学校ではそろばんを教えているのでしょうか？○下校時間は都道府県によって違うのか。（学校によって違うんじゃないかな？杉原）○運動会でなぜ色んな国の旗を出すのか？○家庭訪問はいつから始まったのか。○ラジオ体操が夏の課題になったのはいつから？○外国にもいじめの問題はあるのでしょうか。〈給食〉○給食でラーメンが出ないわけ。（出たよー変な麺だけど。足立）〈先生〉○公立学校の教師の給料は決まっていますか？〈大学〉○大学の席がイスと机で一体化しているのはどうして？○大学の民営化の長所は何なのか？〈東北大学〉○東北大のキャンパスはいつになったらまとまるのだろう。○なぜ大学の中に川内保育所を作っているんですか？（子どもを持つ職員さんの為ですよ。鳥羽田）（学生も使えます。足立）〈言葉〉○小学生、中学生、大学生、は〜学生なのに高校生はどうして高学生と呼ばないのだろう。（児童・生徒・学生。色々違いがあるね。足立）○カラオケって何の略？（「空のオーケストラ」の略だそうです！歌のない伴奏だけの演奏ということだとか。ビックリ！足立）○センター試験の「足きり」が放送禁止用語なのはなぜか。（へぇー。足立＆鳥羽田＆高橋陽）○レジュメって何の略？（resumeというフランス語ですよん。杉原）○「日直」という語の成り立ちは？〈その他〉○どうして子どもは急に叫ぶのですか？○大学生の一気飲み。この悪しき風習をやめさせることはできないのか？（マダヤッテルノカ。水原）○1970〜80年は池田小学校のような事件はなかったのか？（ない。復讐はなかった。水原）○授業中に睡魔が襲ってきたら、みんなどうやって戦っているんでしょう？（目薬、背伸び等。高橋陽）○カラオケは日本以外でもあるの？（karaoke：英語、卡拉OK：中国語＝ありますよ。杉原＆足立）○カラオケの発祥って？（カラオケは日本の発明品

です。足立）〈水原先生へ〉○水原先生はスピード狂と聞いたんですが本当ですか？（本当です（笑）研究室）（最近はしていません。水原）○水原先生のカラオケの18番は何ですか？？（「白いブランコ」八木代弁「天城越え」足立代弁。←でも越えられない…水原）○どうしてミニスカートに精通しているんですか、先生。（時代背景の理解が大事です。水原）〈水原研究室へ〉○どうやったら「水原研究室」の仲間入りができますか？（雑談でよいのならいつでも遊びに来てください！足立）

杉原 気になったそぼくな疑問は色々ありました。「**日直**っていう語の成り立ちは？」っていうのがあって、調べてみたんですが、結局はっきりとはわかりませんでしたね。

水原 軍隊用語がそのまま学校に来ている感じはしますけどね。

足立 それから「**カラオケって何の略？**」っていうのがありまして。カラオケが日本の発明だってことは、知っている人も多いかとは思うんですが、カラオケが何の略なのかまではみんな知らなくて、先生が驚いていました（笑）

水原 こんなこと常識だと思っていましたので。カラオケっていうのは空っぽのオーケストラという意味で、まあ和製英語が世界語になったんです。

足立 授業の感想で「教師は比較的男女平等の条件が整っていたという話があったが、**女性の校長・教頭**はあまり見ない。それでも教師は比較的男女平等だと言えるのか」という意見があったので「女性教員について」調べてみました。

　まず、207頁の表①「地域別各職業に占める女性の割合」ですが、教員について見てみると、大体30％を超えています。全国の小学校教員は62.5％が女性です。中学校は40.6％、高校26.1％、大学が14.1％、ですね。

田辺 きれいに下がっていきますね、パーセントが。

足立 確かに。小学校には女の先生が多いですね。上級学校になるにつれて女性の社会進出が遅れていたとか、様々な問題が潜んでいそうです。ただ、その他の医師・税理士・公認会計士なんかを見ると、10％を切っていたりするので、やはり教員は、他の職種より女性が比較的多いようです。

水原 男女平等で職場が整備されていて結構安定しているのが教職ですので、大卒女性には割が合うというか。給料を見たらわかりますけども。

足立 それから表②「女性管理職の登用状況」ですが、これは教頭先生・校長先生にどれだけ女性がいるかという表です。2003（平成15）年度、女性校長は12.7％、教頭は15.5％だそうです。この数字が多いか少ないかという比較ができないと思いますので、企業（規模100人以上）の役職者に占める女性割合を紹介しますと、平成15年度、課長は3.1％・部長4.6％・係長9.4％です。かなり低いですね。どう

ですか、校長・教頭に女性が多いと言ってよろしいんでしょうか？
水原 ええ、全体的にはまだ少ないですが、他の業種と比較すると結構多いですね。表②の（ ）の数字はなんですか？ 2003（平成15）年度の小学校・校長だと22.2％となっていますが。
足立 これは、「新たに校長・教頭になったものに占める女性の割合」です。
水原 新規登用だから、女性校長・教頭が増えつつあるんですね。でも、大学で講習会なんか開くと、女性教員は校長・教頭になりたくない、迷惑だという認識の人が多いですね。ヒラ教員なら5時でサヨナラして自分の家庭のことができますが、偉くなれば皆さんが帰るまで面倒をみるなど遅い帰りになりますから。
足立 なるほど。他にも「そぼくな疑問」で、「公立学校の**教師の給料**は決まっていますか」という質問があったので、給料についても触れてみます。まずは、企業の新規学卒者の初任給額の推移は大卒の事務系の場合ですが、男を100にした場合、女は94.1の給料だそうです。中卒はさらに差がひらいて、83.3になります。一方、教員はと言うと、そもそも男女別の給料というのはありません。
水原 はい。大学卒の場合、19万1千ですね。1974（昭和49）年以来、人材確保法ができて、大企業の初任給に見合った給料を教員に出すということになりました。退職金も年金も、結構いい職業で、別な面から見ると、そろそろ教員優遇やめたらいいんじゃないかという批判が起きています。
杉原 先生、地域ごとに違いはないんですか？
水原 今、**義務教育国庫負担法**で、国が半額補助する仕方で教員の給料が支給されていますので基本は同じですが、諸手当があるので、実際は若干違います。この義務教育国庫負担法をやめると県・市町村によって給料が違ってきて、安い給料の地域には優秀な教員が行かなくなるのではないかと懸念されます。
足立 この資料を受けて、以下のような意見が受講生から出ました。

【教・女】今回の資料の教師という職業の男女差別についてだが、私の母親は小学校校長で、よく教育について話を聞く。給料については男女差別がないとしても、やはり女性が何か小さな失敗をちょっとしてしまっただけで、「だから女性は駄目なんだ」とか、男性がちょっと良いことをしただけで、大きくとりあげられるということがあるようだ。意識における男女差別はやはり根強いと思う。（やっぱりそういった雰囲気はあるんでしょうか…。古い考え方だなと思ってしまうけど。田辺）

女性教員について

教員における女性の割合って多いの？少ないの？他の職業と比べてみました。

表① 地域別・各職業に占める女性の割合

	専門的・技術的職業従事者	医師	薬剤師	社会福祉士	弁護士	司法書士	公認会計士	小学校教員	中学校教員	高等学校教員	大学教員(本務者)	学芸員	女性社長が経営する会社	農業協同組合役員
北海道	45.3%	10.3%	48.0%	58.0%	5.5%	6.0%	3.0%	46.5%	34.5%	18.2%	10.7%	21.4%	—	0.0%
東 北	47.6%	11.2%	54.9%	61.4%	7.7%	8.1%	4.7%	60.4%	42.8%	26.2%	11.7%	25.1%	—	0.3%
関 東	37.3%	17.0%	63.1%	67.9%	12.7%	11.4%	8.9%	65.4%	40.4%	25.7%	15.7%	31.4%	—	0.3%
沖 縄	49.8%	10.7%	60.9%	74.6%	2.8%	9.7%	10.3%	72.9%	47.7%	39.5%	15.0%	21.7%	—	2.1%
全 国	42.9%	14.1%	59.7%	65.9%	10.9%	9.8%	8.0%	62.5%	40.6%	26.1%	14.1%	29.3%	5.6%	0.4%

http://eri.netty.ne.jp/data/woman.htm　参考・一部改編

校長・教頭先生に女性はどれくらいいるのかな？表①の割合とは全然違いますね。

表② 女性管理職の登用状況
校長・教頭数に占める女性の割合の推移等　　　　　　　　　　　　　　　（単位：％）

校種 年度末	小学校 校長	小学校 教頭	中学校 校長	中学校 教頭	高等学校 校長	高等学校 教頭	特殊教育諸学校 校長	特殊教育諸学校 教頭	合計 校長	合計 教頭
12	16.4 (21.9)	22.4 (25.7)	3.8 (7.0)	7.4 (9.1)	2.4 (3.4)	3.7 (4.4)	9.3 (11.0)	15.9 (18.2)	11.4 (14.6)	15.6 (15.9)
13	17.2 (21.3)	22.5 (25.6)	4.7 (5.9)	8.1 (8.9)	2.8 (3.9)	4.2 (4.8)	9.7 (12.8)	16.9 (20.3)	12.1 (14.3)	15.9 (16.3)
14	17.7 (23.2)	21.8 (25.8)	4.3 (6.4)	7.3 (9.4)	3.4 (3.4)	4.7 (5.4)	10.5 (10.7)	19.0 (22.1)	12.4 (15.6)	15.5 (17.1)
15	18.0 (22.2)	21.8 (25.3)	4.5 (5.2)	7.4 (9.6)	3.6 (3.3)	5.2 (6.3)	12.9 (19.4)	18.2 (20.4)	12.7 (15.4)	15.5 (17.0)
16	18.1 (21.9)	21.7 (25.4)	4.8 (6.2)	7.5 (9.2)	3.7 (3.7)	5.3 (5.4)	15.1 (18.6)	19.1 (23.5)	12.9 (15.6)	15.5 (17.7)

（注）（　）は新たに校長・教頭になった者に占める女性の割合。

文部科学省『教育委員会月報12月号』、平成16年より

（足立佳菜）

教育実習に行ってきました♪

〈教育学授業の裏事情〉

　司会担当の3人は教育実習に行ってきました。3人のスケジュールは
　　足立　5月16日～6月3日（3週間・中学校・国語）
　　杉原　6月1日～6月14日（2週間・高校・英語）
　　田辺　6月6日～6月24日（3週間・中学校・国語）
でした。司会の連携では苦労しましたが、教育実習の経験はとても勉強になりました。それぞれの教育実習についてお話します。

〈3人娘の教育実習体験談〉

足立　教育実習は、とても充実した3週間を送ることができました。私の担当は中学1年生で、最後は本当に可愛くてしようがなかったですね。私の性格からしてそんな風に自分が思うようになるとは、思いもしませんでした（笑）

　何を教育実習したかというのは話すと長いですけど…まず私は、生徒の名前を覚えるために、1人1ページずつその子についてメモするようなメモ帳を作って、常にポケットに入れていました。名前を覚えるのとても苦手なので。実習中、指導の先生の授業を見る時間があるので、その際にこの子はどういう発表をしたかとか、この子はどんなことが好きって言ったかとかをメモして、とにかく生徒のことを覚えようとしました。だいたい3、4日で覚えられたと思います。生徒のことを覚えるというのは、生徒と仲良くなる意味もあるんですけど、そのクラスの雰囲気をつかんだり、授業の流れを作るのに、どういう子に指名したらクラスが乗ってきてくれるのかとか、この子は要注意とか（笑）、そういうことを知っておくことも必要だと思ったので、努力しました。中学生は、誰が誰を好きだとかっていう話題ばっかりなので、とても楽しく若返ってきましたよ（笑）

　1日のスケジュールは、6時に起きて、7時半までには学校に行って…私はとくに残業が多かったので、平均10時ぐらいまで学校にいて、資料作りなんかをしていました。時には12時ぐらいまでいたこともあります。でも、先生方も残ってらっしゃるんですよね。私は母校で実習をしたので、先生方

の裏の苦労を目の当たりにして、自分の中学生時代を思い返しながら、感慨深かったです。

☆　　　　　☆　　　　　☆

田辺　私の学校はすごくゆるやかなんですよ。私の中学校時代からそうだったんですが、学校全体がすごく穏やかで、先生ものびのびしているというか。足立さんは夜の12時ぐらいまで学校に残っていたと話していましたが、私は遅くても夜8時までしか残ってなかったですね。実習期間は3週間だったんですが、最後の2日間が中間テストでした。だから最後の週は授業もあまりなくて、教材研究に追われずにゆったりと生徒と関わることができたなーと思います。

水原　一番大変なのは何なんですか。教材研究ですか、早寝早起きですか。

田辺　早寝早起きは毎日のことなのでやっぱり慣れますね。今日も七時半に目が覚めました。教材研究よりも、生徒にどう指導するかっていうところが大変でした。生徒の生活をちゃんと見てなきゃ指導できないので、なかなか出来ませんでしたね。生徒指導の比重が大きいように感じました。

水原　教科の知識を教えるよりも、子供たちの生活指導のほうが重い。

田辺　そうですね。先生がシャツ出している生徒や髪にワックスをつけている生徒に指導するんですけど、普段大学生活をしていてもあまり気にならないことじゃないですか。「中学校の先生ってこういうことを指導するんだ」ってことを改めて思い出しました。そこを一つ一つ注意するのって根気がいるし、大変だなと思いました。でもそこに力が入りすぎてるかな、と思うこともあって。その分教科がすごく軽く感じてしまいましたね。

水原　その意味で、人間的な幅が問われるのを感じた？

田辺　そうですね。社会と学校の違いを考えさせられました。なんでそこを注意するのか、社会に出たときにそれは本当にダメなのかってことを先生方はちゃんと考えてるのかなって疑問に思う部分も大きかったです。社会に出たら髪にワックスをつけて整えたり、お化粧したりするのって当たり前だけど、中学校では駄目なのか…ってなんだかすごく不思議に思いました。

水原　杉原さんの教育実習では、教材研究とか授業の反省のとき泣かされたっていう話を聞いて、教材研究大変だったんだなと思ったけれども。

杉原　私は高校で実習をしたので、田辺さんと比較はできないんですが…特に私が行った学校は進学校だったので、ある程度学力がある人たちが集まっていたし、生徒指導より授業をすごく大切にしていたと思います。実習の最後に研究授業というまとめの授業があるんですけれども、その時に、たくさんの先生に見ていただいて、英語の先生方の反省会ではすごく厳しいことを言われたので、私は悔しくてというか自分が情けなくて、30分ぐらいずっと泣いていました（笑）そんな辛い思い出も。

水原　はい。学校によって、授業を一生懸命やっているレベルの高い学校と、それどころじゃなくて生活指導だけで手一杯で、とにかく秩序が立っていればそれでいい学校とか、いろんなレベルがあるんで、教育実習は行った学校によって色合いが違います。教員は2極化していって、部活と生徒指導だけで生きていくみたいな先生が出てきたり、あるいは授業そのもので勝負する先生が出てきたりとか、どちらでも勝負していないとか、だんだん分かれてくるんですね。

〈部活の議論に火をつけた!?〉

足立　ところで、第5回の授業で、部活についての話が出ていたようですが、教育実習生も部活に参加しました。参加とは言っても、先生が職員会議をしている間に、何か危ないことが起こらないように見ていてくれということで、一緒に活動するわけではなく、じっと立ってることの方が多かったです。あの部活の2時間は、重かったですね。この時間に実習日誌を書きたいのに書けない！って。先週の皆さんの感想には、部活なくさないでくださいという意見も目立っていましたが、ちょっと違った視点―教師への負担っていう視点で考えてみてもらいたいんですけど。部活は、先生の負担大きいですよね？

水原　そうですね。私がやっぱり不満なのは、先生方は次の日の授業をちゃんと予習するべきなのに、予習なんかほとんどしないで、真面目な人は部活に行く。土日も家族を離れて一生懸命費やしているという。そういう大変な状態ですから、もうほとんど授業の予習していないんじゃないかと思いますね。いい授業するのが教師の仕事でしょう。それなのに授業の研究もしないで、そればかりやっていることが問題で、それはもう負担が大きいんだよね。

足立　はい。中学校の先生の仕事って、本当に生活指導の部分が多くて。私の担当をしてくださった先生も、部活中怪我をした子どもを病院に連れて行って、親御さんに連絡をとって引き渡して…と、ずっと学校にいない、私はどうしたらいいんだとかいうことがいっぱいありました。そのうえ部活の時間もずっと固定さ

れていると、その時間は先生は動けなくて、だから実習生もその間は待っていなきゃいけないんですけど。とても負担が大きいですね。で、終わると6時7時になって、それから教材研究っていうのはなかなか普段できないと思いますね。

水原 だから勉強時間はないし、会議の時間もない。まあ学校の部活の役割はよくわかっているつもりですけども、改めて、学校はどうあればいいのかと考えるべきですね。

足立 私も中学高校の思い出は部活に関するものがたくさんあるので、個人的には部活をなくすのは嫌なんです。でも、それとは別に考えなくてはいけない問題もあるんですよね。先生の仕事を分けたらどうでしょうか？今、地域と組んで行う活動があるんですよね？部活を先生が担当するんじゃなくて、地域のスポーツ団体の人を巻き込んでやる、という方法は？

水原 地域を土台にしたスポ小、スポ中、スポ高というやり方がありますよね。学校ごとに分かれるよりも地域のスポ小ごとに部活をやっていくとか、そこには老人も子どももみんな入るみたいな、そういう地域で汗を流すような部活の形がありうる。そのほかに競技スポーツをやりたい人はまた別で、それなりの場所にいくようにしたらいいですね。学校教育ではどこまで何をすべきなのかという問題を改めて感じますね。みなさんから、部活をやめないでくださいという意見がありましたが、その意義はよく分かっています。

足立 はい。部活に関しては何か、陽さんも思うことがあるようで。

高橋 「そぼくな疑問」のほうで、文化系の部活はどうして体育会系より軽視されるのかっていうのがあったんですけど。私も、中学校のときに吹奏楽部に入っていて、夏にコンクール大会があり、その時にちょうど野球も大会があるんですよ。で、野球大会の応援に吹奏楽部も駆り出されて、コンクールの練習時間が削られるというのがあって、そこが私も納得がいかなかったですね。

水原 だから結局、学校を高める上で役立つ部活が優遇されるわけです。やっぱり優勝旗を何本も持ってくれば、この学校は素晴らしいということになるものですから、そういう部活は優先的に重視される。

高橋 吹奏楽部も素晴らしいのに。

水原 発言力の強い先生の部活が優先されるという力関係も大きいね。本当は吹奏楽部が演奏する時に、野球部が応援に来たらいいんだよね（笑）野球の練習やめて。ところが野球部だけはずっと練習しているんだよ。それから野球部のグラウンドで、我々も草野球をやりたいのに、彼らが独占しているんだよ。

足立 先生、野球部に対して色々何かあるようですね（笑）

第8回

211

水原　ただその、競技スポーツと生涯スポーツを学校で並存させようと思うと、どっちも価値が同じならばそのグラウンドは交代で使うべきでしょう。ところが両立しないので生涯スポーツ用の楽しいグラウンドと、競技スポーツ用の激しいグラウンドの両方が必要なんで、どうしても従来の競技スポーツ優先になってしまうという実情があるんです。ほかにも、先生方はその部活の専門家ではないので、前任者がすごく熱心で優れた指導者だったりすると、後任の先生はすごく困るという問題もあるんですよ。

足立　あぁ…そういうパターンを経験しました。

水原　あの先生は熱心な方で夜までバスケットにつき合ってくれたけど、今度の先生は全然バスケットのバの字もわからなくて、と言われるんですね。…

　　　　　　☆　　　　　　　☆　　　　　　　☆

　教育実習は、文字通り「涙あり笑いあり」でした。教育について考える上でも、人生経験としても、とても実りのあるものだったと思います。

水原先生から

　教育実習を経験した3人から経験談を聞くことで、学生たちは学校教育を見る新たな視点を得ることができました。小中高で経験した生徒の視点だけでなく、教師の意識や負担など教師の視点から見たり、あるいは、校則や学校全体の秩序など学校づくりの視点から見たりなど、学校で起きていることを複眼的に理解することの大切さを学ぶことができたと思います。

（足立佳菜）

第 9 回

最近よく耳にする「ゆとり教育」。
ゆとりばっかじゃダメだなんて
批判もあるけれど
「ゆとり」は「楽する」ってことなの?
「ゆとり教育」って一体何なんだろう?
ここまで歴史を踏まえたあなたは、
「ゆとり教育」の本質を理解する力はついてます!
いざ☆

1 授業　ポストモダンにおける「学校の自律性」と「ゆとり教育」(1990年〜)

水原　今日は、ポストモダンにおける「学校の自律性」と「ゆとり教育」がテーマです。**ポストモダン**は、モダンの後という意味です。これまで学校は行政主導のもと国家的目的に向けて近代化を進め、高度経済成長に貢献してきましたが、次の時代は各学校が「ガバナンス」を確保して**「自律性」**が持てるようになることと、人間性豊かな**「ゆとり教育」**を推進することがポイントになります。

「ガバナンス」というのは、学校が運営体として抱えている問題点を自分で発見し、改善策を立て、持続的にそのシステムの維持発展を図ることで、言わば、自己統治能力を意味します。従来、学校は、文部科学省・教育委員会主導のもとに全国平準化を基本に管理されてきましたが、そのようなあり方を根本的に変えて、各学校が自己統治能力を確保して自律性を持とうということです。

今日のもう一つのテーマである「ゆとり教育」ですが、これは正式名称じゃないのに、いつのまにか言葉だけが一人歩きしているので、今日はその背景の説明からお話して、少し深いレベルで趣旨をわかってもらうことにします。

日本の課題①グローバル化

最初に、「ゆとり教育」の背景となる、21世紀の教育課題についてお話します。まず**グローバル化**、地球規模で世界を考えなければいけないという時代背景です。これは簡単に言うと、社会主義国・資本主義国という、地球を2つに分けていた世界が一つになったということです。1990年までは、社会主義国と資本主義国は別世界で、前者はソ連と中国が、後者はアメリカがコントロールしていましたが、1990年に東西ドイツが統一され、1991年にソ連が崩壊してロシアとなり、中国も社会主義市場経済ということでお互いに交流・貿易をすることになりました。

そうなりますと、世界の在り方がずいぶん違ってきます。中国とロシアなどの東側諸国は西側諸国の賃金と比較すると単純計算して100倍、輸送費などが色々計算に入れると実質10倍から20倍安いので、安い製品がどっと入ってきますし、人口も西側の10億人の2倍の20億程度居り労働力を確保することも容易なので、

工場もそこに移って逆輸入もされます。安い労働者と安い製品が大量に供給されるので、物価が安くなりデフレが進行する。百円ショップが流行るわけです。特に、日本は、中国とロシアに隣接しているので、その影響は最も大きいですし、かつ、新しい時代への対応能力も低いと見られるなど、バブルの株価が暴落したんですね。

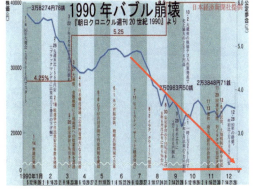

なぜ、日本は対応能力が低いと評価されたのか。それは、世界がグローバルな資本主義に転化して行く時に、日本はまだ旧来型の国家主導の近代化、いわゆる護送船団方式で上から管理的に割り振る経営を進めていて、本格的な経済の自由化に対応できないので沈むと判断されたからです。日本は早急に国家・社会・企業のあり方を根本的に変革しなければならない、言わば、**日本版ビッグバン**を実施して、「ガバナンス」のある企業に変貌しなければならないのです。それを経てこそ、日本は完全な経済の自由化・市場化が可能になりますが、そのためには、あらゆる面でグローバル・スタンダードに沿った改革が求められます。同時に、日本は自由化・市場化に対応できる新しい人材教育をしなければならないという事態に直面したわけです。これがポストモダンの教育を考えるための第1の条件です。

日本の課題②少子化問題と価値観の多様化

第2は、**少子化問題と価値観の多様化**が大きな課題です。子どもたちが急激に減ってきたということと、その根底には大変な価値観の変化があるという問題です。

1995年から若年層の人口が減少し始め、2006年をピークに日本の人口そのものも減り始めます。大学の合格もほとんど100％で全入に近くなり、難しいことを言わなければ、誰でも大学生にはなれるという時代が来ましたので、国民全体、青年全体の考え方が変わって来ました。従来、青年たちは、自分を鍛え上げないと大学生になれない、就職もできない、という恐怖感があって頑張ってきましたが、今は、もう、「まあ何とかなるだろう」と安易に流れたり、「成績のいい人は頑張ってください、私は頑張ってもしようがありません。」と諦めたり、さらには、親離れができず独立性にかける青年が出てきました。

戦後日本の高度経済成長を支えてきたのは、追いつこうとする貪欲さと勤勉さ、

そして貧しくも豊富な若年労働力でしたが、もはや、意欲も勤勉さも失せ、かつ、甘ったれた若者に落ちてしまいました。これが少子化の教育問題です。

そして、経済成長を忍従で支えてくれた女性も居なくなりました。新しい価値観を持った女性の登場です。女性たちはもはや子どもを産むことに消極的です。日本的な男尊女卑の思想や女性に不利な労働環境が、出生率を下げている原因のひとつであることは事実ですが、それ以上に、女性の側に大きな価値観の転換が根底にあると思います。

　一言で言えば、若い女性は自己実現を優先するようになり、人類・国家・家の存続のための出産の役割については自由になりました。この背景には、確実な避妊具・薬の開発、結婚とセックスの分離の考え方、ジェンダー思想の普及、そして実態としても、同棲、婚前交渉、不倫、離婚、婚外出産、晩婚、非婚の生活が一般的に展開し、それらは社会的にもひとつの価値観の選択として認められるようになったことがあります。世界的に見ても同様の傾向にあり、少子化問題は、女性の労働条件や結婚条件を整備するだけでは解決しない、人類の根深い問題として顕在化してきています。これを教育ではどのように対応すべきか大変難しい問題です。

日本の課題③国際化と情報化

　第3に、**国際化と情報化の問題**があります。海外旅行だけ取り上げて国際化じゃあ貧相なことになりますけども、すべてが右肩下がりで21世紀が始まっているのに、海外旅行だけは、遊ぶ、見聞を広めるというところで上がってきて、どんどん海外旅行者が増大している。まあ海外に行く人が増えると、日本の教育って海外に通用しないという苦情が出てくる。国際化時代、情報化時代に通用する教育の要請です。

　テレビを見てたら、韓国の青年たちと日本の青年たちが歴史教科書について討論していました。日本はその歴史認識について批判されていましたが、可能な限

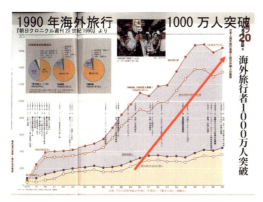

り**世界に通用する歴史観**を日本人は持たなければならない。あるいは**世界に通用するコミュニケーション能力**も持たなければならない。英語に限る必要はないですが、結局言葉というのは、強い国の言葉が人を強制するし、その言葉を覚えないと生き難いということになり、目下、使えない英語教育が問題にされています。

　情報化に対応した情報教育もすごく貧弱な実態にあります。これからは情報化の時代で、これにどう対応するかが、個人も国家も問われます。様々な産業の基礎になるのがIT情報教育ですので、その系統的な教育を急ぐ必要があります。ところが、実際は、多くの教員にはパソコンが与えられておらず、外部の人には信じられないほど学校のIT化は貧弱な状況にあります。事務的な職業で、自分の机の上にパソコンがないのは教員だけです。新しい文化と技術を伝えるべき教員にパソコンを与えない状況では、日本の将来は大変暗いものがあります。

　英語教育と情報教育は、その気になれば対策は比較的単純ですが、世界に通用する歴史観の問題はかなり難しい問題です。55年体制のイデオロギー対立の時代の影響で、学校では日本人は近代史があまり深くは教えられていません。明治以降の世界の情勢がきちんと教えられていないし、討論もしてないから、世界の青年と対等に渡り合える基礎的な教養がないのです。これまで日本人は、生産性向上を至上目的にしてロボットのように働いて来たわけですが、いざ世界に出てみると、思想もなくただ頭がいいだけで金儲けに走っている、いわゆるエコノミックアニマルとして批判されるわけです。

　私たち日本人は、本当に世界の人々から信用される知性をつくらなければならないのですが、そういう正解のない価値観とか難しい問題は討論しないできました。生産性に直結する英語と自然科学や情報科学だけを勉強させるほうが、言いかえれば、自動車を作る知識を教え込んだほうが、他の国に勝てるという功利的な選択をしてきました。しかし、そのような生産性の上がらない知識とか価値観の教育をおろそかにしてきたことが、世界、とりわけ近隣諸国から問題にされてきています。

　さて、このように時代を見てくると、第1の課題は、中国・ロシアなどが参入し地球規模で市場経済が展開する時代を迎え、あらゆる面でグローバル・スタンダー

ドに沿った、自由化・市場化に対応できる人材教育をしなければならないということです。第2は、少子化で競争力の衰えた、頑張る気のない青年たちにどうやって活力を取り戻せるのかということ。また、新しい価値観をもった多数の女性たちの出現で、男女ともに個々の人間が自己実現を図る時代となりましたが、これを受け入れてどのような調和的な認識の枠組みを構想すべきかということです。ここには道徳教育に関わる根深い問題が潜んでいます。第3は、世界に通用する語学力と情報教育そして歴史認識を育成し、世界の人々と対等に討論できる知性と見識を持つようにすること。この3点が課題としてまとめられます。

時間に追われ追われ…

次に学校の問題、そのような3点のマクロな課題の中で、学校はどのような状況にあるのか、ということをお話していきます。前回は、臨教審がまとめた「高度経済成長の負の副作用」を挙げましたが、今回取り上げるのは、より具体的な内容です。

この写真は1990年に事件のあった校門で、遅刻間際に走ってきた少女に対して、教員が思い切り校門を閉めて、頭をつぶしてしまったという**校門圧殺事件**です。これは結局、厳しい時間管理の末、行き着いた事件です。厳しく時間を管理して子どもたちを教育する。そして工場労働者にするという一環の中で、学校の役割があるわけですけれども、そういうふうな合理化・能率化、生産第一主義というものが、間に合わなければ校門を閉めて生徒を潰すみたいなことにつながる。そういう、いつのまにか人間というものを忘れた**能率主義**のほうに走ってしまいました。まあそれが高度経済成長を支えてきた一つの精神構造であると思いますが、結果的には、校門で生徒を圧殺してしまうという、極めて悲惨な事件を生んでしまいました。あるいはそういう学校のありかたに対して、校門だけに限りませんけれども、いろんな意味での能率性・効率性のありかたに対して、子どもたちが負の反応をするようになっています。

例えば、高校生の**中途退学**者数の増加です。もう学校に行きたくない、学校がわれわれを抑圧している、そういう学校はもういらないという形で**登校拒否**する生徒が出てきています。この原因は一概に言えませんが、1988年当時の文部省『学校基本調査報告書』では、学校生活不適応

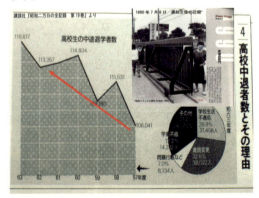

27％、進路変更33％、学業不振12％、問題行動7％という統計が得られました。

田辺　本当に校門で圧殺事件があったんですか。風刺のように最初は思っていたんですけど。冗談みたいな話ですよね。先生が生徒を押しつぶしたんですか。

水原　ええ、そうですよ。兵庫県の高校1年生15歳で、『朝日クロニクル週刊20世紀1990』を読むと、「少女は、登校時間に遅れまいと、時計を気にしながら駆けに駆け、やっと間に合ったと思った瞬間、頭に強烈な衝撃を受けた。遅刻を監督していた教師のひとりが、始業チャイムと同時に、230キロもある門扉を思い切り閉め、少女は頭と門扉と門柱の間に挟まれたのである。2時間後、息絶えた。」「同校は、『**遅刻ゼロ**』をめざしていた。」ということです。1990年7月6日の事件でした。教育実習に行ったらわかると思うけども、いつのまにか先生というのは真面目に取り締りをやってしまう。違反する生徒に対してイライラして憎んでしまいますし、少々の荒療治はしようがないと思い込むようになります。まじめな先生ほどね。それに職員会議で反対意見は言いにくい。

田辺　教育実習へ行って、それをすごく感じました。学校の規則って学校の中だけでしか通用しないようなものが多いんですよ。靴下は白でなくてはいけないとか、髪にワックスをつけてはいけないとか…。先生方は、そういった学校の規則を守らせることをすごく重視していて、本当にそれが正しいのかどうかあまり考えていないというか、先生が社会を見ていない気がしましたね。

水原　だから新任の若い先生方は、最初はおかしいなと思いながらも、まあ校則だから、**職員会議**で決めたんだからということでやってしまいますね。

足立　そうやって疑問に思う先生が多いのは裏で見ていて分かるんですけど…それでも実習生の感覚だと、不思議だなと思う決まりはいっぱいありましたね。

水原　そう、学校という所は本当の意思統一が難しい。卑怯な先生は、僕は反対なんだけど校長・教頭が悪いからと言って、自分だけ人気取りをして、生徒にいい顔をする。それがまた学校を荒らしてしまう。本来は、教員の本音に即した柔軟なシステムで学校が運営できればいいんだけど、そういう学校はあまりなくて、普通は硬直したシステムになってしまっている。それが硬直化すればするほど、子どもは学校をやめていく。能率がいいぶんだけ、それに違和感を持った子どもは居られなくなるようですね。

足立　それで、学校を柔軟なシステムに変革することが課題としてあがってきたんですね。では先生、臨教審の話に戻しましょう。

水原　はい。前回お話したように、どちらかというと文部省がみなさんを平準化する方針でやってきたのに対して、臨教審は、競争をして能力に応じて差がついていい、それによって自分の好きなものを選ばせようという方針を打ち出しました。そして、時代の曲がり角にさしかかって来たので、社会の枠組み・在り方・構

造を根本的に変えようということで、日本の学校が抱えている課題を3点指摘しましたよね。1番目の課題は、自然体験が減少し本来の人間的資質が退行していること。2番目は、豊かになってしまって、自立心、自己抑制力、忍耐力、責任感、連帯感、思いやりの心、感謝の気持ち、そして祖先への尊敬など大切なものを失くしてしまったこと。そして第3に、近代工業文明が人々をバラバラにしてしまったこと。これら3点が基本的課題であると捉えていました。

私のポストモダンに対する課題認識から見ると、臨教審は、やはり世界に通用する歴史認識への自覚が弱いことと、同様に価値観の多様化への認識もやや浅く一面的であると思われます。この2つは通底している問題ですので、立場が違えばそうなりますね。

「生きる力」の育成

それで、課題認識に応えるには、どうしたらいいんだという点ですよね。そこで、これは臨教審が出したというよりも文部省が出した回答なんですけども、「**"生きる力"の育成**」という方針をとりました。要するに、図のように全体の教育の構造を変えたんです。これまでは、各教科で「生きる力」につながるような自己教育力のもてる学習を要請していましたが、教育課程全体としての構造が弱かったので、小学校1年と2年の生活科の上に、小学校3年から高校3年まで「**総合的な学習の時間**」を入れ、かつ、中・高では選択的なカリキュラムを設定したのです。

かかわりあう力

その第1段階として、**関わりあう力**をつける、という方針をとりました。子どもたちは今、関わりあう力が衰えているんで、**幼稚園**段階から関わりあう力をつけよう。関わりあう力とは、自然や事物と関わりあう力、他人と関わりあう力、それから自分自身と関わりあう力。

自分自身と関わりあうっていうのは、自律、自分で自分の生活習慣をつくるとか、自分自身をつくるとか、そういうことです。

　いかにしてその関わりあう力をつけるかということで、幼稚園ではカリキュラムを組んでいます。世間の人は、幼稚園では毎日遊ばせているだけと思っているかもしれませんが、そうじゃなくて、関わりあう力をつける観点からカリキュラムを展開しなければならないので、そういう意味で実践をやっています。

小学校生活科　さらに**小学校**に行ったら、知識をそのまま教え込むんじゃなくて、まずは**生活科**というところで、生活まるごとを素材にしながら活動をさせて、生活の側から様々な諸科学への関心を掘り起こします。今までは受身的に算数国語理科社会を学ばされていたわけですが、そうではなくて生活の側から、なぜなの、どうしてなのっていう思いを作らせて、その上で算数国語理科社会の勉強に入るという仕方を重視する。それをいかに自分の側から作らせるかということを課題にしています。

> 戦後の経験主義カリキュラムと似てるねぇ

足立　先生、私たち生活科を受けていなくてよくわからないんですが、「生活科」って社会と理科が一緒になったというイメージなんですが少し違うようですね？

水原　小学校1年2年の社会と理科をなくして、その分の時間を国語と生活科に回しましたが、生活科は単に社会科と理科を合わせたものではありません。生活を教育に採り入れて、そこから諸科学へつなぐ動機をいかに確保させるかということを重視しました。つまり勉強の能率は悪いんだけども、自分の生活に根差したところから興味関心意欲を持たせたい、かつ日々の生活習慣の形成や両親や社会に対する感謝の念なども持たせたいという趣旨で、生活科が設定されました。

自ら学び考える力：総合的な学習の時間　さらに小学校では、学年ごとに各教科を学ぶわけですが、そこでは**基礎学力**と、自ら学び考える力（**課題解決能力**）の2軸で構成されます。この2軸が本来の「**ゆとり教育**」で、自ら学び自ら考え互いに討論をするということに時間をかける教育です。まあ、従来型の暗記暗誦・ドリル中心の教え込みのほうが能率はいいんですけども、あえて、教え込みの教育はやめることにし、そのために教材を3割減らして、その分だけ教育課程の中に「**総合的な学習の時間**」を入れて、習った各教科を総合化する。知識全体を総動員して、自分はどう生きるべきか、どうやったら社会の課題は解決するのか、社会は今どんな問題があるのかということについて、主体的に自分で考える力をつくる。実際は「総合的な学習」で、ある種の卒業論文みたいなものをつくる。小学生は小学生なり

に卒業研究、卒業論文を書く。中学生も高校生も卒業論文を書く。今まではただ勉強のやりっぱなしで、試験のために暗記して、終われば消えてしまうような知識だったんですけども、そうではなくて自分たちの世界をどうするか、自分はどうするかということに関わるような課題を見つけて、その課題解決のための方法論とか知識とか、そういうものを身につけるってことを主たる狙いとしました。

卒業論文って、普通のレポートと違うんだよね。なにが一番違うかな？

う〜ん…「課題意識」があること？

うんうん。調べ学習じゃないんだよね。自分の目的がしっかり軸にないとダメだもんね。

そういう能力が、必要とされてるのかな？自分で課題意識を持って、勉強にも興味を持って、意欲を持って…ってね。

　それを小学校段階から始めて、**中学校**でも、「総合的な学習」を継続するわけですが、さらに中学校・**高校**では選択教科を増やして、一人一人が自分のテーマ、あるいは自分の生き方との関係で、もっと選択的な生き方ができるようにします。今までは6・3・3・4制で、みんな同じように普通の知識を教え込んでいたわけですけども、そういう能率のいい教育よりも、能率は悪いけれども一人一人がものを考えて何かを作っていく、そういう教育をしなければいけないということで、この「総合的な学習」を教育課程の中に置きながら、「生きる力」につながるカリキュラムを各学校で作ることが期待されています。それがいわゆる「**特色ある学校づくり**」になるわけです。

ことばは同じ「学力」でも…

　「総合的な学習」における第1のポイントは、**学ぶことの意味**。なんでそのことを調べるのか、なんで学校に行くのか、なんでこの知識を勉強するのか、そういうことを考え、自分にとってそのことがすごく大事だからやってみたいんだと思えるようにする。それは傍から見たら意味がないかも知れないけども、その人にとってはすごく意味のあることで、そういうことをテーマにして、だんだんと自分自身の個人的な関心から普遍的なテーマにまでつながるような学びができたらいいなということです。第2のポイントは内容の知識。調べた内容そのものの知識を全体的な関係の中で位置づけて**総合化**すること。そして第3のポイントが学ぶ**方法**・技術です。内容と同時に、調べ方の方法論、研究の方法論、これが身につかなければだめです。今までは算数国語理科社会を勉強して、それを覚えてペーパーテストに書ければそれで終わりだったんだけども、今後は実生活において、何か解決すべき社会的・自然的あるいは人間的な課題がある場合には、それをどうやって解決したらいいのかということについて自分で調べて考える力をつける必要が

ある。今まではそういう総合化と方法論が身についていなかったですね。

　図書館とか情報センターに行って資料を集めるための方法論を身につけたり、一人一人が討論をして自分の考えをつくったりすることがポイントであって、ペーパーテストで何か暗記したことを書いたら終わりという勉強ではない。今まではそういう勉強になっていましたね。今までは「追い付け追い越せ」型の、ロボットのように働く日本人をつくるという意味では効率的な教育でしたけれども、それが先ほど話した、ポストモダンの21世紀の日本が置かれている状況を踏まえれば、そういう教育だけではやっていけないんじゃないか、一人一人が新しい資質を持った青年に作り変えなければならない、ということで教育のありかたや学びのありかたを大転換することが必要なんですね。

　まあ**ペーパーテスト**をどんどんやったほうが点数は上がりますが、でもテスト中心の教育をやっていると、結局世界に通用しない青年にならないかという問題ですね。だから、少々学力が下がってもビクつくんじゃない、と思うんです。時代の曲がり角で、違った資質の日本の青年をつくらなければならないので、従来型のペーパーテストで測定したら、点数が下がるのは当たり前。そんなことは覚悟した上でやらないといけないのですが、どうも世界の学力テスト云々との関係で揺れてしまうんですね。

　ですから一番いいのは、高い学力で、かつ課題解決能力がある、そして一人一人が総合化された知の体系を持つ、かつ調べる方法論も身につくというのが最高ですね。でも限られた時間の中で人を教育しようとすれば、何かを得ようとすれば何かを捨てなければならない。全部得られればいいけれども、それが出来ないなら、何かに優先的に時間をかけなければいけない。勉強時間を1日10時間にしてもいいですけれども、それはあまりに過重ですので、勉強時間も減らし、教科書も減らして、新しい「ゆとり教育」を展開しているんですね。それに対しては学力低下の問題をはじめ、みなさんから賛否両論出ているわけです。

「ゆとり教育」とは何か

　そんなことで今までの話をまとめることにします。「ゆとり教育」というのは、生きる力を育むということでした。**幼稚園**では、遊び。とにかく遊ばせましょう。遊びに熱中する子どもでないと、本当の意味でものを考える子どもにはならない。だから幼稚園から読み書きを教えることはやめましょう。もっと遊びに熱中して、その過程で関わる力をつける。それから集中する力をつけるのが大切だという方針です。

　小学校では、基礎学力をちゃんとつけましょう、そして、かつ課題解決能力を持てるように、何かテーマをもって追究し、発表する力をつけましょう。その場合に体験学習を入れましょう。ただ何か事典などを調べたり、インターネット

> **「ゆとり教育」＝生きる力を育む**
> - 幼稚園では、遊び、かかわる力
> - 小学校では、基礎学力と課題解決能力、体験学習
> - 中学校では、小学校と同様、かつ、選択教科（補充・発展・課題）
> - 高等学校では、総合学科、中高一貫教育、選択科目、生き方教育⇒選択可能幅を拡大
> - 大学では、教養教育の見直し、幅広い選択、インターンシップ、国際性の教育

から安易に引くだけではなくて、実際にどこかに調べに行って見て触って、自分で本当に調べる力をつける。その意味での体験学習です。

中学校ではもちろん、小学校と同じ趣旨の教育をした上で、かつ選択教科を入れる。その場合には、人それぞれ個性の発達によって足りないところ、伸びているところが色々あるから、その人に応じて補充学習、あるいは発展学習、あるいは何か課題を追究する学習。そういう選択教科を入れましょう。

高等学校になったら、従来型の農業高校、普通高校だけじゃなくて、**総合学科**を設置して、そこでは一人一人が自分の学びがつくれるようにしよう。単位を自分で選んで、自分の好きな系列に行けるようにしましょう。あるいは中高一貫教育でエリートに行く人もいいでしょう。あるいは中高一貫で豊かにのんびりと6年間を過ごす人もいいでしょう。カリキュラムではなるべ

総合学科って何ですか？
普通科と何が違うんでしょう？

1994年に新設された総合学科は、学習システムは総合制と類似しています。でも設置された理由が、「迷いながら進路決定していくことを可能にすること」である点が特徴です。
　普通科との違いは、高校に入学した時点ではまだ高校3年間で学ぶ内容が決まっていない点です。第1学年で「産業社会と人間」という新教科を学習することによって、自分の特性だけでなく社会の状況を把握したうえで希望する進路を見据え、その後の学習内容を決めることができるのです。

く選択科目をいっぱい設定して、その中で選択的な学びを作りましょう。そして青年たちが生き方を追求するような教育をしましょう、ということで、高等学校のカリキュラムでは、選択の可能幅を拡大する。一人一人が生き方を探していく**キャリア教育**が要請されています。

大学に来たならば、教養教育も見直しましょう。従来の教養教育は高校の延長みたいで、本当の意味で教養にならなかった。もっと教養になるような教え方・学び方を考えましょう。そして狭い専門に学生を閉じ込めるんじゃなくて、社会にそのまま教養人として出て行くわけですから、幅広い選択をさせましょう。できればインターンシップなど、職場体験などをして、社会性や実際的な力もつけましょう。かつ、世界に通用する、国際性のある教育をしましょう、ということで、各大学に、従来とは違ったコンセプトのカリキュラムを打ち出すよう求められています。

以上のような教育方針が「**ゆとり教育**」の本質ですが、これが過渡期にあるため

に、教育方法、内容、カリキュラム全体が変わっていくには、まだまだ時間と努力が必要です。実質的には学校も大学もそこまで変革されていませんから、新しい学力も不十分で、**古い学力観**からは、みんなの学力が下がったと大騒ぎになるわけです。

まあ「ゆとり教育」を信じてこの角を曲がるのか、それともやっぱり今までの勉強のほうが本当だって戻るのか、まさに正念場ですね。今そういう時点にいるんだと思います。

それが**ポストモダン**の課題ですね。これまでモダナイズ＝近代化でやってきましたが、次の時代はどうしたらいいか、もっと豊かで一人一人が自分の視点から考える、そういう教育に転換できないかという希望ですね。今日話した新しいコンセプトを踏まえてもらった上で、より深いところで賛否両論を考えてください。

まとめ ということで、最後にポストモダンの学校でまとめますと、教育目的としては、グローバルな世界で**個人の希望や願い**を達成するということで、従来は国民としてナショナリズムということでやってきましたが、今度は個人個人が自分の希望や願いをかなえる。個人個人が幸せをつかむべきなんだというふうな発想に変わってきています。しかしそのときに、国益からのベクトルは甘くないだろうと思います。従来は**国益優先**でやってきました。我々が少しばかり人間性を摩滅

ポストモダンの学校
- 教育目的：グローバルな世界で個人の希望や願いを達成、ただし国益との矛盾、調整が課題
- 教育制度：選択的な複線型と生涯学習
- 教育施設：学社融合、オープンスクール
- 教育課程：個性差のつくカリキュラム
- 教育方法：体験学習、課題発見学習 討論・発表重視
- 学校経営：自主・自律性、P.D.S.

しようが、その果てにわれわれの幸せがあるんだということで国家・国民一丸となってドリル学習をやってきましたが、もうそれではやりきれないところで色々破綻現象が起きている。だからかなり個人の希望や願いのほうに振り子を振らなければならない、かつグローバル性にも通用しなければならないのでレベルも上げなければならないだろうと思います。だけどもやはりわれわれは日本人として、彼らはアメリカ人として、イギリス人として生きているんですね。その国益との矛盾・対立と調整が課題になるかと思います。それを選択的なカリキュラムで両方の要請に対応しようとしています。

それを具現する教育制度は、**選択的な複線型**と**生涯学習**ってことになります。従来は6・3・3・4の単線型でやってきましたが、今度は様々な選択があっていい。かつ学歴にこだわるというよりも、一生涯勉強するシステムになります。

教育施設はこの前と同じようで、学社融合で、学校と社会が融合するような、

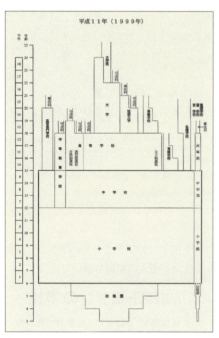

オープンスペースの開かれた学校づくりということが、施設としてはありますね。

それから教育課程は、個性差のつくカリキュラム。個性的なといいますか、差がつく。これからは、できる人とできない人で差がつく。それを幸せと思うか大変だと思うかは別にして、差がついていいんだというところが新しいコンセプトですね。それを個性と見るか、差別に通じる差がついたというふうに見るかどうかが、意見の分かれ目になりますが、これが進行しますね。

教育方法としては、従来型のペーパーテスト中心よりも、**体験学習**、課題発見学習、討論、発表重視ということで、そういう別な力をつけなければ世界に通用しない。それから新しいものが創れる、新しい青年を作らなければならないという意味では、決まったことを覚えるだけじゃなくて、何かを創り出す力が必要です。そういう意味で、体験とか課題発見という方法を採ろうとしていますね。

以上、時代の曲がり角－ポストモダンという時代状況の中で新しい教育が始まろうとしています。また、そういう教育を創り出せる**ガバナンス**を学校は持たなければいけないということです。学校は、経営のあり方を企画・実行し、評価・改善する持続的システム（PLAN → DO → SEE）を確立しなければいけません。そうしてこそ各学校はガバナンスを強化し、自主・自律性のある経営ができるようになります。中央指導性の強い日本的風土では難しいことですが、そうしなければ新しい時代は創れません。

●選択的な複線型とは？●

「複線型」の解説は、第1回の授業を見てくださいね。
これまで「複線型」というのは悪いものだと考えられてきました。1度道を選ぶと袋小路に入って抜け出せないとか、エリート・ノンエリートに分かれてしまって差別感を生むというマイナス面があったからです。だから、これまで私たちは皆同じ教育を平等に受けてきました。
ところが最近、様々なものが選べるよう、選択肢を増やすことはいいんじゃないか？それは差別とは違うんじゃないか？という考え方が出てきたんです。"従来の複線型"とは違って、それぞれの"道"を移動しやすくもなっています。
少し「複線型」とは違う考え方を持っているので「選択的」とつけて区別しているんですね。

2 質疑応答

足立 では質疑応答に入りたいと思います。その前に一つ私のほうからいいですか。生きる力っていうことが目指された時代なんですけども、そのためには**基礎基本の力**がないと絶対に無理ですよね。基礎基本のほうはどうなっているんでしょうか。

水原 文科省の答えでいうと、易しくした分だけ、教科書は完全に習得できるようにしましょうということです。従来の教科書は高いレベルで、みんなアップアップして首までつかるほどで、自由がなかったんだけど、今度はやるべきことを下げて、それに関しては最低限、全員きちんと身に付けるということにしたんです。ですから教科書にあることは基礎基本で、むしろ易しくしたことで国民全員にきちんと身につくんじゃないかという見込みです。今までは全員に高いレベルを課してきましたが、結局は定着率が悪かった。昔から**7・5・3(しちごさん)** って言われて、掲載の理解度調査(文部科学省2003年度実施 http://www.mext.go.jp/a_menu/shotou/gakuryoku/genjo.htm)の結果のように小学生は7割の人が授業がわかる。中学校は5割。高等学校は3割。だから逆に言うと3割・5割・7割の人がついていけない状況にあった。そんな無理をして高いレベルを国民全員に強制するよりも、全体を易しくして、基礎基本はみんながわかるようにしましょうということです。「易しくなったらみんな学力が下がるんじゃないか」ってことになりますが、今度は選択を増やして、能力に応じていろんな差のつく学習ができるようにしているんですね。

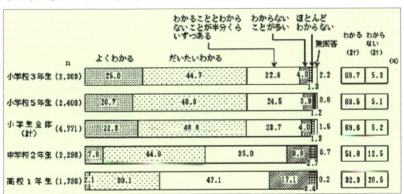

足立 基礎基本が疎かになってるんじゃないかというイメージが一般的にあるようですけど、基礎学力も重視されていると考えてよろしいですか。

水原 そうです。基礎学力は重視しているんです。ただ問題はやっぱり学力は下がってるんじゃないかということがあるんですが、原因は、「ゆとり教育」という

よりも、みなさんがリッチになって、頑張る意欲がずいぶん落ちているところが大きいと思います。

足立 ありがとうございました。じゃあ受講生の方、質問をお願いします。

受講生 最後のポストモダンの学校の教育目的っていうので、**国益との矛盾**が課題というふうになっていましたよね。今、日本でも「ゆとり教育」とか、様々な教育政策が行われていると思うんですけど、やっぱりその一方で愛国心の問題があって、日本でもその国益との矛盾というのはぬぐいきれないと思いました。

水原 そうですね、私はこのコンセプトとしては、個人の希望や願いを出しているけれども、実際はやはり国益優先でこのあとも行くと考えられるので、むしろ国益の中に一人一人の希望や願いをいかに織り込むか、別な言い方をすると、一人一人の希望や願いが達成できそうなジャパン・ドリームを国民にどう与えるかが課題ですね。従来のように国益優先のままでは納得されないので個人個人の願いや希望が優先するというコンセプトですね。僕は日本に関する限りそういうふうに行くのはなかなか難しいとは思っていますが、それでも従来以上に個人の希望や願いがあちこちに散りばめられ、そしてそれぞれの国民が喜んで参加できるような政策が採用されて徐々に本物になることを期待しています。今までは単なる参加でしたが、これからは「参画することを要求するのが正しいことなんだ」と思い始めると、だんだんと一人一人が自分はこうしたいということを言い始めるようになると思います。その時、国民は**市民**に脱皮し、自立した存在になったと言えるでしょうが、これはかなり時間がかかるでしょうね。今までロボットのようにしてモーレツ社員でやらされてきて、校門で生徒が圧殺されるような教育がされてきたので、一人一人の希望や願いといってもすぐにそう変われないし、そう簡単には信じられませんね。でも「従来の教育は変えなければいけない」と思うか、「いや今までの教育のほうがちゃんと規律があって、学力もあってそのほうがいい」と思うか、これは価値観の分かれるところですね。

田辺 それでは他にも何か感想をいただきたいと思います。

受講生 教え込むのは効率がいいし、基礎的な学力も必要だと思うんですけど、「**ゆとり教育**」を始めたのも理由があってのことだと思うし、生きていくための力がそんなにすぐ身につくはずはないと思うので、もう少し待ってみることも大切なんじゃないかなと思いました。

水原 そう思います。目下、過渡期で、今始まったばかりで、このカーブをうまく曲がって次のステージまで行ってしまうと違うと思います。世界の学力調査でいうと、日本の学力が下がったってことで大騒ぎになっているんですが、先進国は日本の上にはいないんですよね。先進国はあんまりそういうペーパーテストで世界で何番っていうところで見るよりも、もっと違った幅の広さ、豊かさで人を

捉えているところがあるので、日本もそういうふうに変わったらいいんじゃないか、そういう意味じゃすこし長い目で日本の教育を変えていかなければならない、と私は思います。それから韓国と中国との**歴史観の論争**もありますけども、ああいう問題も含めて青年にいっぱい討論させて、不経済かもしれないけども、世界の人を相手に、そういう価値観をこねくり回す力をつくらないとダメなんじゃないか、と思います。

田辺 先生、私からもちょっと質問したいんですけど。「ゆとり教育」になって、児童に教え込む教育から、児童が自分で考える力を育てる教育に変わったじゃないですか。学校のシステム自体がすごく大きく変わったと思うんですけど、それに伴なって**教師教育**は変わったんでしょうか。

水原 大学での教員養成と職場での教員研修、これをあわせて教師教育と言いますが、教師教育の実態は、その変化に比してすごく貧弱です。心配なのは、話したような趣旨で教科書の内容を減らしたら、教員は仕事が楽になったということで、結局低きに流れて学力だけが下がるという事態になりかねないんですね。易しくした分だけ本質的なことを追究しなければ意味がないんですが、それが出来るような教師教育には変わっていません。変えなければならないという答申は出て、免許法改正でも「**総合演習**」や「教職の意義等に関する科目」あるいは「教育課程の意義及編成方法」などの科目が設定されましたが、多くの大学は効果的にその教育を展開していません。また教員の「総合的な学習」に関する認識も浅薄で、特に、中・高ではその実践に熱意が乏しい状況です。目下、専門職としての教員を養成するために専門職大学院あるいは教員免許の更新制が検討されています。

田辺 教師は教え込む形の教育しか受けてないのに、生徒には考えさせる教育をしなければならないというのはすごく大変だなと、現場に行っても感じました。

足立 実習に行っても、「**総合的な学習の時間**」は機能してないなっていう感じがすごくありましたね。

水原 「総合的な学習」が機能していない。ドタバタしているだけで何やっているのかわからないという。

足立 はい。文化祭の準備とか。

水原 そういう位置づけの曖昧な仕方で「総合的な学習の時間」が使われると、単に時間が食い荒らされるだけになるんですよね。

田辺 私が行った中学校では、「総合的な学習」は、福祉施設に行って出し物をするという内容でした。その事前準備で電話の掛け方を習っていたりして、それはそれで総合的だなと思ったんですよ。

足立 面白いですね。

田辺 でも数学とか他の教科との関わりはどうなのかなっていうのは3週間では

見えなかったですね。

水原　総合学習っていうのは各教科で習った知識を総合化する、「知を総合化」するという契機、学び全体に意味を持たせるような中心的な役割をするのが狙いなんですが、単にドタバタとなりますと意味が違ってきますね。

足立　じゃあ最後に一人。

受講生　ちょっと思ったんですけど、日本では暗記とか**詰め込み教育**がダメだから「ゆとり教育」にしたらどうかという時があって、今それが問題になっているんですけど、外国で今まで日本よりも学力テストとかで成績が上の国は、そういう暗記とかさせる教育をしてきたんじゃないかなと思うんですけど、そういう国ではそれをやめて、もっとゆとりのある教育にしよう、教育を変えようっていう考えがあるところはあるんですか。

水原　アジア系の国はわりと中国の**科挙制度**の影響みたいなもので、決まった法律を暗記暗誦して、正解を書くような勉強の仕方が根強くあるんですね。ドリル学習をやるので、学力は高いんですが暗記暗誦の学力ですね。しかし欧米系になると、そういうことよりも、何かを調べたり発表したり討論したりして、何かを作り出すような教育のほうに傾斜した教育をかなりやっています。欧米の学校に行ってみると、こういう一斉授業で、四角い教室にみんなを並べて知識を教え込むということよりも、様々なグループに何かをさせながら、自ら修得していく、そっちのほうに力点を置いた教育のほうが進展していますので、ペーパーテストにしたらきっと能率悪いでしょうね。でも様々な課題を抱えたときに、そこから生き抜いて何かを作っていくという意味では力があるかなと思います。日本は、そういう発明・発見能力とか**課題解決能力**とか、**先進国型の学力**をつけなければならない時代に来ているのではないのかと思うんです。でもこれはやってみなければ分からないので、必ずしもどっちが正解というふうに言えないんです。

3　授業の感想

田辺　一通り教育の歴史を終わりましたね。感想を整理してみます。

【教・女】「総合的な学習の時間」において、生徒の興味関心に重点が置かれ、そこで学んだことと、教科等で学んだ知識を関連付け、生きる力を育もうとしていることがわかった。ゆとり教育で、教科書の内容は減り、その分基礎基本の定着は大事にされているとの事だが、「学力低下」が唱えられているということは、本当に生徒たちに**基礎基本**の知識が身についてきているのだ

ろうかと思った。

という感想がありました。今回は主にゆとり教育について学びましたが、この感想のように、ゆとり教育の理想はわかったけれど、それが実現できているのだろうか、という課題を指摘する感想が多かったですね。あと。受験が変わらなければ内容も変わらないんじゃないかとか、教師の負担についてなど、いろんな視点からの意見がありました。

足立 例えば、「ゆとり教育によって**教育の格差**が大きくなったのではないだろうか。豊かな家に生まれれば塾で高度な学習ができ、貧しい家では学校での学習しかうけられず、受験で勝ち残れないということが無いようにしなければならないのではないだろうか。」という感想なんか、気になりましたね。

水原 次回、学習塾に行っている率を示しますけども、通塾率は50％くらいと言っても、実際は家庭教師とか、何らかの形での学習補助はほぼ100％の人が受けているそうです。逆に言うと、そういう教育を買える人は伸びるし、買えない人は伸びないという、別な問題が出始めている、その指摘ですね。

田辺 他にも、こんな感想がありました。

> 【教・男】今回、テストの成績に現れない人間の能力を育む教育について聞いたが、僕も個々人の**考える能力**を育てるのは必要だと思う。ただ、それを小学校低学年から行うのには疑問を感じる。僕自身低学年の頃ニューヨークにいたが、むしろ低学年への社会性の教育は日本より手厳しいものだったと覚えているし、親もそう言っていた。

この感想を受けて、「**社会性の教育**」ってどういうものだったのかっていうのを、授業の中でこの感想文を書いた受講生本人に聞いてみました。その時のやりとりを紹介します。

田辺 ここで言う「社会性の教育」って、どういうものか、ちょっと説明してもらえますか？
受講生 席立つなとか、授業中に勝手に喋るなとか、ちょっとやるとすぐ校長室に連れて行かれるなどです。
足立 それは躾ってことですか。

受講生 ですね。家まで直接先生が来て指導をしていたので、(日本より)よっぽど厳しいと思います。

田辺 日本の方が躾という面では厳しくて、アメリカでは個性重視で自由なのかなって思っていました。そうではなくて、アメリカの方がそういう社会性の教育というか、躾が厳しかったということですよね。

受講生 高学年になるとそういうことを先生は言わなくなるんですけど。宿題が多くなって自分で勉強することが増えたりもするし。でも低学年で出る宿題ってのはほとんど書き取りとかそういうものばっかりだし、自分で考えるっていうよりは、その考える基盤として、基礎基本の勉強のほうが重視されてました。

田辺 面白いですね。ありがとうございました。

水原 今のような指導に対して、家のほうでも真面目にそれを聞くっていう姿勢があると、子どもに浸透すると思いますけども。日本の場合どうですかね。親がその気になるかどうかが難しい問題かなと思います。文科省は、最近は「**人間力**」をつくると言い始めてますね。本来の「ゆとり教育」を誤解の少ない「人間力の涵養」と表現しています。

～その他の感想～

●ゆとり教育の理想と課題●

【文・女】総合的な学習の時間は生徒が自らの関心に基づき、自分で考えて学ぶものなので<u>生徒のやる気によって差が出る</u>と思います。やる気のある生徒は自分でどんどん調べてたくさんの知識を得て有意義な経験をするだろうしやる気のない生徒にとっては全く意味のないものになってしまいます。その点については何か検討されているのですか？

【経・男】総合的な学習の時間が目的どおりに行われている学校はあるのだろうか。<u>正直もう廃止して他の教科の授業をしたほうがいい</u>と思う。

【文・男】<u>何をもって「学力低下」と言うのでしょうか</u>？「学力」をはかる基準の1つとして国際的に行われるテストの結果や順位が使用されていますが、それぞれの国々で教育の内容や方法は違うのだから、<u>一律のテストで順位を出すことに疑問</u>を感じます。そしてさらにその結果、順位に踊らされて、ゆとり教育や教科書の内容を見直したりするのも何となく馬鹿げているように思えます。日本は日本の教育を行えばいいと思います。(基準を日本で決めたとしても「学力」をどうはかるかって難しいよね。「学力」って何なのだろう。田辺)

【医・女】小学校で「ゆとり教育」として加えるのであれば、稲作や作物作りといった農業を取り入れるべきだと思います。現代の子どもたちに必要なのはただ単に休みを与えることではなく、実際に自然に触れることです。土に触れ、草に触れ、時に虫にも触れながら、作物の成長を観察することで、生命の尊さを実感できるのではないでしょうか。そうすればおのずといい方向へ進むと思います。この前母校の小学校に行ったとき花壇や畑がなくなっていたことは、今の勉強以外の余計なものを排除する教育が感じられてショックでした。（このような取り組みをしている学校もありますね。体験学習は今日の教育のキーポイントです☆足立）

●教師の役割・負担●

【教・男】教育改革があると、カリキュラムが変わるだけでなく、教師も変わらなければならないということに気付いた。今のゆとり教育があまり機能してないのも結局教師が何をやればよいのかがわかっていないからだと思う。これからは、従来どおりの教師教育ではポストモダンの学校に適応できないと思った。

【教・男】1990年の校門圧死事件についてですが、2～3週間ほど前に偶然インターネットでこの事件のことを知って、加害者となった先生が書いた本も買ったので個人的にはとてもホットな話題でした。このような事件を見ていると、教育現場の大変さや、ゆとりの大切さを痛感します。事件を犯してしまった先生も、ある意味で当時の教育行政の被害者だと思いました。

【教・女】生徒が圧殺された事件には驚きました。日本人が非常に時間にとらわれていることを感じました。4月25日のJR脱線事故も時間的な圧迫が引き起こした事故ですよね。ゆとり教育がうまく機能しないのはこういう時間に圧迫された考えを持つ日本人だからなのかなぁと感じます。時間にゆとりが欲しいのか、学習内容にゆとりが欲しいのか今の体制でははっきりしない気がします。学習内容を減らしても、減らしたものの7割しか覚えられないんじゃないでしょうか。

●国益と個人の利益●

【教・女】国益よりも自分の幸せのために勉強し、そうやって得た知識や能力を国家のために使うことがなければ、国家は衰退する。政治家は金のために政治をし、

企業は徹底的な利益の追求をする。そして、未来への大した展望も持たず毎日をなんとなく生きる若者が増える、という観点から考えると愛国心教育はある程度正当化できるかなとも思いました。もちろんそれが個々人の思想を束縛するようなものではないことが前提なのですが。

【教・女】「ゆとり教育」が単なる学力低下に終わるか、それ以上の成果を持つものとなるかは、国の政策ではなく現場の教師にかかっていると実感した。また、今までは教育は国益中心に行われてきたが、やっとここにきて一人一人の人生のために行われ始めたように思った。

1 そぼくな疑問 －全ての学問もたった一つの疑問から－

〈教育制度〉○日本の「ゆとり教育」はオリジナル？それともどこかの国のモデルにしたのですか？○"生きる力"がついたことはどうやって判断するのか！？（そうなのよ！鳥羽田）（評価が難しい。高橋陽）○今の小学校ではレポートを出すような授業があるのか。〈学校〉○修学旅行で海外に行く学校は全国でどのくらいあるのか。○不登校の人が通う学校ってあるんですか。○保健室が逃げ込む場所になる理由。○水泳の授業がない高校ってどのくらいあるんでしょうか？（入りたい人は入って、他の人は体育館でって感じ。高橋陽）○校長室はあるけれど教頭室はないのか。（教頭はいつも職員室の広間にいて全体をとりしきっています。水原）○父兄の力が異常に強くなったのはいつ頃からだろうか。○僕の小学校は朝だけは校庭で遊ぶとき、なぜかボール遊びが禁止でした。他の学校もそうなのでしょうか？〈学校の道具〉○なんで掃除の時間に掃除機を使わせてくれないのか。（全員で協力させる力をつけるため！？深い気がしてきたぞ…足立）○"生活科バッグ"ってもしかして全国共通じゃないんですか？（初めて聞いたよー。鳥羽田）○大学に生徒手帳がないこと。（学生証＆便覧があるから？足立）○防空頭巾がある学校とない学校があるのはなぜ？〈給食〉○給食の残飯は結局捨てられてしまうだけなのか。（もったいない…杉原）○給食の牛乳が紙パックかビンかは地域によって違うのか。（ビン：2名、紙パック：4名、両方：1名@研究室）〈先生〉○教師が起こす事件は余計に注目されている気がします。○職場結婚すると女の先生がとばされるのはなぜ？（大体は便利な場所に移してもらうことが多いです。水原）○教員採用試験ではどんなことをするのか。○通

信教育で小学校の先生になれるのは問題ではないでしょうか。(通信でも実習行かないとダメだけどね。足立)〈幼稚園〉○幼稚園って義務じゃないですよね？どれくらいの子が通っているんでしょう？〈言葉〉○赤点ってなんで「赤」なのか。○なんで「クラス（階級）」なんて単位を同学年の中で使うのか？○習字と書道の違いは？〈ニュースから〉○何で「靖国参拝」ってあそこまで反対されてるんですか？〈その他〉○蛍光灯がむき出しな件について。○過去の偉人の中で、どのくらいの人が中退していたんでしょうか。(理由なども)○学習塾っていつからできたんですか？○海外への留学先は先進国が多く発展途上国が少ない理由。○中学生くらいに必死に自分の机を彫刻刀で穴をあける人の気持ち。(後に使う人はかなり迷惑だよね。高橋陽)○机に落書きする人の心理。(どこにでも書きたいの。高橋陽)〈「教育学」授業＆水原研究室へ〉○お姉さんたちがみんなかわいくてうれしいです。(ありがとう☆お姉さん)○私は、実習生の先生に生活指導されたり、怒られたことはないです。

足立 今回、久々に「そぼく大賞」が決まりました☆「そぼく大賞」は、保健室が逃げ込む場所になる理由 と 蛍光灯がむき出しな件についての2つです。蛍光灯、実は色々事件があるんですよね。

田辺 PCBが漏れたりとか…。蛍光灯は危険な部分も多いのに、むき出しですよね。カバーをかけなくていいのかなって、前から思うところがありました。

足立 保健室の方は、確かに保健室の存在って気になるねということで。どちらも、学校の教育内容とか中身というよりは、環境面の指摘ですね。八木さんは卒論で学校建築について調べてらっしゃいましたが、ハードとソフトの問題は意外と連動しているかもしれません。

田辺 では、このほかの「そぼく」についても見てみましょう。まず、「学習塾っていつからできたんですか？」という、そぼくな疑問があったのですが。

水原 もともと教育っていうのは、親が子どもに教えるという形。結局教育というのは親の職業を子どもが継ぐために親の業を教えていくことが始まりです。それに対してちょっと専門家を雇うのが**家庭教師**で、それは伊達藩の殿様が御指南役を息子につけて、いろんな勉強をさせるというような、言わば指南役ですよね。ですから貴族を中心に、古典の読み方を教える先生とか、剣道を教える先生とか専門の家庭教師をつけて、お坊ちゃまが育ち支配者になる。時代が進み、国民大衆がお金持ちになって、みんな学校に行き始めると、少しでも人の上に上がりたいということで、だんだんと塾とか家庭教師が流行ってくるわけです。その塾も、それまでの塾は緒方洪庵の**洋学塾**みたいな、あるいは**漢学塾**のようなゼミをやる

塾が一般的でした。それが明治末から大正期になって進学率が上昇したから、受験浪人の受け皿としての**進学塾**がでてきました。

正確には明治期から現代まで一貫してありますけども、隆盛したのは**進学率**が上がった時期です。戦後は1960年代あたりから、大量に高校生が出てきて、進学塾が流行りました。以後、ますます大規模化しています。今はちょっとブームが違って、個性的なブームですね。スポーツを教える塾とか、体験学習とか総合学習を教える塾とか、できないといじめの対象になるとかでいろんな個人のニーズにあった塾が出てきました。

足立　今、おもしろい塾が出てきてますよね。では、教育の原点は親が子どもに教えるという話、その流れを活かさせていただきますと、「不登校の人が通う学校ってあるんですか？」という「そぼくな疑問」があったので、「学校に行かない選択肢？？」と題してまとめてみました。アメリカではホームスクールという考え方があって、学校に行かないという選択肢が日本よりも定着しているそうなんです。学校ってなんで行くのかな、不登校は悪いのかなっていう疑問・視点から考えてみたので、次ページの資料を読んでみてください。

水原　学校というのは親が子どもを教育するのを委託されている場所です。親がもともと子供への**教育権**を持っているんですが、それを学校に委託している。だから学校は親の希望を生かすように教育するべきだというのが原則です。自分の子どもを教育する、そのために教師を雇ってるんだから、教師は親が望むように教育してくださいという論理ですね。でもその原則を貫くと、親の恣意的な教育に偏ってしまう危険性がある。そうすると、子どもの人生が阻害されるから、子どもの**学習権**という、子どもが幸せになる権利、社会権・生存権を確保するために、今度は国が出てきて、子どもの学習権を教師の専門性によって保障しますという義務教育が展開されます。親は、「子どもを教育する権利」を持つけれど、「子どもの学習を保証する義務」も負うという仕方で国は子どもの生存権を保障しているのです。そして、その教育を専門家集団として担っているのが学校です。ですから元々の原点に返すと、親に子どもを返してもらおう、親が望むところの教育でやり直そうという論理も出てくるわけですね。

田辺　確かに学校以外に、塾やホームスクールも学習の場としてあるんですよね。授業では今まで学校に焦点を当てて学んできましたけど、他のものと比べることで学校って何なのか考えやすくなりますね。また学校の新しい一面が見えた気がします。学校を考えるって面白いですね！

そぼくのほそく8　学校に行かない選択肢？？

　みなさん、フリースクールって聞いたことありますか？「不登校の人が通う学校ってあるんですか。」というそぼくな疑問に単純に答えを出すなら、これが答えの一つかなと思います。フリースクールとは、学校教育法に拘束されない民間の教育機関です。つまり、公的な支援は受けません。あるスクールは「教育的な関わりをする機関の中で、不登校生にとって最も理解ある支援の場であろう。」「フリースクールは学校の先生はもちろん家庭の親さえも扱い切れないと投げ出した子どもを、日々接し行動を共にする中で救い上げ味方になって支援しようとする学びと活動の場なのである。」と述べています。フリースクールを卒業すると、高校の卒業資格をもらえたりします。形態も様々で、学校に通う形態をとるもの（その中でも個別塾のように少人数制を採用しているもの）や、通信制で学校に通う必要のないもの（週1回は通うなどの制限もあるようですが）などもあります。

　フリースクールは主に、「不登校生の駆け込み寺」というイメージが強いですが、個性尊重の時代、「学校に通わずに夢を追いかけたい！」「自由な時間に勉強したい！」という人が勉強するために通うケースも増えているようです。そういうケースに対応した学校も多く作られてきているみたいですね。

　ところで、この「フリースクール」の話しを田辺さんと話していて、田辺さんが「フリースクールは不登校児を学校に復帰させることが目的なのか？ということがずっと気になっている」と言っていました。確かにホームページを見ていると、「不登校克服専門機関」などという言葉を目にしますが、それでは不登校が悪いと決めつけた見方のような気がします。そう思う人も多いのでしょう。「不登校は悪いのか？」「学校はなんで行かなくてはいけないの？」という考え方は広がってきていると思います。「個性尊重」の流れに乗って…。公立か私立か、という選択だけでなく、学校に行くか行かないかを選択する時代が来るのかもしれませんね。

　学校に行かない選択肢。私たちにはどこか現実味のない話のように思うかもしれませんが、アメリカには「ホームスクール」という考え方があります。

　ホームスクーラー。日本では馴染みの薄い言葉だが、アメリカでは、学校に通わずに家庭を基盤にして、それぞれに合った学びを実践する5歳から17歳までの学齢人口は百万人にも上ると言われる。

ホームスクーリングは現在アメリカすべての州で合法で、各地に法律面、教育面で、子どもやその親をサポートする支援団体があり、地域で孤立しがちなホームスクーラーとその親たちを直接、間接的に支えている。
(http://www.ne.jp/asahi/homeschool/renkon/essay_america_hs_jijou.htm より)

　初めてこのことを知った時、私は非常に驚きました。外国に目を向けるのも、新しい視点が開けて面白いものですね。興味を持った人は、自分でも調べてみてください☆

（足立佳菜）

〈参照ホームページ〉
http://www.os.rim.or.jp/~nicolas/freeschool.html
http://www.ne.jp/asahi/homeschool/renkon/essay_america_hs_jijou.htm
http://www.shure.or.jp/tokyo_fs/tsc/webdets.html を参考に下図を作成。

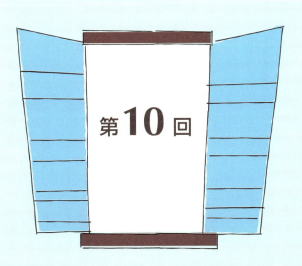

第10回

いよいよ最後の授業です。
これまでの授業で見てきたように
どんな時代にだって課題があり
それを解決するための教育の変化がありました。
じゃあ現代は？課題はすべて解決したの？？
…そんな事はありません。
あなたが今現在通っている学校。
もしくは今まで通ってきた学校。
さてさてどんな問題を抱えてるんでしょう？？

1 授業　現代学校の今日的課題

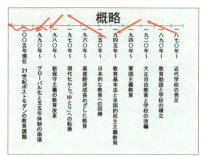

早分かり！学校の歴史

概略
- 一八七〇年～　近代学校の発足
- 一八九〇年～　教育勅語と学校の確立
- 一九二〇年～　大正自由教育と学校の改編
- 一九四〇年～　軍国主義教育
- 一九四五年～　教育基本法と米国的民主主義教育
- 一九六〇年～　高度経済成長への回帰
- 一九七〇年～　現代化から「ゆとり」への転換
- 一九八〇年～　新保守主義の教育改革
- 一九九〇年～　グローバル化と五五年体制の崩壊
- 二〇〇五年現在　21世紀ポストモダンの教育課題

水原　今まで学校の歴史で話してきましたが、年表だけ示して簡単に総括します。最初は1872（明治5）年に**近代学校が発足**する。従来は身分制でやってきたのを、今度は学校の勉強でもって人の生き方を分けていく。能力によって人を選別する。近代の原則は能力によって人を選別するという新しい原則となった。そして欧米から新しい文物や思想を持ってきましたが、しかしそれは日本的な道徳に合わない、日本的な人づくりに合わないということで、そのあと1890年に**教育勅語**が出てきて、日本的な人間像が出された。ようやくこれで日本の国の教育方針が固まりました。その後間もなく日清戦争・日露戦争で、朝鮮半島・中国の地域を植民地にして、日本の国が豊かになった。そこで大正時代は自由を謳歌するので、**大正自由教育**と称し、様々な私立学校が出てきた。しかしその経済も行き詰まって苦しくなってくると、われわれは大陸へ侵略するという仕方で、日本の活路を見出す。そこで**軍国主義教育**をすることになったわけですが、それも束の間で、世界から反発を食らって日本が敗戦となった。

　戦後は、日本人に**民主主義教育**を植えつけようとして、アメリカンデモクラシーを日本人に教育する。教育基本法がつくられ、戦後改革が始まった。しかしアメリカがいなくなると、やっぱり日本的な教育へ戻ろうってことで、教育委員会制度もほどほどにしよう、それから、みんなで考えるとか討論するなんて新しい教育のやり方もほどほどにして、やっぱり能率のいい暗記暗誦、系統的な知識・技術の教育に切り換えた。そして**高度経済成長を目指す教育**をして、モーレツサラリーマンのような人間像づくりをして世界を見返し、世界第2位の経済大国にのし上がったということですね。

　しかしその高度経済成長路線の負の副作用として、学校がすごく無理をして荒廃し、家庭内暴力まで頻発するという事態になりました。それで国民全員に過度に高い能率優先の教育はやめ、今度は「ゆとり」に戻そうということで、教育の高度化・**現代化**から**「ゆとり教育」**に転換しました。ところが、社会も成熟して安定社会になったマイナス面として、日本人が元気を失くしてしまった。

　今度は**新保守主義**という政策路線が台頭してきて、そこで日本人を鍛えなおそうということで、日本人全体に競争を強いることにしました。例えば、民営化を

導入して、競争原理で勝った人は勝ち、負けたら負けという在り方を、様々な側面で導入しました。ただし、バラバラになってはいけないから、日の丸・君が代を大切にして、国家への帰属意識や忠誠心を高める教育は徹底しましょう。このように、新保守主義の教育改革がなされています。

　だいたいそれで基本的には進んで来ているわけですが、さらに世界は市場経済一色になりました。社会主義経済が崩壊して、ソ連も中国も社会主義をやめて地球が一つになって運営されることになった**グローバル化**。かつ、世界の変化の余波を受けて、日本も55年体制が崩壊します。今まで日本は資本主義か社会主義か、自由民主党か社会党かでやってきましたが、社会主義系の政党が著しく退潮し、時代もその種のイデオロギー論争がすっかり下火になってしまいました。

　ここまで教育は近代化でやってきたけれども、2005年現在、21世紀に入ったところで、本来は、**ポストモダン**を志向すべきではないかと言われています。近代化の後の、もっと違ったあり方があっていいんじゃないか。一人一人が自分の生き方を活かして各人の志や希望を追求する、そういう教育を目指すべきじゃないか。今までは画一化、近代化、重厚長大な生産性重視の教育をやってきましたが、これからは一人一人の希望を叶えるような、個別化、個性化の論理で、個人の希望を叶えるような教育や生活に変わるべきではないかという違った原理に目覚め始めています。そういう過渡期の中で様々な問題現象が起きています。根本的には、「近代学校」はモダンの産物であり、ポストモダンの要請する個性化・個別化とは調和できない体質を有しています。これに新保守主義による競争原理の過激な適用も加わることで、いわゆる**格差**問題を顕在化させているのです。

　以上、日本の近代約140年、戦前80年と戦後60年の歴史の概観でした。次に、その歴史的経緯をふまえ、現在の幼稚園・小学校・中学校・高校・大学についてどんな現代的課題があるのか、話していきます。

幼稚園の課題

　幼稚園段階に関しては、220頁の図で示したように、関わりあう力。自然や事物と遊ぶ力とか、他の人と遊ぶ力。それから自分自身の生活習慣をつくる力。この**3つの関わりあう力**をいかにつくるかが課題の1つめです。その場合に、教え込みじゃなくて**遊びを通して**修得させなければならない。遊びに熱中して何かを作った経験のある子どもは、学習でも体でも心でも非常に健全に育つということがあるものですから、その教育的環境をいかにして支援するかということが2つめの課題になっています。

　3番目に保護者の成長、**子育て支援**の場を挙げました。お父さんお母さんが若い人たちで子育ての経験がない上に、核家族で親兄弟の助けがないものだから、時にはノイローゼ状態に近い人が出ます。通常、女性は自分の生まれ故郷、職場、

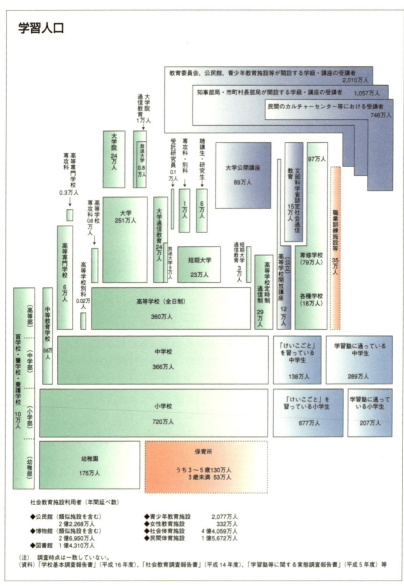

自分の友達関係から外れて夫の生活圏で生活することが多く、すごく孤立無援な存在になる。夫は仕事に追い回されて夜遅くしか帰ってこない。お年寄りやお友だちなど相談相手の無い中で子育てをしていくものですから、不安になって行き詰まっていくんですね。それで幼稚園を子育て支援センターにして、若い親の成長を促していくことが課題になるわけです。

>
> **幼稚園教育の課題**
>
> - かかわりあう3つの力の育成
> - 遊びを通した総合的な教育
> - 保護者の成長、子育て支援の場
> - 幼保一元化
> - 幼・小連携

　それから**幼保一元化**。幼稚園の所管は文部科学省で、保育所は厚生労働省で管轄が違う。働くお母さん方が子どもを預ける児童福祉施設が**保育所**ですが、幼稚園は幼児学校だから午前中授業。だから幼稚園と保育所とでは、教育が違う、これでは困るので、この幼保をいかにして一元化するかということが課題ですね。しかしずっと何十年も言われてきた課題なのに、文部科学省と厚生労働省との縦割り行政によって進みませんでした。最近になってようやく幼稚園と保育所いっしょにした施設ができてきましたし、保育士も幼稚園教諭もお互いに免許をとりやすくして交流ができるように方策がとられてきました。

　それから**幼小連携**。幼稚園で教育したことが小学校につながるようにすることも課題です。小学校の先生方が幼稚園に見に来るとか、幼稚園の先生方が小学校に行くとか共同研究して幼小がつながるようにしないと、子どもが学校に行かないなど不登校の問題が起きるという課題ですね。

足立　先生、幼保一元化とか幼小連携とかありますが、「そぼくな疑問」で、「幼稚園って義務じゃないですよね」っていうのがありました。なんで幼小がつながっていくのでしょう。

水原　幼稚園は義務じゃないです。幼稚園っていうのは元々中流階級のお坊ちゃまが入るところが幼稚園の原型で、制服はダブルの背広にベレー帽を被っている場合が多いです。これに対して保育所は共働きの子どもが預けられて上からスモックを被せられている場合が多いですよね。元々対象とする社会階層がちがうなど、経てきた歴史が違います。また義務にしようとすると保育所も含めて義務教育の教員を整えなければならないし、共働きの家庭はどうするかという現実的問題もあり、事前の条件整備と大変なお金がかかるので、踏み切れないというところかなと思います。

足立　幼保で役割が違うのに、なぜ幼保一元化かなと。

水原　幼稚園は午前中授業、保育所は**夜間保育**もある。これが一元化して両方の役割を果たしてくれると便利になりますよ。すべての児童が教育と保育を受けられ、学校には同じ条件で進学できますからね。

　みなさんは結婚したら、子どもを6時までは保育所において、その次はまた別の夜間保育をしてくれる保育所に子どもを移してもらって、夜の8時頃に子どもを受け取ることになると思います。できれば、託児するだけでなくて、幼稚園での幼児教育を受けさせたい、そして午後は保育もしてほしい、さらに5時以降も

勤務が終わるまで延長保育をしてほしい。とすれば、幼稚園と保育所をつないで、幼稚園が終わったら保育所に夜の9時ぐらいまで預かって欲しい。そうしたら働ける。ただし、子どもはかわいそうですが。

そういうのに対応できる幼稚園・保育所をつくらないと、女性は結婚したがらないし、子どもを産みたがらない。例えば、まもなく東北大学に保育所ができますけども、職員や大学院生などが子どもを持ったらそこに入れることが想定されています。できれば、働いている場所に保育所と幼稚園が一元化して一緒だったらいいですよね。ちょっと子どもを見に行ったら、午前中は、幼稚園教育を受けていて、午後は、保育もやってくれて、帰宅時には一緒に帰るというふうにして、職場ごとに幼稚園と保育所の一元化した施設があると、両親は安心して働けますよね。そういう対応がかなり遅れているというのが幼児教育の問題です。

小学校の課題　次が**小学校の課題**。まずは各教科の**基礎学力**をつくるということが課題ですよね。**国際数学・理科教育調査**（国際教育到達度評価学会〈IEA〉実施）を見てください（次頁参照）。日本の子供たちの学力が下がっていると問題になっていますが、実は、私はそんなに大騒ぎしなくていいんじゃないか思っているんです。小学校は数学・理科で、平成7年で世界第3位。中学校は、昭和39年は2位、昭和56年は1位で、今度は3位に下がった。そして平成11年では5位に下がった。ずいぶん立派な成績だなと僕は思いますよ。オリンピックだったら入賞、世界の学力で国民全員が、同じ年齢の子供たちがみんな試験して、世界で3番とか5番とかってすごい成績で、日本の子どもは立派ですよって褒めたらいいなと思うんです。誰も褒めないで、学力低下だって批判するため、すっかり子どもは自信をなくしています。

表を見て下さい。理科だって、実施年順に小学校が1位、1位、2位、また中学校が1位、2位、3位、4位って。下がっているといえば下がっているけど、立派なものだと私は思います。これを下がっていると見るべきなのか。その下の15歳児の学習到達度も、これは中学校ですけども、やっぱり2位グループとか1位グループとかになっている。確かに今の子どもは、僕らの貧しいときに比べたら勉強しませんが、それでも立派な成績だなと私は思うんですよね。そこら辺がどうも、世論があたふた大騒ぎし、世界一の基礎学力を付けてくれというということでしょうか。時代の課題としては基礎学力の向上としました。

小学校の課題

- 各教科などの基礎学力の形成
- 総合的学習などでの課題解決能力の形成
- 学校間連携、幼・小、小・中連携
- 英語の早期教育
- 教科担任制
- 在学者数の激減と統廃合
- 1学級40人から30人へ

国際数学・理科教育調査(1)我が国の成績

1)算数・数学の成績

	小学校	中学校
昭和39年(第1回)	実施していない	2位/12国
昭和56年(第2回)	実施していない	1位/20国
平成 7 年(第3回)	3位/26国	3位/41国
平成11年(第3回追調査)	実施していない	5位/38国

(注)小学校については4年生の成績。中学校については昭和39、56年は1年生、平成7年、11年は2年生の成績。

2)理科の成績

	小学校	中学校
昭和45年(第1回)	1位/16国	1位/18国
昭和58年(第2回)	1位/19国	2位/26国
平成 7 年(第3回)	2位/26国	3位/41国
平成11年(第3回追調査)	実施していない	4位/38国

(注)小学校については昭和45年及び58年は5年生、平成7年は4年生の成績。中学校については各年とも2年生の成績。

参照:http://www.mext.go.jp/a_menu/shotou/gakuryoku/genjo.htm

　しかしそれを一生懸命上げようとすると結局ドリルに行くものですから、人間がヒラメみたいにつぶれちゃいますよね。成績上げようと思ったらドリルやったほうが早いんで、それで成績は上がるんだけども、その分だけ魂が枯れる危険がありますからね。

　ですから基礎学力と問題意識の両方を持たせなければいけないんです。それで総合的学習で**課題解決能力**の形成を図ろう、自分自身の興味・関心・意欲でもって自分の学習する意欲をふくらまそうということが、小学校の第2の課題ですね。

　それから**学校間連携**で、先ほどから幼小・小中連携ってありましたが、やはりこの幼稚園と小学校、あるいは小学校と中学校を連携するということで、学校文化が違うと学習がスムーズに行かないので、これをいかにつなぐかということが課題ですね。ごく最近では、小中学校の9年制を3年・4年・2年とか、あるいは4年・3年・2年にして、最初の3年とか4年は今までどおり小学校教育をして、その次の4年は中学校並みの教育をするというようなことも考えられています。そう

したら学力が上がるかもしれない。新しい教育、世界の能力競争に勝てるような連携を模索するという意味で、幼小や小中が連携して、幼稚園から英語教育とか数学教育をしようという実験がなされています。

次が**英語の早期教育**。次の学習指導要領では、小学校に英語が入るそうですね。領域または総合的学習の時間に位置づけてだいたい1週間に1時間ぐらいずつ英語教育をやることが想定されています。アジアの国々の中で英語が使えないのが日本人だけと言われています。もう他の国はみんな始めましたね。韓国も台湾も中国もみんな英語教育を始めていますが、日本だけがまだ総合的学習の中でどうするか考えてみようなどと中途半端にやっています。これが新しい時代の課題だろうと思います。

次が**教科担任制**。今は小学校の先生方が、全教科を朝から晩まで持っています。一人で体育も図画も音楽も習字も教え、国語も算数も理科も全部教える。それではあやりきれないので、学力を上げるには教科担任を導入することが必要ということですね。

次が在学者の激減と**統廃合**ということです。子どもたちの人数がドッと減ってきました。あちこちの学校で学校が成立しないぐらいになってしまったところもあります。特に、ひと頃の新興団地やニュータウンでは高齢化により子どものいない学校となっています。それから都心などの学校も**適正規模**を確保できなくて、効果的な教育ができなくなっています。学校をどう統廃合するか。学校をなくすと地域の文化センターを失う問題、遠距離通学がもたらす交通問題や性犯罪まで含めて大変なリスクがあります。

それから1学級を40人から30人の**少人数学級**にすることも課題です。30人に減らして子どもたちの学力と生徒指導をよくしたい。最近は、児童が騒いで、怒鳴っても先生の言うことを聞かない状況が広がっています。家庭で躾けられてない子どもが来て暴れまわるもんだから、先生1人じゃもう抑えられないということです。小学校1年生2年生なんか、授業にならないみたいで。私の研究室の皆さんはボランティアで経験しているんですよね。

田辺 はい。算数の授業補助のボランティアをしました。先生が前で授業をしている時や問題を解く時に私たちが教室を回って、解けていない子にアドバイスをしたりとか。

足立 小学校1年生の段階で、もうすでに差が出ているのはびっくりしましたね。できる子とできない子がかなり差があるので、やっぱり先生1人だと見切れない

ですね。

田辺 あと学習規律の面でも、教科書を開かない子だったりとか、授業の準備ができていない子に、何ページだよって教えたりとか。ボランティアに行ってみてそういうふうにサポートするのも必要なのかなと思いましたね。

水原 はい。私の研究室でボランティアの募集をしていますので、是非、子供たちと一緒に活動したいとか、関心のある方はどうぞ参加してください。

中学校の課題

次は**中学校**です。課題の第1は各教科の**基礎学力形成**。245頁で見せた生徒の学習到達度ですが、これも私から言わせれば結構高いんです。例えば、フィンランドが1位で2位群に日本がいる。それから数学と科学だって1位グループにいる。

ところがOECDが2003年に41カ国にした**学習到達度調査(PISA)** で日本はショックを受けたのです。数学的応用力が1位から6位に、読解力は8位から14位に下がったからです。しかしこれで日本の学校はダメかというと、私はそうは思いません。これを無理に点数だけ上げて気味悪い事件を惹き起こすよりも、豊かな思考力と**人間力**を育成するという**回り道**をする方が基礎学力は上がると思います。そういうステージに日本はあるのです。もう基礎学力はけっこう世界的にすごい水準にあるから、むしろこれからは自分で何かテーマを追求する力をつけたらいいと思います。基礎学力をつけることは従来通り課題ですが、合わせて**問題解決能力**を育成することも大切で、この両者は共に継続して追求すべき課題です。すでに説明しているので省略します。

中学校
- 教科の基礎学力形成
- 総合的学習などでの課題解決能力の育成
- 不登校、いじめ
- 学校間連携、小・中と中・高の連携
- 受験勉強、学習塾
- 自分で勉強する意欲の低下
- 部活の指導

国際数学・理科教育調査(2) 数学・理科に対する意識(中学2年)
1) 数学

	数学が「好き」または「大好き」	数学の勉強は楽しい	将来、数学を使う仕事がしたい	生活の中で大切
平成7年	53% (68%)	46% (65%)	24% (46%)	71% (92%)
平成11年	48% (72%)	38% (-)	18% (-)	62% (-)
前回との差	△5	△8	△6	△9

(注)( )内は国際平均値　(-)内については国際平均値は発表されていない

(2) 理科

	理科が「好き」または「大好き」	理科の勉強は楽しい	将来、科学を使う仕事がしたい	生活の中で大切
平成 7 年	56%（73%）	53%（73%）	20%（47%）	48%（79%）
平成11年	55%（79%）	50%（ － ）	19%（ － ）	39%（ － ）
前回との差	△1	△3	△1	△1

（注）（ ）内は国際平均値　（－）内については国際平均値は発表されていない

(3) 学校外の学習（中学2年）

	1日の学校外での勉強時間	勉強や宿題をわずかでもする生徒の割合
平成 7 年	2.3時間（3.0時間）	72%（80%）
平成11年	1.7時間（2.8時間）	59%（80%）
前回との差	△0.6時間	△13

（注）（ ）内は国際平均値

　次に**不登校**とか**いじめ**の問題ですね。これがやはり中学校と高校でかなり出ています。中学校での暴力行為発生件数は、2万3千件です。やはり中学校段階で、点数によって人を選別して進学コースが分けられる、それで一生決まるかもしれないと思うと追い詰められてしまいます。小学校までは明らかに成績が見えなかったのが見えるようになって、自分の人生を決定しなければならない苛立ちというのがずいぶんあります。それで暴れまわるというのはわかりますね。

　高校になるとその点、暴れまわるのは諦めておとなしくなって、むしろ学校に行かなくなるわけですが、中学校ですと、暴力やいじめなどに走ることになる。中学校は中学校で、退学処分ができない。義務教育だからです。学校に来させなければならない。生存権を保障するためにきちんと教えなければならないというのが義務ですから。学校から追放できないので、保健室に置くとか、あるいはカウンセラーに任せたりしています。

　それから**学校間連携**。小中と中高の連携と書きましたが、小学校の文化と中学校の文化が違って、中学校に入ったとたんに不登校になる人がかなり増えていますね。小学校までは先生と生徒の関係は親子みたいで、私も小学生のとき間違って、女の先生をお母さんと呼んでしまって笑われたことがありましたけども、そういう信頼関係が基本にあります。

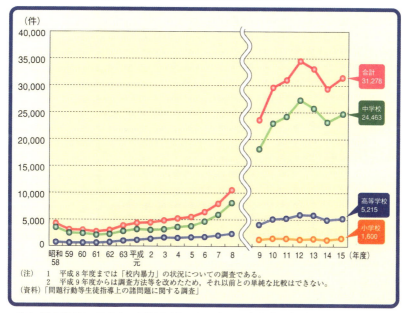

　それが中学校に行くと、極端な言い方ですが、先生方の態度が強圧的に変わってくる。小学校まではまるでお父さんお母さんの関係だったのに、中学校に来ると教師と生徒が感情的に対立した関係になってしまうというのは、すごい文化的ショックですよね。信頼関係ができている中学校に行けば、スムーズに学校生活に入れるわけですが、「なめんじゃねえぞ」って先生に構えられると、なんか急にドッと不信感が出てきてしまいます。腕力の強い子どもたちが徒党を組んで暴れまわっている実態にあれば、先生方もやっぱり頑張らなければならないので、生徒を脅かすような恐い顔つきをしてしまう。入ったときから脅かして、言うことを聞かせようというふうに構えるので、なんかすごく暴力的な雰囲気が漂ってしまいます。その結果、学校に行くことを嫌がる生徒が出てくるんですね。これは一つの例ですが、そのほかいろいろな違いがあるので、やはり**小中連携**を模索して小学生から中学生にスムーズになれるようにする教育が必要ですね。

　それから**中高連携**でも、これは青年期として、中学高校を連続して捉えて、進学先の高校をはじめ進むべき職業など、自分の進路を主体的に求める教育が目下展開されていますが、「総合的な学習」を中心にしながら、キャリア教育などで中学高校を含めて自分の人生をどう作るかが課題になっていますね。ただやたら勉強しろといわれても、学ぶ意味が確認できないと学校が嫌になりますからね。

　次は、**受験勉強と学習塾**です。2005年3月現在、塾に通っている割合は、中学1

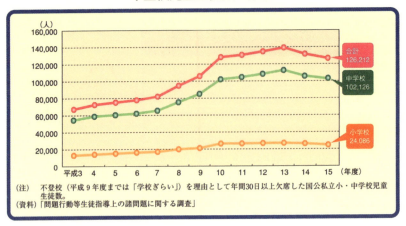

不登校児童生徒数の推移

年生が47.0%、中学2年生が57.1%、中学3年生が45.6%ですね。小学校ですと、4年生が35.6%、5年生が36.3%、6年生が38.9%です。中学校の段階で塾に通ってる人が50%、これに家庭教師をつけている人を加えると、個人的な推測では、ほぼ90%近くが、受験勉強＝塾体制でしのぎを削っている状況だと思います。

　その出来高によって人を選別するというのが近代の原則ですから、各家庭では当然さまざまな支援体制をとって子どもを競争させています。その結果、悲劇も起きる。親の期待が大きいとそれが負担になって、親さえいなければ自分が楽になるんじゃないかという考えで、金属バットで親を殺してしまうわけです。これは中国でも起きていますね。大学に進学できなければエリートになれないので、家族が自分たちの浮沈をかけて子どもと一体となって戦う受験競争が生んだ悲劇ですね。

　それから、親から強制されて勉強をした結果、本当に**学習意欲**が低下しています。これは先ほどの学力の現状を示すグラフのところで、勉強が好きとか楽しいという調査結果が載っていますが、やはり日本の教育の一つの課題は、成績はいいんだけども数学、理科はもう嫌だ、勉強したくないという、学ぶおもしろさが学校に行けば行くほど失われるということです。学ぶって面白い、さらに大学に入って様々な勉強をしたいなど、豊かな自然認識や社会認識ができることが理想ですが、それが低下しています。

　最後は**部活**の指導ですね。中学校は大変で、先生方は土日も返上して指導している。みなさんが学校の教師になったならば、「はい柔道部を持ってください」と言われる。柔道部担当になったら誰だろうが真面目に柔道部を指導すべきで、そのための勉強をすべきですよね。で、別の学校に転勤したら、「今度あなたは

ソフトボール部です」と言われて、強い日射の当たるところでソフトボールの指導をすることになる。去年まで熱心な先生がやっていたと思うと嫌になりますが、きちんとやるべきですね。自分の好きな部活が担当できるってことはほとんどない。自分が担当したい部活は先輩教員が取っているわけで、大体は得意でもない部活を土日も返上して、学校が終わったら毎日指導するということになります。

中学校の校長先生方のアンケートをとると、もう外注したいという意見が見られます。外に指導者を求めて、学校は基礎基本の教育をしたいということでしょう。この部活指導の位置づけが大きな課題だと思います。

高校の課題

高等学校のほうですと、やはり課題は**不本意入学**。不登校、いじめ、中退など、高校には入ったんだけれども、私の希望ではなかったという人が大半。大学もそういう面がありますが、高校が一番大きいですよね。15歳という年齢で、まだ世の中が見えない時に、もう希望を達成できそうにない高校に入ってしまった。例えば、農業高校にしか合格しなければ、あなたは農業です、その職業人になるために真面目に勉強してくださいと言われます。しかしそんな決心もしないまま受かってしまって、しようがなくて入学する、これが不本意入学ですね。

高等学校
・不本意入学、不登校、いじめ、中退
・学習意欲を喚起する学校改革
・総合学科、単位制、中高一貫などの再編
・フリーターなど就職率の低下
・部活の位置付け
・混迷する生徒指導
・弱い国際性

それで、学習意欲を喚起するために**総合学科**などが創設されました。1993年に高校改革の大きな目玉として、普通科と専門学科に次ぐ第3の学科として制度化されました。文部科学省の報告によると、高校へほとんどの生徒が入学する時代となり、多様な個性を持つ生徒が入学し、従来の普通科や専門学科での教育が難しくなってきたので、幅広く科目を自由に選択し学ぶことにより、自分の進路を見いだせる学校として設置され、その数は年々増えているということです。その総合学科高校では、ほとんどが単位制を実施しています。全国で226校、定時制・通信制は19校で、多くは全日制課程です。総合学科で幅広く選択することが可能な理由は、いくつかの専門の系列が平行して設置されているからで、5系列を中心に、4系列あるいは7系列も準備している高校が多いです。中でも、情報系の系列を設置しているのが153校で最も多く、さらに、人文系145校、自然科学系140校、福祉系103校が注目されます。

要するに、職業専門高校でもない、普通高校でもない、そこに行ったら自分の好きな勉強できる高校、自分の好きな単位を取りながら自分の進路を決めていい高校ということで、割と総合学科を希望する生徒が増えています。ただ、別の見

方をするとそれはモラトリアムで、自分の判断を猶予して決めていないということになります。そのことがいいかどうかという問題はありますね。総合学科では、きちんと進路を迷ってもらって、自分のライフプランを考えてもらうということが目指されているわけです。また単位制なので、一人一人が自分の好きな科目を選択することで卒業できる仕組

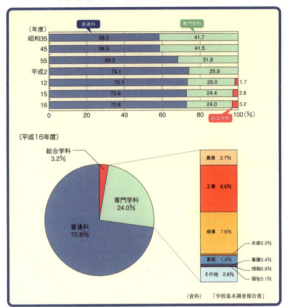

なんですね。今までは学校が決めたコースを生徒に歩ませてきました。でも今度はそうじゃなくて、高校生一人一人が学びたい内容を選んで、自分で人生設計を作っていくという構想です。

単位制は、戦後改革の時に、これからは民主主義社会を作るので、高校段階になったら一人一人が自分の学びを選択し計画するなど自主的な人間を育成しなければいけない、ということで採用された方式です。しかし実態は、あの先生は鬼か仏か等々で付和雷同するなど安易な対応が多いという問題が生じました。自主性の問題のほか、能率性、計画性、系統性そして管理の側面からも問題がありましたので、単位制の運用は中止され、学年制しかも高校側でコースを決めて強制するという仕方に変更しました。**コース制**のほうが能率がいいので、人材開発計画の応じてコースと定員を決めて高度経済成長をなしとげてきたのですが、ここにきて高校生の勉強意欲が著しく落ちてきたので、単位制がにわかに注目されてきました。

それから**フリーター**など就職率の低下問題です。このフリーター率がかなり増えていて、「高卒者の職業生活の移行に関する研究」の最終報告書を見ると、「フリーターについては、平成12年度版労働白書では平成9年に151万人と推計されている。また、日本労働研究機構の調べでは、平成12年には193万人という推計がなされている。さらに、先に見たとおり高校卒業時点で進学も就職もしない学

卒無業者の比率は卒業者の約1割にも達している」と報告されています。

卒業した後にどうするかと言うと、どうも就職意識があまりない。このグラフで見ると、進学も就職もしていない数、あるいはまだ決めてないというのがかなり増えていて、この人たちがフリーター化していくという問題があるわけですね。実際、青年

(注) 「フリーター」とは、15～34歳の者、女性については未婚の者であって、①現在就業している者については勤め先における呼称が「アルバイト」又は「パート」である雇用者（ただし、平成9年までについては、継続就業年数が1～5年未満の者）、②現在無業の者については家事も通学もしておらず「アルバイト・パート」の仕事を希望する者、を指す。
(資料) 厚生労働省「平成16年版 労働経済の分析」

期に職業の技術がきちんと修練されないと将来伸びませんよね。大事な時期にフリーターをやっていると、誰でも簡単にやれる程度の仕事にまわされて、知識も技術も態度もよく鍛えられないまま年をとってしまう。やっぱり若いとき3年ぐらいはきっちり仕込まれることが必要で、それがないと、モラルも含めて青年が崩れてくるので、今後の日本社会として心配ですね。

それから**部活**。すでにお話ししたように、甲子園野球なんかがあるわけで、その全国大会が高等学校をある意味で毒し、別の意味では盛り上げている。一概に評価を下すのは良くないんですが、例えば、高校の水泳は基礎基本に限定しそれ以上はスイミングスクールを通して全国大会そしてオリンピックに行く仕方のほうがいいと思うんですが、野球に関しては学校対抗でやっている。そこで一億円の選手をつくってプロになっていくという仕方があるわけですが、普通の学校における部活というのが、そこまでやるのはいいことなのか、私は疑問に思います。

それから混迷する**生徒指導**、不登校とかいじめとか中退とか、いろんな万引き、非行等の事件が起きて、生徒指導が大変です。髪の毛を茶色に染めたとか、服装が乱れているなどから軽犯罪まで対応します。高等学校の教員は、生徒が事件を起すごとに警察に呼ばれる。本来は学校とは関係ないのに、生徒が何をしたということで先生方が呼ばれる。成績のよくない学校に行くほど、その後始末だけでほとんど仕事が忙殺されます。本当の仕事は教科の指導なのに、教科の指導なんてものは付け足しみたいなものになって、ほとんどが問題のある生徒を追い廻し

て、その生徒指導に忙殺される。これは大変なんですね。

そのほか、日本の高等学校は**国際性が弱い**。日本の高等学校を出て世界に留学するとか、逆に、世界の留学生が日本の高校に入学するというのがきわめて少ない。世界的に見て、先進国の中では異常に少なく、あまりに閉鎖的ですね。

> **大学・大学院の課題**
>
> **大学・大学院**
> ・誰もがいつでも学べるユニバーサル時代
> ・高等教育の質の保証、教育と研究
> ・少子化社会の大学経営
> ・国公私立大学の役割分担と財政支出
> ・社会人学生の受け入れ
> ・学生及び社会からの外部評価

最後に**大学・大学院**の課題。やはり世界的なレベルの水準の維持をどうやってするかが第1の課題です。日本の大学はレジャーランド、入ったら遊んで何してという感じで、どうも信用がない。単位がずさんに取られて、品質保証のないまま卒業するなど学生の能力がいい加減に作られている。そういう教育の質をきちんと厳格にしなければならないということが課題です。やはり国際的に通用する研究と教育が求められています。

それから国公私立大学。国立・公立・私立はどういう関係で役割分担したらいいかということです。特に国立大学が法人化してきますと、私立でもなければ国立でもなく、どういう役割を持ったらいいのか。今までは、私立は文系中心の大量学生の教育、国立は理系中心でお金のかかる教育、そして公立は府県内のニーズに対応した教育という、曖昧ながら一応分担をしてきました。これからは全体的に民営化に向かう可能性があるので、分担よりも生き残りをかけてそれぞれの領分を侵しても競争することになります。少子化社会では学生を確保することが困難ですから、相当数の大学が倒産すると言われています。そうするとニーズに応じた多様な学部が乱立し、専門も領分も曖昧になり、当分、熾烈な学生獲得競争が展開されると見られますが、その役割分担と財政補助はどうすべきかが課題です。

社会人学生受け入れも課題です。大学は大体同一種類の青年しか入学していませんが、もっともっと社会人が入り込んで、人間的に幅の広い交流が展開される、そういう大学に変わらなければならない。他の国ですと、学生はだいたい自分で働いたお金で大学に行くので、社会人がかなり在籍しているわけですが、日本の場合には、社会経験の乏しい同年齢の青年だけが対象なので、経験と教養形成の点で青年教育上問題があります。社会的な問題意識や人間的な力量をいかに形成するかが課題になります。

誰もがいつでも学べる**ユニバーサル時代**ですので、大学を従来型の学生だけで

なく職場を持っている社会人も容易に学べる場に整備して行く必要があります。その意味では、従来のようなアカデミックな知識中心の教育だったものを、社会人の**リカレント**に貢献するような大学教育にすることが求められています。なかなか旧態依然とした教育が多くて、これを社会人にとって魅力あるものに改善していくことが必要と思われます。

最後に、そのような課題への対応が、大学側だけの一方的な展開ではなく、やはり学生からの評価及び社会からの外部評価を受けて、改善を重ねることが課題です。これは何が本質的な課題であるかを自己評価して内部改革をしなければいけないので、一番難しいことです。

以上、幼小中高大含めて、現在の課題というものを色々挙げてみました。前回までは明治の近代化から現代まで、どんなふうに学校が創られてきたかお話してきましたが、今回は、現在、幼小中高大の学校が抱えている問題について話しました。なお、小中高大いずれの学校においても、**学校評価**、**外部評価**、**教員評価**、これを進めることが求められており、目下の最大の課題になっていますが、本来は、学校を改革・改善することが課題であるにもかかわらず、評価自体をどう乗り切るかという本末転倒になっていることが問題としてあります。

2 質疑応答

足立 では質疑応答です。何か質問等ございますか。

受講生 大学と大学院に関して、誰もがいつでも学べるユニバーサル時代っていうのがありますよね。僕が大学受験を受けた時に、授業料増額反対の署名を求められました。最初は授業料を増額するのに対して、学校側が何らかのサービス向上を行うなら仕方ないかなと思ったんですけど、誰もがいつでも学べるようにするというなら、授業料値上げというのは当然問題になると思うんです。**授業料を上げる意味はあるんですか。**

水原 はい。大学をどういうふうに位置づけるかですよね。例えば社会主義国の中国とかソ連なんかですと、ひと頃授業料は全部無料でした。それは知的な能力さえあれば無料で入れるシステムにするということです。能力があるなら誰でも上がれるのが平等だという考え方です。社会主義は平等原理の社会をごく最近まで志向していましたからね。

一方、資本主義社会は自由原理ですから、お金があるということは勝負に勝ったこととして、お金を利用することを肯定的に認めます。自分で得すると思うものはお金を出して買う、というシステムの社会です。

それで大学の授業を買うわけで、これが授業料ですね、それはどのぐらいが適

当なのかという問題になるわけです。授業料を上げすぎると、所得の高い人しか入れない大学になってしまって、その結果、能力のある人が排除され、大学が廃れてしまうという問題が起きます。かと言って、無料にすると別な問題が生じます。

というのは、1970年代に授業料闘争の時代があったんですが、そのとき中卒で働いている私の同級生が「あんた方は大学を出て結局出世街道を登るんだから、特急料金払えよ」と言ったんです。結局、大学は特急列車で、その出世街金を高く払えという論です。その分だけ**受益者負担**、儲かる分だけ高い料金払うのは当たり前じゃないかということを言いました。我々学生は、いや貧しい人でもみんなが入れる大学にすべきだ、みんなの教育が保障されるようになるべきだと言ったんですが、これはやっぱり、この国をどういう原則の国にしたいかというところで見解が分かれるわけです。

それで今は、受益者負担を原則として、儲かる人は儲かる分だけ負担をしてもらいましょうとなっているんです。ただし、それがあまり高すぎると、その人個人にとっても大学自体の将来にとっても国家社会にとってもマイナスですので国から補助金を出してほどほどの金額にしているのです。

ですから本当に**ユニバーサル化**、つまり50％以上の人たち皆がいつでも行ける大学にするという意味では、授業料を下げておけば、行きやすいだろうとは思いますね。ただ別な面から考えると、大学に行けそうに無い人たちからすれば不当に大学生を優遇していることになります。俺たちは働いているんだ、税金払っているんだ。なんで学生だけが税金も払わないで安い授業料で儲けるんだという意見はあるんですね。

まあそういうバランスをとっていることがひとつと、それから私立大学は授業料が高い、国立は安いというのは不当じゃないか、そうでなくても私立はお金がかかるのに、さらに授業料が高いというのはおかしい。国立も私立も同じ額にす

べきだという意見もあるので、私立との釣り合いも考慮されています。

結局、いま採っている原則は受益者負担ということでしょうね。それがいいか悪いかは、どっちも意見がありえますね。どっちが正しいということよりも、それはどういう大学にしたいか、どういう国にしたいかによりますね。

足立 ありがとうございました。他に何かありますか。
受講生 子どもが家庭教師とか塾とかに行っているパーセンテージが8割とか9割なんですけど、ニュースでは学力低下と言っている。そこらへんが矛盾してる

なと思いました。なんで塾とか家庭教師とかやっているのに**学力低下**なのかなあって思いました。

水原　塾に行って家庭教師を雇って、それでいてなんで学力低下しているのかという疑問ですね。たとえて話すなら、水を飲みたくない馬をいくら引っ張り込んでも川の水を飲むわけはない。ということは、子どもたちの興味・関心・意欲を引き立てることに、失敗しているのではないか。みんな塾に行っても、本気で勉強している人は、一部の人、3分の1以上の成績のいい人だけで、他の人たちは別な意味で行っている。家庭教師が来ても嫌々ながらやっているということで、やはり意欲がかなり落ちている。それは学校での学びの質が問題だってことがひとつと、それからもう一方では、何回も言っているように豊かになりすぎて、努力しなくとも飯が食える、そういうリッチな状況では、人はやっぱりそんなに頑張らないんだろうと思います。ですから、頑張らないし、やる気もない。それで尚一層、塾に押し込んで家庭教師で何とかしようとしてますが子どもは益々逃げるという結果、悪循環の輪にあるのではないかと思います。

杉原　私は塾で個別指導の中学生を持ってた事があるんです。その時その子は週3回塾に来てたんですけど、テストの点数とかは全く上がりませんでした。やっぱり親に行けと言われて塾に来ているだけで、本人はあまり塾に来たくないという考えなので、そういう子はいくらやっても上がらないんです。

田辺　やはり塾に行って高度な学習をしても、本人のやる気しだいで身につくかどうかが変わるんじゃないかということです。

水原　ただ一方ではこの問題、本当は学校のあり方が問われている問題なんです。学校では躾とか人間関係をつくってもらって、塾できちんと学力つくるという流れになってきていますが、学校という機関はどういう役割を果たすべきなのかということに関わるんですね。

3　授業の感想

●幼稚園（子育て支援）●

【経・女】幼稚園教育について問題提起されていたが、少子化が深刻になってきたのは今に始まったことじゃないのになぜ今までその問題を解決する<u>幼稚園教育の改善策が取られてこなかったのか</u>疑問に思った。共働きの増加など子どもを育てる親の環境は変わってきているのに、<u>子どもを受け入れる体制が整っていないのは少子化に拍車をかける一因</u>だ。

●小学校（教科担任制・英語の早期教育）●
【教・女】小学校の教科担任制はいいと思う。小学校の専門性の低い授業とはいえ自分が教える教科に的を絞って教えられるので授業の質も上がると思う。

【経・男】これまでどうして小学校では教科担任制が取られていなかったのか不思議です。教師の負担面においても教科担任制のメリットは大きいと思いますが、それ以上に生徒がより多くの大人と接することができるということが重要だと思います。

【医・女】小学校の先生を教科ごとに分けることになるだろうという話がありましたが、私はそれに反対です。教科ごとに先生が異なるといつも子供たちを見てくれている先生というものがいなくなってしまいます。私は小さいころは勉強だけでなく生活面においても注意してくれるような学校の中のお母さん役を担任が果たしていると思います。だからもちろん学力低下が叫ばれている今、効率よく授業をすることも大切ですが、それを重視しすぎて子どもの成長を妨げてしまうことがないようにするべきだと思います。

【法・女】小学校から英語を導入するという話があったが、日本語をしっかりと話せないうちから英語教育をするのはどうかと思う。英語を話せるようになっても大切なのは「何を話すか」であり、それを日本語できちんと考えられなければ意味がない。母国の文化や母国語への正しい理解無しに真の国際人と言えるであろうか。（日本語での思考が困難になるほどの影響があるんだろうか？といつも疑問に思います。国内で1ヶ国語を共通して話す国というのは世界ではむしろ珍しいのだし…。足立）

●中学校（学ぶ意欲の低下・受験勉強・学習塾）●
【教・女】学校に行くほど学ぶ意欲が低下するってとても悲しいことだと思います。やっぱり生徒の内面からの意欲がなければ教育や学びは成立しないと思います。また、教育のギャップも問題です。中学ではお菓子のゴミが見つかると学年集会が開かれたりと大問題だったのに高校ではみんな普通にお菓子を持ってきていることに私は入学当初驚きました。なぜ中学校はあそこまで押さえつけるような教育をするのでしょう。やっぱり高校受験が大きいのかと思います。

【文・女】私は小5〜中3まで進学塾ではないけれど塾に通っていたし、高校3年間は予備校に通っていた塾っ子だと思います。親にお金の負担がかかって申し訳ないなとは思いますし、塾や予備校でもすごく一生懸命やっていたわけではなかっ

たのですが、やはり塾に行かないと不安だという気持ちがありました。たぶんみんなが通っているから通う、親も心配になって通わせるというケースが多いのではないかと思います。

【文・女】学習塾というものは学校に勉強以外の負担がありすぎるから出来ているのかなと思う。生活指導や基本的なしつけのようなものまで学校がやらされている状況では、一人一人の状況に合わせた勉強をさせることは不可能に近いのではないか。そうやって平均的な子に合わせた勉強をさせていることで、もっとできる子は物足りなくて、できない子は追いつこうとするとこにぴったり入り込んだのが学習塾なのかと思った。

●高校（生徒指導・不本意入学）●
【教・女】高等学校の問題に「不本意入学・不登校・中退」がありましたが、これは本当に大きな課題だと思います。今はほとんどがどの高校を卒業したかで難関大学進学・私立大・短大・専門学校進学・高校就職・フリーターなど決まってしまう傾向があります。これは大体自分の人生が決定してしまうということも意味していると思います。成績がいいから、ここしか入るところがないから、親にここの高校にいけと言われたから…などとあいまいな選択によって高校を決めてしまう傾向を改善する方法の一つとしても、やはり「ゆとり教育」で基礎的知識や社会性、人間性をしっかり身につけて自分をじっくり考える子どもたちが育っていけばいいなと思いました。

【医・女】対策の中には子どもたちのためになる大切なものもあると思うのですが、全体的に考えるとそれらは子どもたちを甘やかすことになるのではないでしょうか。例えば15歳で将来を決めるのは難しいから、高校は総合的な内容にするという話がありましたが、私たちは今まで高校受験の時には大体自分の将来を見据えて高校を選択してきたのです。今の子どもたちにそれができないのでしょうか。もしできないのならば、中学でもっと多くの職場体験を取り入れるなどそういう方向に考えていく人はいないのでしょうか。子どもたちのためを思うのと甘やかすのは全く違うと私は思うのですが。

●大学（高等教育の質の保証・遊ぶ大学生）●
【文・男】大学において「高等教育の質の保証」とありましたが、自分も大学の教育に関しては疑問を感じます。実際の英語能力を高めるとは思えない英語教育や「一般教養科目」とは名ばかりで、結局は担当教員の「専門」分野を教えて教員の自己

満足になっている授業など。そもそも「大学で学ぶべきこと」って何でしょう？

【教・男】多くの人が大学で学べるようになったといっても、学ぶ気のない人が大学に行くことも多くなっているのではないか。そういうことを思うと大学は一部のエリートのためのものであっても良いのではないかと思える。

●学力低下●
【教・女】世界の中で日本の学力がどのくらいなのか初めて知ったが、思ったより高かった。世間では学力低下が叫ばれているために、私たちは「日本人は頭が悪い」と思い込んでいる気がする。また、図を見ていてフィンランドの読解力が1位ということに驚いた。しかし、国語の時間が特別多いわけではない。一体何がどう違うのだろうか。各国でどんな教育、授業内容の差が生じるのか、調べてみるのも面白いなと思った。（フィンランドは小中の授業時間が少ないのに学習到達度調査では1位です。…うーむ＠足立）

【経・男】学力低下を世間が騒ぐのは間違っていないと思う。日本は人材で貿易が成り立っているのであって、学力低下＝人材の質の低下と一概には言えないがある程度関係はあると思う。今はまだ低くても3位や4位だからよいが、これが10位や20位などに下がれば日本経済は成り立たないと思う。

●学校教育全体の課題●
【教・男】今の日本では今後の学校のあり方の模索が為されているようだが、どんな議論も不毛に思えてしまうのは絶対的な価値観というものが確立されていないからであると思う。今議論すべきことは「学校のあり方」ではなくて「これからの日本という国家のあり方」という、よりダイナミックなテーマなのではないか。この議論無しでは「学校」はこのまま時の流れに任せてさまようだけである。

【教・女】レジュメの中の木の絵（本書220頁）を見ていてふと思ったのですが…。「先生」の立場になる人は高校・中学・小学校・幼稚園のどこに勤めようが、もっと広く「教育」について学ぶべきではないでしょうか。「教育」というものの大きな流れや各段階のつながりを理解した上で自分のフィールドや果たす役割を考え、技術を身につけていくという形で教師教育を行うことが幼小・小中連携を推進する助けになると思います。

4 そぼくな疑問 −全ての学問もたった一つの疑問から−

〈学校〉○校庭に使う土は決まっているのか。○伝統ある高校（学校）は山の上にあるというのは本当ですか？○小学校の時のはみがきの時間は中学校に行くとどうしてなくなるの？（実習に行ったら歯みがき週間がありました。田辺）○高校に生協はないのか。○参観日は何のためにあるのか？〈教科〉○現代社会の記述模試はどこに入る時役に立つのか。○中学の体育で男：サッカー　女：ダンス、男：柔道　女：ダンスとか、女子がめっちゃ楽しそう。（ダンス好きじゃなかったなぁ。高橋陽）（私もダンスより柔道の方が楽しかった☆足立）〈部活〉○部活っていつからあるのだろう。（部活は謎の存在です！足立）○中学校や高校にオーケストラが少ないのは何故…？（大学には割とあるが。）（うちの高校、吹奏楽部と音楽部に分かれてたよ。…レベル？高橋陽）○野球部員が丸坊主な理由。〈学校の道具〉○学校のイスって硬すぎないですか？すぐに腰とかが痛くなりました。〈衣〉○高校もセーラーがいいです。学ランばっかり買い替えなくてよいなんて…。〈先生〉○先生方も給食代は払っているんですか？○教師にならないのに教育実習するのはアリか。（教職の免許をとるなら可能です。水原）○先生で「本当に先生になるのが夢だった！！」って人はどのくらいいるのかな。○生徒にやる気を出させることが先生の仕事なんじゃ？〈大学〉○大学には校則らしきものがないのはなぜか？○理系科目は国際的に上位だが、文系科目はどうなの？○大学生が授業時間にルーズなのは、時間にルーズな教授が多いからではないのですか。高校までのように定時に始まれば遅刻する人も減ると思います。（キビシー！でもそうかも…。足立）○私大の教員と学生の割合は国公立のそれと全然ちがうらしいですね。やはり経営に重きを置いてしまうのでしょうか？〈塾〉○塾、家庭教師、進研ゼミなどの教材を何もしたことのない人はどれくらいいるのか。〈その他〉○父兄といっても、だいたい来るのは母である気がする。○「幼小、小中の連携」とありましたが、具体的に何をするんだろう。○どうして日・米には在籍外国人学生の割合が低いのですか？物価のせいかとも思ったのですが、英・仏・独は高い割合のようですが…？

足立　今回のそぼく大賞は、「部活っていつからあるのだろう」です。何度も部活の話は出てきましたが、部活の学校における現在の位置づけは本当に不思議なんですよね。
　部活に対する感想を次のコラムにまとめました☆

部活って、謎の存在！

　部活に関する話題は、これまでに何度も出てきているかと思いますが、ここでは、受講生からどんな反応が返ってきたのか、感想を振り返ってみます。

〈第5回授業時〉
　第5回の、質疑応答の際に水原先生から「学校が必ずしも部活まで面倒を見る必要はないんじゃないか」という問題提起が初めてあり、記念すべき部活論争勃発の回となりました。受講生の感想を見てみましょう。

【教・女】先生、部活なくさないでください…。学校で部活をするって大きな意義があると思います。授業で真面目くさってる子の意外な一面が見えたり、「この子ってこんな子なんだ」という発見があったり。周りの人間を多角的に見ることのできるいい機会だと思います。それにスポーツまで「勝手にやってください」だと、バッティングセンターの使用料などお金の問題が出てくると思います。お金を持っている家だけスポーツできるなんてそれこそ嫌です。また、授業で学ぶことも大切だけど遊びから学ぶことってたくさんあるし、学校が部活を供給することは子どもたちに新しい世界への窓口が用意されているということにもなると思うので、とてもすばらしいことです。

【教・女】私は部活はあって良いと思います。学校というのは集団生活に慣れる、集団生活から学ぶという一面もあるので、部活もその一環なのではないでしょうか。でも、先生が部活のあり方が疑問だとおっしゃっていたことにも納得しました。試合に勝つために部活で一生懸命練習している人は真面目で部活を楽しんでやるという人は不真面目だというのは確かにおかしいと思います。一人一人の部活に対する考えは違っているのに、「試合で勝つことが目標」とした一つの考え方になっていることを直していく必要があると思いました。

【文・女】部活についてですが、私は賛成です。部活がなかったら知り得なかった

ことも多いです。その日の気分によってやるスポーツを変えたりしたいとおっしゃっていましたが、私の友達にはあまり活動のない部に所属してサッカーやテニス、ダンスなどの教室に行っている子がいました。部活動はそもそも大会や試合に勝つことや、そのために毎日練習したりすることが前提となっています。そういう活動をしたくない子は上記の子のようにすればいいと思います。部活は日本人の一種の夢です。同じ学校に所属する、同じような年齢の人だけで同じ目標を掲げて活動することに魅力があります。他にやっている国があまりないからといって変えるのはちょっと…。日本には日本の文化があったって良いと思います。

 この3番目の感想には、学校の部活と社会の部活を併存させる考え方が見られます。このような仕方で社会的に開かれた学校システムもありますよね。課外活動をどのように課外として位置づけるべきかという問題です。次のような感想を持った人もいました。

 【教・女】学校で部活まで面倒見る必要があるのかという問題は確かに考えるべきものだなと感じました。部活そのものが悪いものだとは思いませんし、自分の興味のあることを学校でできるのであればいいことだと思います。しかし、全ての生徒に活動を強制したり、学校の名前のために、大会に出させようとすることは間違っている、というか学校にそこまでの権限はないのではないでしょうか。あまり熱を入れすぎると、特に出場できる人数の決まっている競技などではレギュラー争いが過熱し、生徒間の関係が悪化したり、ひどい時には親同士が子どもの部活のことで険悪になってしまうこともあります。学校において部活が第一になってしまうことは避けるべきではないでしょうか。

 【教・男】今日の話を聞いてて、実は現在の日本の学校って、すごく親切（おせっかい？）なのかな、と思いました。今までは部活や生徒会は当たり前のことだと思っていたのですが、よく考えてみると学校って知識を教えるところなのにそこまで面倒を見るって不思議なことですね。学校が知識だけでなく、人間形成や余暇活動まで一手に引き受ける。そんな状況だから日本では教育に対しての期待や信仰が大きいのかなと思いました。

〈第6回授業時〉
 第6回の授業時には、教育実習の報告から発展して、教師の負担、部活の独占

的使用(場所・道具)、専門的指導者の確保、地域スポーツとの連携、そして教師の授業の予習時間不足などの問題が論じられました。

【教・女】教育実習に行っていた足立さんが部活について教師の負担の面からお話をして下さいましたが、私はこれまで教師の負担のことなど考えたこともなかったので衝撃を受けました。私は部活というのは本当に大切なものだと考えていますが、それは自分たちのことしか考えていない自己中心的なものだったんでしょうか…。私は中学校の時合唱部に入っていましたが、合唱部で学んだもの、思い出は本当にかけがえのないものです。きっと死ぬ間際でも合唱部のことを思い出すと思います。その活動には先生はなくてはならない存在でしたが、その先生は私たちのことが負担だったのか…と、とてもショックを受けました。

【教・男】自分は部活はあっても良いが、そのあり方に問題があると思った。体育館やグラウンドは部活に所属する人に独占され、一般生徒の使用する時間はほぼない。自分の通っていた高校は県立だったので、地域の人に利益を還元しても良いはずなのに、一般生徒さえもまともにその利益を受けていない。スポーツに対する意識も人それぞれなので、部活に所属する人だけが優遇されるのはおかしいと思う。

【教・女】今日の話しを聞いて、「地域の人が部活の指導をする」という考え方もアリだと思った。公立の場合、やはり先生の異動はあるわけだし、先生が変わるたびに、指導法が変わったり部活に対する熱心さが変わるのは、生徒としても嫌なことだと思う。でも、部活を地域でやるとなったら生徒の学校に対する想いは薄くなってしまうような気がする。それに部活の顧問になった先生は大変だと思うけど、それだけじゃないと思う。私は今でも中学校の部活の先生と交流があるし、とてもよい関係だと思う。こういうのは教師にとってはプラスではないのか。確かに授業の予習をする必要があると思うのだが…。また、学校での部活を週3日ぐらいにしてその他の日もやりたい人が地域でのスポーツなどに参加するという方法もアリだと思う。

(足立佳菜)

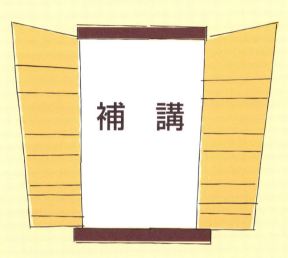

補講

第10回までは2005年度の授業を素材としていましたが、
この補講は2009年6月23日に行った授業を基にしています。
ここでは、新しい時代の課題8点を素材に授業を展開しました。
第1点がいわゆる「ゆとり教育」、
第2点が「確かな学力」育成、
第3点が道徳教育、
第4点が健康問題、
第5点が大学教育、
第6点が教員評価と学校評価、
第7点が少子化と学校統廃合と学校間連携、
そして第8点が改正された新教育基本法についてです。

1 続　現代の課題

個性"差"のつくカリキュラム

水原　おはようございます。最初にTAからコメントの総括をお願いします。

足立　前回（※2009年度の実際の授業における「前回の授業」を指しています）は、高度経済成長の負の副作用という問題が出てきて、いわゆる「ゆとり教育」が必要になってきた時代についてお話しがありました。それに対する皆さんのコメントですが、まとめますと、①全体的な感想、②知育偏重教育による負の側面、③ゆとり教育、④教員評価、⑤個性のとらえ方、⑥学校の役割、そして⑦現代の分析というふうに分けられます。その中で、個性のとらえ方について、「個性差のつくカリキュラム」って具体的にどういうことですかという質問がありました。先生、ちょっとお話しいただけますか。

水原　本当は、人間性の回復を目指すのだから、「個性」がつくようなカリキュラムにしたいということですが、私の解釈で、「**個性差のつく**」というふうに、わざわざ「差」をつけました。なぜかというと、これまでは画一的に差がつかない平等主義で教育をしてきました。どんな能力だろうが同じクラスで、同じような内容をやってきました。でもこれからは差がついていいんじゃないかという方針の転換があったということです。ノーベル賞をもらえる人はどんどん青天井でどこまでも勉強したらいいし、そうでない人はそれなりの勉強をしたらいいと、そのほうが個性に応じて伸びるんだと説明されています。ということは、今回のポリシーは、「個性」という名のもとに「差」がつく、同時に個性も開くというポリシーであると解釈できます。そのポリシーがいいか悪いかに関しては意見が分かれますね。みなさんがどう選択するかの問題になります。

足立　差がついていいという競争原理の導入みたいな話があったんですけれども、ゆとり教育を導入するのに、なんで競争原理を導入するのか、そこがよく分からないという質問もあったんですけれども。

水原　結局、能力に応じて、それなりに、その程度に応じて教育したほうが、個性の花が開くし、そのほうがいいんだという考え方ですよね。つまり、無理して全部同じ箱に閉じ込めて、同じスピードで走るということは、結局のところ個性を摩滅する。できない人はできない人なりに、ゆっくり小さな花を咲かせたらいいという考え方ですよね。

　で、それはへたすると差別の固定化だという批判もあるし、いやそのほうが助かるという考え方もある。自分の能力に応じたクラスに入ったほうがゆっくりできていいという考え方ですね。自分らしい小さな花を開けばいいという人もいるし、大志に向って努力する人もいる。ですから、個人個人によって賛成反対がで

てくるでしょうね。

足立 競争する→差がついてもいい→みんなそれぞれのペースでいい→「ゆとり教育」ということで、「ゆとり教育」と「差がついていい」ということがつながっている、と。

水原 そうです。貧しい時代は、みんなのレベルを上げなきゃいけなかったけれども、一定のステージを超えた段階に来たら、もうそれぞれでいいよということです。成績のいい人は、割とそのほうがいいという言い方をするかもしれないけれども、そうでない人たちからは、「おれたちはずっと差別されるんだ」という不平が出るかもしれません。でも政策はそう切り替えたということです。

台湾の大学は進学率100%!?

足立 あともう一つ。前回、頼ちゃんのほうから、**台湾**の大学の進学率が100%だっていう話があって、それに驚いたという感想。あと、義務教育制度になっているんですかというような質問もあったんですね。

頼 そうではないです。台湾の義務教育は中学校まで9年間だけです。今100%の進学率については、やっぱり台湾では、23,00万人の人口だけなのに、大学が160校もあり、今の段階は、高校だけ卒業する人はほとんど見つけられません。求人情報にも、「高卒の人を欲しい」という情報がほとんどありません。ですから高校だけ卒業した人は、就職先を見つけられない状況になっています。それは多分、大学進学率100%に関わっているではないかと思っています。

足立 あんまり知識を使わない仕事の人でも、修士の学位を持っている人がいるという話を頼ちゃんから聞いて、私は、みんなが大学に行くことのメリット・デメリットを考えさせられました。

水原 そうですね。で、彼女から、「どうして日本人は100%大学に行かないんですか」と聞かれましたね。日本の大学はもう定員割れの時代で、入りたければどっかには入れる時代になりました。

頼 そうですね。今、日本の大学進学率は50％で留まっている、そういう状況について、何か不思議だなと思っています。何で50％に留まっているのか。

水原 企業のほうから見ると、やっぱり18歳でやめた人や、15歳でやめた人がほしい。労働というのは、ある種の階層になって機能しているから、相応の人材がいたほうが都合がいいですよ。みんな22過ぎた高学歴になったら月給も高くなり、

不経済なことになる。そういう労働世界の要請ってありますよね。だから台湾の場合、国民全員が大学を出てから働くというのは、産業界としてはすごく無理があるんじゃないだろうか。もっと学歴が低くて給料の安い人がほしいと、普通の企業は望んでいるのではないだろうか。

頼　ああ。何かちょっと違うと思いますけれども。台湾では、修士といっても、また同じの賃金をもらうわけですよ。

水原　学歴に応じた給料じゃないと？

頼　じゃない。一定の給料だけれども。高いわけでもないんです。

水原　ふーん。そしたら何でみんな修士までいくのか、台湾人みんな学習意欲があるからとは信じ難い。日本は、大学に行っても意味がない、もっと自分にあった専門学校のほうがいいという選択が始まっているんですけども、それにしても、なぜこれ以上大学進学率が上がらないのか。他方、台湾はどうして100％まで上がっているのか、これ以上僕も分からないですね。

足立　それでは本日の授業に入りましょう。

水原　それじゃあ、現代諸課題8点についてお話をしていきます。最初はいわゆる「**ゆとり教育**」の問題、高度経済成長をずっとやってきて、みんなで頑張ってきて、点数のいい人はいい人なりに、悪い人は悪い人なりに、ある種の社会階層ができてくるというふうなことがあったんですが、だんだんとそういう競争でやってくことに嫌気をさしてきた人が増えてきた。なぜなら社会階層が大体固定化してきますよね。頭のいい人と頭のいい人が結婚して、頭のいい子どもを産んで、そしてその人は月給も高くて、それをどんどん繰り返していくというふうなことで、頑張ったって、もう大体固定してしまったということが一つ。それから景気も悪くなって、別に頑張ったからって明るい未来があるわけでもないというふうになりますと、何も青年期を灰色にしてまで頑張る必要があるのか、もっと人生は初めっから楽をして楽しいほうがいいという発想で、もう頑張ることを止めようという人も増えてきたこと。つまり、そういう立身出世の頑張りの系列から抜けたという人が沢山出てきたという

こと。それからさらには、病的になってしまって引き籠る人なども出てきたこと、などなどの事態が広がりました。

いろいろな要因から、無気力、登校拒否、中退、いじめ、意欲減退、自己嫌悪、退学、自殺という事態が生じてきました。従来のようにみんなが夢と希望を持って勉強し、将来何かを実現するんだという意欲は、今の青年にはなくなってきた。まあ、わたしたち大人もなくなってきた。このあと、どこに流されていくのか日本全体が漂流している状況で、そうした中で、教育問題としては、青年が自分の人生・キャリアを創ることに意欲的なってもらうためにはどうすれば良いのかということが課題になってきたわけです。

学校教育としてはどうしたら良いのか。従来のように勉強時間を増やして、教科書の水準を上げて青年の能力を伸ばすという単純な方法は有効ではない。そこで新たな教育を模索してきた、それがいわゆる「ゆとり教育」の根本的な問題ですよね。

世界一難しい教科書をたたき込めば、それで世界一有能な青年が出てきて世界一の経済大国になるという、そういう考え方は今や持てなくなってしまった。大体そもそも、エコノミック・アニマルとなって、世界一の経済大国になるのがいいことなのか。それよりも三流国でもいいから、人間らしいゆとりある充実した普通の生活をしたいという人が多くなってきた。

要するに、どういう日本の将来像がいいのか、私たちは迷っている。そうすると、一人一人が自分はどう生きるのか、これを考えなければいけない。能力や成績を上げることよりもそのことのほうが問題で、何に時間をかけるのか、ゆとりにどのくらい価値をおくか、既存の価値観が揺らぎ始めている。

その結果、教育政策は「ゆとりと充実ある生活」を選択し、いわゆる勉強時間を減らして「**総合的な学習**」や人生を考える**キャリア教育**を導入しました。「勉強時間を減らしても、もっと価値あることに時間をかけよう」という考え方ですが、当然賛否両論がある。

特に日本の学力試験の成績が下がったということで大騒ぎになった。それは下がったと見るか当たり前と見るか、いろいろ評価が分かれるところですね。私は日本の青年たちはずいぶん立派な学力だと思いますが。

世界一の学力国と言われる

フィンランドは、500万人ぐらいしかいない国で、シンガポールだって、まるで東京みたいな都市国家で、それから韓国でも台湾でも、コンパクトな国で、比較になりません。大体、先進国の中では日本が一番成績いい、欧米諸国の学力テストを見たら、日本のほうがはるかにいいわけで、日本はよくやっているなと私は見るべきだと思います。

　学校の勉強時間の総面積は決まっています。中国のように朝8時から夜の9時まで学校教育の時間だなんて、もう皆さんやりきれないでしょう？　日本の高校生も、部活動やキャリア教育を廃止して、ひたすら受験勉強の教育をしたらいいでしょうか。そしたら一挙に世界一の学力になりますよ。そういう学力は時間をかけるだけの価値がありますか。

第2の課題：「確かな学力」「基礎学力」「活用能力」─目指す学力観は？

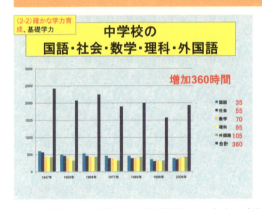

やはり日本は、バランスをとって、一定の枠内で学力を上げることに努力しようという政策でして、2008（平成20）年の学習指導要領改訂では、**「確かな学力**育成」を基本に**「生きる力」**をつけようという政策により主要5教科の時間を増やすことにしました。これが第2の課題です。6年間の総時間数で小学校は371時間増えています。実際は小学校の総枠は、大体1日6時間授業で5日間で6×5＝30という30時間の枠（1年は35週）です。あるいは中学校ですと、3年間の総時間数で、主要5教科を364時間増やしています。総合的な学習時間は、3時間だったのを2時間に減らしたり、技能4教科の時間も減らしたりして、主要5教科のほうに時間を割いて、それで世界の学力競争に勝とうとしています。

足立　それって、学校での勉強時間が371時間も増えてるわけじゃないんですよね。

水原　小学校は6年間の総時間数が278時間増えています。1・2学年（年間68時間・70時間）で週2時間、3・4・5・6学年で週1時間（年間各35時間）増えています。その中でやりくりして英数国社理に371時間増の傾斜配分をしています。中学校は各学年で週1時間（年間35時間）増加して総計105時間が増えています。その中で

5教科に対して360時間増が傾斜配分されています。

足立 つまり、総時間数は少し増えたけど、主要5教科はかなり増えているので、何か減った時間があるわけですね。

水原 ええ。総合的な学習を2時間から1時間にするとか、中学校の選択教科の時数をゼロにするとかして、5教科の時間を増やすという仕方が取られました。

> ・卒業74単位変更なし
> ・義務教育段階の学習内容の確実な定着を図る学習機会の設定を促進
> ・30単位を超えて授業が可能
> ・言語活動重視（全科で、言語による分析、解釈、表現）
> ・科学と統計など理数教育の重視
> ・外国語教育、1300⇒1800語
> 　　　　　　　（2200⇒3000語）

それから、高等学校に関してですが、卒業単位は74単位で、これは変わりありません。74単位っていうのは、毎日5時間授業を週5日で3年間という計算になります。5×5×3＝75、要するに毎日5時間授業を3年間やると75単位になりますので、これで卒業できます。ただし皆さんの高校は多分、5時間授業じゃなくて6時間か7時間授業の週32時間で3年間96単位ですね。学習指導要領では、毎学年30単位を超えて授業してもいいですよと奨励されています。最低74単位で卒業させてもいいのですが、そういう高校はあまりないです。定時制高校などはその条件を使って卒業させていますかね。

それから、**言語活動**を重視しています。これは高校教育に限らず小中高通して重視されました。人は何をやるにも言葉・論理・概念でもって理解し合っているので、どんな教科でも言語活動を大切にして、紋切型の発言や答で済まさないで、きちんと答えの意味を説明させるようにします。それによって、思考力・判断力・表現力をつけて、活用能力のある学力をつけようとしています。

そしてあと、**理数教育**と**英語教育**の重視。今まで高校英語の語彙数は1,300語でしたが、これを1,800語にして中学校と合わせて高校卒業までに3,000語とする。覚えるべき単語数が増えるということですね。

教育現場から評判いいのは、「義務教育段階の学習内容の確実な定着を図る学習機会の設定を促進」という項目です。すでに高校は全員進学の段階にあるので、義務教育水準の内容を消化していない生徒がかなり存在しているからですね。実質的には、これまでもその種の努力は現場ではなされてきましたが、この裏付けがなされました。

この学習指導要領改訂（2008年が幼小中、2009年が高校）の要点は、今言ったように、時間数が主要教科において増えたということと、それからですね、図で青い円を描きましたが、**活用能力**をつけることが重視されました。

従来は**基礎基本の知識・技能・理解**が重視されてきました。これは図の黄色い円の部分で、テスト内容で言うと、穴埋めの知識とその説明の暗記能力です。そ

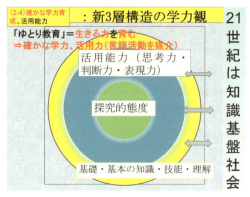

21世紀は知識基盤社会

れから、真ん中の**探求的態度**は、課題を解決する総合的な学習や研究ができるかということです。これが真ん中ですね。

今回の改訂では基礎・基本の知識・技能・理解（習得型学力）と中核の探究的態度（探究型学力）とをつなぐために、活用能力（活用型学力）を加え、ここに時間を割くために、特に5教科の時間数を増やしました。算数でも国語でも理科でも社会科でも何でも、その習った知識を活用することに時間をかけようというのです。その活用能力がついて初めて総合的な学習などの探究的学習ができます。

今までは、知識・技能・理解で、暗記暗唱した言葉について、意味を説明できるというだけで、「何か研究してください」と言われても出来なかった。習った国語も算数も理科も社会科も活用できるようになっていないから、自ら探究するような学習にまではつなぐことができませんでした。それを使える知識に変えようということです。

PISAテストで日本の点数が悪かったのは読解力でした。他方、ある文章を読んで解析したり穴埋めしたりすることは、日本人は点数がいいです。でも、その文章を読んで、「あなたならどうしますか？」と問われると、ほとんどの人が書けない。

例えばわたしが、今、学習指導要領について説明しましたね。その内容を書きなさいと言えば、皆さんは直ちに正解を書く。ところが、「じゃあ、あなたはどうしますか」と問われると、「考えたことありません」とか、「特に意見はありません」とかなる、それが私たち日本人の勉強スタイルですね。

今回の学習指導要領では、習った知識・技能・理解を使って、何か自分で構想して提案するという、そういう能力をつけようというのです。そうすると、探究的態度まで育成できて、本質的な意味でPISA対策になる。これをプラスしたのが新しい学習指導要領です。

第3の課題：「道徳教育」—学校・家庭・社会の責任

それから、第3の課題は**道徳教育**ですね。日本の道徳の現状は困りましたね。日本の道徳をどうしたらい

いでしょう。学校は道徳に対してどこまで責任を持つべきでしょうか。みなさんはどう考えますか。**秋葉原通り魔事件**とかいろいろ気味悪い事件が起きていますが、あれは学校教育の問題なのか、あるいは学校はそれに対して何をすべきでしょうか。

学習指導要領の方針としては、(1)望ましい生活習慣をつけなるなど自分自身はどうしたらいいのか、(2)互いに尊重し合うなど他の人との関係はどうしたらいいのか、(3)自然とか崇高なものとの関係はどうしたらいいか、そして(4)集団とか社会における人間関係の在り方はどうしたらいいかということについて、討論したり考えさせたり、原則を教えたりするというふうなことを決めました。

学校の教師の立場からすると、「そんなことを言ったって、もう家庭教育のほうが問題で」と、「家庭教育のしつけの悪いのを学校に押しつけられては、やってられないわ」というふうな認識ですし、児童生徒からの道徳教育に対する評価は低く、また教師自身にとっても面白くないというふうなことで、道徳教育を学校教育としてどこまですべきなのかという問題があります。

片や、**ネットのいじめ問題**が出ていて、ネット上で子どもたちのいろんなことが書かれたりしています。例を挙げると、「何々さんを無視しよう」とか、「何々さんの顔がキモい」とかいうふうなことが書かれています。仕返しなどの結果、殺人事件まで起きるというふうな問題が起きていますので、こういう問題に対して、どこまでどう対応すべきなのか。もう学校の範囲を超えているのですが、でも教師としてはそれに対して何らかの対応が迫られるので、いろいろ苦労しています。

第4の課題：「身体、健康問題」—部活動から見る学校の役割

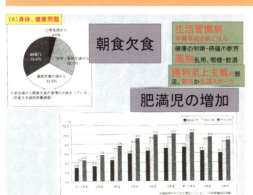

それから第4の課題は**健康問題**です。子どもたちの朝食が**欠食**している、食べて来ない、片や**肥満児**が増加しているというふうな、子どもの健康問題が崩れてしまっています。これも結局、家庭が崩壊している問題が背景にあります。かつてはきちんと躾けられたことが、非常に弱くなって、果ては、朝飯も食べて来ない、あるいは食いたい放題で肥満児が増加している。

だから自分自身に対する抑制ができない人が増えている、あるいは文明社会はすごく甘いものが氾濫していてどんどん口に入る、ついには薬物を利用する人も増えている。あちこちの大学で阿片などのドラッグを売買していた事件が起きましたよね。

頼　ちょっとクリッカー（※）で聞きたいのですが。　※集計をとる機械のこと

水原　ああ、はい。

頼　今日、朝ごはんを食べて学校に来た人が1番を、食べて来なかったは2番を押してください。

水原　朝ごはん食べて来た人が69人。食べて来ない人が14人（17％）、まあ大体こんなもんかな。過剰に心配することはありませんけども、「いつからこうしよう」と自分でひそかに決めるといいと思いますよ。

　それからあと、**部活**の問題もあるんですけども、学校教育の中で、部活ってすごく大きくて、これをどう位置づけたらいいのかということですよね。私なんかは学校教育というのは、勝利至上主義の部活はする必要ないと思っているんですよ。バッティングセンター同士で甲子園野球やったらどうですか。スイミングスクール間で競技大会やったらどうですか。学校は、生涯にわたって健康な生活を楽しむスポーツをする程度でいいと、僕は思ってるんですよ。多分いろんな異論あるでしょうね。だから、所属部活を適当に変更することは不謹慎だとかいうよりも、僕はむしろ望ましいという考え方です。いろんなところに移りながら、生涯にわたって遊べるスポーツをいっぱい持ちたいという、学校はそういうことをしてくれたらいいなと思います。それが何か、一球入魂で、これに全生涯捧げることが立派だという考え方は、うるさいなってな感じがして、そういう特別な野球人生を志すことは立派ですが、学校が1億円の選手を作る必要はないと考えています。むしろ、「今日は卓球をして帰りたいな」「今日は水泳をして帰りたいな」と、毎日何か運動をして帰る、そして健康な体を作るという程度がいいと思っています。学校にはフィットネスクラブのようなものがあるといいのですが。

足立　今のの、そうですね。学校の役割の話であって、勝利至上主義の運動、スポーツをやっちゃいけないっていう意味じゃないですよね？

水原　ええ。それはそうです。

足立　それは別でやったらいいんじゃないかという話ですよね。

水原　そう、そう、そう。僕は何も1億円の選手を学校が作る必要はないと考えています。そんな人はバッティングセンターに行ってやってくれればいいんで、その、あのグランドは我々も使いたい。プロ並みにやりたい人は、それは自分でお金払ってそういう道を行ったらいいと僕は思うけども、学校はみんなで使う場所なんだから、そこで我々も楽しめる場所をちゃんと提供してもらって、生涯に

わたってやりたいなと思ったんですが。あ、ちょっとこれ聞いていいですか。僕に賛成か反対、聞いていいですか。
足立　勝利至上主義派が、1。生涯教育派が、2を押してください。
水原　いや、簡単に。僕に賛成と思う人が1。
足立　あー、じゃあ、賛成が1。反対が2。
足立　賛成、多いですね。今までは反対が結構多かったんですけどね。
水原　ええ。でもこれ、部活の在り方を変えたら学校教育の雰囲気が変わりますよ。学校を縛っているシステムは、カリキュラムと入学試験と部活が結構大きいですから。
足立　部活で何が強いなど結構それを宣伝の売りに使う学校が多いですしね。
頼　しかしですね、台湾なんかでは、甲子園みたいの試合がない。部活も日本よりそんなに強いものがないので、私の個人的な感覚は、台湾にも甲子園みたいな試合があったらいいなとは思いますよ。
水原　ほー。
頼　何か今、高校時代を思い出を出すときは、受験勉強ばかりで、ほかに何かいい思い出がなさそうな気がしますね。
水原　ああ、部活がないとそういう結果になりがちだという意見ですね。うーむ、なるほど、高校生の実生活はいかにも陥りそうですね。頼さんの意見で思いますが、部活一つだけで学校システムを変えるというのは難しいということですね。入試とかカリキュラムとかも見直して、その一環でシステム改善しないと、かえって学校の良さを破壊するので、気を付けないといけないですね。
　もうひとつ別の観点ですが、僕なんか、あの野球グラウンドに入ったことないですよ。野球グラウンドなんか歩いてごらんなさいよ、もう野球部が吹っ飛んできて、「この神聖なところを！」ってわめくしね。あの野球場で、僕も野球をしたいですよ。
足立　そうですね。
水原　全く神聖視して触らせないしね。あそこでみんな野球やりたいですよ、僕らも。
足立　放課後のグラウンドや体育館、みんなが使える学校のはずなのに。部活が占領している。
水原　皆同じように授業料払っているんだから、皆に使わせてほしいと思います。今日はプロ志向の人の日、明日は皆の草野球の日など新しいシステムがほしいですよ。でも、施設設備にその余裕はない。
足立　まあ、いろいろ異論や不都合が出そうですね。はい。皆さん、正解はありませんので、学校を考えるポイントにしてくださいね。

第5の課題:「大学教育」「教養」「国際化」—ユニバーサル時代の大学の在り方

水原 5番目は**大学**の問題ですが、誰もがいつでも学べる**ユニバーサル時代**という時代が来ました。ただし、いろんな形があっていいんだけど、ちゃんと質を保証しなければいけない。学士号を取るんだから世界に通用する**学士力**をきちんとつけなければいけない。

ところが大学の実態は、最初の2年間は時間過ぎるのが遅いんだけど、もう3年になると就職活動です。秋ごろから準備を始めて、12月過ぎには企業訪問が始まり、4年の4月か5月には内定となる。大学2年が終わって、「さあ、これから学部だ」と思ったら「はい、就職活動」となって皆さんの姿が見えなくなります。せっかく研究室にきて、「さあ、一緒に勉強しようか」と思ったら「もう、さよならだよ」という感じです。**大学教育の空洞化**が進行していて、大学教育は2年半で終わりみたいです。

大学全体のカリキュラムの組み方について、産業界との関係がなかなかうまくいかない。見直されて4年の夏休み以降から採用期間にしようという動きがありますが、これまでの長い歴史を見ると私は悲観的です。3年の後半から大学教育の空洞化がかなり進行して、学士課程に値する教育ができない状況にあります(2011年現在、改善の方向で動きつつある)。

足立 公務員目指す人はもっと早いですよ。3年入ってすぐですから。

水原 公務員目指す人は、受験予備校に通い始めるよね。

まあ、そういうふうな大学全体のカリキュラムを見通したうえで大学生活が送れればいいんですけど、履修科目がどのように位置づいてどう進むかもわからないまま、ただ指定の枠を消化するだけでは本当の力がつきません。どこの大学も教育課程編成では、そのような課題があります。

大学は教育機関ですから学校として効果的なカリキュラムを立てるべきなのですが、同時に研究機関でもあるので、特に東北大学などは世界的な水準で進めることが使命ですから、どうしても教育よりも研究に重点が置かれることになります。

それから**大学が法人化**してきたことの課題ですね。いずれは民営化ということが言われていますが、どうなるか見通しは持てません。JRの民営化に始まるように、さまざまな国営事業が徐々に民営化して、独立自営によって生き残ることが課されつつあります。

留学生30万人計画も重要ですね。目下、留学生が約10万人ぐらいですか。これを3倍に増やすというのです。東北大学も1,200人、非正規も合わせると1,800人ぐらい居ますが、その割に頻繁な交流ありません。世界の人が来たがる大学、

世界の人と交流できる大学、そういうふうに日本の大学はもっともっと変わっていくべきです。英語をもっと自由に使える大学になって、かつ日本人学生とも交流してもらいたいです。アジアの人たちとの交流は今後ますます重要になってきます。

ジェンダー問題のひとつは大学教員が大体男だけみたいになっているところがあるので、女性もどんどん迎え入れる必要があります。日本はまだまだ男性中心で古い体質がありますので、それを変えなければいけません。ジェンダー認識は、人権認識や国際的な資質を創る上ですごく大事なことなんです。

第6の課題：「教員評価」「学校評価」

それから、次の6点目が、小中高、大学まで含めて、**教員評価と学校評価制度**が入ってきました。一般企業は、評価を受けて、係長になったり課長になったり部長になったりするというふうなことですよね。車を何台売ったかなど業績しだいで出世とか月給が違ってくるということですが、教員は何で評価するのかというと、その基準が分からない。

わたしの授業がいいか悪いかも、評価は難しい。私の研究に関しては、割と分かるんですよ。書いた論文数は何本あるか。学会誌に何本載ったかとかいうことで、割と計算しやすいのですが、教育になると見えない。自分の研究をしたほうが評価が上がるというふうなことになると、大学教員は自分の研究に没頭します。小中高の先生方は教育で評価されますが、その教育がいいか悪いかは見えないので、結局学校運営に貢献したか、校長先生や教育委員会との関係性が良いかどうかになってきます。正しい評価とは、公正で客観的なことが望ましいのでしょうが、それはありえないので、その中でどう評価することが妥当なのか、あるべき教員モデルを決めて、それとの比較で評価するなどの工夫は見られますが、皆さんが納得する基準とは言えず難しい問題です。

目下進めている**教員評価**は、今年は何で頑張るか努力目標を自分で書いて、その結果を自己評価して、それを校長先生に聞いてもらって点数つけてもらうという仕方です。教員一人一人が伸びていくことを期待するシステムなんですが、これに関してはいろいろ批判があります。良くない教員ほど自己評価が甘く、それを指導できない校長先生が多いなど問題があります。でも一般企業の社員や生徒は評価されるのに、教員だけ評価されないのはおかしいという社会的批判がありますので、結局、導入されました。

それから**学校評価**。学校についても良いか悪いかを評価することになりました。教員評価も含めてなぜ評価が入ってくるのか、大事なポイントがあります。それは**競争主義**、**自由化**、**規制緩和**の大きな流れがあります。簡単に言えば、規制緩

和して自由にしますよと。皆さん自由ですよと、その代わり、後で成果を評価しますからねということです。今までは規制が多くて自由にやれず、決められたことだけをやっていた。入り口が決まっていたので入口評価でした。今度は、学校に裁量幅を広くあげます、自主的な改革をしてもいいですよ。でも最後に評価しますからね、どうぞ自由にどんどん競争してください、最後に倒産したら自分の責任ですよ、という方針転換があったんです。

　学校評価に関しては、教育課程、学習指導、生徒指導、進路指導、安全管理、保健管理、特別支援教育、組織運営、研修、保護者、地域住民との連携、施設、設備などの項目で評価されます。これどうやって評価するのかというと、生徒指導ならば、「遅刻者は目下10％ですが、これを1年で5％に下げたいと思います」と目標を自分で立てて、いろいろ施策を講じて、最後に成果を見てもらうという仕方です。

頼　すみません。ちょっと聞きたいことがあるんですが、教員の質と学校の良さとは関係があると思いますか。

足立　学校評価と教員評価ってどういう関係にあるんですかという質問です。今、学校評価の一部に教員評価があるんですかって質問を受けたのですが。

水原　学校評価と教員評価は別ですね。もちろん間接的には関係ありますけれども、いわゆる正式の項目でいうと、学校評価と教員評価は全く別問題ですね。ですから教員評価自体は、一般の学校でいうと授業はどういうふうにしてるかとか、それから生徒指導とか、校務分掌とか、それを教員個人の成績としてどのような成果を出したかという評価ですね。

頼　では校長みたいの管理職は、学校評価に属していますか。教員評価に属していますか。

水原　教員評価に属しています、教員も教頭も校長も、みんな評価されますね。ただ、それは上の人が部下を見て評価する、例えば校長を評価するのは教育長。自己評価書を見ながら教育長が面接して、「あなたの学校の課題にどう対応しているのか」と試問して評価しますね。また、校長先生は教頭や教員を評価します。学校評価となると、先ほどの項目について、外部の委員（保護者・地域代表や学識者など5名程度）から評価を受けて、学校の課題が指摘されることになります。

　まあ、間接的には、学校評価と教員評価は関係ありますが、学校評価は教育課程や生徒指導などの項目に関して改善計画をどう作成したのか、そしてきちんと対応しているかどうかということですね。

第7の課題：「学校間連携」「学校統廃合」―少子高齢化時代の学校

よろしいですか、7点目の課題に移ります。えー、**少子高齢化で学校統廃合の問題**と、それから**小中高一貫など学校間連携**の問題ですね。小中高の学生の数が、小学生徒40％減、中学生41％減、高校生36％減と。これはまあ一番高い山から見たらその位減っているという意味ですが、ということは、大まかに言えば学校数を3割から4割減らさなければいけない、学校を統廃合するという課題が出るわけです。ところが小学校を、地域としていくつかまとめようとすると通学距離が10キロ、20キロになってしまいます。

当然、地域住民は反対します。通学距離のほかに、学校というのはその地域の文化センターなので、それを廃止されたら、その町全体が廃れるので、自分たちの町から学校を廃止するのをやめてほしいという要望が出ます。だけど、小学生が3人とか5人だけで一つの学校というのは教育的にも経済的にも無理が大きいですね。

それから**中高一貫**の問題ですが、幼小中高大をどうつなぐか。**幼小連携、小中連携、中高連携、高大連携**というふうにして、学校間をもっと連携するようにしないといけないという課題です。特に少子化と学校統廃合の時代になりますと、地域の学校は連携し合うことが今まで以上に必要になります。しかし、問題は単純ではなく、中高一貫はエリート教育で、いわゆる6・3・3・4制度の理念から外れているという批判があります。教育制度、従来通りでいいのか、それとも5・4・3制度など新たな教育制度を考えたらいいか、重大な問題があります。

第8の課題：「教育基本法改正」―これからの教育の在り方は？

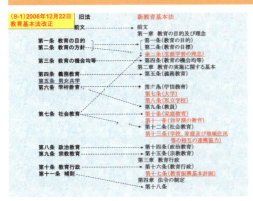

最後に、**改正された新教育基本法**の問題を挙げておきます。2006年に改正になり、現代の教育課題が条文化されました。何で改正になったのか、時の政権党であった自由民主党の主張を見ますと、第1に、第2次大戦後の改革時に日本国憲法と教育基本法はアメリカ軍の主導で、アメリカ的な民主主義でやられたので、本当の日本人をつくるという観点から見ると教育基本

法は好ましくない、日本に合うような教育基本法に作り直すべきだという自民党の政治的動向が大きかったです。戦後改革では、世界市民的な普遍的理念を掲げられていたが、そういう世界市民教育ではなくて、日本の国を愛するような、**愛国心教育**が入るような新教育基本法にしたいという考え方でした。

　第2に、戦後改革の時代からみても、ずいぶん社会状況や教育環境が大きく変化してきたにも関わらず、1947年以来一度も改正されていないので、今日の時代に合うように、諸課題に対応できる法律へと改正すべきであるという意見があったことです。子どもの**モラル**や**学ぶ意欲**が低下し、それを支えるべき**家庭や地域の教育力**もすっかり低下してしまったことなどが挙げられています。幼稚園の問題から大学の問題まで、それから**生涯学習**の問題まで全部入り込むような、諸課題に対応できる全面的な改正を自由民主党は求めていました。

　第3には、「**公」軽視の戦後教育**への批判がかなり強く問題視されていました。個性の尊重や個人の自由が強調される一方、規律や責任、他人との協調、社会への貢献など基本的な道徳観念や「公共の精神」が軽んじられて、拝金主義やルール無視の自己中心主義が日本社会や日本人の意識の中に根深くはびこっていることを改めるために、悪い戦後教育を導いてきた教育基本法を改正する必要があるという認識でした。

　しかし、戦後教育の歴史的経緯に問題があったとすれば、それは教育基本法の理念が悪かったのか、それとも戦後の政治・経済・社会を導いてきた自由民主党の政策が悪かったのか、いろいろ議論の分かれる所です。教育基本法の自由主義思想が、日本の社会を拝金主義や自己中心主義に至らしめたというのは、きわめて政治主義的な論法ですね。日本の今日的な文化風土の原因は、そう単純なものではありません。まあ、これに関してはいろんな議論があるんですけども、戦後改革時の教育基本法では、これから民主主義社会を創るんだという理念が横溢していましたが、今回は、現代の課題に即して条文を編成するということ、また、愛国心教育を導入することがポイントでした。愛国心教育についてはかなり政治的論議を呼びましたが、結局、「伝統と文化を尊重し、それらをはぐくんできた我が国と郷土を愛し」という条文に落着しました。「公共の精神を尊び」も入りましたが、いろいろ議論がありましたのでぜひ関心を持って、多くの書を読んで考えてください。

　以上、8点を日本の教育の今日的課題として説明してきましたが、第1点が「ゆとり教育」、第2点が、「確かな学力」育成、第3点が、道徳教育、第4点が身体健康問題、第5点が大学教育、第6点が教員評価と学校評価。第7点が少子化と学校統廃合と学校間連携、そして第8点が改正された新教育基本法についてでした。

　(実際の授業では、ここから、先生から示された8点の課題以外に、「こんな課題

もあるんじゃないか？」という意見を、受講生から出してもらいました。30名弱の受講生をランダムに指名して発表してもらいましたが、十人十色の切り口が出され、その後の討論に活かされました。）

2 授業の感想

●部活動●

【教・女】現代の教育における諸課題が次から次へとあがってきて、探そうと思えばこんなにあるのだということに驚いた。しかもあがっている問題は本当に幅広くて様々なことにつながっているという印象を受けた。先生のおっしゃっていた部活の考え方は新鮮な考え方だった。言われてみればそうだよなと思って納得した。だが、今まで学校での部活のあり方にそこまで疑問を持ったことはなく、私たちの中で部活が大変厳しいものというイメージはあまりにも当たり前のことになってしまっていたのだなと感じた。部活と学校はとても深く関わりあっているなと思って、当たり前だと思ってしまうと反感さえ持たなくなってしまったのだなと感じた。

【文・女】水原先生の部活動をなくすという考えには賛成できません。私は部活動にこそ学ぶべきものが沢山あると思います。逆に、どこにも属さずに自由にスポーツ等を楽しみたいのであれば、それこそ無料で使える公共のグラウンド、体育館、市民センター、河川敷などに行って遊べばよいのではないでしょうか。勝利至上主義には確かにマイナス面の存在を否定できませんが、けっしてマイナス面だけではないと思います。他と競って勝って喜び、負けて挫折を感じたり、そういうのを繰り返して心を鍛えたりすることができる貴重な場なのではないでしょうか。部活の中で仲間との関係に悩んだり、上手にいかなくて落ち込んだり、若い頃からそういう経験をたくさんすることは大切なことではないですか？また、同じ部活を3年間やり通す、これも実は大変貴重なことだと思います。若者は忍耐がないとおっしゃいましたが、もし部活動を無くせば、さらに「すぐやめる若者」が増えるのではないでしょうか。

あと、少年犯罪の問題で、道徳教育導入等で対応しようとしていたり、最近何かと少年犯罪が増加・凶悪化が取り上げられますが、いまひとつ対応がまとを射ていなかったり、理解に誤りがあるように思います。以前高校に東大の教授が講演会に来てくださった時、「教育勅語があった頃のほうが、青少年は正しい道徳感もあり、犯罪も今ほど残酷なものではなかったのではないか」との質問に対して、実際、戦前にも大変残酷な犯罪は沢山あったし、「戦前の少年犯罪」という事

で当時の事件が取り上げられているとおっしゃっていて、意外だったのにびっくりしました。<u>道徳教育⇒少年犯罪の減少という考え方はあまりにも安直だと思うし、今は少年犯罪に過剰に反応しすぎる面もあるのではないでしょうか。</u>

●ゆとり教育●
【経・男】現代の教育課題というのを改めて見ると色々なものがあると思った。<u>「ゆとり教育」＝生きる力を育むとあったが、その場合の「ゆとり」は何なのだろうか。学習時間を減らして、その余暇時間で自分を見つめ、生きる力を育むということでよいのだろうか。</u>

　朝食欠食や肥満児の増加に、家庭教育の崩壊や自制心の減少という話があったが、<u>そもそも原因はどこにあるのかと疑問に思った。もしかしたら親の世代や学校教育に問題があったのかもしれないし、現代の学校教育の問題なのかもしれない、初めの方の授業で教わった学校のあり方と、今の学校のあり方とはだいぶ変わってきたと思う。</u>

●学校評価・教育評価●
【文・男】教員評価制度ってかなり上からの目線の制度だと思った。今までたくさんの先生から指導を受けてきたが、正直言って教え方が下手な先生もいた。ただ、その先生は授業のためにすごく頑張っていて、人間的にとても良い先生だった。そういう先生を「教え方が下手」という言葉などで一蹴してよいのだろうか？上手に教えなければいけないというプレッシャーを受け、心身の変調をきたしてしまうかもしれない、というか、僕なら間違いなくそうなる。確かに教員の評価は大事かもしれないが、<u>結果だけでなくその過程も重要視した評価であるべきだと思う。</u>

　今の学校教育の向く先がわからない、学力重視なのかそうでないのか、個人的には、学力というよりもむしろ義務教育中に教えられる常識を重視したほうがいいと思う。「おばかタレント」はTVに出されているからいいが、そうでなければ常識を知らない、ただのバカだ。そんな人がいるというのは恥ずかしい。学力もいいが、やはり常識を重要視してほしい。

【教・女】きちんとした段階がふまれ、本格的に教員評価制度が実施されていることを知った。生徒や保護者の意見だとかなり主観的になってしまうし、学校関係の人の判断でもそんなに信用できるわけではない。だとしたら<u>各々の教員は評価をどう受け止めて、どのように向上を目指していけばよいのか。</u>

　<u>部活動の成果が学校評価に結びつくことに疑問。</u>ただ、なにで学校を評価する

となると、いかに良い生徒、本校の名を知らしめてくれる生徒を持っているかになってしまう。受験など勉強に関する面でも同じ必要な生徒、不必要な生徒が何となく出来てしまう気がする。
　小学校や中学校は不登校は保健室登校の子に優しかったが、高校ではその雰囲気はなかった。やはり自分で選んで行っている進路だから厳しくて当然だということなのかな。久しぶりに学校に来た子に対しても先生は優しい言葉をことはなかったし、留年や退学もあった。甘くないんだなと、とふと実感した。

【教・女】今日気になったのは評価ということです。教育長が評価するのは校長、校長が評価するのは教師、教師が評価するのは子ども、と上が下を評価するという図式がありますが、今では保護者や、教育を受ける側である子どもが先生や学校を評価することがあります。私自身、高校時代に学校評価を5段階でさせられましたが、学校側はそれをプリントにして公表するだけで、改善しようという努力は見られなかったように思います。評価する側も、あまり期待は持っていないようで、適当に数字をつけている人が大多数でした。そういった評価は存在する意味があるのでしょうか？あとは、先生の自己評価について。自己評価という方法は、日本人には向いていない気がします。自分を評価するというのは、自信を持つべきか、謙譲を必要とするのか？過小に評価する人が多いのではないでしょうか？

●道徳教育●
【教・女】現代の教育課題の中で道徳教育についての話があったが、私は学校で行う道徳教育に対してあまり賛同できない。「心のノート」に私が小・中学生のときに実際に配られたが、あまり役に立った気がしない。このノートに関しては生徒である私だけでなく、教えるべき先生側も軽視していたように感じる。小・中学校の道徳教育と言えば、道徳的な物語等を読むというものであったが、これで国が思うような意識を形成できるとは思えない。子どもにとっても、そういった意識を上から教わるものではなく、自ら感じ取らなければ意味がないように思う。何らかの意識を感化させるための環境を造るほうが必要だと思う。

●大学教育●
【文・女】大学全入時代が到来して、どんな人でもこだわらなければ大学生になれるようになったが、高い志を持って進学する人は減ってきているのかもしれないと思った。留学生の話を聞いていると、「本当にこの分野について学びたい!!」という熱意を持った人が多く、中途半端な志しか持っていない自分が恥ずかしいと

補講

思う時がある。

　今は1年生なので、専門よりも教養の授業が多く、「一体教養の授業って将来どんな役に立つのか？」と思う時があるが、今回の講義を聞いて、教養の重要性を知った。<u>世界に通用するような人間を育てるところが大学</u>なのだと思う。ただ何となく大学生活を過ごすのではなく、知的なバックグラウンドを広げ、皆が有意義に学んでゆけるような教育が実現すればいいと思った。

第 2 部

討論会 足立佳菜・田辺小百合
「これからの学校教育はいかにあるべきか 〜青年の主張〜」

1 討論会を組む

① 【ねらい】

　この授業は、教授による一方通行の講義ではなく、受講生の声を聞き、それを授業に還元することを通して、受講生が"参加・参画"する授業を目指してきました。アシスタントが教授と受講生の橋渡し的存在として授業に参加していたのもそのためです。質疑応答の時間も授業では大切な位置を占めていました。それは、学生が自ら問いを持って授業に臨んでくれるようにとの願いからきています。その集大成ともいうべき一大イベントが、この討論会でした。そのため討論会では、「学生が主体となって問いを持ち、考えること」、そして「授業でたまった"思い"を外に発現してもらうこと」をねらいとしました。

② 【テーマ】

　討論会のテーマは「**これからの学校教育はいかにあるべきか～青年の主張～**」です。今回の教育学の講義は、"国家戦略としての教育"－つまり、国や大人の視点で見るという色合いが強かったと思います。そして、事実、国の政策は大人の視点で語られるものではないでしょうか？けれども、学校教育を受けるのは子どもたちです。それならば、子どもたちの視点で語られる教育があってもよいのではないか、と考えました。また、大学1年生は中・高生よりも知識・教養があり、それでいて大学での専門教育はまだ受けていない、いわば子どもと大人の狭間のような存在です。この大学1年生の持つ視点で、児童生徒の代表として学校教育がどうあるべきかを提言してみるのも面白いのではないか。これらの思いが、上記のテーマを設定した所以です。

③ 【討論会の概略】

　討論会は2回にわけて行われました。第1回はグループ討論会、第2回は全体会です。討論会の大テーマは「これからの学校教育はいかにあるべきか」ですが、この課題に切り込む視点を定めるために、小テーマを設けなくてはなりません。そこで、討論会の構想を練る段階で、話し合いたいことをアンケートにとってみたところ、想像以上に幅広い意見が集まりました。しかし、第1回グループ討論会は約1時間でまとめられるものでなくてはなりません。いかに討論をスムーズに進め、中身の濃いものにするかということは重要な課題でした。にもかかわらず、アンケートの結果からは、話し合うテーマを決めるだ

けで時間を大幅にとられてしまうということが予想されたのです。そこで、小テーマと話し合う際の"立場"をこちらで指定し、討論を進める方針をとることとしました。各グループは、与えられたテーマと"立場"に沿って、「答申」を作成します。全部で27あるグループを以下のように振り分けました。

- 教育課程内審議会：週5日制について
  テーマ「週5日制は存続すべきか廃止すべきか」　　存続派…5班　廃止派…4班
- 教育課程外審議会：部活動について
  テーマ「部活動は存続すべきか廃止すべきか」　　存続派…5班　廃止派…5班
- 学校間接続審議会：受験について
  テーマ「東北大学の入学試験は学科試験を主におくべき・賛成／反対」
  　　　　　　　　　　　　　　　　　　　　　　　　賛成派…4班　反対派…4班

　ところで、「答申」という言葉を聞いたことがない読者のみなさんも多いと思いますので、これについて簡単に補足します。
　例えば、文科省などの大臣が「この課題について、何か提案をしてください。」と出す文書が「諮問」。これを受けて「○○審議会」などの専門家・有識者たちが集まり、諮問された問題について話し合いをします。そして「結論が出ましたよ。どうぞ私たちが話し合ったことを参考にしてください。」と、回答する文書が「答申」です。そこで、討論のテーマを受講生に説明するにあたり、授業者側から受講生に対し「諮問」を出し、受講生はこれに対して「答申」を提出するという形式をとりました。
　第2回討論会は、全体会と銘打ち、第1回討論会の各内容を全員が把握できるようにすること、そして、グループ討論での考えを深めることを目的として行われました。具体的には、各審議会の存続（賛成）派・廃止（反対）派それぞれの立場の代表1グループ（週5日制存続派のみ2グループ）が、作成した答申に沿って主張を行うというものです。そこに水原先生からコメントをいただき、フロアからの質問、司会者団からのこぼれ話を織り交ぜて進めていきました。
　そして、課題とした最終レポートでは、討論で決められたテーマや立場からは一切離れ、自分の考える**「これからの学校教育はいかにあるべきか〜青年の主張〜」**を綴ってもらいました。

2　第 1 回　グループ討論会 (7月12日)

①【一日の流れ】

　ではまず、第1回グループ討論会の流れを紹介します。

10：00　研究室出発！！道具を持っていざ出陣。
　　　　↓
10：20　受講生に入り口でくじを引いてもらう。「あなたがリーダー☆」の紙を引いた人にエールを送る。討論が上手くいくかは君たち次第。がんばって！！席に続々と着いていく受講生。初対面の人たちが多いけど、中には知り合いの人も。
　　　　↓
10：30　チャイムが鳴って、いよいよ授業スタート！！足立＆田辺で討論の説明。ちゃんと伝わったかな？？
　　　　↓
10：40　討論の前に、それぞれのグループでまず自己紹介。メンバーの名前を答申に記入したら、いよいよ討論スタート。水原研究室メンバーも話し合いに参加したりアドバイスしたり。週5日制・部活・受験。みんなの想いが答申に表れてくれるといいな…。
　　　　↓
12：00　討論終了☆話し合ったことを決められた形式に書くのは結構大変。提出がギリギリになってしまうグループもありました。さてさて討論の結果はどうなったのでしょうか？？

②【グループ討論の進め方】

　グループ討論は、大きく2つのステップを踏んで進めました。

　第1ステップは、一度それぞれの立場を離れて「週5日制そのもの」「部活動そのもの」「学科試験そのもの」のメリット・デメリットを分析する

ということ。その際に、「視点を変える」ことをポイントにしました。学生、教師、保護者、地域、国、学校…などなど、色々な視点から考えることで、メリット・デメリットも変わってくるはずです。「なんだ当たり前じゃないか」と思うかもしれませんが、いざ討論をするとなると、何を話し合っていいのか戸惑うものです。

289

そこで、視点ごとにメリット・デメリットを分析・整理するという、1つのテクニックを提案しました。

第2ステップは、それぞれの立場に沿った結論とその理由、あるいはその結論に伴って必要となる条件や具体策を考えます。もちろんここでは、第1ステップで出した分析が参考になります。例

えば、部活動存続派の場合、部活動そのものを分析して出したメリットは、部活動存続の理由になります。この時、たくさんメリットの中から、何を一番重視するかを選ぶことになります（もちろん、すべてでもいいのですが）。立場自体は事前に決めてあるので、どんな理由づけをするのか、何を重視するかということにグループの独自性が表れてきます。また、デメリットは存続を主張する場合、それに伴って改善しなくてはならない点ということになるので、その改善策・具体策を考えなくてはなりません。これらを合わせて、ひとつの主張が出来上がるわけです。

③【配布資料】

第1回討論会では、自分たちだけでは議論が進まなかった時に参考にしてもらうために、「討論の参考資料」を作りました。次頁から293頁までに載せましたので、読者のみなさんもこれを読んで各議題について考えてみてください。

教育課程内審議会資料

週5日制反対派

(1) 子どもたちが土曜日休みになっても、勤務の都合で休むことができない保護者は多いはずです。低学年のお子さんを持つ保護者の方々はどうされているのでしょう？結局、家で一人ぼっちにしたり、どこかへ預けることになるでしょう。家でゲームばかりして土日を過ごすお子さんも多いと聞きます。家族との触れ合いを理想として掲げていてもこういった現状を踏まえずに実施されては意味がないのでは？

(2) 私は週5日制に疑問を持ちます。誰のための週5日制だったのでしょうか。子どもたちは授業が6時間に増えほとんど5時前に帰宅します。友達とも遊ぶ時間がありません。また、先生は日々の忙しさで体を壊されています。ゆとりのある教育とはどこへ行ったのでしょうか。

(3) 週5日制は、単に教員の休暇確保ではないかという意見がある。これは随分な誤解だ。土曜の勤務がボランティア扱いに変わっただけである。教員は夏休みが多いという勘違いも多いようだが、夏休みこそ出張だらけで忙しい。かつて夏休み中に土日も含めて、盆一日のみしか休みが取れなかったこともある。その上、土曜が休みになったおかげで夏休みは短くなり、職場はかつてより確実にゆとりが無くなった。

(4) 私は午前中で授業が終わる土曜日が好きでした。土曜の午後に文化祭の準備をしたり先生と話をしたり…学校でみんなと顔を合わせるから、その後みんなと遊びやすかったし。あの時間こそ、ゆとりじゃないですか？それに私立では土曜日も授業のところがあって、公立にいては差が出てしまいます。公立でも結局土曜日に補習をしているところもありますが。それって週5日制の意味あるんですか？

(5) 週5日制になるということは、学校の裁量時間は減ることになる。その分学校の負担は増え、学校の中でのゆとりは減ってしまう。学習内容を3割削減したから…と言うが、総合的な学習の時間が増えたし、日数まで減らしてしまっては意味がない。

週5日制存続派

(11) 教育というものは、地域と行政が一体となって行うものだ。私の住む町では、公民館の設置・定期的な青少年を対象にした事業など、地域をあげて児童の過ごし方についての受け皿づくりに協力している。地域のお年寄りや「ものづくりの達人」と一緒にふれあい、子供たちが学校では経験できないようなことや、地域の人達との交流による道徳を学べることは大切なことではないだろうか？

(12) 親が共働きで土曜日子どもが一人になるから困るなんて勝手すぎます。学校は子守の場じゃありません。自分たちが仕事で留守にするのなら、子どもを預かってもらえる友達を作る、親の近くに住む、留守のすごし方を子どもに教えていくなど工夫の仕方はいくらでもあります。そういう人間関係を作っていくことこそ大切なのではないですか？

(13) 週休2日の職場やそれを常識だと思う人が増えていけば、日本という国全体がゆとりを持てるのではないか。学校の先生も生徒ももう少しゆっくりと、豊かに、幅広く考えられるような環境を作るべきだと思う。私は会社員だが、休みが1日だと、ボランティアや地域の行事がある日は体を休めることはなかなかできない。家族サービスもしてあげられない。そしてまた月曜日がやってくるのです。

(14) 2日間休みだと休みの日の使い方が広がります。ちょっと遠出をすることも多くなりました。子どもに必要なのは学校で教わるものだけではありません。一番子どもの教育に責任を持たなくてはならない私たちが子どもと過ごせる時間が増えたことはよいことだと思います。学力低下が問題視されていますが、学力とは一体何なのでしょう？土日を使って、子どもたちが体験を通じて学んだり、調べ学習をして自分なりに学びを深める力などが求められているのではないでしょうか？

(15) 私は家庭教師をしている。平日に教えていた時は、生徒も疲れていたため勉強がはかどらず大変だった。休日だと子どもも親御さんも、精神的にも時間的にもゆったりしているので、復習がじっくりできる。

教育課程外審議会資料

部活動存続派

(21) 学校で部活をするって大きな意義があると思います。授業で真面目くさってる子の意外な一面が見えたり、「この子ってこんな子なんだ」という発見があったり。それは教師からでも同じだと思いますが周りの人間を多面的に見ることの出来るいい機会だと思います。それに個人で地域のスポーツセンターに行くとお金の問題が出てきます。金銭面に余裕のある人だけスポーツできるのは問題ではないでしょうか。

(22) 部活は日本人の一種の夢です。同じ学校に所属する同じような年齢の人だけで同じ目標を掲げて活動することに魅力があります。他にやっている国があまりないからといって変えるのはちょっと…。日本には日本の文化があったっていいと思います。

(23) 部活はあって良いと思います。学校というのは集団生活に慣れる、集団生活から学ぶという一面もあるので、部活もその一環なのではないでしょうか。

(24) 学校は皆が認める知識・技術だけを教えるという考えに反対です。勉強だけを教える学校になってしまったらつまらない。部活動などの集まりを通して大切な事を得られると思う。部活に入ることや応援に行くことは自由で、自分で決めて行うことであるから何も問題はないと思います。

(25) 正直自分が入っていた部活はキツイものであったが、3年間部活をやめなかったことで自分でも忍耐力がついたように思う。そのことで自分の自信にもなった。他のスポーツクラブだったらやめようと思ったときにやめていた気がする。部活に強制的に参加させることは問題でもあるが、部活のいい所であるとも言えるのではないだろうか。

部活動改善派

(31) 部活はあってもよいが、そのあり方に問題があると思った。体育館やグラウンドは部活に所属する人に独占され、一般生徒の使用する時間はほぼない。県立の高校であれば地域の人に利益を還元してもいいはずなのに、一般生徒さえまともにその利益を受けていない。スポーツに対する意識も人それぞれなので、部活に所属する人が優遇されるのはおかしいと思う。

(32) 地域の人が部活の指導をするという方法もアリではないだろうか。地域の中には子どもの指導をしたいと考えている人もいると思う。公立の場合先生の移動があるわけだし、先生が変わるたびに指導法が変わったり部活に対する熱心さが変わるのは生徒としても嫌なことだと思う。

(33) 学校での部活を週3日ぐらいにしてその他の日もやりたい人が地域でのスポーツなどに参加するという方法もアリだと思う。

(34) 一人ひとりの部活に対する考えは違っているのに、「試合で勝つことが目標」とした一つの考え方になっていることを直していく必要があると思った。

部活に疑問派

(41) 実は現在の日本の学校って、すごく親切(おせっかい？)なのかな、と思いました。今まで部活や生徒会は当たり前のことだと思っていたのですが、良く考えてみると学校って知識を教えるところなのにそれ以外のものまで面倒を見るって不思議な事ですね。学校が知識だけでなく、人間形成や余暇活動まで一手に引き受ける。そんな状況だから日本では教育に対しての期待や信仰が大きいのかなと思いました。

(42) 試合に勝つために生徒に苦しい練習を強制させるのはどうかと思います。僕は楽しむために部活がしたいのに…！

(43) 休日に部活動をすることは反対です。なぜ休日まで学校が干渉してくるのでしょうか。

学校間接続審議会資料

学科試験以外の試験推進派

＊学科試験以外の試験・・・面接、小論文、内申書、AO入試、適正検査

(51) 従来の偏差値中心の学力試験では、大学の学部・学科に学生が本当に適しているのか判断することは出来ない。例えばいくら学力が高くても器用でない人に脳外科の医者をやらせるわけにはいかない。学力試験だけではなく適性など総合的に判断する試験を行うべきではないか。

(52) 学校生活は勉強だけではありません。行事、部活、生徒会、ボランティア活動など私たちは授業以外の場所で多くのことを学ぶ機会があります。今の受験ではそれらで学んだことが全く生かされていないと思います。

(53) 総合的な学習により「生きる力」を育もうとする取り組みがなされているが、結局のところ受験が変わらなければ相変わらず詰め込み教育がなされてしまうのではないか。本を読ませてまとめさせたり、議題について討論させたりなど総合的な力を判断できる試験が行われたらそれまでの教育も変わるのではないだろうか。

(54) アメリカの大学は日本のような画一的な入学試験ではなく、各大学が自分のポリシーによって試験を行うAO方式を導入している。学生が統一テストを何度も受けて成績のいいものを大学に送るという方法や多くの資料から学生を多面的に評価するという方法で各大学が特色を出して学生を評価している。それに比べて日本のAO入試はほとんど面接や小論文なので推薦入試との違いがわからない。入試のあり方を根本から考え直すべきではないか。

(55) 今の大学受験はほぼ一発勝負だが、そのため運やミスに大きく影響される部分があると思う。例えばセンター試験のマークシートを一つずつずらして書いてしまったり、前日に解いた問題がたまたま試験に出たりという場合、それは本当の学力試験と言えるのだろうか。そもそも試験は何のためなのか。

学科試験賛成派

(61) 偏差値について今あまり良く言われないが、私はあまり悪いものではないと思う。行きたい大学のレベルと自分の成績を偏差値で比べることができるのでその大学は自分にはレベルが高すぎるかそうでないかの判断ができた。もし面接だけで大学に入って、入学してから大学の学力レベルに合わないとわかるよりずっといいと思う。

(62) 私は大学入試が学力試験でよかった。1回や2回の面接で自分を評価される方が恐い。面接は何を基準に評価されるのかよくわからない。面接官によってかなり評価が変わりそうだ。そして合否が出ても何が良かったのか何が悪かったのかはわからないままである。学力試験ならば基準が明確なので何をどれだけやればいいのか目標がはっきりしている。学力試験で落とされるのは点数が足りないのだと納得がいくが、面接で落とされたら何だか人格を否定されたような気になってしまう。

(63) 学歴主義だなどと文句を言われながらも、これまでペーパーテストが標準的な試験として残ってきたのは、客観的で公正な評価がしやすいからである。口頭試問などでは、その時だけの印象に惑わされて点数をつけてしまいがちであるが、ペーパーテストによる学力評価は、安定性があり誰が点数をつけても正確に出せる、最も妥当性の高い方法である。部活動も適性検査も、人を評価する道具としては信用できない。一体、大学とは何なのか、学力で評価すべきであり、人格的な側面は評価すべきでない。

(64) ペーパーテストなどの学力調査は「偏差値中心の一発勝負」というが、どうしてそれで悪いのだろうか。一発勝負でいいではないか。内申書重視などといって、3年間も6年間も成績が点検されたら息苦しくてしようがないではないか。一発試験だけを見て評価するのであれば、それまでは自由に自分のペースが作れるし、さまざまな研究やスポーツなど楽しい3年間の高校生活が送ることができる。とにかく4年に1回のオリンピックのように、その時に勝った人が勝利者であるというのは合理的な方法である。本番で出せる力こそ実力なのだ。

④【グループ討論の一部紹介】
　なかなか難しい討論の議題ですが、どんな風に討論を進めていったのでしょうか？その一部を紹介します。

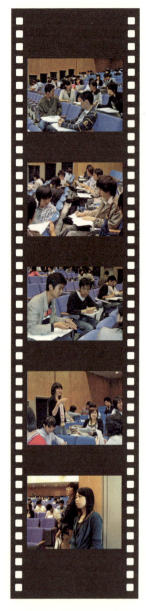

●週5日制存続派（7班）〜討論開始から10分頃〜
司会　小学生にとっての週5日制と、中学生にとっての週5日制と、高校生にとっての週5日制って意味が違う…って書いてあるね。
学生①（リーダー）　違いますね。
司会　それ大事かも。っていうか、その話してるとこどこにもないよ。
学生①　そうなんですか！
司会　うん、ちょっと突っ込んで欲しいかも☆
学生①　やっぱ生徒の面から見るのが一番大事だと思うんです。子どもの面から見ての教育だから。大人って言うのは別にあんま関係ない。
司会　子どもをプッシュしたい、と。
学生①　中学生が一番難しいんですけど。高校生だったら、やっぱその進路の面を考えることができるし、勉強したいやつは勉強をできるし…各自のことができるのが、週休2日のメリットだろうし。小学生は遊ぶことができるからいいんだろうし。でも中学生の面から見たときに、週休2日っていうのはどうなのかなっていうのが一番難しい。
司会　もし学校があったらって考えてみたら？…あれ？みんなは土曜日学校に行ってたことはある？ない！？もしかして。
学生①　中学生のときですか？中学校は第2・第4が休みですね。土曜日ある日は午前中授業。
司会　じゃあさ、両方とも経験してるんだよね。土曜日がある良さとない良さって両方ともわかるんじゃない？そうすると。覚えてるかな？
学生③　とにかくうれしい（笑）
学生①　休みがうれしくって、あとは部活が多かったですね。土日、2日連続。朝から試合。

294

司会　朝から試合ですか！ほかの人はどうです。
学生③　私は吹奏楽部だったんですけど。土曜日が休みになったら、土曜日はあんまり部活するなみたいな感じになって。でも部活したくて「土曜日も部活させろー」って（笑）
司会　部活させろって抗議したの（笑）？
学生③　先生もっと来いみたいな（笑）そういう感じだった。
司会　そういう意味では中学生は部活なのかな。
学生③　部活ばっかりしてた思い出しかない。
…（続く）…

●週5日制存続派（1班）　〜討論開始から40分頃〜
学生①（リーダー）　とりあえず、今の週5日制のみで生き残ることは非常に厳しいと思うので、その、ほかの部分との呼応が大切だと思うんですが。どうなんでしょう？これをまず柱に据えようかな。
学生②　市町村はもっと金出せとか。
学生①　それを主張の柱に据えても、いいかな？
学生②③④　はい。
学生①　で、そうしたときに、他の諸制度をこうしたら週休2日のメリットはもっと活きるっていうのを説明していって、一方週休2日のデメリットについてはこうだからっていう説明を付け加えるかたちで主張を終える、と。
学生②　うん。
司会　「週5日制は、他の諸制度をよりよく活用するためのものである」？
学生①　ですね。まあそういうことだと思います。
司会　で、他の諸制度とは？
学生①　たとえば受験ですね。
司会　たとえば受験。「受験をよりよく活用するための週5日制」？
学生①　今の受験制度がある状態では週5日制はよくないと思います。とりあえず勉強しなきゃいけな

295

いっていう状況だから。受験なくしてもいいですか。
司会　うん、じゃあそうするとさ、受験をなくして週5日制にする意味はなに？
学生①　それはまあ極論ですけど…。
司会　うん、極論だけど。それはなぜ？
学生①　受験が邪魔だからです。この主張には。
司会　受験が、嫌なの？
学生①　いや、この主張をはばんでるのが、週5日制のメリットを殺しているのが受験だと思うので。
司会　週5日制のメリットって何？
学生①　校外の活動時間を増やして、って…。
司会　なんで校外の活動時間を増やすの？
学生①　え、それは、ゆとり教育とかで、学校での勉強以外の経験っていうのが子どもには大切だっていう観点が重視されているので。それを活かすとすれば、休みの日にいろんな経験をしたりっていうことが重要だっていうふうになってくる。そしたら休みを増やせば、何ていうか…そういう方針と同じベクトルじゃないですか。そういう考えです。
司会　うん、だとしたらそこを書いたほうがいい。「諸制度よりも、経験を重視するべきである。」「週5日制を導入・存続して、体験活動をもっと増やすべきである」っていうことだよね、つまり、その主張の流れで行くと。でも体験活動はなんで必要なの？
学生①　それは、ゆとり教育でそういうふうにやっているから。
司会　ゆとり教育ってなんで必要？
学生②　人間の幅を広げるためです。
司会　「人間の幅を広げるために『ゆとり』が必要。」はい、そこが目的です！週5日制にする目的は、「人間の幅を広げるため」。これが目的。
学生③　そのためにはどうするか。
司会　そう、そのためにどうするか。それがさっき言ってくれた諸制度の調整です。受験をなくすとかさ。それも書いて OK。

学生③ 体験の場を増やすとか。そのためにはさらに、自治体とか国は何をすべきかとか。
司会 そういうのも大事だよね。うん、制度は超大事だよね。
学生③ そのために先生とか大人たちはどうなってくのかとか。
学生② 学校がどうすればいいのかとか。
…（続く）…

> 複眼的な視点で
> モノを多角的に捉える力が
> ついてくれたらいいなと
> 思います。

　どうですか？雰囲気が伝わったでしょうか？？取り上げた7班と1班はどちらも週5日制存続派だったのですが、7班では部活が話題となり、1班では受験廃止が話題になっていますね。週5日制というのは、「ゆとり教育」の方向性を象徴するものでもあるので、教育全体の問題に関わっているのです。物事は色々重なるところがあるんだなぁ…関連してるもんなんだなぁ…ということをわかるといいですね。

⑤【答申紹介】
　それでは、このグループ討論の結果できあがった答申を一部紹介したいと思います。

教育学大臣　水原克敏　殿　　　　　　　　　　　　　平成17年7月12日
　　　　　　　　　　　　　　　　　　　　　　　　　学校間接続審議会
　　　　　　　　　　　　　　　　　　　　　　　　　　第 21 委員会

学籍番号・氏名・座席番号　　（自分）→

文	男
教	男
教	男
教	男

これからの学校教育はいかにあるべきか　～青年の主張～（答申）

本日諮問のありました標記の件について，下記のとおり成案を得ましたので，ここに答申します。

１．学校間の接続（選抜）：「東北大学の入学試験は学科試験を主におくべき」賛成派

(理由)・客観性があり公正な選抜ができる。努力が報われる。受験勉強により、学力及び様々な力が身につく。・大学側；生徒側にとっても明確でやりやすい。
(条件)・試験内容を若干考慮する（思考力・社会性を問うものに）・高校などの学習内容の見直し

＜現状分析＞　学力評価のメリット・デメリットは？

メリット	デメリット
・客観性があるから公平！ ・やるべきことが決まっていた生徒にとってやりやすい ・努力すれば結果につながる ・妥当性が高い ・学科試験のためにみんな勉強するので、学校の授業も成り立つ。国にも役立つ ・人間評価など、曖昧なものはない ・大学のレベルが保てる・大学側も楽 ・試験勉強により幅広い知識が身につく ・試験勉強により計画力など様々な力が身につく。	・問題の内容により多少、運がかかわる ・受験者の意気込みなどが判断できない ・学科試験の勉強が社会で役立つとは限らない ・つめこみ教育がなされてしまう ・塾などに通うことになり学校の存在が薄れる ・受験戦争により、子どもの頃に様々な体験ができない

＜主張の説明＞

(賛成の理由)
第一に学科試験は非常に明確なものであり、客観的な選抜を行うことができる。そのため生徒の努力も報われる。また受験勉強のために学生は勉強するので、結果的に幅広い知識を身につけることができ、また計画力など社会に出ても、必要な力を身につけることができる。また、大学側、生徒側に両方にとってやりやすい（目標などを設定しやすい）。

(推進に伴う具体策)
学科試験の内容を変更する。知識だけでなく、思考力や社会性を問うような問題にする。（具体的には分からないが…）高校などでの学習の内容を改善していく。
☆詰め込み教育をそこまで気にする必要はない。（ある心理学の本によると詰め込み教育をしてるときの方が心理的には健康であるらしい…）

教育学大臣　水原克敏　殿

平成17年7月12日
教育課程外審議会
第__14__委員会

学籍番号・氏名・座席番号（リーダー）→

教	男	
教	男	
文	女	
法	女	

これからの学校教育はいかにあるべきか　～青年の主張～（答申）

本日諮問のありました標記の件について、下記のとおり成案を得ましたので、ここに答申します。

1．教育課程外：「部活動は存続すべきか廃止すべきか」存続派

・学校は人間形成の場である。そのためには、一人ひとりが個性を発揮する機会が与えられるべきである。部活動という選択肢を残すことで、学力だけでははかりきれない多面的な側面を学校で育てることができる。

＜現状分析＞　部活動のメリット・デメリットは？

メリット

デメリット

| ・田舎や全寮制の学校では、スポーツは学校の方がやりやすい。
・同じやりたいことがある者同士集まることができるので、楽しみを共有できる。
・時間などが合う人が集まりやすく、集合時間や場所などを決めなくても集まれる。
・部活でしかできない活動がある。
・勉強ばかりになってしまうのを和らげることができる。
・社会性、集団性、礼儀を学べる。
・強い部活があると学校の宣伝になる。
・勉強だけでは得られないものを得られる。 | ・親の負担、生徒の負担がある。
　（時間的・金銭的に）
・楽しんでやる人と、競技的にやる人が同じ部にいることで問題が起きる。
・スポーツ校はやりすぎの感がある。変なエリート意識も根付く。学校の中で階層ができる。
・学校の中という狭い空間にだけ通じる社会性が身に付いてしまう。
・やる気のない教師がいる。 |

＜主張の説明＞

・学力だけが人間を測る全てではない。例えば、責任感、リーダーシップ、人柄、特技などは成績という一面的な見方では表れてこない。

・もちろん、部活動を強制するわけではない。一つのことをするにも、一人ひとりの事情によって立場が異なってくる。だから、部活動以外にも、多様なニーズに応えられるよう、地域でも環境を整えるべきであろう。だが、部活動はみんな時間が合わせやすく集まりやすいし、部活動があることで、誰にでもスポーツや勉強以外のその他の活動に触れるチャンスがかかる。ひいては、人間形成につながる。

・教師に負担があるという意見もあるが、上に述べたような勉強だけでは知ることができない生徒の側面を見ることができる。それが、教科指導において、教師にとっても生徒にとってもプラスに作用するのではないか。

3 第2回　全体会（7月19日）

①【全体会の流れ】

全体会では、第1回グループ討論会で設定した各テーマの各立場から1グループずつ（週5日制存続派のみ2グループ）代表を選出して、各々の主張を行ってもらいました。なお、代表グループは提出された答申をもとに、先生とスタッフで選出しました。

① 全体会の説明
② 週5日制　発表（●存続派　7班・9班　　●廃止派　6班）質疑応答・総括
③ 部活　　　発表（●存続派　16班　　　　●廃止派　11班）質疑応答・総括
④ 受験　　　発表（●存続派　27班　　　　●廃止派　20班）質疑応答・総括
⑤ 先生の討論会総括

全体会では、新しい視点を提供し、新たに問いを持ってもらうこともねらいの一つだったので、フランスからの留学生ピエールさんにも参加していただきました。各回の総括時に、ピエールさんにも話しを伺ったことで、日本とは違う文化に触れることができました。このことは、受講生のみならず、私たちにとっても非常に有意義であったと思います。本書にも、そのやりとりを載せているので、楽しんでください。

②【全体会内容】
●教育課程内審議会：「週5日制は存続すべきか廃止すべきか」

> **7班発表**　週5日制存続派　主張「教師に余裕を（学校を変えよう）」
> 　私たちの班は、「週5日制を存続すべきか廃止すべきか」の存続派の立場で討論しました。私たちの主張する週5日制存続の理由は、「学校で学ぶもの以外に学ばなければならないものが多くあるはずである」ということと、「週5日制にすれば、子どもにとって時間に余裕ができるのみならず、教師にとっても余裕ができてよい」ということです。教師にとっての余裕というのは、第1に、週に2日休みができることで、授業のことを考えることができる時間

が増えるということ、第2に、生徒のことを考える余裕ができるということです。このように、まず教師の余裕ということを考えてみました。

次に、学生の立場から考えてみたのですが、同じ休み2日でも、小学生、中学生、高校生と、それぞれその捉え方が違ってくるんじゃないかなという話になりまして、それぞれの休み2日の意義を話しあってみました。

まず、小学生にとっては、学校で勉強する以外に家族といる時間が増えるとか、そもそも小学生はそんなに詰め込んで勉強する必要もないと思うので、家族と出かけるとか…そういう時間が増えるのがいいのではないかなと思います。中学生は、自分の将来を考える時間ができる。高校生の場合は、

勉強を必要とする人と必要としない人っていうのが出てくると思うので、勉強する人は土日で塾に行って勉強すればいいし、そんなに勉強しなくても自分の就職の道を進むことができる人は、週2日の休みのときに何か自由なことをするという時間ができるのでよいのではないかと思いました。

それで、この主張から出てくるデメリットを考えなくてはいけないんですが、ひとつに中学生とかで学力差が大きくなってしまうのではないかというのが問題になってくると思います。けれど、高校まで行けば、学力の差が出てきても、大学に行く人行かない人で差が出るのは当然だと思うので、小学校中学校の段階で、教師がしっかりと復習のアプローチをしてあげれば、そんなに問題にはならないんじゃないかなと思います。教師のアプローチというのは、例えば、授業の復習をしっかりできるような課題を出す、その際、なぜそのような課題を出すのかという意図を明確にして、意欲を持たせることが重要だと思います。あるいは、広く浅い授業ではなく重点を明確にした授業を行う、一方的な知識をつめこむ授業ではなく、理解を促す授業を行う、などが考えられます。

また、他のデメリットとして、教師の負担が増えるという話が出てきたんですけども（夏休みがなくなる、などですね　足立）、教師の負担だからといって、生徒のことを考えない、授業のことを考えないというのは一番よくないパターンだと思うので、夏休み中に教師の負担が多少増えるなどしても、日ごろから生徒のことを考えられる、授業のことを考えられるっていう時間が増えることによるメリットの方が大きいと思うので、これからの教育にとって非常によいことでないのかなというのが結論です。終わります。

足立 ありがとうございました。7班さんは、週5日制を存続するときの具体策を色々挙げてくれた班でした。同じ休みでも、小中高生で休みの意義が違うという視点がおもしろかったですね。

　それで、一番の主張は教師にとって時間的・精神的に余裕ができるということでした。これは、教師がそういう風に変わることで、学校がよくなる、授業がよくなる、生徒の学力…か何かわかりませんが、何か向上するものがある、だからいいってことですよね。他にも、週5日制によって学力差が出ないようにするためには授業をもっと改善するという意見もありました。基本的には、学校が変わっていくための週5日制、という主張だったと思います。

　では、週5日制廃止派の意見はどうか、聞いてみましょう。

6班発表　週5日制廃止派　主張「(どうせみんな動かないんだから)学校が主体に」

　私たち6班は、週5日制廃止派です。週5日制を廃止して、復活した土曜日を**授業の予備日**とすることを提案します。授業の予備日というのは、月曜から金曜の授業が予定通り行えなかったら、そこで行う。もし行われたら、その日を課外活動の時間として、学内イベントなり地域活動を行うということです。週5日制になって休みが増えて、肉体的・精神的に楽だとか、地域活動や趣味に費やす時間が増えるとか、よく言われますが、結局は丸一日部活や補講でつぶされているような状況で、これは休みが増えるどころか、むしろ生徒の側にも教師の側にも負担です。また、やる気のある人は進んで休みの日に何かしたり、お金がある人は塾とかに行って勉強したりするけれども、やる気のない人やお金のない人は結局何もしないでだらだらしてしまって、いろんな面で差が生じてしまうので、これはよくないんじゃないかと思います。

　それなら週5日制を廃止して、土曜日も平等に登校日にして、土曜日を、学業面では理解不十分な分野の補足のために使ったり、あるいはプラスアルファの発展的内容に充てる予備日にした方がよいのではないでしょうか？もしその週のカリキュラムが予定通り行われたら、土曜日は学級で決めた課外活動の日にするということにすれば、予め授業をしっかり行

えば、土曜日に自分たちで決めた活動ができるので、生徒も平日の授業はちゃんと勉強すると思うし、モチベーションが上がっていろんな意味でプラスになるんじゃないかなとも思います。

それに、実際、趣味は何ですかと聞かれてきちんと答えられる人って少ないと思うんです。だったら課外活動をすることによって、生徒に、普段の生活では知りえない新しい世界を、学校主導で紹介してあげればいいんじゃないかなと思います。学校主導っていうのがポイントで、そうすれば、お金がなくてどこにも行けないとか、自分から何かするのが苦手な人とかも、平等にみんなが紹介される機会を与えられます。それでも踏み込んでいかないというのは、もう個人の問題かなと思うんですが、紹介をされればみんな一応知っているという点で平等になるので、いいなと思うんです。以上です。

足立 ありがとうございます。面白い意見ですよね。「どうせみんな自分では動かないんだから」っていうのが基本にあって。だから学校主導でやったらいいんじゃないかっていう意見でした。

田辺 そうですね。学校が主導でやるということは、7班さんの「教師の負担を軽減」というのには反対の意見ですよね。6班さん自身、デメリット「教師の負担が大きい」ということを挙げてくれていますが、これにはどのような対応策を考えてくれたんでしょうか？教師の負担について、どうですか？

6班 教師…教師は負担大きいですね（笑）ここは教育学部なんで教師になりたい人も多いと思うし、実際先輩とかでも教員試験を受ける方がいらっしゃるんですけど、倍率が高くてなれないって言ってます。やる気があるのになれない人が多いんだったら、国の政策でいっぱい採用しちゃえばいいんじゃないのかと思います。

田辺 人を増やしたほうがいいんだ（笑）

足立 なるほど。そうですか…。うん、実は、事前の打ち合わせのときには「金を与えればいい」と言ってたんですよね（笑）

田辺 報酬を増やせばいいんじゃないか、と。

足立 はい。それもおもしろい意見だったので、紹介させていただきました。

> **9班発表**　週5日制存続派　主張「受験勉強よりも倫理的な勉強のほうが大切だ」

足立　9班さんが発表予定だったんですけど、当日発表者の方が都合が悪くて、私から9班さんの主張を紹介しました。学生の生の声ではないんですが、私がした紹介をそのまま紹介します。

9班の結論は、「受験勉強よりも倫理的な勉強のほうが大切」という結論でした。この班の特徴は、具体策っていうのはあまりないんですけど、現状分析をよくしてくれたところで。なんで週5日制が必要なのかということを、主にメリットの方から考えてくれました。

9班さんは、現状として学校は受験中心であると捉えました。そしてそんな受験中心の学校だと、生徒の心のゆとりがなくなって、ストレスが発生するとか、内容の面白みがないので、問題解決能力が育成されない、と現状を分析しています。でも、教育ってそういうもんじゃないはずだ。この現状は改善されなくてはいけないと主張しています。なぜなら、教育というのは、自分のことを考えたり、相手のことを考えたり、あるいは自分自身で課題を見つけて解決するっていう能力を伸ばすものだからだ。でも、こういう能力は、受験中心の学校では伸ばせない。だから学校以外でそういう教育を与える場をつくったほうがいいんじゃないか。それが2日間の休みに行われるべきだ、との主張です。今は、教育の主体が学校ばかりになっていますけど、地域・家庭っていうものも、本当は教育の主体になるべきもので、そこが教育についてもっと考えるようになったらいいんじゃないかなっていうような意見でした。

田辺　そうですね。9班さんは、学校は学問的知識を与えればいい、今は色々な役割を持ってるけれど、その役割を減らして、学問的知識だけを与える。そこはまた6班さんと反対意見ですね。6班さんはむしろ、学校は学問的知識だけじゃなくて全部学校主導でやればいいという意見でした。フロアにも聞いてみますか。

質疑応答・総括

水原　ええと質問していいですか。

田辺　あ、お願いします。

水原　あのですね、学校5日制にして規制されない時間が多くなるということは、自由になる時間が増えるんで、その結果いろんな差がつく。そこで「個性が出るということを積極的に認める」か、それとも「なるべくみんな同じ水準につくるの

が学校なんだから、そこはあまり差が出ないようにするのがいいんだ」という、2つの立場が考えられます。「差がついたほうがいい、差がついて当然だからどんどん差をつけていこう」というのと、「いや、やっぱり基本的な線を守るために、かなりの時間を学校で使おう」ということでは、ずいぶん考え方の基本が違うと思うので、その点に関して各班がどう考えるのか、改めて聞いてみたいな。いいですか。

7班（週5日制存続派） 学力的な差は、中学生までの時点であまり開かないようにアプローチすればいいと思ったんですけども。あと他の面でやりたいこと、例えば体育だったり体動かしたい人はその2日間でできるだろうし、芸術面のほうが好きな人はそれをやればいいし。そういう差は別にあってもいいと思うんですが、学力的な差はそんなに開かないほうがよいという立場で書きました。

水原 開かないに越したことはないんだけど、学校5日制を存続させて、つまり休みを2日間土日でとって、好きなことをさせるということは、それぞれのところにおいて差が起きるという。それはいいことだって言わないと矛盾してきますので、差がついていいんだ、一定程度の力がみんなつけば幸せだけれども、でもそうでない、それ以上にみんながそれぞれしたいことをすることに価値があるんだというのが、存続ですよね。全部がいいに越したことはないけど、どっちに価値があるかといったら、人それぞれが好きなことに時間をかけることに価値があるんだ、とそういうことですね。それに対して廃止派のほうは、学校はそんなもんじゃないんじゃないかって主張をもう一回繰り返してもらっていいですか。

6班（週5日制廃止派） ついていい差とついちゃ悪い差っていうのがあると思うんですよ。私は英語が得意だから土曜日に英語を習いに行く、あの人は運動が得意だから運動を習いに行くっていうのはいい差だと思うんですけど。あ～だりぃ～やる気しねぇ～っていって何もしないのと、やる気があってどっか行くのとか、お金があるから塾へ行けるけど、お金がないから何もできないとか、そういうのはついちゃ悪い差だと思うので、そういう差を埋めるために、学校が主導になればいいんじゃないかなということです。

水原 今のことでみなさんから意見もらっていいですか。高いレベルで個性に差がつくならばいいんだけども、しかしついていい差と悪い差があって、今の状況では学校がきちんと、一人一人の個性に応じたいろんな指導をすべきだという意見です。とすると、むしろ土日休むよりも、土曜日は学校に来てもらって、きちんと様々な個性に応じた手当てを学校のほうでしてあげるというほうが、妥当性が高いのではないか、という主張でした。みなさんどちらを選ばれるのか、ちょっと聞いてみたいです。

田辺 では、週5日を存続して、それぞれの差は出てもいい、それぞれ自由に勉強

すればいいという派と、週5日制は廃止して、学校で差が出ないように指導するべきだと思う人で、手を挙げてもらいますか。じゃあ週5日制存続派、私は賛成だと思う人。
………

田辺 多いですね。週5日制について話した班では手が上がってないですね。

足立 あれ？（笑）

田辺 じゃあ週5日制に反対の人は手を挙げてください。

足立 多いですね。聞いてもらってよいですか。

受講生 はい。僕は週5日制に反対です。さっきも個性の話が出たんですが、高いレベルの個性の差は、ついてもそれは面白くなるというか、一人一人の個性がたくさん出て、社会が面白くなっていくと思うんです。でも、さっき話しにあったように、ついていい差と悪い差はあると思うし、2日休みにすると、何となくその悪い差の方も出てしまう気がします。

水原 悪い差が出るから廃止したほうがいい、土曜日も学校に行くようにして、学校のほうでいろんな手当てをしてあげたほうが悪い差が出ない。という主張ですか？

受講生 そういうことです。

八木 学校が関わったほうがいいという意見でした。週5日制賛成派の方は？…はい、まず賛成の理由を教えてください。

受講生 土曜日学校行きたくないし。別に土曜日学校行ったからって勉強するわけでもないし。行ってダルく寝てるくらいだったら家で寝てるほうがいいかな。

八木 なんかとても学生らしい意見が出たと思うんですけども（笑）そういう学生側の意見はどうですか先生。

水原 ええ、要するに土曜日はお互い好きなことをすればいいんだと。その結果差がつくのはそれぞれ自分の勝手、責任の問題だから、まあ勝手に差がつきなさいということですよね。実は、もしかしたら成績のいい人も悪い人もそのほうが私は幸せだと思ってる可能性があってですね、成績のいい人の方で

差がついて心配だと思ってるけども、成績の悪い人の方は勝手にしといてくれって、私は自由にやっていたいんだから放っといてくれっていう可能性もあるんですが。

まあ残る問題は治安上の問題で、そういう人を放っとくといろんな問題が起き

て治安が悪くなるんで、土曜日も学校に連れてきて何としても教育しなきゃダメだという観点は残りますよ。そういう観点は残りますけども、本人たちの意思としては、土曜日は自由にしていたいということですかね。

総括

足立 すみません、まとめに入ってよろしいですか？

　週5日制反対か賛成かっていう意見を話し合ってもらったんですが、どこの議論も「土曜日を休みにするかしないか」っていう議論に大体なっていました。でも、本来なら週5日制の議論は「土曜日を休みにするかしないか」という意見だけじゃなくて、例えば、休みを3日にしても4日にしてもいいわけですよ。そういう「週5日制の廃止」でもいいはずなんですね。でも、そういう議論にはならない。やっぱり、既成概念があるんだなと思いました。

　それと、学校の役割って非常に大きいなというのも再確認しましたね。今の質疑応答でやっと、「ただ休みたいから」という意見も出ましたが、週5日制存続派、つまり休みは休みのままでと考える立場の人も、何か別の力をつけよう、意義あるものにしようって方向で議論をしていました。学校中心、仕事中心な日本人像がよく見えますよね。

　「休み」の感覚については、日本人って不思議なんですよ。土日にぽーっとしてたりすると罪悪感ないですか？「あー休んでしまったー」って。でも、例えばドイツの場合なんかは、長期の休暇をダーンと取るんですね。それで、仕事も全部休んでリフレッシュするんです。それがないと、普段の生活に張りが出ないという考え方があるそうで。風邪で休むことも、日本人は躊躇しますよね？風邪をひいてても、がんばって学校に来ませんか？それもドイツの人にとって見たら「はた迷惑なだけだ」って思うそうです。病原菌撒き散らすわけですからね。

田辺 不思議ですね。日本人は休みには何かをしようって思うみたいですね。バカンスに行っても、毎日のようにスケジュールをびっしりつめて、この日はあそこに行こう、この日はあそこに行こうって計画をたてる。日本人は忙しく休みを取るっていうイメージが強いですよね。

足立 そうですね。こんな風に、「休み観」なんかが感じられて面白かったなと思います。それと、もうひとつ。週5日制の議論は結局、「学校での勉強は、どれくらいの時間をかければ効果が出るのか」ってことを考えなきゃいけないわけで

すよね。5日間で効果が出るなら5日間でいいし、6日間かけなきゃいけないなら6日制にしなきゃいけない。私も、どうやって内容に見合った授業時間を設定しているのかわからないんですが、OECDの学力調査で一位に輝いたフィンランドは、実は授業時間数は一位ではないんですね。上位グループの中では授業時間数は少ない方なんです。ところで、フィンランドの一つの特徴が、コンビニのように図書館がいたるところにあることだそうで…。

田辺 そのことと学力の高さの関連性は、強いのかどうかわかりませんが、学習時間が多ければ多いほど勉強ができるともいえないんだなとは感じました。
ところで、さっきドイツの話が出たので、フランスの話も聞いてみましょうか。

足立 はい。ピエールさんお願いします。学校の休みってどうなってるんですか。

ピエール フランスでは、小学校までは、休みは水曜の午後と土曜と日曜日。

足立 水曜の午後も休みになる。それはなぜでしょう？

ピエール そのときに部活やってるとか。そのことを知ってるから宿題をいっぱいあげる。たくさんあげる。だからそのときに宿題をする。

足立 結局勉強はするわけですか。でも、水曜日休みっていうのは、何かいいですね。

水原 月火って学校に行って、水曜は半分。そして木金って学校に行って土日が休みということですね。だから勉強っていうのを学校から無理やり与えられるとやりたくないけども、してもいいっていう時間で自分でするような志向性が出てくると、自分で動き出すという。そこが狙いでしょうけども、日本では、うまくいけば学力も「生きる力」もつく。うまくいかないとすごく差がつくという問題になりそうですね。

田辺 面白いですね。

足立 もう時間が押しているので、この辺で。週5日制の班にみなさん拍手をお願いします。

水原 どうもありがとうございました。

●教育課程外審議会：「部活動は存続すべきか廃止すべきか」

16班発表 部活動存続派 「部活は情熱を傾ける場所を提供できる」
　僕らは、部活動を存続させるべきだという意見です。その理由は、情熱を傾ける場を子どもたちに提供すること。そしてその中で、同学年以外の人たちや先生たちとの、授業時間では得られない深い人間関係ができるということが重要だと考えるからです。
　部活動のメリットはやはり、さきほども言いましたが「情熱を傾けるもの

ができる」ってこと。これは、普段自分で何かスポーツ始めようと思っても、設備がなかったりということでなかなかできないので、部活があることできっかけを与えられるということです。あとは「人間関係が深まること。」そして「授業以外の楽しさがある。」例えば先生とかも、部活動では授業で見られない一面を見せてくれたり、授業時間おとなしいあの人が熱心にスポーツに打ち込んでる姿っていうのは刺激を受けることと思います。

　そして部活動のデメリットなんですけども、特に競技スポーツをやっている部活なんかでは、「厳しさについていけない人がいる」ということ。これへの対策として、「部活動を2分化する」ということを考えました。1つは厳しく勝利を求める感じの部活、もう1つは他校や地域との交流など、楽しんで行うスポーツというのに2分化すればいいのではないかということです。続いて考えられるデメリットは、「先生の負担になる」ということですが、これへの対策は、指導などを地域の方や保護者の方で興味を持った人、経験者にお願いすればよいと考えました。それによって地域との交流という役割を果たせるのではないかと思います。次に、「勉強しなくなる、遊びに行けない。」これは、やりたい人が自分で実践すればなんとかなるのではないか。本人次第ということで。他にも色々あるんですが、それは答申を読んでください。

　それで、なぜこんなにたくさんの改善をしてまで、学校が部活をしなきゃいけないかということなんですが、先ほど挙げたメリットもそうなんですが、「遊びに行かないから非行に走らない。」というメリットが大きいと思います
（※ 発言者交代）

　あの、部活の一番のメリットっていうのは、情熱を傾ける場所があるってことだと思うんですよ。自分でこれっていうものが何にもないと、毎日生きている充実感とかが感じられなくなって、そういう非行とか、つまんないことに走ってしまうっていう傾向があると思うんですね。だから、

部活をやって、自分で1つ何かに打ち込むことができれば、そういうつまらないところに考えを向けなくても済むんじゃないかっていう考えが、私たちの中でありました。なので、遊びに行かないというか、拘束するとかそういう意味ではなくて、どっちかっていうと、これっていう情熱を傾ける場所が部活動で、そのことに部活動の存在意義があるというのが私たちの意見です。

11班発表 部活動廃止派 「学校は場と道具を提供するだけにすべき」

　私たちは、部活動を廃止するべきだという立場で話し合いました。まず部活動のデメリットを、現状分析をしながら挙げてみます。主に先生の負担について重点を置いて話してみたんですが、部活をすることによって、休日を返上してまで練習をしたり、大会に出場したり、放課後の時間を部活に注いだり、時間的にゆとりがなくなります。また、自分が顧問になった部活が、好きなスポーツや文化部の活動じゃなかったりすると、嫌々やっている先生もいて、そういった人の下で練習をしても、生徒の力が伸びないし、だらだらするだけになってしまう部活も出てきてしまうのではないか、ということがデメリットとして出ました。また、部活動としてやるとやっぱり厳しくて、楽しくやりたい人は部活を楽しんでやることができなくて、辛いだけになってしまう人も出てきて、教師だけでなく生徒の心にもゆとりがなくなってしまうというデメリットもあるので、部活動は廃止すべきだと考えました。

　その際、私たちは部活をただ廃止するだけではなくて、それまでに部活をしていて占有されていた場所や、使われていた道具をみんなに開放することを提案します。そうすることで、経済的な負担をあまり負わないで、自分の好きなことを楽しんでできると思います。また、学校が場所と道具を提供することによって、部活動だけではできなかった、他の競技とかにも生徒が参加できると思います。

　また、部活動のメリットとして、試合で勝つと学校の知名度が上がるとか、強いチームに強い人が集まってきて、スポーツ全体が盛り上がる、なども考えたのですが、それは学校が担うことではなくて、強くなりたい人は違う活動、地域の活動に参加すればよいと考えました。それから部活があることで、友情が築けるというメリットもありますが、部活で築く友情以外にも、地域の人と関わることによって、先輩後輩の関係以外にも、老人のかたと接することや、もっと自分より小さい子どもと接することによって、いろんな人間の幅が広がるということで、積極的に地域のクラブ活動にも参加することができると思います。なので、部活を廃止して、学校は場と道具を提供するだけにし、時間的にも余裕ができた人は地域の活動などに参加したり、学校の道具や場所を借りて、自分が楽しみたいことを楽しむということがで

きるよいにすればよいと思います。

質疑応答・総括

足立 ありがとうございます。先生何かありますか。

水原 部活を全員に一律に強制するのか、各自様々な選択をしていいってするのかによってずいぶん違ってくるので。一応ここで部活の問題は、やるっていう以上は一律に全員に強制するというのが原則で、そうでない場合にはそれぞれ自由にってなると、もう部活はほとんど崩壊しますので、そこがポイントかなと。一律全員にきちんと決まった時間全部課してしまう、そして18歳まで学校に、6時8時まで部活をさせるということをやっていくと。今の学校は18歳まできちっと、子どもたちを学校に置いてますから。そういう仕方がいいかどうかという問題に関わってきて、午後3時以降子どもたちが全部市内に溢れるというのと、7時8時まで子供が学校で管理するという問題にまで及びます。そんなことも含めて考えてもらったら意見いろいろあるかなと思うんです。

足立 ではこの2班に質問したいことや、感想など、何でもいいんで、何かありますか？

渡邉 私は部活動のところを討論の時に見て回ったんですけど、今回は賛成反対で分かれて話をしてもらったんですが、みんな何だかんだ言って部活賛成派が非常に多かったんですね。廃止の理由が見つからないよって意見がすごく多くて。他の方々はどうですか？そぼくに考えてくれていいんで、部活、賛成ですか？反対ですか？ちょっと手を挙げていただけますか。部活賛成のかた？――（多数）――おお。じゃあ部活反対のかた？あ、いらっしゃった。これはぜひ話を聞いて見たいです。

受講生 授業の中でも、教育実習に行かれた先輩方もおっしゃってたんですが、知り合いに学校の先生がいて、その先生が勉強のほうの指導と部活の指導でいっぱいいっぱいで大変だというのを聞きました。この話を聞くまでは、私も部活に賛成というか、あって当然じゃないかと思ってたんですけど、先生の話を聞いたらちょっと変わった感じです。

水原 そうですね、先生方は部活が無かったらどんなにか学校は楽になるだろうと言ってますね。ものすごく重い。規則にはどこにもない、存在しないはずのものが、実際の学校ではすごく重い。これがなくなったら教師はすごく楽になるって言ってますが、本当に重いみたいですね。

田辺 やっぱり一番のネックは先生の負担ですか。

水原 いや、それからもうひとつは、元々部活っていうのは治安維持の面があるでしょ。子供を管理して市内に放さないということで、悪いことをさせないという。

田辺 今存続派のかたも言ってましたね。

水原 だから18歳まで青年を学校に閉じ込めてますよね。で、学校以外に関心を持つと、お前は不真面目だとか悪い高校生だとか言ってますよね。ですから、社会に対する関心を狭めて、学校の中だけで先生の言うとおりに動かすようにするという意味では、学校の外に目を向けさせないという、そういうマイナスの役割をしてしまっています。それは本当にいいのか、むしろ市民社会に出て、市民運動を展開する、ボランティアに行く、NPOに行くとかすると、先生方がすごく不安になって、学校の中に生徒を閉じこめがちですけども、なんかちょっと時代が違ってきたかなって感じでいます。教師も生徒も広い世界で活動すべき時代に入っているのではないでしょうか。

田辺 さっき週5日制のところでも出てきましたが、学校がどこまで担って生徒を見ていくかっていうのがすごく大きいなと思いました。でも友達と喋っていて、自分の高校は吹奏楽部が自慢だとか、部活の話が自然に出てくるのは、別にそういう非行がどうとか、治安維持の面以外でも、生徒の心には大きいんだなって思いますね。

水原 だから、同好会的な、好き者同士が集まって何かをするっていうのは、たぶんあったらいいんだろうと思いますけども。それが強制的に、かなり遅くまで毎日毎日それを真面目にやるということが本当にいいのか。一週間に1回2回で、そのほかの日は色々社会を歩いたり、いろんな外部の研究会に参加したりとかいうふうなことが、本当はもっともっとあっていいのになと思います。何か学校の中に閉じ込められていて世界の同年齢の青年と比較すると、著しく視野が狭められていると思います。

渡邉 いやあ、でも発表にありましたけどやっぱり情熱は大きいと思います。今夏の高校野球の予選やってるじゃないですか。ああいうのを見てると高校生っていいなって思うし、あとこの間私は吹奏楽の定期演奏会に行ったんですけども、それを見ても、一つのことに熱中できることがあるというのはすごく幸せだなあと感じることもありました。で、ちょっとその情熱からは話が離れるんですけれども、討論の中で17班さんがですね、「家族のコミュニケーションの時間が減ってしまう可能性があるので、部活は廃止したほうがいいんじゃないか」っていう意見を出してくださったんです。家族とのコミュニケーションというところに注目してくれたのはここだけだったので、私はすごく印象に残っていたんですけども、週5日制のほうともちょっと、家族との触れ合いっていうのは関係すると思

うんですが。ちょっと意見を聞いてみてもよろしいでしょうか。

17班 部活動に行っていると、休日も部活のために学校に行くことが多くなって、家で過ごす時間っていうのが減ると思うんですね。そうすると休日に家にいて、家族とどこかに行ったりとか話をする時間は、部活動がない時よりは絶対に減ってしまうと思うので、その分部活動に時間をかけるのもいいことだと思うんですけど、一番基本的な家族とのコミュニケーションが減ってしまうっていうのは少し問題じゃないかなと思いました。

足立 ありがとうございました。実は週5日制のほうの討論でも、部活があるから結局休みにしても意味がないとかっていう意見がありまして。部活と週5日制、結構関わっているなと思います。

田辺 またピエールに聞いてみましょうか。フランスの部活の話を聞かせてください。

ピエール 部活について。フランスでは、学校でやってる人は結構少ない。たぶん30パーセントくらい。実は、学校でやれる部活は少ないから、人はあまりやってない。みんなそれぞれやってる。

足立 学校ではやらずに外でやってるんですか？

ピエール そう。あまりやってない。30パーセントくらい。外でが60パーセント。

足立 外っていうのは何か機関があるんですか？スポーツクラブとか。

ピエール うん。スポーツクラブとか。(そっちの方が)レベルも高い。試合も高い。

水原 じゃあサッカークラブとかに入れば、そちらはレベルが高い。学校の中のサッカークラブだとレベルが低くて、基礎基本をやるだけ。

ピエール 問題は部活はお金がかかります。

水原 お金かかるのね。日本でいうとスイミングスクールに入るようなもので。そこは高い指導者がいて、もしかしたらプロになれるかもしれないクラブ。学校の中は基礎基本だけというふうな。それも30パーセントくらいで、ほとんどの人はもっと自由に選んでる。だから学校の中の部活を選ぶ人もいれば、社会の部活を選ぶ人もいる。ある意味では学校は管理しないっていうか、どうぞ好きなようにしてくださいという。課外活動だから、「課外」なんで、課の外で自由に選んでやってください。その結果、学校の中で一緒にやる人もいれば、学校の外でどこかにお金を払って入る人もいるということですね。

足立 ありがとうございました。

水原 いろんな国の条件がありますから、一概にどれがいいとは言えませんので、何かをやるにしても受け皿を作ったり、お金をかけたりしなければならないので、今の日本でどういうのがいいのかなぁと考える必要がありますね。部活は部活なりに、生徒指導の遺産を持っていて、それも引き継がなければいけません。それ

を軽視してるとまた別な問題が起きるってことがありますから。だけど今のままじゃ、なんかすごく古いシステムのままで、このままやっていけるのかなって問題も出てきて、かなり無理も出ているので、新しいことを模索する過渡期にあるのかなと思いますね。

田辺 ひずみも出ながら、現状を考えながら変えていかなければいけないってことですよね。じゃあ部活はこれ位にして。ありがとうございました。もう一度拍手をお願いします。

●学校間接続審議会：
「東北大学の入学試験は学科試験を主におくべき／賛成・反対」

27班発表 賛成派 「学科試験を主におき、論文試験を取り入れるべきである」

　こんにちは。賛成派ということで、意見を述べていきたいと思います。まずは、「学力評価のメリット・デメリット」をあげていきたいと思います。
　学科試験を主に置いたときのメリットについて、まず大学側の視点から考えてみると、①採点が楽。②誰が採点しても結果は同じ。③マークシートよりは論述できる生徒が増える。などが挙げられます。そして、生徒側の視点から考えると、採点基準が公正で、基準がはっきりするというものです。

次にデメリットですが、生徒側から考えると、①学生の頃の努力が繁栄されないことと、②試験のための勉強になってしまう、③一発勝負になってしまう。などが考えられます。大学側の視点では、論述力を評価するといっても評価の仕方が難しく、十分に論述力を評価できないということと、マークシートに比べると採点がちょっとだけ大変ということが挙げられます。以上が、学力評価のメリット・デメリットです。
　そこで、東北大学の入学試験は学科試験に主をおくべきかどうかの賛成側の主張ですが、「基準が一律」ということが、第一の理由です。大学側には「○○な生徒が欲しい」という意見があって、生徒側も「○○ぐらいな大学に行きたい」という意見があります。そうした時、生徒側にも大学側にも基準が見えやすいというのは、メリットがあるんじゃないでしょうか。学科試験を設けているということは、それに応じた、つまり学力のある生徒が欲しいと

いうことだと認識しております。そのほかの能力・・・例えば医学部では手先が器用じゃないといけないんじゃないかみたいなのは、その学力があった上で考えられるものであって、まず要求しているのは学力なのだ、と見ています。余談ですが、早稲田のとある学部では、デッサンの試験があるらしいです。学力以外の能力が欲しければ、それ以外の試験を科してくるのではないでしょうかということです。

　それではデメリットの反論になっていないので、以下の2点で反論していきます。まず一発勝負というマイナス面はどうなのかという意見がありますが、一般にそれ以外の試験も運やミスは関係してくるのではないでしょうか。面接官が合わなかったなどです。それを言い出したらきりがないと思っております。あと、試験のための勉強になってしまうのではないかという意見もありますが、その試験に向けて勉強する上で必ず、後々に役立ってくることがあると思います。数学であれば論理的思考。日本史など、暗記科目であれば、インプット・アウトプットの能力を高める上で役立ってくるのではないでしょうかということです。

　以上をふまえて、「東北大学の入学試験は学科試験を主に置き、受験者と大学側、どちら側にも利益のある受験にすべきである。その際はできるだけ記述式にする」ということを主張します。なぜ記述式という条件をつけたのかというと、まず生徒側からの視点で、努力が繁栄されるっていうこと。あと一発勝負の意味が少しでも薄くなればということです。大学側の視点で考えれば、面接とか小論文よりは大学側の採点が楽っていうことと、マークシート方式よりは論述力を評価でき、求めている生徒をとれるから、というのが理由です。少し早口になりましたが、ありがとうございました。

田辺　27班さんのグループの特徴は、学生側の視点と大学側の視点を整理していること、そして大学側の「学力のある学生が欲しい」っていう視点が入っていることです。27班さんもそうですが、全体的に賛成側の意見には、努力が報われて欲しい、試験に向けて頑張ったことを評価して欲しいっていう意見が多かったんです。その意見に加えて「学力のある学生が欲しい。こういう力を見たい」っていう大学側の視点をはっきりさせてくれたグループでした。

20班発表　反対派　「レポートによる課題を課すべきである」
　私たちは、「東北大学の入学試験は学科試験を主に置くべき」反対派とし

て話し合いました。正直ちょっと案が出てくるまでに時間がかかりすぎて、他のところをあまり突き詰めて話し合いができませんでしたが、私たちの提案は、「入学試験に置ける学科試験を廃止して、各学科の各学部の履修内容に応じたレポート課題を試験とする」ということです。

　今の学科試験によるデメリットを話し合ったときに、受験勉強が点を取るためのテクニックとなってしまうということや、大学に入ることに一生懸命になってしまい、入ってからのことをあまり考えず燃え尽きてしまうというデメリットが出ました。それを改善するためにはどうしたらよいか話し合ったところ、レポートによる試験にすればよいという案が出ました。レポートによる試験にすれば、つまり、入りたい学部の入門的な内容をレポートとして自分で調べるということを試験の課題とすれば、受験勉強の時に、対策として色々と調べられるし、そうすればそのときに自分の興味ってものが少し分かるのではないかなと思います。今の普通の学力試験では、勉強中にあまり自分の興味は判らないんじゃないかと思います。あまり経済学部とか教育学部っていうようなところに興味はわかないんじゃないかなということで、そのレポート試験の対策で勉強する中で自分の興味が判ればよいし、それを調べた上で大学に入れば、入門で自分が調べたことを土台にして、大学で新たなそういうところを学んでいけるんじゃないかなって考えました。あと、先ほどの発表でも、「学部によっては受験で学生の適性も見たほうがいい」という話がありましたが、私たちは「学科試験を主におくべき」反対派なんですが、入学してから4年間あるのだし、その間に何とかなるんじゃないかと思うので、入試の段階ではまだ適性についてはあまり考えなくてもいいんじゃないかと考えています。

田辺　はい、ありがとうございます。
足立　とても面白いですよね。
田辺　そうですね、20班さんは、学科試験は廃止と主張に書いていますが、反対派の中ではっきりと廃止って書いたところはここの班しかないんですよ。あと20班さんがデメリットとしてあげてくれた、「受験勉強は点を取るためのテクニックとなってしまう」、「大学に入ることに一生懸命になり燃え尽きてしまう」というところは、本当に今の学科試験の大きな問題点だと思うので、それへの対応策

も兼ねていて面白いなと思いました。

足立 学生の視点から考えた時の、自分の興味を見つけるとか、興味がわくようにとかいう発想が面白いですね。

質疑応答・総括
田辺 先生いかがですか。

水原 はい。入学試験をどういうふうに位置づけるかが問題になってきますね。例えば入学試験というのは、これをクリアしてればあとで勉強できるよっていう最低条件でいいんだっていうことならば、マークシート方式で単純に、この一定点数以上超えていれば通れますよって仕方でやる方法がある。ただその学部に最適の人を欲しいということならば、いっぱい論述してもらって、向いている人を取る。ですから何と言いますか、積極的選抜と消極的選抜って名前にすれば、消極的選抜のほうはマークシート方式で、とにかく一定の知的レベルがあれば入って勉強してくださいというテストで、それ以上の向き不向きはあと4年間勉強して考えてくださいという仕方かな。論述式のほうは、自分の学びに本当に合うかどうか、どこまで広く深く教養があるかどうか試すというふうな、積極的な入試といいますか。どっちがいいか悪いかって言うのはこれも一概に言えないんですけども、マークシートならマークシートで、別に記述を入れなくとも場合によっては済むかなと思うんですよ。27班さんの主張ですが、何となく記述式を入れることで、デメリットに対抗してるんですが、これはむしろ中途半端です。例えば、この部屋を出るときに、自動レジにマークシートを入れたらチーンって「あなたは落第です」とか「合格です」っていうのが、ドアを出るときに決まるみたいな、そんな仕方だってありうるわけです。そういう仕方では能力が測れないかっていうと、それは設問をちゃんと作ってマークシートをうまく作れば、有り得る話で。アメリカの留学生がそんなことを言ってました。部屋を出るときにマークシートを入れると、「あなたはこの授業合格です」「不合格です」みたいなのが、授業出るときにもう決まるということです。こうした方法に対して、いい加減なテストだとか、一面しか見てないっていう言い方もありますけど、最低限をこなしているかどうかを見るという意味では、それなりに効果があるだろうとも思いますね。しかし、積極的にその人の人間性とか志向性まで見るとなると、何か課題を与えてレポートを書かせるなどの方法が必要ですね。

ですから向いている人を入れるか、それとも最低限消化している人を入れるかという対立かなと思います。そこらへんどう考えたらいいのか。いろんな方式があって、一概にどっちがいいとか悪いとか言わなくていいと思いますけどもね、わざとそういう設定にして議論を詰めてもらいました。

田辺 今回は聞き方が「学科試験を主にするか」賛成派・反対派だったので、たぶん範囲がすごく狭まってしまったんですよね。でも学生側からの視点が答申に入っているわりには、もう学力試験なしでいいじゃんっていう意見はまったくなかったのが不思議でした。試験はやっぱりやらなきゃいけないんだなぁと。努力は見て欲しいっていう意見が多かったんです。じゃあここで、受験って何のためにあるのかっていうことを考えてみてください。国のためか。大学のためか。学生のためか。それを考えてもらうために、ちょっといろいろと例を挙げてもらおうと思います。渡利さんに世界の入学試験について紹介してもらいます。

渡利 入学試験が大学の力に直結するという話があったんですけど。ちなみに日本が誇る東京大学の、世界での大学ランキングは101位です。学士課程ですけど。それに対して、1位がプリンストン大学、同率でパリ大学、そして2番がなしでハーバード大学が来ています。なので、アメリカの入試について少し話してみたいと思います。

　アメリカの場合は、選抜が必要な場合、定員に対して必要以上、つまり入学定員以上の人数が来た場合に初めて入試が行われるという方法が取られています。したがって、入学定員ギリギリくらいの学校、大学というのは入試を行いません。一方、**ハーバード大学**というのはアメリカでも一番優秀で有名な大学ですので、10パーセント入ればいいほうというような超難関の大学です。そこでハーバード大学がどんな入試を行ってるのかってことについて少し話をしたいと思います。これについては、ハーバード大学の教養部長、教養部の総責任者が書いた本（ヘンリー・ロソフスキー著・佐藤隆三訳『ロソフスキー教授の大学の未来へ～ハーヴァード流大学人マニュアル～』TBSブリタニカ、1992年）があるんですけど、これを読んでいて非常に面白かったです。日本についても名指しで批判していました。日本は一律的な学科試験やマークシートを行っているらしいが、これが本当の公正といえるんだろうか。最適な人間は取れるのだろうかというふうに批判しています。

　話しは戻って…ハーバード大学では入試がどうやって行われているのかということなんですけど、まず、かなり頭

のいい人は優先的にとります。これはもちろんのことです。あとは例えば、驚くかもしれないんですけど、教員の子どもの場合や、親がハーバード大学卒業の場合には優先的に入れますよっていうこともあります。ハーバードの同窓生、教員の子ども、子弟、そういう人は優先的に入れますよという制度をとっているんです。他には、ハーバード大学と密接な関係のある高校からは優先して、例えば年間数名入れますよという契約をとっている場合もあります。他には、国の代表、地域の代表をとる。地域とか国に隔たりがあってはいけないというポリシーがあるので、ハーバード大学はボストンにあるんですけど、ニューヨーク州近辺に固まってしまうのはダメだと。全米から人を集めなければならない。全世界から人を集めなければ成らないというポリシーをとって、いろんな地域から人を入れたりもしています。他には人種。やはり白人が優先的に入ってきてしまうんですけども、黒人とかヒスパニック、一部のアジア系の人たちも入れることによって、大学の多様性が生まれると言うことで、そういう人たちを優先的に入れたりしています。あと女子学生が少ないときに女子学生を入れるとかっていう方法もとっています。他には地域の貢献として、その地域の公立学校の学生を優先的に入れるというようなこともあります。これこそが大学が行うべき入学者選抜なんじゃないか、それこそが大学のとるべき立場なんじゃないか。一律にペーパーテストでやって、それで上位何パーセント、上位何名をとるという方法は、本当に大学にとっていい方法なんだろうか、と考えられているんです。ハーバード大学は今挙げたような方法が、大学にとっても非常にメリットのあることだと考えて、こういう選抜方法をとっています。こういう方法があるというのも覚えておいてください。こうした方法は非常に手間隙がかかりますけども、大学に入学した人の質というのが、大学の質やレベルを大きく左右するということを考えると、それくらい手間隙をかけても全然問題ないんじゃないかというわけです。できるだけ時間をかけて、入念に入学する学生を選ぶべきだというスタンスをハーバード大学、世界第3位の大学はとっています。

次に、UCLAとかUCバークレーっていう州立大学でいうと、州立大学なので州の学生は優先的に入れますよという方法をとっています。これもまた理に適ったことだなと思うんですけど、カリフォルニア州の高校に通っている成績上位だいたい3分の1くらいの学生は、UC、カリフォルニア大学のどこかの大学に入れるようにするっていう方法をとっています。こういう方法も、大学の選抜のありかた、学生の取りかたとしてはありうるんだよという話です。

あと、そもそも入試を行うべきかという視点もあって。高校の成績だけでいいんじゃないかという方法をとっているのが、フランスの方法です。フランスについてはピエールの話を聞いてください。パリではピエールはどうやって大学に入

りましたか。
ピエール　成績と…
渡利　高校の成績？
ピエール　そうそう。
渡利　他には？それだけ？
ピエール　モチベーションも使う。
渡利　モチベーションを見られると。それは大学の先生がピエールとマンツーマンで話をするということ？

ピエール　論文を使う。
渡利　論文。論文でモチベーションをみるという。これがフランスの方法で、フランスでは基本的にこういう方法がとられています。他にモロッコの例というのも、かなり強烈です。高校入学した人は基本的に全部大学に入れるんですけど、進級するときに厳しい進級テストがあって、年度ごとに人が落とされていくという方法です。そういう方法もありますよ。それは例えば東北大学に、希望者はみんな入れるんですけど、1年生のときの成績によって2年生に進級するかしないかというのが決定されます。それで1年留年したらもう次の年度はアウト、退学しなさいという、そういう厳しいシステムというのもあります。
田辺　その進級というのは成績で決まるんですか。
渡利　成績です。学科の成績です。だからかなり厳しいみたい。モロッコの学生は猛烈に勉強するらしいです。
田辺　それは何点以上取れば進級できるという感じですか。
渡利　ということですね。だいたい半分が落とされるという。
水原　250人が入ったら125人に来年はなるということでしょう。また3年になったらさらに半分。だんだん半分半分になっていって、残った人が卒業できるという。確かこの前フランスのパリ大学がデモをやっていて、どうしてデモやるのかと思ったら、入学は自由なんだけど、みんなが入ると部屋が満杯で授業を聞けないから、結局落とされて進級できないので、受講生がみんな聞ける部屋を確保しろというデモをやっていました。ですから入学試験はどうぞ自由に入ってください。あとは単位が取れたら進級してくださいという仕方もあるんですね。
　今の話で大事なことは、どういうふうに学校を作りたいかによって、選抜する仕方は異なってくるということなんですね。同質の人だけを上位から採るという仕方もあるけれど、異質な5種類の人種、あるいは5種類の人間、5種類のいろんな層があるならば、そこから何パーセントずつとった方がみなさんにとってすごく成長の糧になるから、そういう仕方で選抜するということもありうる。例え

ばここには同じような日本人だけしかいないけども、ヨーロッパの人をここに10パーセント入れましょう、それからアフリカ人10パーセント入れましょう。それから男女の比も5：5にしましょうというふうにすると、みなさんの影響力が違いますよね。ものの考え方、成長力が違ってきますね。そのほうが生産性があるのではないか、そのほうが世界に通用する発明発見なんかにもつながるのではないか、あるいはそのほうがヒューマニズムがいっぱいになるのではないか、ということです。同質の同じような人ばかりよりもいろんな人がいたほうが、みなさんが成長するということで、そういうふうに大学をつくったほうがいいんじゃないかという発想ですね。

　そもそも、なんで成績のいい人だけを大学に入れるんだという問題につながりますよね。むしろ成績を5つのランクに分けて、それぞれから10パーセントずつ入れる。すると成績の悪い人もいていい人もいる、ということで、違った教育効果が出てくる。だから、従来は生産性や経済性を考えて、成績のいい人から入れてきましたけれども、それでいいのかって問題はあるんですよね。

田辺　はい。さっき27班さんが発表してくれたように、学力でとる場合もあれば、20班さんが発表してくれたように、入りたい大学・学部の入門的な内容についてレポートを課してやる気とか知識を見たり、あとモロッコのように全部入れて進級テストで落としたりと、本当は全部どのやりかたも有り得るんですよね。どの大学でも。そして、現在は大学側がどういう学生を取りたいかという大学のポリシーが試されているという流れになっているんですね。じゃあ受験についてはこれぐらいにして、先生、全体を一言でまとめていただいていいですか。

先生の討論会総括

水原　毎回言ってますけども、やはり正解っていうのはないんですよ。ですから結局、われわれ研究者が何をどんなふうに研究するかっていうと、事実を調べることで、そこではどういう**原理原則**でシステムがつくられているのかを分析します。今回提案された入試も、部活も、週5日制も、今のところ日本の国が選択して

きているシステムなんですけども、本当にそれでいいのか、問題がありすぎるならば、その原理原則を変えなければいけない、時代が曲がろうとしている中で全体を見直して新しいシステムに変えなければいけないという時代に入っている。次の時代の新しい資質の青年をつくらなければならないというところで、いろいろと議論があるわけです。

　みなさんに対する教養教育の課題としては、今

回の議論を参考にして、このあといろんな本を読んでいく動機付けになってもらったらいいなと思っています。その場合、どうぞ、教育だけではなくて、政治・経済・社会・自然・芸術・語学など、色んな分野の本を読んでください。

4 討論会の感想 − 討論を終えて −

足立 討論会はいかがだったでしょうか？それでは最後に、討論会を終えた受講生から出てきた感想を振りかえって、まとめに変えたいと思います。

〈立場を決める〉
田辺 まずは、グループ討論での感想から見ていきましょう。私たちがとても悩んだ「立場を強制する」という点に関して、意見が集まりました。やはり、立場を決められると難しいという人もいたみたいですね。
足立 そうですね。各自の主張を聞いてみたい気持ちもありました。そこで授業の最終レポートでは、テーマも立場も自分で決めてもらって、各自で学校教育について考えてもらいました。討論会での話し合いを土台として、授業中には出し切れなかった思いをこのレポートにぶつけてくれたのではないかと思っています。立場を決めたことに関して、意義を感じてくれた感想もたくさんありました。

【教・男】自分は部活賛成だと思っていたのに強制的に反対派にされた。しかし、それによって部活を今までとは違った視点で考えられた。

【教・女】私の班は部活動について話し合ったんですが、班のメンバーは全員賛成にもかかわらず部活廃止の立場で考えなければいけませんでした。最初は部活のデメリットが浮かんできませんでしたが、みんなで考えていくうちに部活に対する新たな考えが生まれてきました。部活動は素晴らしいものであるけれど、学校でそれを行う必要はないんじゃないか…という気もしてきたのです。しかし感情的な面で私が部活から得たものは計り知れないのでやはり続けて行ってほしいなあと思っています。

【教・男】今回の討論において、自分と逆の立場の人たちから納得できる意見が多数出てきた。こういう考え方もあるんだなと思うと同時に自分は少し固定観念にとらわれているようにも思われた。もう少し、本などを読んだりして、多くの意見に触れることの必要性を感じた。

【文・女】今回、いろんな班のいろんな提案を知ることが出来てよかった。自分とは違った視点での現状への指摘、異なった発想の意見、新しい発見があってこれから学ぶこと、考えなければならないもの、将来の役に立てそうなことを吸収しました。物事を見るときは広い視野でみることが大切だと思うので、様々な意見などを聞けた今回の討論はいい経験になりました。ピエールさんのお話が聞けたのも良かったです。ただ、ピエールさんから見た日本の教育の現状に対する意見とか感想も聞いてみたかったです。外国のかたの私たち日本人とは違う視点から見た日本の教育というのも知れたらよかったなあと思いました。

田辺　立場が決まっている討論のよいところは、それまでの自分の考え方からはずれた、新しい視点で考えられるということですね。さらに討論会・全体会を通してたくさんの意見に触れたことで、多元的に考えるということを学べたのではないでしょうか。それでは、それぞれのテーマに対する感想を見ていきましょう。

〈週5日制について〉
足立　全体会を受けてこんな感想が返ってきました。

【教・男】自分の班では週5日制賛成ということで、地域活動への参加の幅が広がるという理由で答申を作成したが、実際のところ、質疑応答で発表していた人と同様に「土曜にまで学校には行きたくない」という理由が最も強く、その部分を班の意見として出しても面白かったなと思う。

【教・女】〈週5日制に関して〉発表を聞いていて、小・中・高を全て同じように考えるべきではない、と思いました。小学校の内は土曜日まで学校が関わっていき、子どもたちの興味の範囲を広げていくようにすべきだと思います。それを素地として、中高において週5日制を採用し、休日を個人個人が自由

に使っていけるようにすれば良いのではないでしょうか。週2日×4週間×12ヶ月もある休みのうち、ただ休むだけの日があっても良いでしょうし、好きな事に費やすのももちろん良いですが、そのすごし方を考えるには、やはり基盤が必要です。その基盤づくりを、週6日制で小学校で行うという形もあると思います。

足立 なるほど。週5日制存続派の7班さんたちは、小中高生それぞれの休みの意味が違うのではないか、という視点の提供をしてくれましたが、ここではさらに、具体的な提案になっていますね。おもしろい提案だと思います☆

〈部活について〉
足立 それでは次に、部活動についての感想です。同じ発表に対する意見でも、反応が様々で面白いですよ！

【教・女】〈16班に対して〉部活は今まで別にいらないと思っていたが、今日の発表会であってもよいと思った。毎日目標もなく、ただだらだらと過ごしていくのでは、学校に行く意味などに疑問を持つ人も増えてくると思う。それよりも情熱を傾ける場を設けることで、生きる意味も見出せると思う。

【経・男】〈16班に対して〉「情熱を傾ける」というのは、本気で打ち込んでる人のみに当てはまる意見ではないでしょうか。楽しみたい人、趣味でやる人にそれは当てはまるとは思いません。結局楽しみたいだけの人たちは本気でやってる人たちに追いやられるのではないでしょうか。

【教・女】部活動については以前も議論になったことがありましたが、今日様々な意見を聞いて部活を学校でやるかどうか、というのは固定観念によるものだと思った。学校でやらなくても、部活のメリットは地域で得られる気がしてきました。ただ我々は「部活は学校でやるもの」という考え方しかないので学校外でやってもだめ、というふうに考えてしまうのだと思います。

【教・女】今日の発表を聞いていても、自分の立場を存続派とも廃止派とも決められなかった。なぜなら、部活を強制すれば様々な問題（教師が大変とか、

自由な時間がないとか）が生じるが、部活動を廃止したところで結局生徒は学校内の同好会・サークルに入部し、活動するような気がするからだ。ピエールさんがフランスでは部活をやっている人は30％くらいで他は学外のクラブで活動しているとおっしゃっていた。しかし、日本にはそういう一般のクラブが少なすぎる。つまり部活が一番手軽でやっている人が多いのだ。もし日本から部活が消えたら、それこそ子どもは非行にまっしぐらなのではないだろうか。だからといって一般のクラブを増やせば良いというわけでもない。家庭の経済力で偏りが生じるからである。正直言って今はまだ結論が全く見えてこない。とても難しい問題だと思う。

田辺　部活って慣れ親しんでいる分、客観的に考える事が難しいですよね。学校は何をすべき所なのかという問題を、部活を通して考える事で見えてくるものは多いと思います。
足立　部活には問題を考える材料がつまっているのかもしれないですね。

〈入学試験について〉

田辺　それでは、入学試験についての感想を見ていきましょう。外国の入試制度の話を聞いての反応が多かったですね。

【教・女】私は「学科試験を主におくべき」反対派でしたが、20班さんのように、思いきって学科試験を廃止するという意見は出ませんでした。ある程度学力をみることは必要だと思うし、努力した分評価されなければ割りに合わないと思う。けれど外国には実際に学科試験のない制度もあって、とても興味深かった。「答えはない」というのは納得でした。でもその中で色んな視点で考えを述べられるようになりたいと思います。

【教・女】今日の講義では、3つの話題について賛成派、反対派の意見を聞き、様々な考えを聞くことができてすごく興味深かったです。特に興味を持ったのが、ハーバード大学の入試についてです。入念に生徒を見て、様々な人種があり、その価値観もいろいろなわけで大学においてもそのような環境を作ることは大切だと思いました。

足立　あるものについて知りたいという時に、それとじっくりにらめっこして細かく細かく分析することも必要ですが、「比較」をすると、そのものが浮き彫りにされて見えやすくなるものですよね。
田辺　そうですね。幅広い知識ってだから必要になってくるんだと思います。

渡利さんの話は、私もとても興味深かったです。もっと、外国の教育について知りたくなりました。

〈討論全体について〉
足立　それでは次に、討論会全体を通じての感想を見てみましょう。

【文・女】どの問題も、「先生の負担」というのがポイントになっている気がした。しかし、個人的に思うのだが、「先生の負担」というのは当たり前なのではないか。先生は公務員である。公務員は国のために働くべき職業である。教育は国の未来を担う大切なことだから、責任を負う先生たちは、どんなに苦しくても、子供たちのために出来ることはやらなくてはいけないと私は思う。先生とは負担ありきの職業で、楽は出来ないものだと思う。

足立　う〜ん…どうでしょうか？確かに、先生の負担や権利ばかり主張していたのではいけないと思います。教師というのは、職業を超越した存在なんだ、という考え方もあるかもしれませんが、教師も公務員ですからね。どうでしょう？先生。教師観が見えて面白い感想だと思うのですが、何かコメントを。
水原　教師観には、伝統的に3種類の考え方があって、ひとつは聖職としての教師観で、教育愛をもって献身的に奉仕する教師像ですね。ふたつは、労働者としての教師像で、他の職業と同じように労働者としての権利を要求します。最後は、専門職としての教師像で、行政的命令以上に、専門的見地から専門的判断と自律性を重視する考え方です。これだけの説明ではわからないでしょう

が、**聖職者としての教師像、労働者としての教師像、専門職としての教師像**の3種があり、どれに依拠するかで立論の仕方が違います。たとえば、時間外の超過勤務時間に対して、教育愛をもって無料で生徒と応対するか、労働時間を売った分だけ報酬をもらうか、あるいは、一種の専門職手当を得て、時間に関係なく対応するか、などの違いになります。もちろん、聖職・労働者・専門職で、その精神的なあり方もちがってきますね。人の模範となるような行動を常にとるか、普通の労働者としての精神と遊びをするか等々ですね。興味があるなら、ぜひ、考えてみてください。

足立　少し難しいかもしれませんが、考えてみると深いですよ！では次の感想を見てみましょう。

【教・女】学校教育について、3つの議題への意見を聞くことが出来て、参考になった。どの問題にもやはり、メリット・デメリットが存在する。それぞれのメリットを生かして、デメリットを改善するにはどうすればいいかを考えていくのが、問題解決に必要不可欠なのだろうと思った。自分が受けてきた学校教育制度を当たり前のように感じる傾向があったのだが、現在行われている制度も、様々な視点から考えると新たな問題点が見えてくるのだとわかった。

【文・男】今回は部活を存続させるという立場で話し合いました。今までは社会にある色々な問題について「～すればいいじゃん」と思うだけでしたが、今回のようにある問題についてメリットやデメリットなどの点を考えていくだけで、その問題を解決することの難しさが浮き彫りになってくるんだとつくづく感じました。

足立　考えることの面白さを感じてくれたのかな？うれしい限りです。
田辺　私も大学1年生くらいの頃は同じことを思っていた気がします（笑）自分の立場からしか見ていないと「問題があるならやめればいいじゃん」「いいことならやればいいじゃん」って思っちゃうんですよね。でもそれぞれの立場の意見があっ

て今の形に落ち着いているんだということがわかってくるとそういう風には言えなくなります。多角的な視点を獲得したってことですよ！やはり何か問題に当たるときには自分の立場からだけでは見えないことだらけなんですよね。

足立 物事って単純じゃないんですよね。色んな背景や問題を深く知れば知るほど、おもしろくもなってくるんです！こんな感想もありました。

> 【教・男】これだけ人数がいれば色々な考え方があるのだろうとは思っていたが、想像していたよりも多くの考え方があり、驚いた。これから学校教育における様々な疑問と向き合っていく上で、前回・今回の講義は非常に中身の濃い時間となったのではないかと思う。それにしても改めて考えようとすると週5日制、部活、学科試験、この3つだけでもこんなに頭がこんがらがるなんて学校教育に関する問題はかなり複雑だなと感じた。

〈授業全体について〉

足立 最後に、教育学の授業全体に対する感想です。全体会が教育学授業の最後ということで、授業全般にわたる感想を書いてくれた受講生も多くいました。ここでは、その一部を紹介します。

> 【教・女】この教育学の授業では、私の中でこれまで持っていた価値観をたくさん壊していただきました。学習・部活・日本人観などなど・・・。難しいことがたくさんあると、考えるのが大変ですが、難しいことを考えるのはそれだけ次につながっていく余地があるということなので、これからもこの授業をきっかけに、考えることを恐れないでいきたいです。貴重な時間をありがとうございました。先生はじめ、スタッフの皆さんも素晴らしかったです。

> 【教・男】今回の一連の授業で、今まで受験モード（試験モード）にずっとなっていた頭が少し柔らかくなった気がした。もっともっと考えさせられる機会があれば良いなと思った。

足立　ありがとうございます☆私は、「考える」って、すごく楽しいことだと思っています。「価値観を壊す」ことも学ぶ上では大切なことですよね。大学では、自分で学ぶということがとても大切になってくるので、この意欲を持ち続けて欲しいです！
田辺　この授業をきっかけに、「考える」ってことが習慣になってくれたら嬉しいですね。
足立　次の感想は「教養としての教育学」にピッタリな感想ですよ。

【教・男】3つのテーマとも非常に難しい内容だったと思います。でも、難しい問題だからこそあれこれ試行錯誤して考えることも可能なのかなと思っています。でも、この教育学の講義において、改めて重要だなと感じたのは、先生が最後に言われた「正解がない」ということでしょうか。問題を立体的に捉える力を養うためにこの教養教育がある。この4年間を上手に過ごしたいと思いました。

【法・女】自分の思いつかなかったような論点や意見が聞けて興味深かった。社会では「正解のないこと」のほうが多いだろうし、今後自分が専門で学んでいくことに関しても同様なことが当てはまるであろうと思う。この授業のように、良い意味で「雑多」な視点を大切にしていきたい。様々なことを学んで、様々なものを見て聞いて自分の視野を広げていくことの大切さを学ぶことが出来たと思う。ありがとうございました。

足立　教育学は教育学部の領域だ、なんて思うかもしれませんが、これは「一般教育」「教養教育」の教育学なんですよね。水原先生はよく、専門に入る前の教養教育は（学部の垣根をこえた）横へのひろがりが大切だとおっしゃっています。そういう意味では、法学部の学生が教育学の授業を受けて、自分の専

門分野でも共通する「学び」を見つけ出してくれたことは、教養教育の真髄ではないでしょうか？…なんて、専門はいりたてのひよっこが言うことでもないですが(>_<)
　それでは最後に、この教育学授業の最後を飾るにふさわしい感想をご紹介して、討論会の部を終わりたいと思います☆

【教・男】約4ヶ月ありがとうございました。私たちがこれまでの19年間当たり前のように思って通っていた学校と言うものが、こうもデリケートな問題に満ちているとは考えていなかった。部活1つとっても、私は中学のときから余りよいとは思っていなかったが、なくせばいいというものでもないし、でも教師の負担などを考えると、今のままでは問題があるし…。教育と言うものは、何も学校に限ったことではないはずだが、やはり人間の成長にとって学校と言うものは不可欠であると思う。その学校を生かすも殺すも、私たち世代が重要な働きをすると思う。時代の変化とともに揺れる学校…。そのつど振り回される学校…。21世紀になって数年が経ち、時代の転換点も来ていると思う。これから、また学校について考えていこうと思う。

第 3 部

「TAと共に授業を創る」とは　足立佳菜・鈴木学*
（2017年1月）

＊足立…2005・2006・2009年度TA、2010・2011年度SLA運営スタッフ
　鈴木…2007・2009年度TA、2010・2011年度SLA運営スタッフ

1 はじめに

　第3部では、本書の副題である「TAと共に授業を創る」[1]について掘り下げていきたいと思います。

　TAと共に授業を創る意味はどこにあるのでしょうか？「授業運営を手伝ってくれる人が増えると負担が軽くなりそう」と思う人がいるかもしれません。しかし、本書序文において水原が、TAとの討議を踏まえた授業創りを「やや辛くも楽しい授業」と表現し、授業改善の作業は「TAがいなければすぐに怠惰になってしま」うと述べています。裏を返せば、TAがいることで（良い意味で）"楽が許されない"というのも授業者の実感のようです。あるいは、「人が増える分、何だか充実した授業ができそう」と思うかもしれません。しかし、TAが加われば"無条件に"良い授業ができるわけでもないと思います。授業を充実させるためには、教員・TA共に多かれ少なかれ苦労してきたというのが筆者らの実感です。

　それでは、「TAと共に授業を創る」という活動は、授業者である教員にとって、受講生である学生にとって、TAである学生にとって、あるいは大学教育全体にとって、どのような意味を持つのでしょうか。そして、「TAと共に授業を創る」ために必要なこととは何でしょうか。これを知るために、まず2にて大学教育の全体的動向を踏まえた上で、3にて「教育学」授業実践事例におけるTAの役割を整理していきたいと思います。

　本書のこれまでを読んで下さった皆さんには、本授業が出来上がる舞台裏を覗く気持ちでも読んでいただければ幸いです。

2 TA制度と大学教育への"学生"活用実践の発展

【TA制度の始まり】

　TAに関する最初の政策的提案は1988年の臨時教育審議会第二次答申でなされました。その中では大学の教育内容・方法の改善や、「研修的雇用の場を与え、大学院生生活の活性化を図る」目的でTA制度の必要性を謳っています。その後、1991年大学審議会答申「大学院の整備充実について」では、TA制度の教育改善としての効用を「学部教育におけるきめ細かい指導の実現」と表現しています。つまりTA制度の主な目的は、①学部段階の教育改善、②大学院生への経済的支援による処遇の改善、③将来の大学教員養成の3点です（北野2006）。TA制度は授業（教育）を良くしていく方策であるとともに、授業創りに関わる大学院生への支援・育成の側面も持ち合わせていると言えます（ただし本稿では、①の教育改善に焦点をあて、授業創りに資するTAの役割を中心に見ていきます）。

333

【TA活用の増加】

　昨今の大学教育においてTAの活用は一般的になってきています。文部科学省調査によると、2014（平成26）年度にTAを配置した大学は63.5%。国立大学では84校中83校が実施しており、ほぼすべての国立大学でTAが活用されています。

　アメリカのTAは、TAが単独で授業を担当するような役割と待遇を与えられていますが、日本はこれとは異なるのが現状です。教員の教育活動を補助する人的資源として授業改善に貢献する側面が強く、TAの制度上の役割はあくまで「教育補助業務」に力点があるのが日本のTA制度と言えます。しかし、TA制度によって、授業という場に"教員"と"受講生"以外の「第三者」が関わる土壌が生まれ、積極的にこれを活用した授業改善・開発の実践の発展により、TAの活動や役割は柔軟かつ多様に変化しつつあるのもまた事実です。

　2008年中央教育審議会答申「学士課程教育の構築に向けて」では、学生の能動的な学びの提唱と共にこれを引き出す双方向型の学習や少人数指導を推進する一方策としてTAの積極的活用が謳われました。具体的には、「授業における指導（例えば、ディスカッション、討論など）への参画、授業外の学習支援など」により「TAの役割を一層拡大」するとしています。またSA（スチューデント・アシスタント）と称される学部段階の学生の活用にも言及し、より受講生に近い立場の学生の参画も促されています。こうした動きからは、教育補助業務としての人的資源の活用を超え、「人と人との交流に教育的価値を見い出す試み」（北野2006：187）としての学生の授業参画が期待されてきていることがわかります。

【学生活用方法の多様化】

　TAのように、学生の力を大学教育改革に活かそうとする動きは拡大の一途にあります。その一例が、「ピア・サポート」と称される取り組みです。ピア・サポートとは「学生生活上で支援（援助）を必要としている学生に対し、仲間である学生同士で気軽に相談に応じ、手助けを行う制度」（日本学生支援機構）のことで、ピア・サポートの活動を取り入れる大学は年々増加傾向にあります（図3-1）。ピア・サポートの活動は、修学支援、心の相談、キャリア支援等々、学生支援全般にわたるものなので必ずしも授業に関わる活動に留まるものではありません。ただし、日本学生支援機構の2013（平成25）年度の調査では、「学習サポート」領域がピア・サポートのプログラム全体の41.2%を占め、ピア・サポートの取り組みにおいて「学習に関するサポート」が増加傾向にあることも伝えられています（小貫2014）。

　大学教育改革に学生の力を取り入れる動きとしては、「学生（参画型）FD」と称される取り組みなどもあります。Faculty Developmentの活動に学生の視点を取り入れることを目的としたこの活動は、立命館大学を中心に毎年大規模なサ

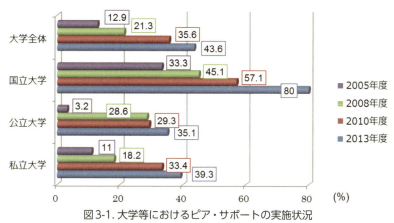

図3-1. 大学等におけるピア・サポートの実施状況
日本学生支援機構 (2011, 2014)「大学等における学生支援取組状況に関する調査」を基に筆者作成

ミットを開催するなどして実践を蓄積しています。TA／SA に近い動向としては、関西大学が LA（ラーニング・アシスタント）制度を整備し、初年次教育の授業に学部生の上級生を参加させ、グループワークのファシリテーション等を担わせる取り組みなどが知られています（岩崎2014）。また、学習支援センターのような正課外の組織で学生が学生の学習をサポートする活動としては、早稲田大学のライティング・センター、アメリカのチューター認定制度を取得した名桜大学の言語学習センターや公立はこだて未来大学のメタ学習センターなどが知られ、学生が学習支援を担うチューターとして活躍しています。本書の「序」で触れた東北大学の SLA 制度[2]も、学生の力を活用した正課外の学習支援活動の事例です。

【学びの過程における"学生の力"の意義】

　こうした、TA を始めとする学生の力を活用した実践が増えている背景には、大学教育の次のような動向が関係しています。日本の大学教育は、2000 年の「廣中レポート」を機に大きな転換点を迎えました。それは、「教員中心の大学」から「学生中心の大学」への転換です。この流れを受けその後急速に発展した概念が「アクティブ・ラーニング」です。いまや、大学教育を語る上で「アクティブ・ラーニング」の語を見ない日はありません。学生の主体的・能動的な学びを促進することを目的とした「アクティブ・ラーニング」の考え方は、様々な活動を取り入れた授業を生み出しています。その際、学生同士が学び合う協同学習の手法が取り入れられるなど、先の関西大学の LA の事例のように、アクティブ・ラーニングを支える役として先輩学生が授業に参画する事例が目立つようになってきました。こうした動向において、"学生の力"が着目されるのには、大きく 2 つの理由があ

ります。一つは、大学教育や授業を改善していく際に「学生の視点」を重視しこれを取り入れようとする目的。もう一つは、学びの過程で多様な他者（同級生や上級生）と関わり相互作用を経験することで、学習者の学びを深めようとする目的です。いずれにしても、「大学生」は、大学教育において、ただ教育を受けるだけではない様々な役割を担いつつあるのです。

3 授業「教育学」における TA 活動

　それでは、本書が題材としている「教育学」の授業において、受講生にとっての先輩である TA 学生たちは、どのように授業創りに関わり、何を生み出してきたのでしょうか。具体的な事例を紹介していきます[3]。

　「教育学」は2005年から2011年の7年にわたり実施されてきました。本書第1・2部の内容は2005年度の授業実践を基に編集されていますが（第1部補講のみ2009年度実践）、これ以降も講義内容の軸は踏襲しつつ、実践を重ねる毎に直面する新たな課題に挑み、残された課題を次年度の TA に継承していきながら、教員と TA による授業開発・改善を繰り返してきました。

　そこで本項では、これらの授業実践記録に基づき「教育学」における TA の役割を①媒介者、②促進者、③協同者の三側面から再考したいと思います。

【授業「教育学」の構造】

　TA の役割を見ていく前に、「教育学」の全体構造について押さえておきます。

年度毎に多少の違いはあるものの、「教育学」全15回の授業の大まかな流れは共通しており、初回にオリエンテーション、その後通

<表1.1回の授業の流れ>

時間	授業内容
10:30	前回の復習
10:50	講義
11:30	質疑応答・グループ討論
11:55	コメントペーパー
12:00	授業終了

常授業を挟んで、授業の最後2回を討論会としています。最終討論会は、それまでの授業で培った教育に関する歴史認識を踏まえながら、受講生自身の視点でこれからの学校や教育がどうあるべきかを考え教育改革案を構想・提言する場として設けられているものです。

　通常授業（10：30～12：00）の典型的な流れは表1の通りです。導入として前回の授業の復習を行った後に講義に入り、講義後には質疑応答やグループ討論の時間を設けます。最後に受講生に本時の感想・意見をコメントペーパーに書いてもらい、授業が終了します。以上が授業の全体構造です。

【授業内における"媒介者"としてのTA】

●原型としての学生参加型（双方向型）授業の模索

「教育学」におけるTAの在り方の基盤を構築した2005年度実践は、「『教養教育』としての教育学とは何か」を模索しながらの出発でした。授業者は、「教育学」以前のTA活用経験から、TAに対して、①討論を湧き立たせること、②学生から質問が出なかった時に、教員とやり取りをする役を担うこと、③質問を挟んで教員の意見を相対化することなどを求めていました[4]。こうした授業者の要請やTA間の話し合いの中で、TA自身は次の2点の方針を土台にして授業開発に臨みます。1点目は学生自身が「問いを持つ」こと、2点目は学生を授業に主体的に参加させることです。

前者の「問い」探しは、受講生の固定観念を「砕く」という授業目的（本書「序」「おわりに」参照）の出発点として重視したものでした。後者の「学生を授業に主体的に参加させる」という方針は、1点目の「問い」探しにもつながるものですが、これを方針としたのは、「大規模授業」という授業形態の抱える課題への対応という意味合いも大きくありました。その課題とは、発言のしにくさや匿名性の高さによる主体性の希薄化などです。

これらの方針を実現する方策が、①コメントペーパーとフィードバック資料の作成と②授業ファシリテーター（問いのモデル）としてのTAの活動です。この方策は、その後の実践でもTAの基本的な役割・活動として踏襲されました。

●コメントペーパーとフィードバック資料

「フィードバック資料」とは、毎回授業終了時に受講生に書いてもらうコメントペーパーを使用して作成する資料で、次回の授業冒頭での【前回の復習】の時間に使用するものです。

「フィードバック資料」は次のように作成されます。授業終了後、教員とTAは全受講生のコメントペーパーに目を通し、コメントを出し合います。

写真1. コメントペーパーの分類・選別作業

ここでの話し合いや教員のコメントをもとにしながら、TAはフィードバック資料に掲載するコメントを約20名分前後まで選別し、これにTAや教員からのコメントを付け加えて、A3両面が埋まる程度の「フィードバック資料」を作成します。作成の際には、採用する感想に偏りが出ないよう構成に配慮したり、TA自らもコメントを寄せて問題提起をしたりすることで、単なる感想紹介の資料で

はなく「問い」探しのきっかけとなるような資料の在り方を模索していきました。
　細かな工夫としては、コメントペーパーに授業の感想以外のこと（大学生活、サークル、恋愛についてなど）を自由に記述できる「近況欄」を設け、緩やかな交流も促進してきました。また、年度によっては学校や教育についての「そぼくな疑問」を書いてもらったり、「授業理解度」を問う欄を設けたりと、その時々の授業設計に応じてコメントペーパーも改良を加えています。コメントペーパーで得た情報を「フィードバック資料」で全受講生に還元することは、大規模授業における双方向型授業の実現の一端を担っています。そしてより重要なことは、授業者側と受講生側の双方向性だけではなく、受講生同士の意見の交流や相互作用を創出することも可能にしているということです。

● 授業ファシリテーター（問いのモデル）

　1回の授業（90分）における授業者とTAの役割分担を示しているのが右表です。授業冒頭の【前回の復習】は、主としてTAが担当し、

<表2. 授業中の役割分担>

時間	授業内容	主担当
20分	前回の復習	TA
40分	講義	授業者
25分	質疑応答・グループ討論	TA

フィードバック資料をもとにいくつかの感想文を取り上げてコメントをしたり、授業者にもコメントを求めたりします。
　【講義】は当然授業者によって行われますが、TAは講義の途中でも積極的に質問を挟む役を担ってきました。そのため、本書掲載のいくつかの写真にあるように、TAは講義中も教室の前方で教員と受講生両方を見ることができる位置に立っています。TAが質問を挟む際には、事前に授業者と話しあった授業の流れを意識しつつ、①受講生の理解促進を重視し、受講生が理解しにくいと感じる部分に注意を払い「問いを代弁する」意識で質問をする場合や、②「自分の意見を構築し発信する」力の醸成を重視し、TA自身の持つ視点から意見や質問を積極的に発することに重点を置く場合があります。また、この「質問を挟む」という行為は、学生が授業の中で発言・質問するというロールモデル的な役割を担い、発言がしやすい場・問いを持つことができる場の形成に寄与する側面もあります。講義の後の【質疑応答】の場面でも、TAは学生にマイクを向けて発言を促したり、質問が出ない時にはTAからも質問をしたりなど、場作りに寄与します。
　このようにTAは、授業全体を通して、「問いの代弁者・モデル」としての役割を担うことで、教員・授業と受講生を繋ぐ役割を担ってきました。

【授業内・外を通した学習の"促進者"としてのTA】
● 「学生発信型」授業とグループワークの企画・補助

　学生参加型授業の基盤づくりを行った2005・2006年度の実践により、徐々に受講生自身が授業の中で発言をする機会が増えたことを受け、2007年度実践ではさらに「受講生からの発信」を重視するというコンセプトが教員から示されました。このコンセプトの下、2007年度のTA3名が行なったのが、授業の終盤30分を使った【グループ討論】の時間の改良です。

　討論の実施に当たっては、従来からもワークシートの導入、アイスブレイク時間や討論時の学生の役割分担の設定、受講生への適度な声掛けなどはすることで、受講生が毎回何かしらを発信できる（フリーライダーを生まない）工夫を行ってきていました。しかし2007年度実践で特徴的だったことは、通常授業に取り入れられていた【グループ討論】の時間を、最終討論会を見据えた段階的な討論の練習の時間として再設計したことです。具体的には、徐々にテーマの難易度をあげていったり、多様な討論の形態（グループで意見を一つにまとめる討論、グループ内で意見を闘わせる討論、グループの立場をあらかじめ指定して行う討論など）を経験させたりして、最終討論会における「学生発信」の質向上につなげる取り組みを展開していきました。

● 「知識定着・活用型」授業の模索と授業予・復習の工夫

　2008年度「教育学」の授業では、「教科書」（本書第1版）の使用が初めて試みられました。この背景には、学生主体の活動が拡大してきた「教育学」授業における知識習得側面の見直しという課題意識があります。

　そこで2008・2009年度TAは、「どのように教科書を使えば授業を発展させることができるか」「予習・復習のサイクルをどう構築するか」を模索し、「予復習プリント」の開発を行いました。

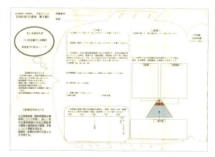

写真2. 予復習プリント＝2009年度版＝

このプリントの目的は、①授業内容を予習し事前に自分なりの問いを持つことで、授業により主体的に臨めるようになること、②講義内容の知識も定着させること、③学習のポートフォリオ化を促し、最終討論会でそれまでの授業で得た知識や視点を活かす仕掛けとすることの3点です。

　「予復習プリント」は授業前後で受講生自身が理解の変化を自覚できるよう、左側が予習ページ、右側が授業当日のメモスペースの見開き2ページで作成され

ました。プリントにはあらかじめ、予習・復習のヒントとなるような視点を提示し、建設的な予復習を促進する工夫を盛り込んでいます。

● 授業時間外「サブゼミ」の実践

　2010年度の実践ではそれまでのTA制度に加えて、SLA制度（本書「序」参照）を活用した取り組みを試行しました。SLAとして活動したのは、「教育学」前年度受講生の2年生2名です。これまでのTAは大学院生が担ってきましたが、受講生とより近い立場である学部生をSLAとして起用し、彼らの経験と力を活かして、授業時間外における「サブゼミ」を企画実施しました。「サブゼミ」では、授業で疑問に思ったことなどについて意見交換をしたり、SLAが設定したテーマを基に議論をしたりします。毎週授業とは別の時間に1時間程度の会を設け、単発の参加も可能な形で運営し、毎回10名前後の参加者を得ました。本取り組みは、若干授業の枠組みを超える発展的な取り組みですが、授業での学びをより深め、学生自身の主体的な学びを促す仕掛けとしての挑戦でした。

【授業創りの"協同者"としてのTA】
● 授業内容の事前ミーティング

　「教育学」実践においては、どの年度においても各回の授業実施前には、授業者とTAがミーティングをする機会を設けていました。ミーティングの際TAは、教員が用意した資料をもとに次回の授業内容・流れを予習するとともに、その時点でわかりにくい点があれば意見を加えます。あくまで最終的な決定権は授業者にありますが、ここでの議論を基に教員が授業スライドに修正を加えることもままあり[5]、教員が積極的にTAの意見を取り入れながら授業を改善していく土壌が作られました。

● 授業企画・運営への参画①　―最終討論会

　「教育学」実践におけるTAの活動において、最も多くの時間が費やされるのは、最終2回の授業で行われる討論会の準備です。TAは、最終討論会の企画運営全般を担っており、具体的には①討論会の全体計画（議題設定、時間配分、討論および発表形態等）、②資料・ワークシートの作成、③1日目グループ討論時のファシリテーター、④2日目全体発表会時の運営（司会進行等）などを行ってきました。討論会の実際の様子は本書第2部をご参照ください。

　この最終討論会の設計の裁量をTAに多く与えている点も本授業の特徴です。最終討論会は、それまでの授業で学習してきた知識を踏まえて受講生自らの課題意識から「未来の学校」を構想し提言するもので、学生参加型・発信型授業とし

て重要な位置づけにあるものです。この設計をTAが担うということは、授業のゴール像ひいては授業目的・理念を教員・TA間で議論し共有することを必然とします。つまり、最終討論会の企画をTAが担うことは、授業創りにおける教員とTAの協同性を担保する機会としても機能していたと考えられます。

● 授業企画・運営への参画② ─授業全体構造の検討

先に紹介した「予復習プリント」の活用は、意図的にも結果的にも、講義内容自体の変化を生じさせることに繋がりました。従来の講義内容（≒教科書の内容）を受講生

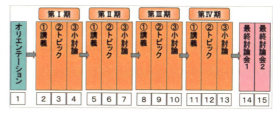

図3-2. 2009年度「教育学」授業構成

が事前に予習してくるということは、これとは別の（発展的な）講義内容を授業で提供することを求められるからです。こうした経緯をうけ、2009年度の実践では、これまでの15回の授業構造を大きく変える取り組みを行いました。

具体的には、従来、明治から現代までの教育の歴史を約10回分の講義で学習していくカリキュラムだったものを、歴史を大きく4期に区分し、各期を①講義、②トピック学習、③小討論という3セット構成で学習する授業構造に編成し直しました（図3-2）。こうした提案と検討を進められたのは、この時のTAが「教育学」授業TAの経験者であり、博士課程前期学生1名・後期学生2名の体制であったことが要因にあると考えられます。また、これがTAの役割として適正な範囲であるかは議論の余地のあるところです。しかしながら、この実践はTAとして授業に関わる学生の学年段階に応じて、"学生の力"を活かす方向性が変わり得る可能性を示唆するものと捉えることもできるのではないでしょうか。

まとめ：「教育学」におけるTAの役割

以上、「教育学」7年間の実践を総括すると、大きく4つの志向性に基づく授業創りを進めてきたといえます。それは、①双方向型授業の土台としての＜学生参加型授業創り＞、②学生が自らの意見を持ち、それを他者に伝え議論するという＜学生発信型授業創り＞、③単位の実質化や知識の習得も目指しながら、学生が自ら問いを発展させ学習していくという＜知識定着・活用型授業創り＞、④授業外での学びの発展も企図した＜発展型授業創り＞という段階です。これを現代的な視点で解釈すれば、本実践はTAを活用した「アクティブ・ラーニング型授業」の開発過程と捉えることもできます。

そして、これら授業の改善・発展過程とリンクしながらTAの役割も拡大してきました。受講生にとっては、"問いの代弁者""ロールモデル""ファシリテーター"など、主体的学習を支援する「学びの促進者」としての役割が見出されます。対授業者にとっては、"授業運営の補助役"であり"授業の批判的検討を促す役"であり、"授業の企画提案も担う役"として「授業創りの協同者」の役割をTAは担ってきました。そして、いずれにおいてもTAは、教員でも受講生でもない第三者的立場として、授業者と学生双方の視点を繋ぎ合わせる「媒介者」の役割を果たすことでより良い授業創りに貢献しています。

こうして見てみると、「教育学」におけるTAの役割は非常に裁量が大きく見えるかもしれません。しかし、授業理念の設定や最終的な評価（評定）は授業者の一切の責任の上にあります。つまり、授業（学習）のスタートとゴールに責任を持つのは教員です。その意味では、TAの活動は授業方法開発の部分に最も多くの役割を担っていると言えます。ただし、TAが授業方法の開発に寄与するためには、当然、授業理念の共有を必要とします。本実践では、TAが授業者の研究室学生であることや、研究室が学生に開放されているために日頃から教員とTAの接点が多く、教員との円滑な意思疎通が可能であったことなどからこうした理念共有が実現しやすい環境にありました。さらに本実践では、授業者である水原が、TAの効果を以下のように捉えていることも注目に値します。すなわち水原は、自身の「観念的な話を砕き、受講生の感じている疑問や意見とつないでくれ」る存在としてTAを評価し、TAの存在によって「授業を進めながら反省的思考をする」ことが可能になっていると捉えています[6]。水原がTAを活用し続けたのは、こうした自身の授業改善活動につながるTAの意義を認め、重視したからに他なりません。これらの関係を図示すると図3-3のように描くことができます。

TAが直接的に関与しているのは②の方法開発の部分ですが、①の共有と③への影響によって、TAは授業改善サイクルを促進する役割を担っています。「授

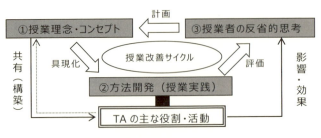

＜図3-3. 授業改善のサイクルとTA＞

出所：鈴木・足立ら (2009)

業改善」とはすなわち「授業創り」です。TA（先輩学生）が受講生の学びをサポートしたり刺激を与えたりすることの効果は他の多くのTA活用実践でも指摘されているところですが、TAの発想や"学生としての視点"をより建設的に授業創りに活かし「TAと共に授業を創る」ことを実現するためには、授業運営のPDCAサイクルに有機的にTAを位置づけていくことが必要なのではないでしょうか。

4 おわりに

　本稿の執筆にあたって筆者らは、大学生の皆さんを読者の一人として想定しながら記してきました。しかし「授業創り」の舞台裏ということで、やや教員向けに書かれた文章に見えるかもしれません。そこで最後に、大学生の皆さんにこめたメッセージを記して、本稿を閉じたいと思います。

　大学教育（授業）において、「学生」の果たす役割は変化してきています。本書を読んでいる大学生の皆さん。皆さん自身が、誰かの「学び」の資源になっているかもしれないということを、少し意識して授業に臨んでみて下さい。多くの同級生と共に授業を受けている意味が少し違って見えてくるかもしれません。

　また、もしかすると今後、自分も授業創りに関わる立場になるかもしれないことを想像してみて下さい。その際に大事になるのは、皆さん自身が"今"感じている「？（疑問）」や「！（発見）」です。皆さんは、本書のどこに疑問や違和感を持ち、どこに驚きや発見を感じましたか？その皆さんの感覚こそが、本書の内容を深く理解し、本書を超えた学びを生み出す糧になります。そしてそれは、次なる「授業」創りのヒントになるかもしれません。ぜひ、皆さんなりの"学びの種"を大事に拾い上げていってください。

■註

1) 旧版の副題です。本稿を踏まえ増補改訂版より副題を改訂しています。
2) SLAは、東北大学の正課外における学生による学生のための学習支援スタッフです。ご関心のある方は下記をご参照ください。
◆東北大学学習支援センターHP　http://sla.cls.ihe.tohoku.ac.jp/
◆『東北大学学習支援センター活動報告書』（2014年度・2015年度分が発行済）
◆『ともそだち本』（2011〜2016発行済）　※学内1・2年生向けの冊子
◆足立佳菜（2015）「SLA制度の開発・実践報告―「SLAサポート室」とは何か？―」『東北大学高等教育開発推進センター紀要』10, pp145-148。
◆鈴木学（2015）「SLAの可能性」『東北大学高等教育開発推進センター紀要』

10、pp149-152。
◆足立佳菜・鈴木学（2016）「学習支援者のための『振り返り』観点とプロセスの創出—東北大学学習支援センターのSLA実践を事例として—」『大学教育学会誌』38（1）、127-136。
◆足立佳菜（2017）「学習支援と協働学習—東北大学Student Learning Adviserのケーススタディを踏まえて」『東北大学高度教養教育・学生支援機構紀要』第3号（※2017年5月頃刊行予定）
3）本稿3章は、鈴木学・足立佳菜・奥山典子・村田浩輔・遠藤千尋（2009）「大学の授業における「TA活用システム」に関する研究—東北大学全学教育科目における水原実践の分析—」『平成20年度大学院教育改革支援プログラム実践志向型教育専門職の養成プログラム プロジェクト型共同研究成果報告書』東北大学大学院教育学研究科大学院教育改革支援プログラム実施委員会、pp29-41の一部を再編したものです。
4）同上研究における2008年12月1日実施インタビュー記録より。
5）本稿の執筆段階で、授業者水原からは以下のようなコメントが寄せられた。
「ここは教員の私としては、いつまでも悔しさの残る記憶になっています。教員にとっては、TAとの事前打ち合わせで、TAたちが承認するかどうかが、いつも大きな関門で、意見のちがいで悔しい思いをすることがよくありました。学問的知識の説明は正しくても、最終的ポイントは、学生にとって分かりやすいか、原理的理解が得られるかですから、教員である私の提案が通らず修正せざると得ないことがたびたびありました。新しい授業を創るのだから克服して脱皮しなければならないと自分をなだめていました。」（2017/1/10 メール）
6）註4と同様。

■参考文献
◆岩崎千晶編著（2014）『大学生の学びを育む学習環境のデザイン—新しいパラダイムが拓くアクティブ・ラーニングへの挑戦—』関西大学出版部．
◆小貫有紀子（2014）「課外活動、学生表彰、ピア・サポート、ボランティア活動—正課外における学生活動をどのように支援するか—」日本学生支援機構『学生支援の最新動向と今後の展望—大学等における学生支援の取組状況に関する調査（平成25年度）より—』
http://www.jasso.go.jp/about/statistics/torikumi_chosa/__icsFiles/afieldfile/2015/12/08/h25torikumi_houkoku.pdf［2016-12-06］
◆北野秋男（2006）『日本のティーチング・アシスタント制度—大学教育の改善と人的資源の活用—』東信堂。

結び

　近現代日本の学校の歴史を話し、学校がどんな原理原則から成り立ってきたのか、これを説明しました。私は、教員養成の歴史を研究し、授業では、小中高の教育課程の歴史と現代の改革動向を教えています。私の狭い専門的見地から見ると、本書ではずいぶんと大きな歴史的構造を問題にしていますので、あるいはそれぞれの専門から見るといくつか不十分な箇所があるかと思います。

　それでも教養教育としての教育学を教えるにあたり、学生たちが学校の問題をより本質的に把握しようとする、あるいはもっと勉強したいと思う意欲を起こすような授業を展開してみようと考えました。同時に、学生に限らず、今日の様々な教育問題を考えている人たちにとっても参考になるわかりやすい提示の仕方を本書では試みました。

　この新しい試みの重要な役を担ってくれたのが、ナビゲータ役の足立佳菜さんと田辺小百合さんです。お2人の適切なセンスによって、授業の企画運営と本書の編集とがなされました。お2人は、色々と授業のあり方から本書の構成まで、学生と読者の視点から意見を出してくれました。

　ところで、授業を始める前からちょっと予想はしていたんですが、学生たちは、狭い"決めつけの殻"に入っていて、その固定概念が砕かれないまま、決まりきったものの見方や考え方、いわば世間の俗説に囚われていると思うことがよくあります。それは「自分」自身の捉え方もそうだし、世の中の見方もそうです。これに対して様々な事実を突きつけたり、他の人の考え方をぶつけたりすることで、砕いてやろうと思って授業を進めました。

　本書のカバーに宣伝掲載した授業「自分」の時は「自分砕き」の授業でしたが、今度は「概念砕き」といいますか、"決めつけの殻"にはまった概念を砕いて、事実に即して自分の目と頭で考える力をつけたいと思いました。それは徐々に、事実を教えていく中で、一定程度砕くことができたと思っています。

　昨年までの4年間も、研究室全員の協力体制で、総合科目「自分」（受講生200名〜300名）という授業を開き、毎回、話題提供者を学内外から招いて自己形成史を話していただく仕方で展開しました。その授業記録は東北大学出版会より『自分』Ⅰ・Ⅱ・Ⅲの3冊にまとめていますが、そこでの学生参画の授業創りの手法を活かして、アカデミックな教養教育の時間でも応用できないものかと考えました。

　つまり、学生自身の「自分砕き」なくして、本当の問いは生まれない、また、その「自分」につながる問いであればこそ、本音に即した課題意識が持て、暗記学習を乗り越える学びと問いに進むことができる。一人一人のささやかな疑問が、実は、学問の普遍的な課題に通じていること、また、そうしてこそ、オリジナルな学

びと研究も可能になるのではないか、と私は考えました。

　大学教育では、高い専門性と同時に、広く深い教養教育を与えることを使命としていますが、それをいかに学生の自己形成につなげるかが、今日の学生の実態を洞察すると、より重要なポイントであると思います。

　他方、授業者である私自身の相対化の問題もあります。自分を相対化するために最近の授業では司会陣を立ててやる仕方が私のスタイルになっています。司会陣は、授業全体の運営者であると同時に、授業方法への評価者、そして学生への支援者という役割を担います。

　教師である私が第1の運営者であることは間違いありませんが、私は、受講生以外にいつも第3者の立場にある司会陣を強く意識して授業をすることになります。運営者・評価者・支援者などの役を担う司会陣が存在するだけで、私は現在進行中の授業は問題ないのか、授業を進めながら反省的思考をするという習慣がつくようになりました。第3者の立場にあって、しかも授業中ずっと立ち通しで私と受講生たちとの仲介役してくれる学生司会陣の目は、なかなか厳しいものがあります。授業の進め方に問題がある時は私の話の途中でも介入し、学生に意見を求めたりします。もちろん討論も組織します。

　受講生自身も学生として、様々な反応をすることは周知の通りですが、つい教師対学生というありきたりの関係に堕してしまい、すべてが安易な日常性に覆われてしまいますので、この司会を立てる方式は、日々私の授業をリフレッシュする意味で助かっています。本書はその実践記録です。

　最後に、授業に協力してくれた受講生諸君に感謝します。ありがとう！これから充実した学生生活を創って下さい。道に迷ったら、私の『自分』ⅠⅡⅢをぜひ読んでみて下さい！

2006年3月記（水原克敏）

以上で、
大学1年生に向けて約4ヵ月にわたって行われた
教育学の授業は終わりです。

大学の授業風景はいかがでしたか？
講義、受講生の感想、討論会、そぼくな疑問を読んで、
あなたは何を感じ、何を考えたでしょうか？

もし、少しでも今までとは違う視点で学校や世界を見れるようになったなら
その新しい認識がこの本で得られたなら
私たちはとても嬉しく思います。
この本のタイトル
「教養としての教育学〜学校を考えるっておもしろい！〜」は
そうした願いを込めたものだからです。

これまで学校はずっと変化を続けてきました。
そしてその変化は止まる事なく今も続いています。
その変化をただ批判するのではなく、
もしくはただ無批判的に受け入れるのではなく
それがどんな意味を持つのか考えてみてください。
この本を読み終えたあなたには、もうその力はついているはずです！

問を持つことを大事にしてください。

最後にやっぱりこの言葉で締めようと思います。

〜学校を考えるっておもしろい！！〜

ナビゲーター
東北大学教育学部4年　田辺小百合・足立佳菜

引用文献（写真・図）

※本書の内容は、拙著『近代日本カリキュラム政策史研究』（風間書房　1997年）と『現代日本の教育課程改革』（同　1992年）によっています。さらに掘り下げて勉強したい人は、ぜひ読んでみてください。詳細な資料名も知ることができます。

※下記は、写真と図を引用した文献名です。

29頁上：　唐沢富太郎『図説　明治百年の児童史　上』　講談社　昭和43年9月　125・126頁、同『写真図説　日本の学生の歴史』　講談社　1970年11月　21頁
29頁中：　前掲『図説　明治百年の児童史　下』　講談社　昭和43年9月　73頁
29頁下：　同上書　120頁
30頁：　同上『図説　明治百年の児童史　上』　16頁
32頁：　文部省『学制百二十年史』　762頁
33頁：　松本市『史料開智学校　第4巻』　扉　1995年
35頁：　唐澤富太郎『図説　近代百年の教育』　国土社　1967年　63頁、83頁
36頁：　文部省『学制百年史　資料編』　11頁
38頁：　師範学校編『小学読本　巻1』　文部省　明治7年8月
43頁：　文部省『改正増補　物理階梯』　明治9年9月、
44頁：　前掲『図説　明治百年の児童史　下』　122頁
52頁：　『海後宗臣著作集　第10巻』　昭和56年9月、前掲『図説　明治百年の児童史　上』　282頁
54頁：　天長節の歌
56頁：　前掲『図説　明治百年の児童史　上』　419頁、唐沢富太郎『教育博物館　中』　昭和52年1月　ぎょうせい　165頁
57頁上：　前掲『図説　近代百年の教育』　国土社　1967年11月　95頁
57頁下：　前掲『図説　明治百年の児童史　上』　281頁
58頁：　前掲『学制百二十年史』　766頁
80頁：　前掲『図説　明治百年の児童史　下』　50頁、77頁
82頁：　『成城学園六十年』　扉、64頁の次
83頁：　前掲『学制百二十年史』　767頁
84頁：　前掲『図説　明治百年の児童史　下』　58頁
85頁：　児玉幸多編『日本史年表・地図』吉川弘文館　1995年4月　54頁
110頁：　同上『日本史年表・地図』　55頁、前掲『図説　明治百年の児童史　下』

58頁、『朝日クロニクル週刊20世紀　1945年』　朝日新聞社　1999年2月7日　1頁(「昭和天皇のサイン」　マッカーサー記念館)、13頁(「誰もが戦力」　菊池俊吉)、『朝日クロニクル週刊20世紀　1946年』　1999年2月14日　2～3頁(「焼け跡」　朝日新聞社)、10～11頁(「勝者の裁き」　朝日新聞社)、『朝日クロニクル週刊20世紀　1948年』　1999年2月28日　40頁(「夜の女たち」　映画ポスター館　日高精一氏提供)

111頁：　『昭和2万日の全記録　第8巻　占領下の民主主義　昭和22-24年』　講談社　平成元年4月　12～13頁(「こどもの漫画」、価格60円～90円)

113頁：　前掲『学制百二十年史』　768～769頁

115頁上：『日録20世紀　1947昭和22年』　講談社　平成9年8月5日　29頁(「新憲法のポスター」　毎日新聞社)、前掲『図説　明治百年の児童史　下』　537頁

115頁下：『朝日クロニクル週刊20世紀　1947年』　1999年2月21日　3頁(「ダンス」　帝塚山女学院中学校　朝日新聞社)、1頁(「わあ、おいしいよ」　朝日新聞社)、前掲『図説　明治百年の児童史　下』　594頁、

117頁：　『朝日クロニクル週刊20世紀　1947年』　2～3頁(「自治会　東京北区の紅葉中学校」、「皇居前広場の生徒集会」　朝日新聞社)、前掲『昭和2万日の全記録　第8巻　占領下の民主主義　昭和22-24年』　104頁(「学級自治会」　毎日新聞社)

118頁：　前掲『図説　明治百年の児童史　下』　594頁、66頁、67頁

135頁：　亀井高孝・三上次男・林健太郎・堀米庸三編『世界史年表・地図』　吉川弘文館　1995年4月　64頁

136頁：　『朝日クロニクル週刊20世紀　1955年』　1999年4月25日　28頁(「2DKの公団団地」　住宅都市整備公団、2～3頁(「新党結成」　朝日新聞社)、『同上　1950年』　1999年3月14日　2頁(「朝鮮戦争」　朝日新聞社)、『同上　1949年』　1999年3月7日　14頁(「中華人民共和国」　朝日新聞社)、『同上　1951年』　1999年3月21日　1頁(「日本全権の署名」　米国公文書館)

138頁：　『朝日クロニクル週刊20世紀　1952年』　1999年3月28日　3頁(「血のメーデー」　朝日新聞社)、『同上　1954年』　1999年4月11日　22頁(「乱闘国会」　朝日新聞社)、『同上　1956年』　1999年5月2日　7頁(「テレビ製造」　朝日新聞社)、『同上　1957年』　1999年4月11日　11頁(「勤評反対要求貫徹大会　朝日新聞社」)

157頁：　前掲『明治百年の児童史　下』　536頁

160頁上：前掲『世界史年表・地図』　155頁、『日録20世紀　1961昭和36年』

349

　　　　　1997年5月6日　2頁（「ロケット打ち上げ」、ノーポスチ通信社）
160頁下：『朝日クロニクル週刊20世紀　1960年』　1999年5月30日　2〜3頁（「安保反対デモ」　朝日新聞社）
161頁：　前掲『学制百二十年史』　770頁
163頁：　『日録20世紀　1969昭和44年』　1997年6月24日　28頁（「モウレツ社員」毎日新聞社）
166頁：　同上書　16頁（「ロングスカーフとミニスカート」　朝日新聞社）、19頁（「パンスト」）、『同上　1967昭和42年』　1997年6月10日　2頁（「ミニの女王・ツイッギー」　オリオンプレス）
184頁上：佐藤秀夫『学校ことはじめ事典』　小学館　昭和62年　122頁
184頁下：前掲『明治百年の児童史　上』　30頁
187頁上：前掲『学制百二十年史』　771頁
187頁下：『日録20世紀　1969昭和44年』　1997年6月24日　16頁（「ロングスカーフとミニスカート」　朝日新聞社）、28頁（「モウレツ社員」　毎日新聞社）、『同上　1972昭和47年』　1997年4月1日　36頁（上村一夫「同棲時代」、『週刊　漫画アクション』　1972年3月15日掲載）、『同上　1970昭和45年』　1997年3月11日　39頁（「ウーマンリブ女性のデモ」PPS）
188頁：　『日録20世紀　1971昭和46年』　1997年9月16日　27頁（「ドル・ショック」　朝日新聞社）、『同上　1973昭和48年』　1997年9月23日　8頁（「灯油販売」　読売新聞社）、『同上　1975昭和50年』　1997年10月7日　19頁（「使い捨てライター」）、24頁（「山居立春」　向井潤吉）
189頁：　『日録20世紀　1975昭和50年』　34頁（「第1回サミット」　WWP）、『同上　1976昭和51年』　1997年4月15日　27頁（「クロネコ」　ヤマト運輸）、『同上　1978昭和53年』　1997年10月21・28日　27頁（「サラ金地獄」毎日新聞社）、『同上　1977昭和52年』　1997年10月14日　2頁（「ピンクレディ」　報知新聞社）、『同上　1978昭和53年』　19頁（「ワードプロセッサー」）
190頁：　『日録20世紀　1978昭和53年』　1997年10月21・28日　2頁（「カラオケ」毎日新聞社）、『同上　1979昭和54年』　1997年11月4日　2頁（「スペース・インベーダー」　共同通信社）、27頁（「ウォークマン」　390g　33,000円）、『同上　1985昭和60年』　1998年4月14日　27頁（「スーパーマリオ」　朝日新聞社）、6頁（「エイズ、ついに日本上陸」　共同通信社）、『同上　1981昭和56年』　1998年3月17日　27頁（黒柳徹子『窓際のトットちゃん』）

192頁： 『昭和2万日の全記録　第18巻　世界の中の日本　昭和59-62年』講談社　平成2年12月　181頁(文部省「児童生徒の問題行動等の実態と文部省の施策について」)、『日録20世紀　1980昭和55年』　1997年4月8日　27頁(「金属バット殺人事件」　共同通信社)、『同書　1983昭和58年』　1998年3月31日　27頁(「荒れる教室」　朝日新聞社)、『同書　1986昭和61年』　1998年4月21日　27頁(「いじめの卑劣」　朝日新聞社)

214頁： 前掲『世界史年表・地図』　64頁、『朝日クロニクル週刊20世紀　1990年』　2000年10月1日　2頁(「東西ドイツ統一の瞬間」　朝日新聞社)、『同書　1991年』　2000年10月8日　2〜3頁(「ソ連崩壊」　朝日新聞社)

215頁： 『朝日クロニクル週刊20世紀　1990年』　6頁(「株価急落」　日本経済新聞社)

216頁： 文部科学省編『データからみる日本の教育　2005』　平成17年7月　4頁

217頁： 『朝日クロニクル週刊20世紀　1990年』　2000年10月1日　38〜39頁(法務省『出入国管理統計年鑑』、運輸省『観光白書』)

218頁： 『昭和2万日の全記録　第19巻　昭和から平成へ　昭和63-64年』講談社　平成3年2月　132頁(『学校基本調査報告書』各年版、『朝日クロニクル週刊20世紀　1990年』　1頁(「非情の校門」　朝日新聞社)

226頁： 前掲『学制百二十年史』　772頁

227頁： 「理解度調査」http://www.mext.go.jp/a_menu/shotou/gakuryoku/genjo.htm（2006年4月4日）

242頁： 前掲『データからみる日本の教育　2005』　1頁

245頁： 「国際数学・理科調査」

http://www.mext.go.jp/a_menu/shotou/gakuryoku/iea_kai.htm

247〜248頁：「国際数学・理科調査」

http://www.mext.go.jp/a_menu/shotou/gakuryoku/iea_kai.htm

249頁： 前掲『データからみる日本の教育　2005』　18頁

250頁： 同上書　19頁(「不登校児童生徒数の推移」)

252頁： 同上書　5頁(「高等学校の学科別生徒の構成」)

253頁： 同上書　12頁(「フリーターの数」)

273頁： 文部科学省編『データからみる日本の教育2008』　43〜45頁

■編著者　略歴
水原　克敏（みずはら　かつとし）；代表編著者
　　現在　　早稲田大学特任教授
　　主著　　『近代日本教員養成史研究』風間書房　1990年1月
　　　　　　『現代日本の教育課程改革』風間書房　1992年6月
　　　　　　『近代日本カリキュラム政策史研究』風間書房　1997年3月
　　　　　　中国語版『現代日本教育課程改革』方明生訳　中国・教育科学出版社
　　　　　　世界課程・教学新理論文庫　2005年1月
　　　　　　『学習指導要領は国民形成の設計書─その能力観と人間像の歴史─』
　　　　　　東北大学出版会　2010年6月30日
　　　　　　History of National Curriculum Standards Reform in Japan—
　　　　　　Blueprint of Japanese citizen character formation—" Tohoku
　　　　　　University Press, December,2011
　　編著　　『自分─私がわたしを創る─』東北大学出版会　2001年12月21日
　　　　　　『自分─わたしを拓く─』東北大学出版会　2003年2月15日
　　　　　　『学校を考えるっておもしろい!!』東北大学出版会　2006年7月
　　　　　　『戦後改革期文部省実験学校資料集成』全9巻　不二出版　2015年
　　　　　　6月30日〜2016年5月
　　監修　　『自分Ⅲ〜わたしから私たちへ』東北大学出版会　2004年7月15日
　　共著　　『新しい時代の教育課程』有斐閣　2005年4月10日

足立　佳菜（あだち　かな）；第1部編集，第2・3部共同執筆
　　現在　　東北大学 高度教養教育・学生支援機構 学習支援センター（助手）。
　　　　　　東北大学教育学部、教育学研究科（博士課程前期）を経て2010年東
　　　　　　北大学総長室（助手）、2012年高等教育開発推進センター（助手）、
　　　　　　2013年高度教養教育・学生支援機構（助手）として東北大学のSLA
　　　　　　（Student Learning Adviser）制度の開発・運営に従事。現在に至る。

鈴木学（すずき　まなぶ）；第3部共同執筆
　　現在　　福島大学 総合教育研究センター 高等教育開発部門（特任准教授）。
　　　　　　慶応大学法学部政治学科、東北大学教育学研究科（博士課程前期）を
　　　　　　経て2010年よりSLA開発員、高等教育開発推進センター（助手）、
　　　　　　2013年高度教養教育・学生支援機構（助手）として東北大学のSLA
　　　　　　（Student Learning Adviser）制度の開発・運営に従事。2016年より
　　　　　　現職。

田辺　小百合（たなべ　さゆり）；第1部編集，第2部共同執筆
　第1版時　東北大学大学院教育学研究科博士課程（前期）

「教育学」の授業最終回（2005年7月19日）スタッフ一同

増補改訂版 　学校を考えるっておもしろい!!
教養としての教育学
～TAと共に創るアクティブ・ラーニングの大規模授業～
Interesting Discussions on Schools in Japan
from the historical viewpoint
Ⓒ K.Mizuhara , K.Adachi , M.Suzuki 2017

2017年3月30日　　初版第1刷発行

編著者／水原　克敏・足立　佳菜・鈴木　学
発行者／久道　茂
発行所／東北大学出版会
　　　　〒980-8577　仙台市青葉区片平2-1-1
　　　　TEL：022-214-2777
　　　　FAX：022-214-2778
　　　　http://www.tups.jp
　　　　E-mail：info@tups.jp
印　刷／今野印刷株式会社
　　　　〒984-0011　仙台市若林区六丁の目2-10
　　　　TEL：022-288-6123

ISBN 978-4-86163-281-5　C0037
定価はカバーに表示してあります。
乱丁，落丁はおとりかえします。